Erhalten historisch bedeutsamer Bauwerke

Jahrbuch 1990

Ernst & Sohn

Erhalten historisch bedeutsamer Bauwerke

Baugefüge, Konstruktionen, Werkstoffe

Sonderforschungsbereich 315
Universität Karlsruhe

Jahrbuch 1990

Verlag für Architektur
und technische Wissenschaften
Berlin

Diese Arbeit ist im Sonderforschungsbereich 315 »Erhalten historisch bedeutsamer Bauwerke, Baugefüge, Konstruktionen, Werkstoffe« entstanden und wurde auf seine Veranlassung unter Verwendung der ihm von der Deutschen Forschungsgemeinschaft zur Verfügung gestellten Mittel gedruckt.

Herausgeber: Prof Dr.-Ing. Fritz Wenzel, Sprecher des Sonderforschungsbereiches 315

Redaktionelle Bearbeitung: Dokumentationsstelle des SFB 315
Dagmar Zimdars, Hartwig Schmidt, Egbert Friedrich

Die Übersetzung der Zusammenfassungen ins Französische erfolgte durch das Sekretariat des Deutsch-Französischen Forschungsprogramms für die Erhaltung von Baudenkmälern, Champs-sur-Marne. Für diese Initiative danken wir Dr. Stephan Frhr. von Welck.

Dieses Buch enthält 214 Abbildungen und 12 Tabellen.

CIP-Titelaufnahme der Deutschen Bibliothek

Erhalten historisch bedeutsamer Bauwerke:
Baugefüge, Konstruktionen, Werkstoffe; Jahrbuch/Sonderforschungsbereich 315,
Univ. Karlsruhe.
Red. Bearb.: Dokumentationsstelle d. SFB 315 – Berlin: Ernst, Verlag für Architektur u. Techn. Wiss. 1992
ISBN 3-433-01117-6
ISSN 0933-0291

1992 Ernst & Sohn, Verlag für Architektur und technische Wissenschaften, Berlin.

Satz: Ditta Ahmadi, Berlin
Druck: Alphabet KG, Berlin
Bindung: Lüderitz & Bauer GmbH, Berlin

Herstellung: Fred Willer

Printed in Germany

Vorwort

Das Thema „Erhalten historisch bedeutsamer Bauwerke" hat durch die Wiederver-
einigung Deutschlands ein hohes Maß an Aktualität dazugewonnen. Das war bei der
Gründung des Sonderforschungsbereiches 315 im Jahre 1985 nicht vorhersehbar. Die
Instandsetzung der alten Bausubstanz in den neuen Bundesländern stellt eine Aufgabe
größten Ausmaßes dar. Gefragt sind behutsame und kostengünstige Methoden und Verfahren, die den vielen erhaltenswerten und reparaturbedürftigen Bauten in der Praxis
rasch und zielgerichtet Hilfe zu leisten vermögen. Damit erweitern sich auch die Aufgaben der Forschung. Drei Artikel im vorliegenden Jahrbuch 1990 – über Elbesandstein-
mauerwerk, das Neue Museum in Berlin und das Schloß in Schwerin – haben entsprechende Fragen aufgegriffen. Auch andere Beiträge – über Mauerwerk, Holz- und
Eisenkonstruktionen – kommen zu Ergebnissen, die bei den anstehenden Instandsetzungsarbeiten hilfreich sein können. Insofern trifft es sich gut, daß die Arbeiten des Sonderforschungsbereiches ohnehin ein Stück aus der Grundlagenphase heraus fortgeschritten sind; so gibt es schon Ergebnisse für die Anwendung.
Die interdisziplinäre Arbeitsweise des Sonderforschungsbereiches findet im vorliegenden Jahrbuch auch wieder ihren Niederschlag. Neben den Beiträgen aus den Bereichen
Mauerwerk und Eisenkonstruktionen sind hier vor allem die Berichte über die Untersuchungen am Kloster Maulbronn zu nennen.
Erneut sei schließlich auf die Arbeitshefte des SFB 315 hingewiesen, in denen Kolloquiumsbeiträge und Fachdiskussionen wiedergegeben werden und ergänzende Auskünfte
zu finden sind.

Fritz Wenzel
Sprecher des Sonderforschungsbereiches 315

Inhaltsverzeichnis

Denkmalpflege

1   *Das Heidelberger Schloß vor der Restaurierung durch Carl Schäfer 1895–1903. Blick auf den Friedrichsbau (1601–04), Gläsernen Saalbau und Ottheinrichsbau. Foto A. Braun, um 1864*

HARTWIG SCHMIDT

»Der moderne Denkmalskultus«

Zur Aktualität der Denkmaltheorie der Jahrhundertwende

Als Alois Riegl (1885–1905)[1] 1903 seine Abhandlung über den „modernen Denkmalskultus"[2] als Vorstudie des österreichischen Denkmalschutzgesetzes veröffentlichte, konnte er sich in Hinblick auf die Ziele der Denkmalpflege einig wähnen mit seinen deutschen Kollegen, die gerade die Auseinandersetzung über den Wiederaufbau des Heidelberger Schlosses für sich entschieden hatten (Abb. 1). Die geplante Rekonstruktion des Ottheinrichbaus wur-de nicht ausgeführt, die Ruine blieb weitgehend unverändert erhalten.[3] Der an der Straßburger Universität lehrende Kunsthistoriker Georg Dehio (1850–1932) hatte 1901 in einer Flugschrift mit dem Titel „Was soll aus dem Heidelberger Schloß werden?" erfolgreich gegen die von der badischen Bauverwaltung vorgesehene Rekonstruktion polemisiert. Ebenso wie für Riegl war auch für ihn das Baudenkmal vor allem ein historisches Objekt,

dessen im Laufe der Geschichte stattgefundenen Veränderungen ebenso zu respektieren seien wie die Spuren des Alters: *„Daß Altes auch alt erscheinen soll mit allen Spuren des Erlebten, und wären es Runzeln, Risse und Wunden, ist ein psychologisch tief begründetes Verlangen. Der ästhetische Wert des Heidelberger Schlosses liegt nicht in erster Linie in dieser oder jener Einzelheit, er liegt in dem unvergleichlichen, über alles, was man mit bloß architektonischen Mitteln erreichen könnte, weit hinausgehenden Stimmungsakkord des Ganzen.*
Verlust und Gewinn im Falle fortgesetzter Verschäferung[4] *des Schlosses lassen sich deutlich übersehen. Verlieren würden wir das Echte und gewinnen die Imitation; verlieren das historisch Gewordene und gewinnen das zeitlos Willkürliche; verlieren die Ruine, die altersgraue und doch so lebendig zu uns sprechende, und gewinnen ein Ding, das weder alt noch neu ist, eine tote akademische Abstraktion.“*[5]

Für Dehio und Riegl bestand das Problem der Denkmalpflege in dem Bestreben der Architekten, die Denkmäler auf ihren „ursprünglichen" Zustand zurückzurestaurieren. Daß mit diesen umfassenden Eingriffen in die Substanz ein nicht unerheblicher Verlust von Authentizität verbunden war, hatten die vielen Restaurierungsmaßnahmen in der zweiten Hälfte des 19. Jahrhunderts deutlich gezeigt. Die Betonung des „Alterswerts" verband sich deshalb mit der Forderung, möglichst geringfügige und nur solche Eingriffe in die historische Substanz vorzunehmen, die zur Bauerhaltung unbedingt erforderlich seien.

Der Alterswert

„Der Alterswert eines Denkmals", schreibt Riegl, *„verrät sich auf den ersten Blick durch dessen unmodernes Aussehen. Und zwar beruht dieses unmoderne Aussehen nicht so sehr auf der unmodernen Stilform, denn diese ließe sich ja auch imitie-*

ren und ihre richtige Erkenntnis und Beurteilung wäre fast ausschließlich dem verhältnismäßig engen Kreise gelernter Kunsthistoriker vorbehalten, während der Alterswert den Anspruch erhebt, auf die großen Massen zu wirken. Der Gegensatz zur Gegenwart, auf dem der Alterswert beruht, verrät sich vielmehr in einer Unvollkommenheit, einem Mangel an Geschlossenheit, einer Tendenz auf Auflösung der Form und Farbe, welche Eigenschaften denjenigen moderner, das heißt neuentstandener Gebilde schlankweg entgegengesetzt sind ...
Sobald aber das Individuum (das vom Menschen wie das von der Natur geschaffene) geformt ist, beginnt die zerstörende Tätigkeit der Natur, ..., die das Individuum wieder in seine Elemente aufzulösen und mit der amorphen Allnatur zu verbinden trachtet. An den Spuren dieser Tätigkeit erkennt man nun, daß ein Denkmal nicht in jüngster Gegenwart, sondern in einer mehr oder minder vergangenen Zeit entstanden ist, und auf der deutlichen Wahrnehmung seiner Spuren beruht so-

1 ALOIS RIEGL, Kunsthistoriker, seit 1895 Professor für Kunstgeschichte an der Wiener Universität. Übernahm 1902 das Amt des Generalkonservators der „K. k. Zentralkommission für die Erforschung und Erhaltung der Kunst- und historischen Denkmale", das er bis zu seinem Tod 1905 innehatte.

2 A. RIEGL, Der moderne Denkmalskultus, sein Wesen und seine Entstehung (1903). In: ders., Gesammelte Aufsätze, Augsburg/Wien 1929, S. 144–191

3 Zur Denkmalpflege in Deutschland vgl. M. WOHLLEBEN, Konservieren oder restaurieren? Zur Diskussion über Aufgaben, Ziele und Probleme der Denkmalpflege um die Jahrhundertwende. Zürich 1989

4 Dieser Begriff bezog sich auf Carl Schäfer, der als Architekt für den Wiederaufbau zuständig war.

5 G. DEHIO, Was soll aus dem Heidelberger Schloß werden? In: ders., Kunsthistorische Aufsätze. München/Berlin 1914, S. 258

2 Die Zerstörung des Bauwerks als historisches Dokument. Entkerntes Fachwerkhaus.
Alsfeld/Hessen, Foto 1988

3 Altstadt ohne Alterswert. Sanierte Fach-
werkhäuser in Bietigheim/Enz. Foto 1990

mit der Alterswert eines Denkmals. Das
drastischste Beispiel dafür bietet, ..., die
Ruine, die aus dem einstmaligen geschlossenen Ganzen einer Burg durch all-
mähliches Hinwegbrechen größerer tast-
barer Teile entstanden ist, weit wirksamer
gelangt jedoch der Alterswert durch die
minder gewaltsame und mehr optisch als
haptisch sinnfällige Wirkung der Zersetzung der Oberfläche (Auswitterung, Patina), ferner der abgewetzten Ecken und
Kanten u. dgl. zur Geltung, wodurch sich
eine zwar langsame, aber sichere und un-
aufhaltsame, gesetzliche und daher unwi-
derstehliche Auflösungsarbeit der Natur
verrät.
Das auf dem Alterswert beruhende ästhetische Grundgesetz unserer Zeit läßt sich
sonach folgendermaßen formulieren: von
der Menschenhand verlangen wir die Herstellung geschlossener Werke als Sinnbil-

der des notwendigen und gesetzlichen
Werdens, von der in der Zeit wirkenden
Natur hingegen die Auflösung des Geschlossenen als Sinnbild des ebenso notwendigen und gesetzlichen Vergehens. Am
frischen Menschenwerk stören uns die Erscheinungen des Vergehens (vorzeitigen
Verfalles) ebenso wie am alten Menschenwerk Erscheinungen frischen Werdens
(auffallende Restaurierungen). Es ist vielmehr der reine, gesetzliche Kreislauf des
naturgesetzlichen Werdens und Vergehens, dessen ungetrübte Wahrnehmung
den modernen Menschen vom Anfange
des 20. Jahrhunderts erfreut. Jedes Menschenwerk wird hierbei aufgefaßt gleich
einem natürlichen Organismus, in dessen
Entwicklung niemand eingreifen darf; der
Organismus soll sich frei ausleben und
der Mensch darf ihn höchstens vor vorzei-
tigem Absterben bewahren. So erblickt der

moderne Mensch im Denkmal ein Stück seines eigenen Lebens und jeden Eingriff in dasselbe empfindet er ebenso störend wie einen Eingriff in seinen eigenen Organismus."[6]

Die von Riegl beschriebene Denkmallandschaft, die zu der Zeit noch eingebunden war in eine traditionelle, vorindustrielle Nutzung und durch geringe Instandsetzungsmaßnahmen kaum Veränderungen erfahren hatte, tritt uns in Max Dvořáks „Katechismus der Denkmalpflege"[7] entgegen. Dvořák weist in dem umfangreichen Abbildungsteil auf die erheblichen Verluste hin, die bereits durch mißverstandene Fortschrittsideen, Verschönerungssucht oder falsche Restaurierungen eingetreten sind. Verständnis für den Umgang mit den Denkmälern erhofft er sich von einer aufgeklärten Öffentlichkeit, die sich des immateriellen Werts der Denkmäler bewußt ist. „*Zu den neuen Idealgütern gehört aber auch als eines der wichtigsten der alte Kulturbesitz, als Quelle solcher Eindrücke, welche ähnlich wie Naturschönheiten im Beschauer eine über den Alltag und dessen materielle Sorgen und Bestrebungen sich erhebende Stimmung auszulösen vermögen. Diese Eindrücke können der verschiedensten Art sein. Sie können auf dem allgemeinen Kunstwert der Denkmäler beruhen, auf ihrer Wirkung in der Landschaft, auf ihrem Zusammenhange mit einem Ortsbilde, auf den Erinnerungen, die sich an sie knüpfen, oder auf den Altersspuren, die sie adeln und zugleich im Beschauer Vorstellungen vom Werden und Vergehen erwecken.*"[8]

Die Erhaltung des „Alterswerts" als denkmalpflegerisches Ziel findet sich in allen wichtigen Veröffentlichungen der Zeit bis zum Ersten Weltkrieg, und es ist sicherlich nicht falsch, zu vermuten, daß sich darin auch die Hoffnung ausdrückt, die Denkmäler und ihre Umwelt gegen den Einbruch der Neuzeit verteidigen zu können – aber auch gegen die Architekten und ihre Art des Rekonstruierens und Verschönerns.

In seiner berühmten Rede über „Denkmalschutz und Denkmalpflege im neunzehnten Jahrhundert" (1905)[9] formuliert Georg Dehio als angemessenen Umgang mit den Baudenkmälern: „*Die Vertreter der Kunstwissenschaft sind heute darin einig, das Restaurieren grundsätzlich zu verwerfen. Es wird damit keineswegs gesagt, der Weisheit letzter Schluß sei, die Hände in den Schoß legen und der fortschreitenden Auflösung mit fatalistischer Ergebung zusehen. Unsere Losung lautet: allerdings nicht restaurieren – wohl aber konservieren. … Man konserviere solange es irgend geht, und erst in letzter Not frage man sich, ob man restaurieren will.*"[10]

Die eingängige Forderung „Konservieren, nicht restaurieren" wurde von der Denkmalpflege sofort aufgegriffen und als Argumentation gegen die umfangreichen Veränderungen der Denkmäler durch Restaurierung und Rekonstruktion eingesetzt.

Gehen wir heute durch unsere Altstädte, so finden wir nur noch in Ausnahmefällen die „*altersgrauen und doch so lebendig zu uns sprechenden*" Bauten.[11] Dafür sind wir umgeben von den „*toten akademischen Abstraktionen*", den Bauwerken, die vorgeben, historisch zu sein aber es nur noch in geringen Teilen sind (Abb. 2, 3). Wir finden die Baudenkmäler in einem Zustand, der sie wie Neubauten erscheinen läßt, zumeist auf einen als ursprünglich angesehenen Zustand zurückrestauriert und „nach Befund" gestrichen. In ihrem Inneren wurden sie während der Sanierung häufig bis auf den Rohbauzustand skelettiert, um mit zeitgemäßer Haustechnik und neuen Oberflächen versehen, dem heutigen Bau- und Nutzungsstandard gerecht zu werden. Schaut man in die Zeitschriften der Bausparkassen, so findet man für diese Maßnahmen höchstes Lob,[12] und auch die Besucher dieser sanierten Altstädte werden die durch die Umbaumaßnahmen entstandene erhebliche Reduzierung der originalen Substanz kaum oder gar nicht bemerken. Für den Fachmann bedeuten derartige Fehlleistungen jedoch den unwiederbringlichen Verlust einzigartiger Befundmöglichkeiten.

Trotz der verstärkten finanziellen und ideellen Zuwendungen, die die Denkmäler seit dem Europäischen Denkmalschutzjahr 1975 erfahren haben, ist der Umgang mit ihnen in den letzten zwei Jahrzehnten nicht primär auf die Erhaltung der authentischen historischen Substanz als Träger der geschichtlichen Informationen ausgerichtet gewesen. Denkmalpflege hat im wesentlichen nicht zur Denkmalerhaltung beigetragen, sondern im Gegenteil zu einem erschreckenden Verlust an authentischer Denkmalsubstanz geführt. Der ganzheitliche Ansatz, den Dehio und Riegl für die Erhaltung der Baudenkmäler formulierten, ist heute in der Denkmalpraxis nicht zu erkennen.

Die Denkmalpflegetheorie um 1900 war von erstaunlicher gedanklicher Klarheit und scheint im wesentlichen heute nicht überholt. Aber sie hat sich auch nicht durchsetzen können in der Praxis des wirklichen Lebens. Zu fragen ist also:

Was sind die Gründe für das Scheitern des „modernen Denkmalskultus"? Warum hat sich die Idee des „Alterswerts" nicht als tragfähig erwiesen?

Warum sind die Überlegungen der damaligen Avantgarde nicht selbstverständlicher Teil unserer heutigen Denkmaltheorie geworden?

Heimatschutz und Stadtbildpflege

Betrachten wir die Entwicklung der Denkmalpflege seit der Jahrhundertwende, so müssen wir davon ausgehen, daß die Theorie des „Alterswerts" als des „modernen Denkmalskultus" in die Ideenwelt des Bürgertums vor dem Ersten Weltkrieg kaum Eingang gefunden hat. Nach M. Wohlleben waren die Auswirkungen der Theorien Riegls und Dehios auf die gesellschaftliche Praxis der Denkmalpflege vermutlich *„noch niedriger zu veranschlagen als die Auswirkungen auf die fachinterne Diskussion. Das allerdings ist nur zum geringen Teil auf die Untauglichkeit dieser oder jener Theorie zurückzuführen. Das Scheitern umfassender Schutzvorstellungen muß zum größeren Teil auf die herrschenden gesellschaftlichen Wertvorstellungen zurückgeführt werden, von denen die Vermittlung von Geschichte als komplexes Geschehen – zumal durch die Erhaltung ihrer materiellen Zeugen – keine Chance hat. Eine von Wirtschaftsinteressen, Wachstum und Profit bestimmte Gesellschaft, das hatte Dehio bereits 1905 gesehen, wird den notwendigen Schutz des historischen Erbes nur da und solange gewährleisten, wie es sich mit diesen Interessen in Einklang bringen läßt."*[13]

Ein wichtiger Grund für die Zerstörung der Baudenkmäler seit etwa 1870 ist in den Auswirkungen der Industriellen Revolution und dem damit verbundenen Verstädterungsprozeß zu suchen. Die vorindustrielle Stadt, zumeist noch von einem mittelalterlichen Mauerring umschlossen und umgeben mit einem Kranz von Landhäusern mit großen Gärten wurde durch die einsetzende Stadterweiterung und die neuen Verkehrsmittel grund-

6 A. RIEGL, 1929, S. 160 ff.

7 M. DVOŘÁK, Katechismus der Denkmalpflege. Wien 1918 (2. Aufl.)

8 Ebenda, S. 22

9 G. DEHIO, Denkmalschutz und Denkmalpflege im neunzehnten Jahrhundert. Festrede an der Kaiser-Wilhelms-Universität in Straßburg am 27. Januar 1905. In: ders., Kunsthistorische Aufsätze. München/Berlin 1914, S. 263 ff.

10 Ebenda, S. 275

11 Vgl. Anm. 5

12 Z. B. Die schönste Altstadt (Ettlingen) in: Mosaik 1/1991, S. 52–56

13 M. WOHLLEBEN, Konservieren oder restaurieren? (vgl. Anm. 3, S. 77)

legend umgestaltet (Abb. 4). An Stelle der kleinen biedermeierlichen, in traditioneller, handwerklicher Weise errichteten Wohnhäuser traten als Spekulationsobjekte erbaute mehrgeschossige Mietskasernen.[14] Die schmalen geschwungenen Wege vor der Stadt wurden zu geraden Straßenachsen, an deren Fluchtlinien die Neubauten aufgereiht wurden. In der von Paul Schultze-Naumburg (1868–1949) in den Jahren 1910–1917 herausgegebenen Buchreihe „Kulturarbeiten"[15] werden dem Leser durch die Gegenüberstellung von *Beispiel* und *Gegenbeispiel* anschaulich die stattgefundenen Veränderungen vorgeführt. Nach Meinung des Autors liegt ein Grund für den unsensiblen Umgang mit dem historischen Stadtgefüge darin, *„daß den Stadtvätern jede Spur von Gefühl für lebensvolle Gestaltung abhanden gekommen ist und sie in den überkommenen Zügen ihrer Vaterstadt nichts Verehrungswürdiges mehr erkennen, sondern daß sie sich als echte Parvenüs ihrer Schlichtheit schämen und ihr ganzes Augenmerk darauf richten, nur ja der heißersehnten „Großstadt" recht ähnlich zu werden. Das stellen sie sich dann so vor, daß dort alles schön gerade und gleichmäßig ist. Dieses herrliche Ziel ist nicht anders zu erreichen, als durch neue Fluchtlinien. Denn solange die Fluchtlinien noch die Form des Lebens haben, können ja die Häuserreihen nie so schön wie eine Front Soldaten eingerichtet werden … Es ist natürlich nicht wegzuleugnen, daß tatsächlich der alte Kern unserer Städte hie und da Erweiterungen aus Verkehrsrücksichten braucht. Auch diese lassen sich natürlich gut und künstlerisch lösen, wofür es genug Vorbilder gibt. Aber das Allerweltsrezept unsrer Stadtverwaltungen macht die Sache höchst einfach. Irgend einem Geometer oder Tiefbaumeister, dessen Beruf ganz andere Aufgaben gesetzt sind, wird der Schatz der Stadt anvertraut. Der nimmt dann den Stadtplan her, bringt alle Straßen auf die „normale" Breite, legt ihre Zukunftslinien durch ein höchst ein-*

faches Linealverfahren fest und das Schicksal der Stadt ist besiegelt."[16] Schultze-Naumburgs Geschick, die Zerstörung der historischen Städtebilder durch Verkehrserschließung und Stadterweiterung, die Zerstörung der kleinmaßstäblichen Landschaft durch die Mechanisierung der Landwirtschaft oder die Zerstörung der Naturschönheiten durch die Erschließung für den Tourismus anschaulich und als großen Verlust kultureller Werte zu beschreiben, machte seine Bücher überaus populär. 1904 wurde in Dresden der „Deutsche Bund Heimatschutz" gegründet und Schultze-Naumburg zum 1. Vorsitzenden gewählt. Das Ziel der Sektion Denkmalpflege in der Heimatschutzbewegung war hauptsächlich auf die Erhaltung der überlieferten

14 Zu dieser Zeit beginnt auch die Ablösung der traditionellen Baumaterialien durch industriell gefertigte.

15 P. SCHULTZE-NAUMBURG, Kulturarbeiten. München 1901–1917. Bd. I, Hausbau; Bd. II, Gärten; Bd. III, Dörfer und Kolonien; Bd. IV, Städtebau; Bd. V, Kirchen und Friedhöfe; Bd. VI, Technische Bauten, Straßen und Brücken; Bd. VII, Burgen und Schlösser; Bd. VIII, Moderne Bauten; Bd. IX, Innenräume und Baumaterial; Bd. X, Pflanzen, Bäume, Forsten. Zu Schultze-Naumburg: Norbert Borrmann, Paul Schultze-Naumburg. Maler, Publizist, Architekt. 1868–1949. Essen 1990

16 P. SCHULTZE-NAUMBURG, Kulturarbeiten, Bd. 4, Städtebau. München 1909, S. 168

17 J. STÜBBEN, Der Städtebau. Handbuch der Architektur, 4. Teil, 9. Halbband. Leipzig 1924 (3. Aufl.), S. 694 f.

18 R. WESENBERG, Paul Clemen. In: Rheinische Heimatpflege NF 4 (1967) S. 24–33; A. VERBEEK, Paul Clemen. In: Rheinische Lebensbilder 7, Köln 1977, S. 181–201; H. LÜTZELER, Paul Clemen. In: Persönlichkeiten, hrsg. von H. Lützeler. Freiburg 1978, S. 61–81; Rheinisches Amt für Denkmalpflege (Hrsg.), Paul Clemen (1866–1947), Erster Provinzialkonservator der Rheinprovinz. Köln 1991

4 Die Veränderung des Stadtbildes im 19. Jahrhundert. Karlsruhe, Blick in die Ritterstraße. Rechts das Gebäude der Museumsgesellschaft, 1813 von F. Weinbrenner erbaut, 1918 ausgebrannt und 1923/24 durch die Rhein. Creditbank (Arch.: Pfeiffer und Großmann) ersetzt. Links Hotel Erbprinz, 1899 von Curjel und Moser erbaut, bereits 1912 durch den Warenhausneubau Hermann Tietz ersetzt. Dieser im Krieg zerstört. Foto W. Kratt, um 1910

ländlichen und bürgerlichen Bauweise ausgerichtet. Diese anonyme Architektur wurde jedoch nicht als historisches Denkmal begriffen, sondern als „Bild der Heimat", die es vor der Zerstörung (Abbruch, Ersatzbau) zu schützen galt. Die Heimatschutzbewegung unterschied sich damit stark von der staatlichen Denkmalpflege, deren Hauptaugenmerk noch immer auf die bedeutenden „Bau- und Kunstdenkmäler" ausgerichtet war. Beide Richtungen fanden sich jedoch zusammen in dem Bemühen, das Erscheinungsbild der historischen Stadt zu erhalten und gegen die „moderne" Architektur zu verteidigen. Gestaltsatzungen und Fassadenwettbewerbe für Neubauten in der Innenstadt er-

schienen hierfür als das adäquate Mittel. Ein Ergebnis dieser Aktivitäten war das 1907 in Preußen erlassene „Gesetz gegen die Verunstaltung von Ortschaften und landschaftlich hervorragenden Gegenden", auf dessen Grundlage von einzelnen Städten „Ortsstatute zum Schutz gegen Verunstaltung" erarbeitet wurden, die die Neubebauung einer gestalterischen Überprüfung unterwarfen.[17]

Der neue Denkmalbegriff

Der Einfluß der Heimatschutzbewegung auf die Denkmalpflege war bedeutend und bereits 1911, auf der ersten gemeinsamen Tagung für Denkmalpflege und Heimat-

5   *Das Rödelseer Tor in Iphofen/Unterfranken. Torturm der mittelalterlichen Stadtbefestigung (1293–1349). Abbildung aus: Die Blauen Bücher, Tore, Türme und Brunnen aus vier Jahrhunderten deutscher Vergangenheit, Langewiesche Verlag. Foto etwa 1935*

schutz in Salzburg, sprach Paul Clemen (1866–1947)[18] von einem aus dieser Beeinflussung entstanden neuzeitlichen, über das traditionelle Denkmalverständnis hinausgehenden, erweiterten Denkmalbegriff: *„Der Denkmalbegriff hat sich für uns gewandelt. Wir können das am besten ablesen an der fortschreitenden Entwicklung, dem fortschreitenden Anschwellen unserer Denkmälerinventare. Vor 20 Jahren und mehr rechneten als Denkmäler, als schutzbedürftige Monumente für uns zunächst nur die großen Bauorganismen von nationaler und provinzialer Bedeutung, die eben in der Kunstgeschichte ihre feste Stellung haben. Langsam, langsam sind wir weitergegangen, wir haben uns gesagt, daß die Kunstgeschichte eines Landes sich doch nur aufbaut auf der engeren Entwicklung eines kleineren geographischen Gebiets, eines Territoriums, einer Gemeinde, und daß die Denkmäler dieser Gemeinde eben die monumentalen Urkunden ihrer Entwicklung sind, eng und unlöslich verknüpft mit dem geistigen, wirtschaftlichen Aufschwung und Wandel. Und so allmählich ist der Denkmälerbegriff übergegangen auch auf alle die kleinen, unscheinbaren Zeugnisse der Baukunst bis herab zu Heiligenhäuschen und Bildstöcken usw., in der Welt der Ausstattung bis herab zu den bescheidenen Schöpfungen der Volkskunst, das ganze Gebiet des Wohnbaues, des Bauernhauses, des bürgerlichen Wohnhauses ist in den Bereich unserer Tätigkeit gezogen worden; und ganz von selbst sind wir auf diese Weise gekommen zur Ausdehnung des Schutzes der Denkmalpflege auf das städtische Stadtbild, zur Erhaltung der historischen Ortsbilder, des Landschaftsbildes.“*[19] Doch welche Konsequenzen hatte die Erweiterung der Denkmallandschaft für die Denkmalpflege? Zum einen führte sie zu einer erheblichen Vergrößerung des Tätigkeitsfeldes, dessen sorgfältige Betreuung jedoch die wenigen Mitarbeiter der Denkmalpflegebehörden überforderte. Der Blick richtete sich von den „großen“ Baudenkmälern auf die Stadtlandschaft, das Ortsbild, die historische Platzsituation, die alle durch Eingriffe (Neubauten) gefährdet waren. Um die Erhaltung des historischen Erscheinungsbildes wurde nun gekämpft und nicht mehr um die Veränderung des Baudenkmals durch Restaurierung und Renovierung. Als Folge der jetzt üblichen Unterscheidung in „lebende“ und „tote“ Baudenkmäler entstanden zwei gegensätzliche Aufgabenfelder mit unterschiedlicher Zielsetzung: auf der einen Seite die kunsthistorisch-restauratorische Betreuung der „toten“ Denkmäler, der Burgruinen und Bodendenkmäler, und auf der anderen Seite die architektonisch-gestalterische Betreuung der „lebenden“ Denkmäler, der historischen Bauwerke in den Städten und Dörfern.

Auch auf diesen Aufgabenbereich wies Paul Clemen in seiner Rede 1911 hin: *„Gerade heute, bei den neuen Aufgaben, die uns geworden sind, bei denen es sich auch handelt um die Gestaltung der Umgebung eines Denkmals, die Erhaltung und Weiterführung eines ganzen Ortsbildes: wo ist da die Grenze zwischen Erhaltung und dem Neuschaffen zu finden? Und beim Erhalten selbst: kann man den Pelz immer waschen, ohne ihn naß zu machen? Soweit es sich um ein Monument mort handelt nach jener von dem Belgier Cloquet aufgebrachten, von uns gern akzeptierten Definition, da ist die Aufgabe sicher nur die, dafür zu sorgen, daß die Urkunde unverletzt bleibt, sie vor Verfälschung, manchmal auch nur vor Berührung zu bewahren, und unter Umständen kann es selbst als richtiger erscheinen, die ehrwürdige Urkunde unleserlich werden zu lassen, als ein Palimpsest zu vererben. Aber überall, wo wir vor einem Monument vivant stehen, an dem unsere Zeit, die lebendige Kunst ihren Anteil hat und ihren Anteil fordert, da gilt es, wo es sich um einen Zusatz zu dem architektonischen Organismus handelt und wo etwas Neues zur Ausstattung,* *zum Schmuck hinzuzufügen ist, auch der lebendigen Kunst die Tür nicht zu verschließen. Kein Mensch von gutem Geschmack und von wirklicher künstlerischer Kultur wird heute noch, wie wir es vor 25 Jahren taten, sich umgeben mit unechten, direkt nachgeahmten „antiken" Möbeln; es wird alte, echte Stücke suchen, wenn er wirklich eine solche historische Erziehung hat, oder besser gute, neuzeitliche Stücke um sich herum versammeln; und kein vornehmer Sammler setzt in seine Kollektion neben die Originale Fälschungen, weil er weiß, daß diese Fälschungen seine Originale mattsetzen. Warum soll dieser für unsere heutige Wohnungskultur uns als selbverständlich erscheinende Satz allein keine Geltung haben auf diesem einen Gebiet der Ausstattung unserer historischen Denkmäler, vor allem unserer Kirchen? ...*

Die historische Erkenntnis von dem selbständigen und gleichmäßigen Wert aller vergangenen Kunstäußerungen soll ganz gewiß kein Hemmschuh sein gegen die Zulassung gleich wertvoller Äußerungen unserer Zeit und unserer Kunst in unseren Denkmälern, wohl aber wird sie eine Einschränkung bringen bei der Verwendung solchen Schmuckes und sie wird die Mahnung zur Vorsicht, zur Überlegung, zur Pietät aufstellen überall da, wo es sich um die Beseitigung des kostbaren Alten handelt. Man möchte an jenen Kardinalsatz der Berechtigung der lebendigen Kunst in die Arbeit der Denkmalpflege einen Nebensatz anfügen in dem Wortlaut, der jetzt in den Fragen des Heimatschutzes den inneren Wertmesser bildet, der in unseren neuen Verunstaltungsgesetzen niedergelegt ist und das Leitmotiv all der auf diesen aufgebauten Ortsstatuten darstellt: die Forderung, daß diese neuen Zutaten sich harmonisch dem alten Gesamtgebilde einzufügen, sich ihm eventuell künstlerisch unterzuordnen haben. Und sich einfügen heißt den Rhythmus aufnehmen und fortsetzen."[20]

Mit diesem Aufruf zu einer „gestalteri-

schen" Denkmalpflege, die vor der Einbeziehung der neuen, zeitgemäßen Architektur nicht zurückschrecken möge, wies Clemen die Richtung der Denkmalpflegetheorie der 20er und 30er Jahre. Die erheblichen Veränderungen in den historischen Stadtzentren, die, wie z. B. die Kaufhäuser neue Größen- und Funktionseinheiten in die kleinteiligen Stadtstrukturen brachten, führten dazu, daß die Denkmalpflege sich immer mehr diesem Aufgabengebiet zuwandte. Sie war damit beschäftigt, sich um das Erscheinungsbild der Neubauten zu kümmern mit dem Ziel, die Fassadengestaltung so zu beeinflussen, daß diese sich wohl in neuzeitlichen Formen, jedoch dem historischen Stadtbild angepaßt, der Nachbarbebauung einfügte. Hierbei ging es jedoch weniger um die Erhaltung des historischen Baubestandes, sondern um dessen Umgestaltung in einer Art und Weise, die diese Veränderung nicht zu sehr spürbar werden ließ. „Neues Bauen in alter Umgebung" wurde für die Architekten und Denkmalpfleger zu einer der interessantesten Fragen des Städtebaus und Streitpunkt zwischen den Traditionalisten und den Modernen.[21] Die Bemühungen um das „denkmalgerechte" Stadtbild können jedoch nicht darüber hinwegtäuschen, daß gerade in den Jahrzehnten bis zum Ersten Weltkrieg ein nicht unerheblicher Teil der historischen Bauten der Umgestaltung und Modernisierung der Innenstädte zum Opfer fiel und abgebrochen wurde. Nach der Säkularisation und der Gründerzeit war dies die dritte große Zerstörungswelle, die über die Denkmäler hinwegrollte.

Wiederaufbau

Ein eindrucksvolles Bild der Denkmallandschaft der Vorkriegszeit finden wir in den „Blauen Büchern" des Verlags Langewiesche, Königstein im Taunus.[22] Die deutschen Bürgerbauten, Bauernhäuser, Burgen und festen Schlösser, die Tore, Türme und Brunnen werden in einzelnen schmalen Bändchen auf großformatigen Fotos vorgestellt, auf denen man jedoch das städtische Leben, wie z. B. auf den Stadtveduten Canalettos, vergebens sucht (Abb. 5). Sie werden nicht dargestellt als historische Bauten in ihrer alltäglichen Umgebung, sondern als „Denkmäler" – jedoch im Gegensatz zu heute noch mit Patina und Altersspuren. Der überwiegende Teil dieser Bauwerke verglühte in den Bombennächten der letzten Kriegsjahre. Die meisten Bauten waren 1945 nur noch Ruinen, deren Außenmauern wohl noch teilweise aufrecht standen, doch ihre bedeutenden Innenausstattungen waren verloren und ihr Umfeld zerstört. Das erschreckende und heute kaum noch vorstellbare Ausmaß der Zerstörungen dokumentiert das von H. Beseler/N. Gutschow herausgegebene Werk „Kriegsschicksale Deutscher Architektur" (1988).[23]

Die Wiederaufbauzeit wurde geprägt durch das Bewußtsein der Denkmalpflege von einer Herausforderung in bisher unbekannter Größe. Die erzielten Erfolge sind nicht von der Hand zu weisen, denn keines der großen Baudenkmäler (außer dem Braunschweiger Schloß) ging verloren, *„doch sie alle sind nicht mehr die alten. Die Wunden der Zerstörung konnten zwar geheilt werden, die Narben blieben (darüber kann auch nicht das heute bisweilen gegenüber dem früheren ansprechendere Erscheinungsbild hinwegtäuschen). In ihrer jeweils individuellen Geschichte hat es eine tiefgreifende Veränderung gegeben, die den Zeitstil unserer Generation – mit seinen Möglichkeiten und Grenzen – nicht mehr übersehen läßt. Dazu verband sich nur allzu oft ein Wandel in der Nutzung, der zu schmerzlichen Eingriffen in die Substanz zwang."*[24] Neben archäologischer Rekonstruktion wurden zusehends mehr fehlende Teile in modernen Bauformen ersetzt. Der Einfluß des gestaltenden Architekten auf denkmalpflegerische Entscheidungen war so groß wie nie zuvor. Durch die

gründlichen und umfassenden Baumaßnahmen verlor der „Alterswert" als denkmalpflegerische Wertkategorie seine Bedeutung.[25]

Der Nachkriegszeit folgte der Bau-Boom der 60er und 70er Jahre, in denen die historischen Innenstädte durch schonungslosen Abbruch einen bedeutenden Teil der wohl in der Bauunterhaltung vernachlässigten, doch durch den Krieg nicht zerstörten historischen Substanz verloren. Der Anteil der vor 1870 erbauten Wohnhäuser am Gesamtbaubestand fiel von 1950 bis 1975 von 27 auf 10 Prozent.[26] Hinter diesen nüchternen Zahlen verbirgt sich die Kahlschlagsanierung in den Gründerzeitvierteln und der Abbruch großer Teile der innerstädtischen Mietshausbebauung des 19. Jahrhunderts.

19 P. Clemen, Die Deutsche Kunst und die Denkmalpflege. Ein Bekenntnis. Berlin 1933, S. 67
20 Ebenda, S. 70f.
21 Hierzu vgl. A. Romero, Baugeschichte als Auftrag. Karl Gruber: Architekt, Lehrer, Zeichner. Eine Biographie. Braunschweig 1990, S. 106ff.
22 Die Reihe der „Blauen Bücher" erscheint seit etwa 1910. Die Abteilung „Deutsche Bauten", einzelne Bände mit einem Vorwort oder Text von Wilhelm Pinder, umfaßte 15 Bände.
23 H. Beseler und N. Gutschow, Kriegsschicksale Deutscher Architektur. Eine Dokumentation für das Gebiet der Bundesrepublik Deutschland. 2 Bd., Neumünster 1988
24 Ebenda, Bd. 1, S. XXXVII
25 Architektur und Denkmalpflege. Neue Architektur in historischer Umgebung. Hrsg. von M. F. Fischer u. a., München 1975; Neues Bauen in alter Umgebung. Ausstellungskatalog Die Neue Sammlung, München 1978
26 Eine Zukunft für unsere Vergangenheit. Denkmalschutz und Denkmalpflege in der Bundesrepublik Deutschland. Katalog der Wanderausstellung zum Europäischen Denkmalschutzjahr 1975, S. 8

6   *Ehemalige Textilfabrik Ermen & Engels, Engelskirchen. Blick von der Straße auf die ehem.*
Zwirnerei mit Passage zum Rathaus. Auf Straßenniveau Läden und Praxen, im 1. OG das
Industriemuseum des Landschaftsverbandes Rheinland, ganz oben Maisonette-Wohnungen. Um-
bau 1964–68, Architekten: Baucoop Köln – Felder und Mandler. Foto 1987

Dreißig Jahre nach dem Ende des Krieges, 1975, fand das Europäische Denkmalschutzjahr statt. Das Titelbild des Katalogs der Wanderausstellung zeigt die Ergebnisse des Wiederaufbaus: die Hochhäuser im Frankfurter Westend, für die die Villen weichen mußten, und den bis auf einen winzigen Rest ohne Not abgebrochenen Anhalter Bahnhof in Berlin vor der Kulisse eines anonymen Wohnhochhauses. Diesen städtebaulichen Leistungen wird das von der Bombardierung verschont gebliebene historische Stadtbild von Bamberg gegenübergestellt. „Eine Zukunft für unsere Vergangenheit" war das Motto; das Ziel, auf die Zerstörung der historischen Innenstädte durch Kahlschlagsanierung aufmerksam zu machen.
Bereits 1965 war das Buch von Alexander Mitscherlich über die Unwirtlichkeit unserer Städte erschienen.[27] Das Unbehagen an den geschichtslosen Neubauvierteln auf der grünen Wiese war allgemein verbreitet und die Botschaft des Denkmalschutzjahres wurde von den Politikern

ohne großen Widerstand aufgenommen: Denkmalpflege als „Umwelt-Therapie". Mit erheblichen staatlichen Zuschüssen begann die Sanierung der historischen Stadtkerne. In der Auseinandersetzung um die Erhaltung der Gründerzeitviertel rückten die Bauten des 19. Jahrhunderts als umfangreicher und zu betreuender Baubestand in das Blickfeld der Denkmalpflege. Ihnen folgten die Arbeitersiedlungen und als ganz neue Kategorie die technischen Denkmäler des industriellen Zeitalters – das „Bau- und Kunstdenkmal" wandelte sich zum „Kulturdenkmal". Der Anspruch, der mit diesem Begriff verbunden war, konnte jedoch in vielen Fällen nicht eingelöst werden und erhalten blieb oft von einem funktionsfähigen Kulturdenkmal nach Aufgabe der al-

27 A. MITSCHERLICH, Die Unwirtlichkeit unserer Städte. Anstiftung zum Unfrieden. Frankfurt/M. 1965
28 E. BLOCH, Das Prinzip Hoffnung. Frankfurt/M. 1959

ten Nutzung nur eine geschundene Hülle, in die mehr recht als schlecht eine neue Nutzung hineingepreßt worden war (Abb. 6).

Funktionalismuskritik

Während der umfangreichen Bemühungen um die Sicherung, Instandsetzung und Rekonstruktion der „großen" Baudenkmäler in der Nachkriegszeit gingen unbeachtet und ohne großen Widerstand der Öffentlichkeit und der Denkmalpflege unzählige der weniger bedeutenden Bauten, die aber bisher das Stadtbild entscheidend geprägt hatten, verloren. Sie fielen der Stadt- und Verkehrsplanung zum Opfer und wurden ersetzt durch Siedlungen auf den abgeräumten Trümmerflächen oder durch Vorstadtsiedlungen auf der grünen Wiese. Ein Wandel in der öffentlichen Meinung brachte erst die 1968 einsetzende Kritik an der funktionalistischen Architektur und der „autogerechten Stadt". Argumentationshilfe lieferte Ernst Blochs Werk „Das Prinzip Hoffnung" (1959) – eine Arbeit, die im amerikanischen Exil entstanden war und mit zu den wichtigsten Werken der „Frankfurter Schule" gehört.[28] Bloch kritisiert darin den Verlust des Symbols im Funktionalismus und schreibt über die moderne Architektur: *„Seit über einer Generation stehen darum diese Stahlmöbel-, Betonkuben- und Flachdach-Wesen geschichtslos da, hochmodern und langweilig, scheinbar kühn und echt trivial, voll Haß gegen die Floskel angeblich jedes Ornaments und doch mehr im Schema festgerannt als je eine Stilkopie im schlimmen neunzehnten Jahrhundert."*[29]

Früher als in Europa war in den USA Kritik an der modernen Architektur formuliert worden. Den Anfang machte 1966 Robert Venturi (geb. 1925) mit seinem Buch „Complexity and Contradiction in Architecture"[30] in dem er die Architekten zur Wiederaneignung des mannigfaltigen Reichtums der historischen Architektur

aufforderte. In seinem 1972 erschienenen Buch „Learning from Las Vegas"[31] nahm er dieses Thema noch einmal auf, konzentrierte sich jedoch auf die Frage nach der symbolischen Form von architektonischen Zeichen. Das Buch, das den Untertitel „Der vergessene Symbolismus architektonischer Formen" trägt, weist in die gleiche Richtung wie Blochs Kritik, sucht jedoch die verlorengegangene Architektur-Symbolik in der amerikanischen Alltagswelt wiederzufinden. Die Bauten und Reklameschilder am Strip von Las Vegas werden in Verhältnis gesetzt zur traditionellen europäischen Architektur, verglichen wird die Zeichenhaftigkeit von Architektur ohne Berücksichtigung von deren Inhalt und Bedeutung. Aus der Funktionalismuskritik entwickelt sich ein Plädoyer für einen beliebigen inhaltlichen, formalen und historischen Eklektizismus, für eine beliebige Aneignung historischer Formen. Das Buch, mit viel Witz und Ironie geschrieben, wird in gewissem Maße zum Gründungsmanifest der sogenannten „postmodernen" Architektur.

Von einer mehr anthropologischen und zeichentheoretischen Architekturauffassung geht hingegen Charles Moore (geb. 1925) in seinen Publikationen aus. Für ihn ist historische Architektur konstitutiv für menschliche Erinnerung und Identität, da die Bewohner eines Ortes in den Zeichen der persönlichen und historischen Erinnerung eine Bestätigung ihrer Identität finden. Die Vorstellung von Heimat realisiert

29 Ebenda, Ausg. Frankfurt/M. 1973, S. 860
30 In deutscher Übersetzung: R. VENTURI, Komplexität und Widerspruch in der Architektur. Bauwelt Fundamente 50, Braunschweig 1978
31 In deutscher Übersetzung: Venturi/Scott Brown/Izenour, Lernen von Las Vegas. Bauwelt Fundamente 53, Braunschweig 1979. Zur Architektur des Büros: A. Sanmartin, Venturi, Rauch & Scott Brown, Bauten und Projekte 1959–85. Stuttgart 1986

sich seiner Meinung nach in den traditionellen Formen der Bauwerke. Die von ihm 1977/78 in New Orleans erbaute „Piazza d'Italia" ist die Umsetzung dieses theoretischen Ansatzes mit Mitteln der Pop Art (Abb. 7).

Nutznießer der Funktionalismuskritik und eingebunden in die Diskussion der Architekten der „Postmoderne" um den Symbolwert historischer Architektur war die Denkmalpflege. Doch die Hinwendung zur historischen Architektur beschränkte sich auf die äußeren Formen. Architektur als Symbol verlangt nicht die Authentizität des Historischen, sondern begnügt sich mit dem Erscheinungsbild (Abb. 10, 11). Auf dieser Argumentationsgrundlage ließ sich die Rekonstruktion verlorengegangener Bauten theoretisch legitimieren und in den 80er Jahren wurden in Mainz (Marktplatz), Hannover (Leibnizhaus), Hildesheim (Knochenhaueramtshaus u. a.) und Frankfurt (Römer-Ostzeile) die im Krieg verlorengegangenen, jedoch für die Stadt als symbolträchtig empfundenen Bauwerke „originalgetreu" neu errichtet.[32] In Frankfurt (Architektenwettbewerb 1979) wird durch die Schließung der noch immer offenen Platzfront des Römers mit der „historischen" Häuserzeile versucht, einen der wichtigsten historischen Plätze – nicht nur allein für Frankfurt, sondern durch die dort stattgefunden Wahlen des Deutschen Kaisers von überregionaler Bedeutung – als Ort kollektiver Erinnerungen wiederzugewinnen. Die realisierte Häuserzeile ist ein Architekturmodell im Maßstab 1 : 1, ein idyllisches Gegenbild zur Unwirtlichkeit der Nachkriegsarchitektur, wie sie z. B. das nahegelegene Technische Rathaus oder die auf den originalen Grundmauern in zeitgenössischen Formen errichteten Neubauten auf der südlichen Platzseite repräsentieren. Die „Piazza d'Italia" und die Neubebauung der Ostseite des Frankfurter Römers (Abb. 8, 9) sind Ergebnisse eines gleichen Geschichtsverständnisses.

Stadtsanierung

Die auf der Grundlage des Städtebauförderungsgesetzes (1971) in immer größerem Umfang durchgeführten Stadtsanierungen stellten erhebliche Anforderungen an die Denkmalpflege, war das Interesse der Architekten und Bauherren doch weniger auf die Erhaltung der Baudenkmäler gerichtet als auf Umbau und Anpassung an heutige Nutzungsvorstellungen. Und so wurde für den Denkmalpfleger das entkernte Baudenkmal oft die zu akzeptierende Notlösung als Alternative zu dem in Aussicht gestellten Abbruch (Abb. 12). Nach den Erfahrungen mit den kriegszerstörten Baudenkmälern und wegen der nur geringen Handhabe gegen Abbruch und Veränderung vor Erlaß der Denkmalschutzgesetze in den einzelnen Bundesländern (1971–80) erschien die Entkernung tolerierbar. Die Vorschläge der Denkmalpflege beschränkten sich auf die Wiederherstellung des „historischen" Zustandes der Fassade. Die Aufgabe der Denkmalpflege wurde im Bewußtsein der Öffentlichkeit zur Stadtbildpflege, Sprossenfenster wurden zum Zeichen für eine „denkmalgerechte" Sanierung.

Fragen wir nach den Ursachen für diesen rigorosen Umgang mit den historischen Bauten, so finden wir einen Grund in den gesellschaftlichen Wertmaßstäben, die sich an der Erscheinungsform des Denkmals – dessen Symbolwert – und nicht am Inhalt festmachen. Darüber hinaus hatte schon Alois Riegl, neben dem „Alterswert", auf die den Umgang mit Baudenkmälern entscheidend prägende Wertkategorie des „Neuheitswerts" hingewiesen und etwas resigniert geschrieben: *„Die Abgeschlossenheit des Neuen, frisch Gewordenen, die sich in dem einfachsten Kriterium – ungebrochener Form und reiner Polychromie – äußert, kann von jedermann beurteilt werden, wenn er auch jeglicher Bildung bar ist. Daher ist seit jeher der Neuheitswert der Kunstwert der großen Massen der Minder- und Ungebil-*

7   Charles Moore, Piazza d'Italia, New Orleans, 1977/78. Gesamtanlage des Platzes mit umgebender Bebauung, Modell. Das Zentrum der Anlage bildet ein Brunnenbecken, das 'Mittelmeer', in das von den 'Alpen' herab der Stiefel Italiens hineinwächst. 'Sizilien' im Zentrum des Platzes verweist auf die in diesem Stadtteil dominante italienische Bevölkerungsgruppe.

deten gewesen ... Die Menge hat seit jeher dasjenige erfreut, was sich offenkundig für neu gab, ... Nur das Neue und Ganze ist nach den Anschauungen der Menge schön; das Alte, Fragmentierte, Verfärbte ist häßlich. Diese jahrtausendalte Anschauung, wonach der Jugend ein unbezweifelter Vorzug vor dem Alter zukomme, hat so tiefe Wurzeln getragen, daß sie unmöglich in einigen Jahrzehnten ausgerottet werden kann."[33]

Ein Grund, warum der „moderne Denkmalskultus", der „Alterswert", sich nicht

hat durchsetzen können, wird auch in diesem psychologischen Problem zu suchen sein. Die Forderung, daß das Alte auch alt aussehen möge, hat bis heute bei uns kei-

32 G. Kiesow, Die Neubebauung des Dom-Römer-Bereiches in Frankfurt am Main. In: Deutsche Kunst und Denkmalpflege (DKD) 42, H. 1/1984, S. 2ff.; G. Mörsch, Hannovers neues Leibnizhaus – Denkmalpflege oder postmodernes Architekturzitat? In: DKD 42, H. 1/1984, S. 25ff.

33 A. Riegl, a. a. O., S. 179

8   *Frankfurt a. M., Ostseite des Römers vor der Zerstörung. Rechts die Alte Nicolaikirche.*

ne gesellschaftliche Akzeptanz gefunden. Eine weitere Ursache für die Substanzverluste im Denkmalbereich liegt in der Veränderung der Bauausführung. Wo frühere Generationen mit geringem Aufwand repariert und die alten Oberflächen mit einem neuen Anstrich versehen hatten, und wo die abgetretenen Treppenstufen so lange wie möglich erhalten wurden, wird heute von Grund auf erneuert: renoviert, ‚generalsaniert'. Die historischen Konstruktionen und Materialien werden radikal ausgetauscht: handgestrichene Dachziegel fliegen in den Schuttcontainer, die Lehmausfachungen der Wände und Decken werden herausgehauen, Dielenböden, Lamberien, Stuckdecken, eichene Fenster und Türen durch neuzeitliche Produkte ersetzt (Abb. 13). Das Baudenkmal, das bisher mehrere hundert Jahre unbeschadet überstanden hatte, verliert mit einem

Schlag seinen Wert als authentisches Geschichtszeugnis.[34]
So werden die Denkmäler, die keine Kriegszerstörungen erlitten haben, seit dem Abschluß der Wiederaufbaumaßnahmen in den 60er Jahren in unzulänglicher Weise 'saniert'. Der Anlaß für die Baumaßnahmen ist einerseits eine Reparaturbedürftigkeit nach einem langen Zeitraum ohne Bauunterhaltung, andererseits ein Eigentümerwechsel oder der Wunsch nach einer zeitgemäßen Nutzung mit neuzeitlichem Komfort.
Besonders die durchgeführten Sanierungsmaßnahmen in den 60er und frühen 70er Jahren sind heute noch deutlich sichtbar, wurden sie doch ohne vorherige Bauuntersuchung mit den Methoden der weitgehend durch Neu- und Wiederaufbau bestimmten Bauwirtschaft der Nachkriegszeit durchgeführt. Der gesamte Bau-

9   Frankfurt a. M., Die rekonstruierte Häuserzeile auf der Ostseite des Römers. Foto 1990

prozeß war durch den Wiederaufbau auf die Strukturen des Neubaus ausgerichtet. Sorgfältige Handarbeit, die für die Reparatur der oft filigranen historischen Teile notwendig gewesen wäre, wurde mit 'Restaurieren' gleichgesetzt. Restaurieren ist Aufgabe des Restaurators, Handwerker sanieren – d. h. sie erneuern! Und so wurde nicht vorsichtig repariert, sondern grundlegend erneuert. Zu dieser Zeit verloren viele Denkmäler ihre historischen Putze, erhielten jedoch dafür auf den neuen Putzflächen einen einheitlichen farbigen Anstrich „nach Befund". Die neue Farbigkeit in der Denkmalpflege, die seit den 60er Jahren zu beobachten ist, hat ihren Grund auch in der Notwendigkeit, die frisch verputzten Gebäude neu zu fassen.

Da der historische Wert des authentischen Geschichtsdokuments für den Lai-
en nicht zu erkennen ist – wohl aber das historische Erscheinungsbild –, richtet sich das Erhaltungsinteresse auch heute noch hauptsächlich auf dieses. Das alte eichene Fenster, oft noch mit den ursprünglichen Scheiben, wird als nicht mehr zeitgemäß angesehen, und eingebaut wird das sorgfältig nachgebaute Sprossenfenster mit Gummilippendichtung und Drehkippbeschlag – bezuschußt, da denkmalpflegerischer Mehraufwand!

34 A. KNOEPFLI, Altstadt und Denkmalpflege. Ein Mahn- und Notizbuch. Sigmaringen 1975; ICOMOS, Sanierung von Bauten in der Altstadt. Pinselrenovation kontra Auskernung. Niederteufen (CH) 1986; W. Schmidt, Das Erhalten historischer Bürgerhäuser als Bauaufgabe. Denkmalpflege-Informationen des Bayer. Landesamtes f. Denkmalpflege 46 (1985)

Angefangen vom Bauherrn, der für sein Geld ein komfortables Inneres und ein renoviertes Äußeres seines Baudenkmals erwartet, über den Architekten und den Statiker, die beide für die Erstellung von Neubauten ausgebildet sind und die große Schar der Handwerker, die nicht mehr zum Reparieren angehalten wird, trägt jeder dazu bei, daß nach Abschluß der Sanierung wohl ein heutigen Ansprüchen genügendes Gebäude mit scheinbar historischem Aussehen übrig bleibt, doch kein Baudenkmal. Von der Erhaltung der Patina und der Geschichtsspuren ganz zu schweigen.

Reparieren statt Auswechseln

Das späte Erschrecken über den immer umfangreicheren Verlust an historischer Substanz durch Sanierungsmaßnahmen führte von seiten der Denkmalpflege zu der Forderung nach sorgfältigen Voruntersuchungen vor Planung und Bauausführung, um den historischen Bestand und dessen Bedeutung kennenzulernen und bei der Umbauplanung berücksichtigen zu können. Der Grund für die bei der Sanierung angerichteten Zerstörungen lag nämlich nicht in unreparierbarer Bausubstanz, sondern überwiegend am fehlenden Wissen über den Zustand und die Bedeutung der Konstruktionen und der Ausstattung. Doch wie kann der Architekt, der für den Neubau geschult ist, die Bedeutung und den Wert der abgenutzten historischen Raumausstattung erkennen? Wie kann der Ingenieur die Konstruktion beurteilen, wenn sie hinter Putz und Stuck verborgen liegt? Wie kann der Denkmalpfleger die Bedeutung der Raumfassungen beurteilen, wenn die oberste Schicht eine Rauhfasertapete ist?
Die Überlegung, daß das originale Material als Träger authentischer historischer Informationen erhalten bleiben muß und nicht den Umbaumaßnahmen zum Opfer fallen darf, führte zur Wiederentdeckung der Forderung Georg Dehios „Konservie-

ren, nicht restaurieren" als Maxime denkmalpflegerischen Handelns. Doch nur die Kunstwerke, die im Museum aufbewahrt werden, können allein durch Konservierung erhalten werden. Bauwerke, die genutzt werden und der Verwitterung ausgesetzt sind, altern, werden geschädigt, verfallen, wenn sie nicht dauernd instandgehalten werden. Eine reine Konservierung wird auf Dauer nicht möglich sein. Die Forderung Dehios muß deshalb modifiziert werden und könnte lauten: Wenn eine Restaurierung unumgänglich ist, ist jeder Eingriff in das Bauwerk auf ein Minimum zu beschränken. Wenn eine Erneuerung erforderlich wird, ist dabei so wenig wie möglich Substanz auszuwechseln. Jeder Eingriff in das Bauwerk muß die baugeschichtliche Befundsituation berücksichtigen.
Doch was bedeutet das auf der Baustelle? Lassen sich diese Forderungen in der Praxis in ein Handlungskonzept umsetzen? Sind sie nicht zu theoretisch?

1. Um die Eingriffe zu minimieren benötigt man genaue Kenntnisse über das Objekt. Das bedeutet sorgfältige Voruntersuchungen und Dokumentationen.
2. Die Reparatur muß Vorrang haben vor dem Substanzaustausch.
Die historischen Konstruktionen sind aus Materialien hergestellt, die sich ergänzen lassen, wenn sie schadhaft geworden sind. Die dafür erforderlichen Handwerkstechniken sind noch bekannt oder lassen sich wieder erschließen. Die Reparaturen sollen mit den traditionellen Materialien ausgeführt werden, da deren Lebensdauer und Alterung bekannt ist. Es entstehen keine Probleme in Hinblick auf Materialverträglichkeit.
3. Es ist besser, eine neue Schicht hinzuzufügen als alte Schichten zu entfernen.
4. Neu hinzugefügte Teile sollen reversibel sein.
Das heißt nicht, daß diese Teile beliebig auswechselbar sein sollen, sondern, daß sie im Schadensfall durch neue Teile er-

10   Die 'denkmalgepflegte' Altstadt. Saniertes Fachwerkhaus in Bietigheim/Enz. Foto 1990

11   Die 'rekonstruierte' Altstadt. Das Knochenhaueramtshaus und weitere Neubauten am Hildesheimer Marktplatz. Foto 1990

setzt werden können, ohne das Original zu beeinträchtigen.

5.   Neue Teile sollen sich vom Original unterscheiden.

Diese Forderung ist notwendig, um das Original als historisches Dokument zu erhalten. Die Forderung nach Unterscheidbarkeit führt jedoch leicht dazu, daß der Architekt sich veranlaßt sieht, dem Baudenkmal seine eigene „Handschrift" ohne Rücksicht auf die Verluste an historischer Substanz aufzuzwingen. Es besteht immer die Gefahr, daß das Denkmal zur interessanten Kulisse für die eigene Architektursprache wird.

Diese Forderungen entsprechen der derzeitigen Denkmaltheorie, finden in der denkmalpflegerischen Praxis aber wenig Anwendung. Warum?

Voruntersuchungen und Bauforschung werden heute allgemein gefordert, doch oft nur schematisch durchgeführt, nicht mehr bezogen auf den einzelnen Fall und

das besondere Problem. Das „verformungsgerechte Bauaufmaß" hat fast einen Fetischcharakter bekommen, ohne jedoch als Planungsunterlage ausreichend gewürdigt zu werden.

Ein bisher nur in Ansätzen gelöstes Problem ist auch die Frage, wer bei den immer umfangreicher werdenden Voruntersuchungen, die sich über einen immer längeren Zeitraum hinziehen, die Koordinierung und Leitung der einzelnen Fachleute übernehmen soll. Wer überblickt die einzelnen Forschungsansätze und wer faßt die Einzelergebnisse zusammen? Wer trägt die während des Umbaus sich ergebenden historischen Erkenntnisse in der Bauaufnahme nach? Wer wertet sie aus? Der Denkmalpfleger, der Bauforscher oder der Architekt?

Während der wissenschaftlich ausgebildete Denkmalpfleger, der heute zumeist ein promovierter Kunsthistoriker ist, gelernt hat, zu Beginn einer neuen Arbeit eine erhebliche Menge an Informationen

12 Die 'entkernte' Altstadt. Sanierung eines barocken Bürgerhauses in Straßburg. Foto 1991

untersuchung zu leiten, ist noch zu klären und wird die Hochschulen in Hinblick auf die Architektenausbildung sicher noch beschäftigen.

Aber auch die Konzeption „Reparatur statt Austausch" für den Umgang mit Baudenkmälern fordert vom Architekten ein Umdenken. Planen und Bauen im Altbaubereich geschieht in einem vorgegebenen Rahmen. Das Konstruieren wird zum Reparieren, das Entwerfen beschränkt sich auf die wenigen hinzuzufügenden Teile, der Schwerpunkt der Arbeit besteht in der Dokumentation der Veränderung, der Sicherung der vorhandenen Substanz und der Beaufsichtigung der Handwerker, die diese Art des Umganges nicht gewohnt sind. Das Berufsbild des Handwerkers ist seit Jahrzehnten darauf ausgerichtet, etwas Neues zu schaffen und nicht zu reparieren. Doch die Tätigkeit im Baudenkmal verlangt eine Arbeitsweise, die darauf abzielt, den bewahrenswerten Geschichtsbestand so lange wie möglich zu erhalten. Dazu gehört auch die Verwendung von Materialien, die mit den historischen Materialien verträglich sind. Kalk und Lehm sind fast vollständig von der Baustelle verschwunden und durch Zement und eine Reihe von neuzeitlichen Baustoffen ersetzt worden, die sich einfacher und schneller verarbeiten lassen. Es wird sicher noch einige Zeit dauern, bis wieder Kalkputz und Kalkanstrich für die historischen Bauten allgemein üblich geworden sind.[35]

Die historischen Konstruktionen und Materialien waren aufeinander abgestimmt und ihr Verhalten über Jahrhunderte erprobt. Die Handwerker waren mit Herstellung und Verarbeitung vertraut, ihren Anwendungs- und Reparaturmöglichkeiten. Die Materialien waren, um Transportkosten zu sparen, landschaftsgebunden. Fanden diese Materialien am Bau keine Verwendung mehr, wie z. B. Lehm, so verschwanden auch die Handwerker, die mit der Aufbereitung und Verarbeitung vertraut waren.

zu sammeln, zu sichern und zu gliedern, um daraus ein Konzept zu entwickeln, geht der Architekt als kreativ Schaffender in entgegengesetzter Weise vor. Die Informationsmenge, mit der er beginnt, ist gering: Bauaufgabe, Funktionen und Raumanforderung, Bauplatz, Kosten. Im Laufe des Entwurfsprozesses fügt er immer mehr Informationen hinzu. Die einfache Vorentwurfsskizze wandelt sich zur maßstabsgerechten Entwurfszeichnung und wird zum detaillierten Ausführungsplan. Der Umgang mit Altbauten erfordert hingegen die wissenschaftliche Arbeitsmethode zu Anfang – die gestalterisch-kreative im Anschluß daran. Erst nachdem man das weitgehend unbekannte Haus in allen seinen Bedeutungsschichten erschlossen hat, kann man anfangen, zu planen und zu entwerfen. Die Frage, ob der Architekt von seinem traditionellen Selbstverständnis her geeignet ist, den Bereich der Vor-

Für den Architekten sind jedoch Kenntnisse über historische Konstruktionen und Materialien ebenso wichtig wie für den Handwerker. Ein Restaurierungskonzept, das von einer umfassenden Erhaltung als Zielvorgabe ausgeht, ist notwendigerweise auf den verständigen Handwerker angewiesen, doch der Architekt bleibt letztendlich derjenige, der plant und die Ausführung bestimmt.

Wir gehen heute durch Städte, deren Denkmalbestand nach der Sanierung auf ein Minimum zusammengeschrumpft ist, obwohl die wie Neubauten wirkenden „historischen" Bauten uns eines anderen belehren möchten (Abb. 14, 15). Wenn die geringe Anzahl noch weitgehend originaler Denkmäler in einem Zustand erhalten werden soll, der auch künftigen Generationen eine authentische Erfahrbarkeit von Geschichte ermöglicht, so ist ein baldiges Umdenken erforderlich.

Wichtig für einen verantwortungsvollen Umgang mit den Denkmälern ist, darauf hat Georg Mörsch in einem Vortrag 1989 hingewiesen:

„– das Zugeständnis von Denkmalwert auch für die Werke der jüngsten Vergangenheit und für außerkünstlerische Objekte;
– die Einsicht in den Wert auch späterer Veränderungen am Denkmal, d.h. seiner historischen Entwicklung, die selbst mit unerfreulichen Momenten den Aussagereichtum des Denkmals ausmachen;
– die Anerkennung der Existenzweise des Denkmals in Abhängigkeit von ursprünglichem Material und Konstruktion;
– die Bereitschaft, auch in seinen Altersspuren, seiner Patina, prinzipiell die unwiederholbare Würde des Denkmals zu erkennen und nach Möglichkeit zu erhalten.
Gegen alle diese Denkmaleinsichten wird nach wie vor und in den letzten Jahrzehnten unbekümmert verstoßen."[36]

Die anfangs formulierte These lautete, daß die denkmalpflegerischen Zielsetzungen eingebunden sind in ein gesamtgesellschaftliches Wertesystem, und daß in den letzten beiden Jahrzehnten denkmalpflegerisches Handeln in der Praxis weniger auf die Erhaltung des Originals ausgerichtet war, als auf die Herstellung von Symbolen. Wenn diese These stimmt, so könnten sich die denkmalpflegerischen Zielsetzungen nur ändern, wenn die gesellschaftlichen Werte neu überdacht werden, z. B. in Richtung auf die Sicherung und Erhaltung des Denkmals als Geschichtszeugnis mit dem Ziel

– der Bewahrung der vorhandenen materiellen Überreste als authentische Geschichtszeugen auch für die Zukunft,
– des geringstmöglichen Eingriffs in die historische Substanz,
– der Anerkennung der eingeschränkten Nutzungsmöglichkeiten historischer Bauten und
– der Respektierung der Altersspuren.

13 Das Ende der historischen Ausstattungsteile im Schuttcontainer

35 Der SFB 315 bearbeitet im Rahmen eines europäischen Forschungsprojektes (EUROLIME) die Fragen der Herstellung und Verwendung von Baukalk für die Anwendung in Restaurierung und Denkmalpflege.
36 G. Mörsch, Aufgeklärter Widerstand. Das Denkmal als Frage und Aufgabe. Basel 1989, S. 12

14 Das „Dörfle" in Karlsruhe. Entstanden im 18. Jahrhundert als Tagelöhnersiedlung. Wohnhäuser aus der Gründungszeit der Stadt, abgebrochen um 1960 für die Stadtsanierung. Brunnen-
straße/Ecke Fasanenstraße. Foto W. Kratt, um 1910

Das von der Landesregierung Baden-
Württemberg als Sonderprogramm der
90er Jahre beschlossene „Denkmalsiche-
rungsprogramm", dessen Ziel es ist, *„mit
einem Minimum an Denkmaleingriff ein
Optimum an Bestandserhaltung und
Denkmalgewinn zu erreichen",*[37] ist ein
Anfang auf dem Weg in diese Richtung.
Die Erfahrungen der letzten Jahrzehnte
haben gezeigt, daß die Anpassung der
Denkmäler an neue Nutzungen in den
meisten Fällen einhergeht mit dem Verlust
des „Alterswerts" und der geschichtsträch-
tigen Oberflächen, der historischen Putze,
der viellagigen Anstriche. Einmal zerstört,
sind sie nicht zurückzugewinnen. Sie zu
sichern ist jedoch nur möglich, wenn eine
aufmerksame Bauunterhaltung einhergeht
mit einer vorsichtigen Reparatur der auftretenden Schäden.

Die besondere Beachtung, die seit jeher
dem Baudenkmal als eines Objekts mit
ästhetischen Qualitäten von der Öffentlichkeit zuteil geworden ist, hat die Denkmalpflege immer wieder davon abgelenkt,
daß es nicht der „schöne Schein" ist, der
ein Bauwerk zum Denkmal werden läßt,
sondern der authentische Befund und dessen historische Bedeutung. Die Denkmaltheorie der Jahrhundertwende hat mit
der Herausstellung des „Alterswerts" als
Denkmalqualität und der Forderung „Konservieren, nicht restaurieren" Leitsätze für

37 Denkmalpflege in den 90er Jahren. Konzep-
    tion für die Denkmalpflege in Baden-Würt-
    temberg. Im Auftrag des Innenministeriums
    B-W, aufgestellt vom Landesdenkmalamt
    B-W, Stuttgart 1990, S. 12

15   Der von der Stadtsanierung verschonte Rest des „Dörfles" – denkmalgepflegt und heutigen Nutzungsansprüchen angepaßt. Am Künstlerhaus 14–18. Foto 1991

den Umgang mit den Baudenkmälern formuliert, die auch heute noch, nach den vielen Denkmalverlusten durch „Denkmalpflege", aktuelle Bedeutung haben, denn sie ermöglichen den Denkmälern das Überleben und bewahren so unseren Nachkommen historische Bauwerke, die wirklich noch authentische Zeugen der Vergangenheit sind.

Summary

In 1903 Alois Riegl (1885–1905), an Austrian art historian, published an essay under the title "Der moderne Denkmalskultus", describing the different categories of values of a historic monument. According to his opinion the value of age is one of the most important.

At the end of the 19th century the industrial revolution and the development of traffic caused bad changes in the historic towns. The efforts of preservation of monuments turned towards new fields and is mostly arguing in favour of an adequate historic image of towns, instead of preserving the authenticity of a monument. The same tendency is also visible in the beginning of the 1970s, when activities of urban renewal took place.

Like a shock people suddenly realized that there was an immense loss of historic monuments through urban renewal, and that a more careful investigation is needed before planning and restoration. This aims to increase the knowledge of the historic position of a monument and its values which must be respected in any restoration activity. Architects and engineers should reduce changes to a minimum and make renewal concepts with only very little loss of original material. Each intervention has to be done in respect to the historic building situation. Repair instead of renewal.

In the beginning of our century the attitude in preservation of monuments formulated rules which still are of great importance nowadays. Emphasize must be put on the value of age as beeing one of the main qualities of a historic monument which demands of conservation instead of restoration. These rules will help the monuments to survive and to be authentic witnesses of the past for our descendants.

Résumé

En 1903, Alois Riegl (1885–1905), expert viennois en histoire de l'art, publiait un traité consacré au «culte des monuments historiques de l'époque moderne». Il y décrit les différents facteurs de valeur du monument et considère l'âge comme l'un des plus importants. Du fait des conséquences de la révolution industrielle et du développement des moyens de transport, de nombreux ouvrages historiques ont été victimes de la transformation des villes construites avant l'ère industrielle. En matière de préservation des monuments historiques, les efforts se tournent vers une nouvelle tâche (la protection de la patrie). Au lieu de se battre pour la conservation des monuments historiques authentiques, on se bat pour un contexte urbain qui ne leur porte pas préjudice. Après la reconstruction, cette tendance s'observe également dans les programmes d'aménagement urbain du début des années soixante-dix. Ce n'est qu'une fois que l'on prit conscience avec effroi des pertes toujours croissantes subies par les monuments historiques du fait de mesures d'aménagement que l'on exigea des études préliminaires minutieuses devant précéder tout projet ou réalisation de chantier, afin de mieux connaître le patrimoine historique et sa signification et d'en tenir compte lors de projets de travaux. On demanda aux architectes et ingénieurs de limiter à un minimum toute intervention touchant aux bâtiments et de concevoir les mesures de restauration de façon à éviter au maximum le remplacement des volumes bâtis. Toute intervention sur un bâtiment doit tenir compte du diagnostic relatif à l'histoire de la construction. Il s'agit de réparer, non de remplacer!

En mettant en avant la valeur de l'âge en tant que qualité des monuments historiques et en réclamant que l'on conserve au lieu de restaurer, la théorie relative aux monuments historiques en vigueur au début du siècle a formulé deux mots d'ordre concernant la façon de traiter les monuments historiques, qui ont encore leur importance aujourd'hui, après que la préservation des monuments historiques a entraîné de nombreuses pertes dans leurs rangs; en effet, ils permettent aux monuments historiques de survivre et à nos descendants de connaître des ouvrages d'architecture historiques qui sont toujours les témoins authentiques du passé.

Abbildungsnachweis

1	Das Heidelberger Schloß in der Fotografie vor 1900, Heidelberg 1990
2, 3, 9–13, 15	Verfasser
4, 14	S. und H. Schmuck, Karlsruhe um 1910, Photo von W. Kratt, Karlsruhe 1979
5	Die Blauen Bücher, Langewiesche Verlag
6	Bautenschutz + Bausanierung 1986
7	Die Revision der Moderne. Postmoderne Architektur 1960–1980. Aus.-Kat. Deutsches Architekturmuseum, Frankfurt 1984
8	Postkarte, Verlag Michel & Co, Frankfurt

UTA HASSLER, WILHELM GLASER, DAGMAR ZIMDARS, HARALD GARRECHT, JÖRG KROPP
UND RUDOLF PÖRTNER

Kloster Maulbronn. Untersuchungsprogramm zur Sicherung des Dormentbaus. Methodische Fragen und erste Arbeitsergebnisse

UTA HASSLER

Zu Vorgeschichte, Anlaß und Ziel der Untersuchungen

Im Jahrbuch 1989 wurde kurz über die Zusammenarbeit von Staatlicher Hochbauverwaltung und Sonderforschungsbereich 315 im Kloster Maulbronn berichtet.[1]

Hochbauverwaltung, Landesdenkmalamt und Universität haben 1989 im Kernbereich des Klosters mit verschiedenen „Modelluntersuchungen" begonnen, die zum Verständnis der die Bausubstanz gefährdenden Schadensprozesse beitragen sollen. Notwendige Sicherungsmaßnahmen an Baustruktur und Oberflächen sollen mit Hilfe dieser Untersuchungen auf das unumgängliche Minimum begrenzt werden können. Sicherung und Erhaltung der historischen Substanz sind Ziel aller Bemühungen.

Konservatorische Probleme im Bereich der Wandoberflächen gibt es im gesamten Klosterkernbereich (stark gefährdete, z. T. auch abfallende Putz- und Malschichten). In vielen Bereichen wurden in den vergangenen Jahrzehnten Versuche zur Substanzsicherung unternommen, nicht alle Bemühungen zur Erhaltung und Restaurierung von Oberflächen sind aus heutiger Sicht erfolgreich verlaufen (Kirchenraum, Kreuzgang, Kapitelsaal, Parlatorium) (Abb. 1).

Baulich-konstruktive Schäden zeigen sich gegenwärtig besonders in den nördlich des Kreuzgangs liegenden Baukörpern (Laienrefektorium, Dorment), vor allem der Dormentbau weist in Außenbau und Innenräumen erhebliche Verformungen auf. In einigen Erdgeschoßräumen des Dormentbaus haben sich sehr qualitätvolle Wandfassungen erhalten, deren Schadensproblematik typisch zu sein scheint für das Gesamtkloster.

Der Dormentbau wurde daher zum Schwerpunkt der Untersuchungen ausgewählt (Abb. 2).

Die vor allem im Erdgeschoßbereich sichtbar werdenden großen Schäden (erhebliche Risse in den Gewölben, Ausbeulen der Ost- und Westwand) werfen die Frage auf, ob die Standsicherheit für die Zukunft gegeben ist.[2] Das Erdgeschoß des Dormentbaus ist in einigen Teilen ohne Nutzung, einige Räume (Kapitelsaal), sind zum Kreuzgang hin offen und nur nach Osten verglast. Die nach Norden weisenden Erdgeschoßräume sind derzeit Keller des evangelischen Seminars, hier war in der Vergangenheit die Heizzentrale untergebracht, heute die Wärmeübergabestation der Nahwärmeversorgung. Das gesamte Obergeschoß dient als Unterrichtsraum des Seminars. Die Verformungen an Gewölben und Außenwand sind am offensichtlichsten und besorgniserregend im Bereich des Auditoriums, allerdings zeigen die gesamten Außenmauern des Dormentbaus Einzelschäden und Verformungen. Die sehr schönen spätmittelalterlichen Wandfassungen im Auditorium

und in der Geißelkammer sind nach dem derzeitigen Kenntnisstand weitgehend von Restaurierungsmaßnahmen (und somit auch Schädigungen durch Restaurierungen) unberührt geblieben. Die Substanzgefährdung zeigt sich in pudernden und teilweise abgängigen Malschichten wie auch Teilverlusten der Putz- und Malflächen. Einige Wände tragen in den unteren Bereichen bereits jüngere Reparaturmörtel (Abb. 4).

Untersuchungsprogramm 1989/90

Zur Erforschung der Schadensursachen für Konstruktion und Ausstattung wurde eine Arbeitsgruppe gebildet, in der historische Wissenschaften, Ingenieur- und Naturwissenschaften zusammenarbeiten. Hierbei sind sowohl freie Büros, Mitarbeiter des SFB 315, Landesdenkmalamt und Bauverwaltung tätig.

1   Grundriß von E. Paulus (1890). Links oben der Dormentbau.

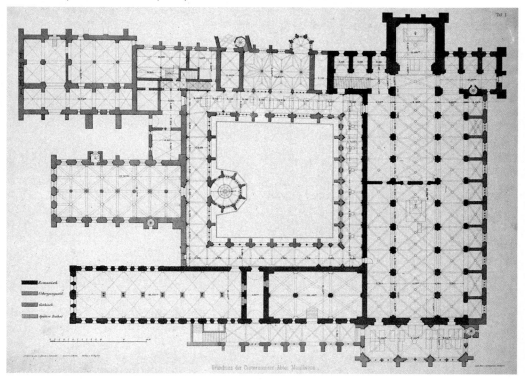

2 *Ansicht der Ostfassade des Dormentbaus im Bereich des Auditoriums.*

Es wurde mit folgenden Schwerpunkten und Aufgabenstellungen gearbeitet:

1. Bauforschung, Befunde, Bau- und Kunstgeschichte:
– Handaufmaß im Maßstab 1:20 zur Dokumentation der Oberflächen, Ermittlung der genauen Verformungen der Bauteile in verschiedenen Schnittebenen, Auswertung von Literatur und Schriftquellen zur Baugeschichte, Abgleich mit den Beobachtungen am Bau, Interpretation des Bestandes.
– Beobachtung und Analyse der Oberflächen durch die Restauratoren, Untersuchung der Fassungsabfolgen, ihre Interpretation und Verknüpfung zu baugeschichtlichen Fragestellungen; Schadensbilder in Putz- und Malschichten; maltechnische Fragestellungen; Konservierungsfragen zu Putz- und Malschichten.

– Die Bildprogramme und ihre kunst- und objektgeschichtliche Interpretation; dekorative Fassungen im Zusammenhang der malerischen Ausstattung des Gesamtklosters.

2. Meßtechnik, Dokumentationsmethoden:
– geodätisches Netz für das Handaufmaß,

1 U. HASSLER, W. GLASER, A. BRÄUNING, E. ALTHAUS: Kloster Maulbronn. Restauratorische und mineralogische Untersuchungen der Wandmalerei an der Ostwand des Parlatoriums. In: Erhalten historisch bedeutsamer Bauwerke, Jahrbuch 1989 des SFB 315, Berlin 1990.
2 Eine erste provisorische Absicherungsmaßnahme wurde im Auditorium durchgeführt (Zugbänder zur Stabilisierung der Mittelsäule).

– Langzeitbeobachtung der Verformungen des Gesamtbaus,
– Maßstäbliche Photographien (verschiedene Verfahren),
– Kombination der Befunddarstellungen von Handaufmaß, Photographien und Folien zur Schadensdokumentation.

3. Naturwissenschaften (Mineralogie, Mikrobiologie, Baustofftechnologie, Klima- und Feuchtemessungen):
– Mineralogische Untersuchungen zum Steinmaterial, zu Mörteln und Putzen,
– Bewertung der Reparaturmörtel; Analyse der Pigmente und Bindemittel,
– Diskussion möglicher Schadensmechanismen aus mineralogischer Sicht,

– Salzanalysen,
– Analysen mikrobiologischer Besätze (Pilze, Algen, Flechten, Bakterien …),
– Meßprogramme für Temperatur und Feuchte von Luft und Baumaterialien, Grundwasserpegel.

4. Ingenieurfragen:
– Analyse des statisch-konstruktiven Gefüges des Gesamtbaus, Diskussion der möglichen Versagensmechanismen im Zusammenhang der baugeschichtlichen Entwicklung des Baus.
– Klärung der geologischen und hydrogeologischen Situation in der Talaue.
– Baugrundeigenschaften und Gründung, Auswertung der Grundwasserpegelmes-

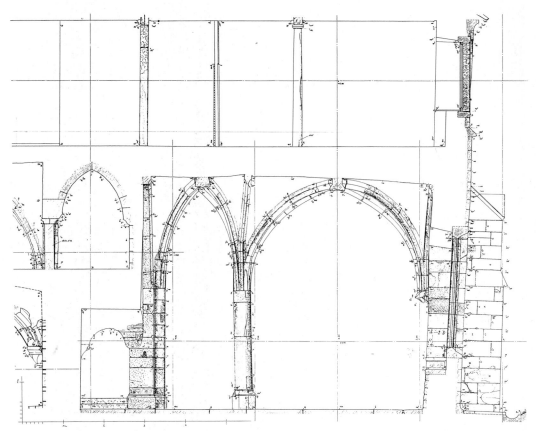

3 Ausschnitt aus dem Querschnitt Dormentgebäude. Die Schnittlinie ist etwa in der Mitte des Auditoriums an der Stelle der größten baulichen Verformung gewählt. Handaufmaß Norbert Hab.

4   *Auditorium Innenansicht mit Blick nach Norden. Rechts die nach außen verformte Ostwand.*

sungen für die Baugrundbeurteilung.
– Beobachtung der Gründungsschürfen durch archäologische Methoden.

Alle Untersuchungen mit Ausnahme der Gründungsschürfen sind zerstörungsfrei. Die restauratorischen Befunde und die Schadensdokumentation werden ohne Sondagen erhoben. Alle Meßmarken im Innern sind von den Restauratoren reversibel angebracht, Meßmarken im Außenbau nur in Baufugen (mit entsprechend bauverträglichen Mörteln) befestigt. Die mineralogischen und mikrobiologischen Untersuchungen werden mit kleinsten Materialmengen durchgeführt, deren Entnahme von den Restauratoren im Detail dokumentiert wird.

Zum Ablauf der Untersuchungen

Das Untersuchungsprogramm wurde für den Sonderforschungsbereich von Hartwig Schmidt formuliert und koordiniert. Für die Bauverwaltung sind Günter Bachmann (Staatl. Hochbauamt Pforzheim), Klaus Stintz und Uta Hassler (OFD) tätig.

Wegen der schwierigen statisch-konstruktiven Fragestellungen wurde der Entschluß gefaßt, über eine bereits durch das Landesdenkmalamt veranlaßte photogrammetrische Aufnahme hinaus ein sehr genaues Handaufmaß der besonders kritischen Bereiche des Dormentbaus anzufertigen, das durch verschiedene Schnitte (Abb. 3), Grundrißpläne und Gewölbeuntersichten (Abb. 5) die Verformungen der Konstruktion sehr präzise auszuwerten erlaubte. Dieses Handaufmaß haben Jutta Kriewitz, Peter Knoch und Norbert Hab erstellt. Jutta Kriewitz und Peter Knoch haben während der Messungen Beobachtungen am Baubestand festgehalten, die für die Bauforschung im Bereich des Dormentbaus neue Ergebnisse brachten.[3] Durch die ersten Pläne wurde bereits deutlich, daß Aufmaßirrtümer in den Plänen des 19. Jahrhunderts[4] zu eini-

gen falschen Interpretationen der baugeschichtlichen Entwicklung des Dormentbaus geführt haben. Der Dormentbau weist im Vergleich zu anderen Bauten des Klosterkernbereichs eine große Vielfalt baulicher Veränderungen auf. Bauliche Reste eines frühen Baus mit hölzernen Flachdecken haben sich erhalten, ebenso Wandfundamente und Reste einer weitgehend abgebrochenen nördlichen Abschlußwand, die einen ursprünglich kürzeren Baukörper begrenzte. Im Anschluß an diese Einführung sind zwei Planausschnitte der Pläne von Jutta Kriewitz und Peter Knoch abgebildet, die diesen Bereich zeigen (Abb. 7 und 8).

Zwei archäologische Sondagen, die vom Landesdenkmalamt (Archäologie des Mittelalters, Dietrich Lutz und Rainer Auch) betreut und durchgeführt wurden, brachten eine Verifizierung der Hypothesen der Bauforschung (Verformung und Abtragen einer ersten Ostwand, erste Nordwand entlang des Bachlaufs). Zur Klärung der Baugeschichte der Wölbkonstruktion und zur Beurteilung der Standsicherheit der Wölbkonstruktion wurde eine Untersicht der Gewölbe sehr präzise aufgemessen, der von Jutta Kriewitz gezeichnete Plan ist ebenfalls hier abgebildet, er diente Rudolf Pörtner als Grundlage für die statisch-konstruktiven Untersuchungen (Abb. 6).

Auch durch die Befundbeobachtungen der Restauratoren Wilhelm Glaser und Raymund Bunz an den Oberflächen von Putzen, Mörteln, Malschichten und Steinoberflächen ergaben sich wesentliche Anregungen für eine Revision der bisherigen Baugeschichtsschreibung im Bereich des

---

3 Die Hypothesen dieser Arbeit konnten über die archäologischen Sondagen verifiziert werden.
4 Besonders die von Eduard Paulus gezeigten Grundrißpläne führten durch die falsche Darstellung von Wandstärken zu Fehlinterpretationen der Baugeschichte des Dormentbaus (Eduard Paulus, Die Cistercienser-Abtei Maulbronn, Stuttgart 1890).

5   *Rißbild der Wölbkonstruktion im Auditorium.*

Dormentbaus. Die Zusammenarbeit der Restauratoren sowohl mit den Mitgliedern der Arbeitsgruppe, die sich mit dem Handaufmaß und Fragen der Bauforschung beschäftigten, wie auch die Koordination in den Materialfragen mit den Naturwissenschaftlern haben Denkanstöße für die Beurteilung der Schadens- und Entstehungsgeschichte gegeben.

Das Institut für Geodäsie der Universität Karlsruhe sorgte für ein Meßnetz im Dormentbau, außerdem wurde 1989 mit der Langzeitbeobachtung der Verformung der Außenwand des Dormentbaus begonnen. Die ersten Auswertungen zeigten keine weiteren Verformungen, das Meßprogramm wird weitergeführt.

Die Meßfühler für die Klima- und Feuchtemessung wurden von den Restauratoren sorgfältig und reversibel an für den Baubestand unkritischen Oberflächen angebracht, über die Meßanordnung und erste Meßergebnisse hat Harald Garrecht im Jahrbuch 1989 berichtet. Die Korrelierung

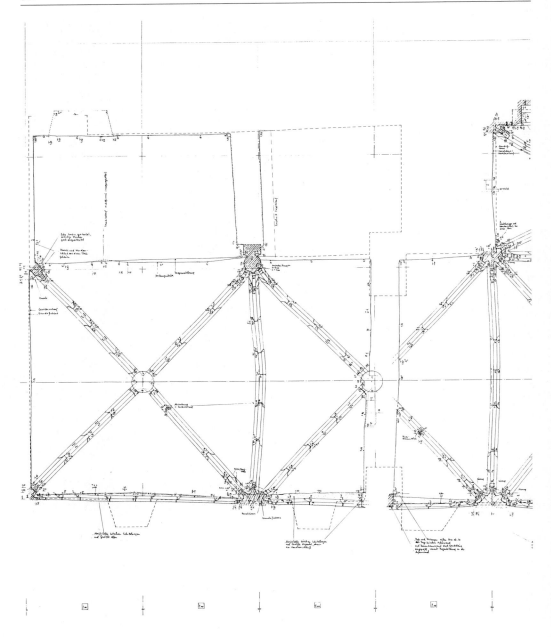

6   *Untersicht der Wölbkonstruktion des Auditoriums. Handaufmaß von Jutta Kriewitz.*

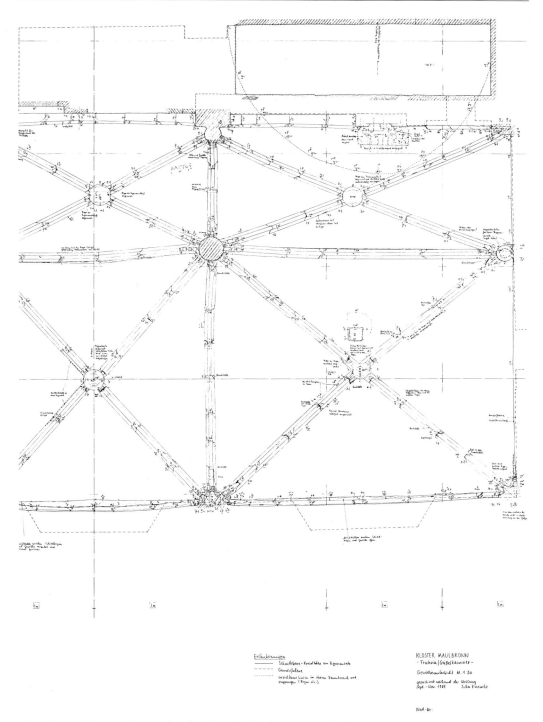

Bleistift auf Karton. Originalmaßstab 1:20. Nordseite (=rechts)

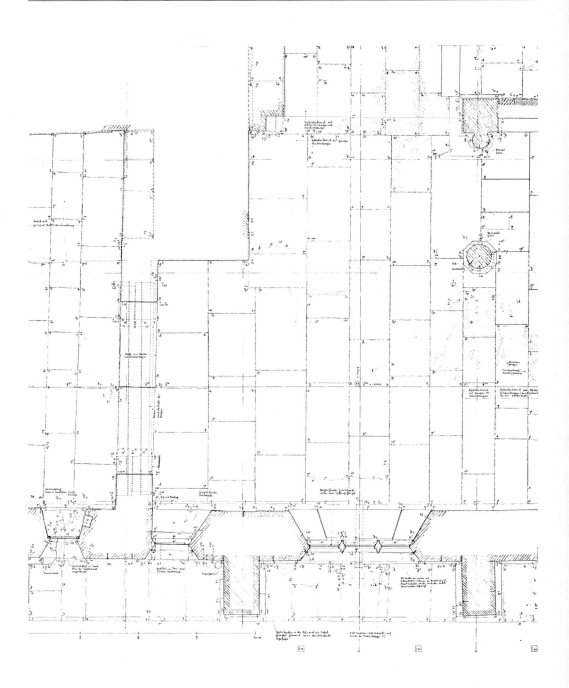

7   Ausschnitt aus dem Erdgeschoßgrundriß des Dormentgebäudes, Zeichnung und Auswertung von Jutta Kriewitz und Peter Knoch. Originalmaßstab 1:20. Nordseite (=rechts)

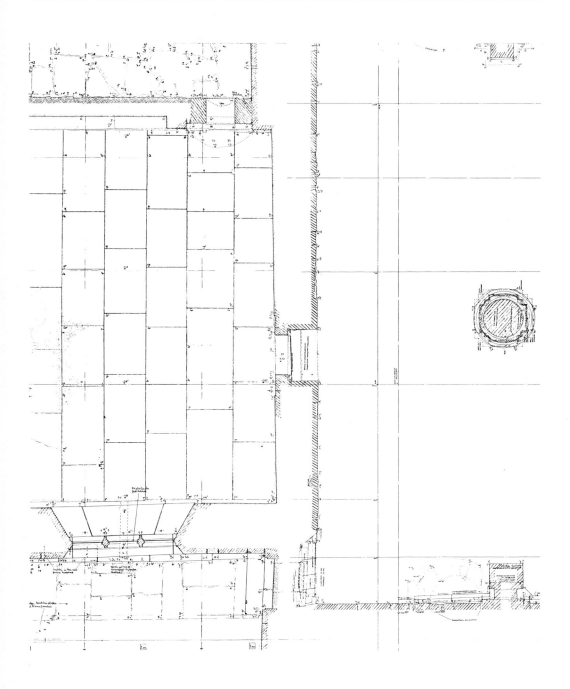

der Klima- und Feuchtemeßergebnisse mit den Pegelmessungen der Wasserstände im Klosterbereich wird versucht.[5]

Für den Innenraum und für eine Außenwand wurden als Grundlage für die Schadens- und Bestandsdokumentation maßstäbliche und entzerrte Schwarz-Weiß-Photos angefertigt.[6] Für diese Photoaufnahmen waren Günter Hell, Dirk Altenkirch, Rafael Cardenas und Mitarbeiter des Rheinischen Landesamts für Denkmalpflege verantwortlich. Da Dokumentationsphotos und die entsprechenden Schadenseintragungen maßstäblich hergestellt werden, können alle Ergebnisse mit den Aufmaßplänen direkt korreliert werden.

Mineralogisch-chemische Untersuchungen wie auch die mikrobiologische Untersuchung werden von Mitgliedern des SFB 315 durchgeführt (Institut für Mineralogie, Egon Althaus und Ekkehard Karotke, und Botanisches Institut der Universität Karlsruhe, Klaus Grimm). Ergebnisse liegen bereits vor, allerdings sind beide Untersuchungsprogramme noch in Arbeit. Mit Untersuchungen zu Baugrund und Gründungen vor allem im Bereich der archäologischen Sondagen wird gegenwärtig begonnen (Rudolf Pörtner, Büro für Baukonstruktionen und Erwin Schwing für das Institut für Boden- und Felsmechanik).

Erste Ergebnisse, methodische Fragen

In diesem Jahrbuch soll nur zu einzelnen Themen referiert werden, da nicht alle Arbeitsfelder abgeschlossen sind. Ausgewählt wurden:
– die Darstellung der Dokumentationsmethodik der Schadensbilder durch die Restauratoren,
– die kunstgeschichtliche Deutung der Wandbilder des Auditoriums, die im Zusammenhang mit den Untersuchungen der Restauratoren erfolgen konnte,
– eine erste qualitative Auswertung der statisch-konstruktiven Untersuchungen

am gesamten Dormentgebäude und
– ein Bericht über Ziele und bisherige Ergebnisse der Meßverfahren zur Klima- und Feuchtesituation in Auditorium und Geißelkammer.

Die Ergebnisse der Bauforschung, eine Gesamtanalyse der bisherigen Ergebnisse der Arbeitsgruppe sowie die Diskussion möglicher Sicherungsmaßnahmen sollen im folgenden Jahrbuch vorgestellt werden, da einige Auswertungen noch fehlen. Daher stehen in diesem Jahrbuch bewußt die methodischen Fragen im Vordergrund.

Forschungsinteresse des SFB zu Dokumentationsmethoden

Ein Forschungsinteresse des SFB galt bei diesem Projekt der Gegenüberstellung

5 Ein hydrogeologisches Gutachten erarbeitete Ralf Weinsziehr vom geologischen Landesamt Freiburg.
6 Als Schwierigkeit mit den Meßkammerphotos zeigte sich, daß die erhältlichen Glasplattennegative (ORWO) in der Negativqualität nicht die Auflösung bringen konnten, die für eine Auswertung der Wandflächen benötigt wurde. Deshalb wurde entschieden, mit Planfilmmaterial (FP 4 13/18 von Ilford, 4×5″ PXP von Kodak und Rollfilmmaterial PXP von Kodak) weiterzuarbeiten. Günter Hell und Jürgen Otto (Inst. f. Photogrammetrie und Kartographie der FH Karlsruhe), die zunächst die Meßkammerphotos der Innenräume hergestellt hatten, richteten die Großformatfachkamera für die Photographen meßtechnisch parallel zu den Wänden aus. Die Photoabzüge wurden nicht als Baryt-Abzüge hergestellt, sondern auf PE-Papier, um eine möglichst gute Maßhaltigkeit zu erreichen. Papiermeßmarken wurden auf den Wänden des Innenraums im Abstand von 2 m angebracht, um die maßstäbliche Vergrößerung der Photos zu ermöglichen (s. o.). Ein gerastertes Meßphoto der Außenwand wurde vom Rheinischen Amt für Denkmalpflege hergestellt (Norbert Nußbaum).

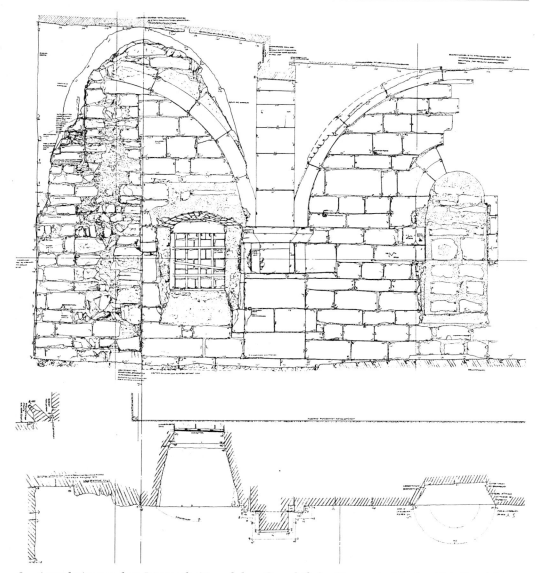

8   *Ausschnitt aus dem Längsschnitt und dem Grundriß des Dormentgebäudes. Detailansicht von Resten der abgetragenen Nordwand. Handaufmaß von Petert Knoch.*

verschiedener Dokumentationsmethoden in der praktischen Anwendung (Handaufmaß, photogrammetrische Auswertungen, maßstäbliche Photographien). Der Alterungsbeständigkeit und der Reproduzierbarkeit der Dokumentation wird besondere Wichtigkeit zugemessen. Mit welchen Methoden und Mitteln die Fortschreibung der Schadensdokumentation in eine Dokumentation der Sicherungsmaßnahmen überführt werden kann, wird im Projekt gezeigt.

Es wurden daher jene Arbeiten, die noch nicht einem gesicherten und allgemein üb-

lichen Dokumentationsstandard entsprechen, über Forschungsmittel finanziert,
die Mittel des Bauhaushalts wurden für
jene Untersuchungen aufgewendet, die für
eine spätere Sicherung des Baus maßnah-
menrelevant sind.

Weiterhin ist der Versuch der Bündelung
sehr verschiedener natur- und geisteswis-
senschaftlicher Arbeitsmethoden Idee des
Arbeitsprogramms. Bauverwaltung und
SFB planen ein wissenschaftliches Kolloquium, um die Ergebnisse der Fachöffent-
lichkeit vorzustellen.

Summary

Preservation and maintenance of the Cistercian monastery of Maulbronn rests
with the Staatliche Hochbauverwaltung of
the federal State of Baden-Württemberg.
Various dangers to the structural parts of
the buildings seem to require conservation
measures to safeguard the protected site
against further decline.

Because of the rare architectural and historic quality of the buildings as well as
the complexity of the issues to be considered Hochbauverwaltung, Landesdenkmalamt and University initiated a series of
„model investigations" in the central area,
which is to contribute to the understan-
ding of the processes causing the damage
to the buildings.

To investigate the causes of the damage a
team of historians, engineers and natural
sciences from the various public sectors
was formed to work on the following
tasks:

1. Building research, findings, architectural and art history in the context of the abbey
2. Measuring techniques, documentation
methods
3. Natural sciences (mineralogy, microbio-
logy, technology of building materials,
monitoring of climatic conditions and hu-
midity problems
4. Engineering issues

Résumé

L'administration publique du bâtiment du
Land de Bade-Württemberg est responsable de la conservation des volumes bâtis
et de l'aménagement du couvent de Maulbronn. Divers dangers menaçant les volumes bâtis ont fait surgir la question des
mesures de préservation – de type construction et restauration – envisageables.
Etant donné la qualité exceptionnelle des
volumes bâtis et la complexité des que-
stions posées, l'administration du bâtiment, l'office de préservation des monuments historiques du Land et l'université
ont entamé en 1989 plusieurs "études mo-
dèles" dans la partie centrale du couvent,
afin de comprendre les processus de dégradation. Ces études devraient permettre
de réduire au minimum indispensable les
mesures de préservation concernant les
volumes bâtis et les surfaces.

Un groupe de travail faisant coopérer en
son sein histoire, ingénierie et sciences
exactes a été constitué afin d'étudier les
causes des dommages subis par le bâtiment et son aménagement. Au cours des
travaux, les rubriques et tâches suivantes
ont été sélectionnées:

– Etude de la construction, diagnostic, histoire du bâtiment et de l'art
– Technique de mesure, méthodes de documentation
– Sciences exactes (minéralogie, micro-
biologie, technologie des matériaux de
construction, mesures climatologiques
et hygrométriques)
– Ingénierie.

Abbildungsnachweis

2, 4, 5	Dirk Altenkirch
3	Norbert Hab
6, 7	Jutta Kriewitz
8	Peter Knoch

WILHELM GLASER

Die restauratorischen Untersuchungen in Auditorium und Geißelkammer

Methodik und Aufbau der Schadensdokumentation

Die Erarbeitung eines Konservierungskonzeptes ist abhängig von einem möglichst guten Verständnis der Schädigungs-
prozesse, die wiederum nur durch ein-
gehende interdisziplinäre Untersuchungen
erhellt werden können.

Das Ziel der restauratorischen Untersuchungen, die ich in Zusammenarbeit mit
Raymond Bunz durchführte, war die Erfassung und maltechnische Untersuchung
des historischen Bestandes sowie die Untersuchung und Kartierung der Schäden
in den Putz-, Fassungs- und Malschichten.
Die Bestandsaufnahme, die Ergebnisse
der maltechnischen Untersuchungen und
die Schadenskartierung wurden in einer
Dokumentation zusammengefaßt. Aufbau
und Methodik der Schadenserfassung und
-kartierung werden im folgenden vorgestellt.

Die Dokumentation umfaßt drei Teile, sie
gliedert sich in eine graphische, eine
schriftliche und eine photographische Dokumentation.

1 Graphische Dokumentation

Wesentlicher Teil der Bestands- und
Schadensdokumentation ist die Kartierung des Bestandes und der unterschiedlichen Schäden, welche auf Transparentfolien über Photovorlagen eingezeichnet
wurden.

Grundlage der graphischen Dokumentation sind Schwarzweißabzüge von Groß-
formataufnahmen sämtlicher Wand- und
Gewölbeflächen der beiden Räume, welche von Dirk Altenkirch angefertigt wurden.

Bei der Photodokumentation wurden die
Standorte der Kameras unter Verwendung der an den Wänden befestig-
ten Meßpunkte des geodätischen Meßnet-
zes orthogonal eingemessen, wodurch beste Abbildungsergebnisse erzielt werden
konnten. Eine begleitende Dokumentation der Aufnahmesituationen und der
verwendeten Geräte bzw. Materialien ermöglicht jederzeit eine Wiederholung der
Aufnahmen unter gleichen Bedingungen.
Die Schwarzweißabzüge der Negative
wurden auf den Maßstab 1 : 10 vergrößert,
die exakte Vergrößerung war anhand der
abgebildeten Meßmarken möglich. Entgegen der bisherigen Praxis, bei der
Schwarzweißabzüge auf alterungsbestän-
digem Barytpapier verwendet wurden, erhielten Photos auf PE-Papier den Vorzug.
Die gewünschte Maßstäblichkeit der Photovorlagen konnte nur auf PE-Papier erzielt werden, da Barytpapier beim Trock-
nen der Abzüge unterschiedlich stark
schwindet. PE-Papier ist zwar nur bedingt
alterungsbeständig, jedoch lassen sich die
Abzüge mit den archivierten Negativen
maßstäblich reproduzieren, Barytpapier-
abzüge sind dagegen immer Unikate.
Durch die Maßstäblichkeit der graphischen Dokumentation ist deren dokumen-
tarischer Wert auch ohne die Photovorlagen gegeben. Anhand der übertragenen
Meßpunkte können die Folien mit den

Kartierungen auch über die Pläne der Bauaufnahme gelegt werden.

Die z. T. großformatigen Schwarzweiß-photographien (bis zu 55 × 60 cm) bilden jeweils die einzelnen Wandflächen und die Gewölbefläche eines Joches ab. Zur schnellen Orientierung wurden die Flächen in unterschiedliche Bereiche eingeteilt. Die hierfür gewählte Bereichsbezeichnung gibt den Raum (A für Auditorium, B für Geißelkammer), das Joch und die Wand- oder Deckenfläche an.

Anfängliche Überlegungen die Photovorlagen in ein kleineres handlicheres Format (DIN A4) zu zerschneiden wurden verworfen, da eine Gesamtübersicht und die Verwendung der Folien in Verbindung mit Planvorlagen nur mit aufwendigem Übertragen auf das ursprüngliche große Format möglich gewesen wären.

Die Eintragungen in die Folien der Originaldokumentation erfolgten während der Schadensaufnahme vor Ort. Das zeitraubende manuelle Kopieren der Folien entfiel damit, diese mußten nur noch für Mehrfachausfertigungen photokopiert werden.

Die Kartierungen wurden auf einer alterungsbeständigen, beidseitig mattierten und transparenten Zeichenfolie aus Polyester (Ozalid Zeichenfolie 50, Hersteller Fa. Hoechst) ausgeführt, die Schadensbereiche wurden mittels graphischer Symbole markiert.

Diese Folien sind maßbeständig und sehr unempfindlich gegen Schmutz; sie ermöglichen das Zeichnen mit dem Bleistift, was den Bedingungen am Objekt sehr entgegenkam. Zudem ist die Alterungsbeständigkeit der Graphitzeichnungen hervorragend.

Nach der Voruntersuchung im Auditorium und der Geißelkammer wurde der Umfang der Bestands- und Schadensaufnahme festgelegt, wobei in Anbetracht des großen Dokumentationsaufwandes nur eine maßnahmenrelevante Schadenskartierung sinnvoll erschien.

Da die Wandbilder beider Räume bislang keine Restaurierungen mit umfangreichen Retuschen, Übermalungen oder Fixierungen usw. erfahren hatten, wurde die Kartierung des Bestandes auf die historischen Putzflächen und die Putzergänzungen aus den unterschiedlichen Reparaturphasen beschränkt.

Bei der Kartierung der Schäden am Putz wurden lose Mörtelschollen, Hohlstellen und absandende Partien sämtlicher Putzflächen erfaßt.

Auf die Kartierung der Risse im Mörtel wurde verzichtet, ebenso wurden Mörtelausbrüche und Fehlstellen nicht aufgenommen, da diese durch die photographische Dokumentation und die zeichnerische Bauaufnahme ausreichend dokumentiert sind.

Von den Schäden in den Mal- und Fassungsschichten wurden lose und pudernde Bereiche erfaßt. Die vorhandenen Oberflächenbeläge wie Salzausblühungen und Mikroorganismen wurden bisher nicht in die graphische Dokumentation aufgenommen. Ihre naturwissenschaftliche Untersuchung wird derzeit von den Mineralogen und Mikrobiologen im SFB 315 durchgeführt.

Für jeden Bereich, d. h. für jede Wand- und Deckenfläche eines Joches, wurden fünf Folien angelegt.

Schadensbilder und Mörtelgrenzen wurden auf gesonderten Folien mit unterschiedlichen graphischen Symbolen erfaßt, so daß einerseits das Ausmaß einzelner Schäden klar ersichtlich ist und andererseits durch Übereinanderlegen der Transparentfolien Zusammenhänge zwischen den einzelnen Schadensbildern und deren Ausdehnung auf die unterschiedlichen Putzflächen sichtbar werden (Abb. 1, 2). Die Transparentfolien wurden paßgenau auf die Photovorlagen zugeschnitten und können außerdem anhand der übertragenen Meßpunkte exakt übereinandergelegt werden.

Der gewählte Maßstab von 1 : 10 ermöglichte eine sehr genaue Kartierung der

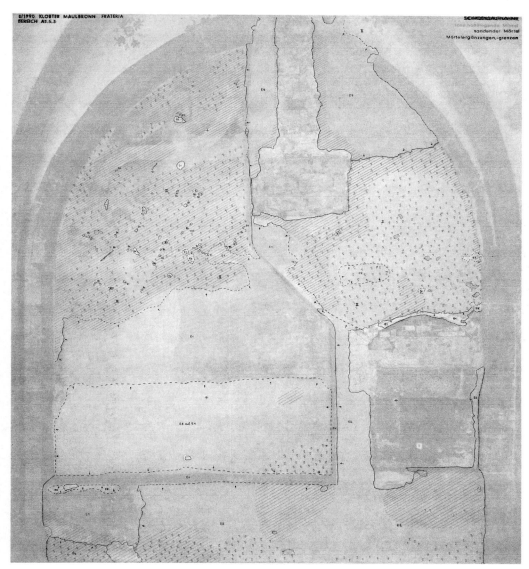

1   *Auditorium Westwand. Kartierung der Mörtelgrenzen (die Pfeile zeigen die Überlappungsrichtung der Mörtelflächen an). Absandende Mörtelflächen (mit „s" gekennzeichnet), Mörtelhohlstellen (schraffiert). Der malereitragende Mörtel II ist in diesem Bereich nur noch in der oberen Wandhälfte erhalten. Die starke Schädigung dieses Putzes erklärt die großflächigen Substanzverluste in früherer Zeit.*

Schadensbereiche, so daß auch detaillierte Schäden erfaßt wurden.

Die graphische Dokumentation ist zugleich Vorzustandsdokumentation für die Konservierung der Wandmalerei und so

aufgebaut, daß sie fortgeschrieben werden kann, d. h. die Konservierungsmaßnahmen können wiederum in gleicher Weise auf Transparentfolien dokumentiert werden. Sie ist Grundlage für die Kosten-

schätzung der erforderlichen restauratorischen Maßnahmen und ermöglicht eine
genaue Kontrolle der Konservierungs-
arbeiten sowie die Feststellung eventuell
später auftretender Veränderungen.

Methodik der Bestands- und Schadens-erfassung

Grenzen älterer Mörtel und Mörtel-
ergänzungen

Die Grenzen der verschiedenen Mörtelflächen, Arbeitsgrenzen, welche beim
Mörtelauftrag entstanden, werden im extremen Streiflicht deutlich sichtbar, da die
unterschiedlichen Oberflächenbearbeitun-
gen und Mörtelstrukturen stärker hervor-
treten.
Die Kartierung umfaßte den Bestand an
älteren Mörtelflächen und deren Grenzen
zueinander sowie die Grenzen zu jüngeren Mörtelflächen bzw. Fehlstellen. Die
Mörtelgrenzen im Anschluß an Architekturteile wurden nicht eingezeichnet, da sie
auf den SW-Photographien gut sichtbar
sind. Desweiteren wurden sämtliche Re-
paratur- und Ergänzungsmörtel sowie Re-
staurierungs- und Kittungsmörtel erfaßt.
Die deutlich sichtbaren Mörtelgrenzen
wurden mit durchgezogenen Linien markiert, wobei die Anputzrichtung, d.h. Abfolge und Überlappung, mit Pfeilen angegeben wurde. Mörtelgrenzen die nicht
eindeutig erkennbar waren, bzw. fließen-
de Grenzen und Überscheibungen wurden
mit gestrichelten Linien eingetragen, die
Auftragsabfolge wurde ebenfalls mit Pfeilen angegeben.
Erkennbare Arbeitsgrenzen wurden mit
Strichpunktlinien gekennzeichnet.
Die unterschiedlichen Mörtel wurden
klassifiziert, wobei die älteren Mörtel, welche die Fassungen bzw. Malereien tragen,
mit römischen Ziffern, und die jüngeren
Mörtel mit Großbuchstaben und arabi-
schen Ziffern bezeichnet wurden (Abb. 3).
Durch die Kartierung der Mörtelgrenzen
wurde einerseits die Ausdehnung der

älteren malereitragenden Mörtel erfaßt,
andererseits kann dadurch der Umfang
mörtelspezifischer Schäden anhand von
mineralogischen Untersuchungen festgestellt werden.

Hohlstellen und lose Mörtelschollen

Die Erfassung loser und hohlliegender
Mörtel wurde mittels einer Percussionsun-
tersuchung durchgeführt. Hierzu wurden
sämtliche Mörtelflächen mit einem weichen Filzklöppel vorsichtig abgeklopft
oder mit den Fingern abgetastet. Die hohl-
klingenden Bereiche und die losen Mörtelschollen wurden in der graphischen
Dokumentation mit schraffierten Flächen
markiert (Abb. 4).
Die Kartierung der Mörtelhohlstellen
zeigt in einigen Bereichen den Zusammenhang dieses Schadens mit den
statisch-konstruktiven Schäden in Auditorium und Geißelkammer. Die enorme
Ausdehnung der Hohlstellen verdeutlicht
die akute Absturzgefahr an mehreren Stellen (diese wurden bereits notgesichert)
und erklärt die großflächigen Substanzverluste in früherer Zeit.

Sandende Mörtel

Die Untersuchung und Erfassung dieses
Schadensbildes wurde rein optisch im
Streiflicht durchgeführt. Die Schäden entstehen dadurch, daß Bewegungen im
Mörtelgefüge (z. B. durch Salzkristallisation) Verbindungen zerstören und sich Bindemittel und Zuschlagstoffe herauslösen.
Die Kartierung dieses Schadensbildes
wurde auch im Bereich von Mörtelergän-
zungen durchgeführt, da diese in besonderem Maße geschädigt sind. Die Schadensbereiche wurden mit dem Symbol „s"
markiert.
Der durch das Absanden der Mörteloberflächen entstandene Substanzverlust ist
z.T. erheblich. Die Ausdehnung der Schadensbereiche auch auf die oberen malereitragenden Wandzonen unterstreicht die

2 *Geißelkammer Südwand. Kartierung der Mörtelgrenzen, Mörtelhohlstellen. Auffällig ist die Häufung von Hohlstellen entlang der Mörtelgrenze von Mörtel I in der unteren Wandhälfte und Mörtel II in der oberen Wandhälfte. Im Streiflicht zeichnet sich an dieser Stelle eine Baunaht ab.*

3   *Geißelkammer Südwand, Kartierung der Mörtelgrenzen. In der unteren Wandhälfte sind neben dem ältesten Mörtel Reparaturmörtel aus mehreren Phasen vorhanden, welche auf immer wieder auftretende Schäden und Substanzverluste hinweisen.*

4 *Geißelkammer Südwand, Mörtelhohlstellen. Die enorme Ausdehnung der Hohlstellen erklärt die großflächigen Substanzverluste in früherer Zeit (vgl. Abb. 2).*

5   Geißelkammer Südwand. Kartierung der Bereiche, in denen sich die Tüncheschichten und die Malschicht vom Untergrund ablösen. Die Ausdehnung dieses Schadensbildes verdeutlicht die akute Gefährdung der Malerei.

6 *Geißelkammer Südwand. Kartierung der Flächen, in denen die Malschicht abpudert. Dieser Schaden ist bereits so weit fortgeschritten, daß in vielen Bereichen nur noch Reste der Malschicht erhalten sind.*

Wichtigkeit der Untersuchung der Schadensursachen.

Lose Mal- und Fassungsschichten

Die Untersuchung und Erfassung loser Malschichten und Fassungen erfolgte im Streiflicht, in einzelnen Bereichen auch durch vorsichtiges manuelles Abtasten der Oberflächen. Dieses Schadensbild ist dadurch gekennzeichnet, daß sich einzelne Schollen oder auch größere Flächen der Fassungs- oder Malschicht ablösen und vom Untergrund abstehen. An den Wandflächen der Geißelkammer wurde dieses Schadensbild meist nur ertastet, da sich hier in vielen Bereichen die verschiedenen Tüncheschichten voneinander trennen und die dadurch entstehenden großflächigen Hohlräume nur akustisch wahrnehmbar sind. Die Schadensaufnahme in diesem Raum war dadurch sehr zeitaufwendig.

Die Erfassung loser Mal- und Fassungsschichten beschränkte sich auf die Flächen der malereitragenden Mörtel und die Rippenfassungen. Das Schadensbild wurde in der graphischen Dokumentation mit u-förmigen Häkchen gekennzeichnet (Abb. 5).

Die Kartierung loser Malschicht ergab, daß sowohl im Auditorium als auch in der Geißelkammer sich die Mal- und Fassungsschichten auf den Wandflächen in großflächigen Bereichen ablösen. Der dadurch drohende Totalverlust der Malereien erfordert dringend Konservierungsmaßnahmen.

Pudernde Malschicht, Fassung

Die Untersuchung dieses Phänomens erfolgte mit rein optischen Mitteln, wobei die Wandflächen im Auf- und Streiflicht sowie unter Verwendung von Lupe und Mikroskop untersucht wurden.

Für dieses Schadensbild ist typisch, daß sich kleinste Partikel bzw. Pigmentteilchen aufgrund mangelnder Bindung aus der Malschicht herauslösen bzw. sich vom Untergrund ablösen.

An den Wandflächen im Auditorium wurde die Kartierung der pudernden Malschicht auf die graue Grundierschicht (sog. Veneda) ausgedehnt, da diese ebenfalls Bestandteil der Malerei ist. So wurden auch Bereiche erfaßt, welche nur noch Reste abpudernder Grundierung aufweisen wie z. B. an der Trennwand zur Geißelkammer.

Die Erfassung dieses Schadensbildes beschränkte sich auf die malereitragenden Mörtel und die Rippenfassungen, eine Differenzierung zwischen schwach oder stark pudernden Flächen wurde nicht vorgenommen. Das Schadensbild wurde in der graphischen Dokumentation mit einem auf dem Kopf stehenden u-förmigen Häkchen gekennzeichnet (Abb. 6). Das enorme Ausmaß dieses Schadens im Zusammenhang mit den großflächigen Ablösungen der Mal- und Fassungsschichten verdeutlicht den schlechten Erhaltungszustand der Wandmalereien in den beiden Räumen und unterstreicht die Notwendigkeit von Konservierungsmaßnahmen.

Archivierung der graphischen Dokumentation

Die Photoaufnahmen und Folien werden in Mappen aus säurefreiem Karton aufbewahrt. Eine Erweiterung der Dokumentation d. h. eine Kartierung der durchgeführten Konservierungsmaßnahmen ist möglich. Für zwei weitere Ausfertigungen der Dokumentation wurden die Folien maßgetreu photokopiert.

2 Schriftliche Dokumentation

Die schriftliche Dokumentation ist in folgende Kapitel gegliedert:
1. Ist-Zustandsbeschreibung der einzelnen Wände und Gewölbe:
   In der Ist-Zustandsbeschreibung ist in einer Kurzidentifikation die Architektur beschrieben, danach folgt die Be-

schreibung des Trägers, d. h. des Mauerwerkes (soweit sichtbar) und der
Putzschicht; dabei werden Material,
Verarbeitung und Ausdehnung, eventuelle Besonderheiten sowie sichtbare
Schäden genannt. Ein nächster Schritt
ist die Ist-Zustandsbeschreibung der
Malschicht und der Fassung. Beschrieben werden Zustand und Umfang der
Malerei, Farbigkeit und Inhalt der Darstellungen.

2. Beobachtungen zur Maltechnik sowie
zum Aufbau und zur Abfolge der Fassungen:
   - Detaillierte Beschreibung der Malereien, ursprüngliches Aussehen, Veränderungen, gut erhaltene Partien.
   - Untersuchung der Maltechnik:
   Aufbau und Verarbeitung des Mörtels und der Malschicht. Besonderheiten, Hinweise auf verwendete Pigmente und Bindemittel, typische
   Schäden.
   - Untersuchung der Fassungsabfolge
   in Geißelkammer und Auditorium:
   Zeitliche Einordnung bzw. Zuordnung der Fassungen und Malereien
   zu den verschiedenen Mörtelphasen.

3. Klassifizierung der unterschiedlichen
Mörtel:
   - Anmerkungen zur Kartierung der
   Mörtelgrenzen und der Mörtelergän-
   zungen
   - Beschreibung der Mörtel und deren
   Ausdehnung
   - Zeitliche Einordnung der Mörtel

4. Anmerkungen zur Schadenskartierung:
   - Methodik
   - Kurze Beschreibung des Schadens-
   bildes
   - Umfang der Schadensaufnahme

5. Beschreibung der kartierten Schäden:
   - Lose, hohlliegende Mörtel
   - Sandender Mörtel
   - Lose Malschicht
   - Pudernde Malschicht
   Beschreibung der nicht kartierten
   Schäden:
   - Statisch bedingte Risse

   - Mörtelausbrüche, Fehlstellen
   - Oberflächenbeläge: Algenbewuchs,
   Salzausblühungen, Mikroorganismen
   - Schäden durch Wassereinbruch
   (Verfärbungen, Versinterungen)
   - Schäden an den Werksteinen aus
   Sandstein

6. Zusammenfassung, Ergebnis der Schadensaufnahme

7. Restauratorische Befunde zur Baugeschichte

8. Aufbau der Photodokumentation.

3 Photodokumentation

Die Photodokumentation umfaßt folgende
Themen:

- Aufnahmen der unterschiedlichen
Schadensbilder im Auf- und Streiflicht
- Maßstäbliche Aufnahmen mehrerer
Schadensbereiche zur Feststellung spä-
terer Veränderungen, Makroaufnah-
men im Maßstab $1:1$, $3:1$, $5:1$ und
$7:1$
- Fassungsabfolgen
- Fassungsaufbau, maltechnische Beson-
derheiten
- UV-Lumineszenzaufnahmen für mal-
technische Untersuchungen und zur
Identifizierung von Darstellungen
- Befunde der baugeschichtlichen Unter-
suchungen.

Sämtliche Aufnahmen wurden auf Diafil-
men gemacht. Die Detail- und Makro-
aufnahmen wurden im Kleinbildformat
24×36, die Gesamtaufnahmen im Auf-
und Streiflicht sowie die UV-Lumineszenzaufnahmen im Mittelformat 6×6 aufgenommen.
Zur Archivierung wurden die Diapositive
gerahmt, beschriftet, durchnumeriert und
in Diajournale eingeordnet.
In der schriftlichen Dokumentation wird
auf die Numerierung der Dias Bezug genommen, so daß sich schriftliche und
photographische Dokumentation sinnvoll
ergänzen.

Schlußbemerkung

Die Schadensaufnahme im Auditorium und der Geißelkammer erforderte trotz rationeller Arbeitsweise einen hohen Arbeitsaufwand. Die vielfach sehr kleinteiligen Schäden in der Malschicht mußten mit der Lupe und dem Mikroskop erfaßt werden, in einzelnen Bereichen konnten diese sogar nur vorsichtig ertastet werden, wodurch sich der Zeitaufwand enorm steigerte.

Es zeigte sich, daß in Maulbronn nur eine äußerst detaillierte Schadensaufnahme, bei der die Wand- und Deckenflächen quadratzentimeterweise untersucht werden, sinnvoll war. Neben dem umfassenden Einblick in Aufbau und Zustand von Träger und Malerei konnten wichtige Erkenntnisse über die sehr komplexen Schadensursachen gewonnen werden, Erkenntnisse, die für die Erarbeitung eines Konservierungskonzeptes von großer Bedeutung sind.

Zusammenfassung

Die restauratorischen Untersuchungen in Auditorium und Geißelkammer im Kloster Maulbronn sind Teil einer umfassenden Schadensaufnahme, deren Ziel es ist, die Schadensursachen zu analysieren und ein Konservierungskonzept zu erarbeiten. Wesentlicher Bestandteil der restauratorischen Bestands- und Schadensaufnahme war neben der schriftlichen und photographischen Dokumentation die maßstäbliche Kartierung der Schäden von Putz-, Fassungs- und Malschichten.

In dieser graphischen Dokumentation wurden auf Transparentfolien, die über SW-Abzügen im Maßstab 1:10 gelegt wurden, sämtliche Wand- und Deckenflächen, der Putzbestand und die verschiedenen Schäden kartiert.

Diese detaillierte Bestands- und Schadensaufnahme erbrachte wichtige Erkenntnisse über die Schadensursachen, -zusammenhänge und das Schadensausmaß. Sie ist zugleich die Vorzustandsdokumentation und Arbeitsgrundlage für eine anstehende Konservierung der beiden Räume. Die Fortschreibung dieser Dokumentation soll späteren Generationen Aufschlüsse über den heutigen Zustand, Umfang und Art der Konservierungsmaßnahmen geben und die Feststellung und Beurteilung eventuell später auftretender Schäden ermöglichen. Aus diesem Grund wurde die Auswahl der Materialien für die graphische Dokumentation unter dem Gesichtspunkt der Alterungsbeständigkeit getroffen.

Abbildungsnachweis

Alle Abbildungen Dirk Altenkirch. Schadenskartierung (Folien) Wilhelm Glaser und Raymund Bunz.

DAGMAR ZIMDARS

Die Wandbilder im Auditorium –
Bildprogramm und Datierung

Vorbemerkungen

Die Schadensaufnahme im Dormentbau der Maulbronner Klosteranlage durch den Sonderforschungsbereich 315 zeigte einmal mehr, daß eine kunsthistorische Bearbeitung von Wandmalereien ohne die Mithilfe anderer Wissenschaftszweige äußerst problematisch ist.[1] Ohne die enge Zusammenarbeit mit dem Naturwissenschaftler und dem Restaurator einerseits, dem Bauforscher und, für diese Studie ebenso wichtig, dem Altphilologen und Inschriftenforscher andererseits, hätten die vorzustellenden Ergebnisse nicht erzielt werden können.[2] Nicht immer ist das Untersuchungsobjekt so prominent und wichtig, wie es bei dem ehemaligen Zisterzienserkloster Maulbronn der Fall ist. Um so erstaunlicher ist es, daß eine Beurteilung der historischen und künstlerischen Bedeutung der Wandbilder im Auditorium bislang aussteht.[3] Vermutlich abgeschreckt durch ihren auf den ersten Blick katastrophalen Erhaltungszustand, reduzierte sich die Forschung bislang auf kursorische Erörterungen bzw. ,oberflächliche' Beobachtungen.[4] Es wurde nicht erkannt, daß sich in bestimmten Zonen sowohl des Vorder- als auch des Hintergrundes die Grundierung, Vorzeichnungen, Pigmentreste und ganze Bereiche mit originalen Malereioberflächen erhalten haben. Trotz aller Schäden ist es möglich, den kompositionellen Entwurf zu erfassen, das ikonographische Programm zu rekonstruieren, die stilistische und somit

zeitliche Einordnung vorzunehmen und die Qualität der Malereien zu bestimmen. Da die fragmentarisch erhaltenen Wandbilder hochgradig gefährdet sind, erscheint es um so wichtiger, den besonderen Rang dieser Wandbilder aufzuzeigen. Die Studie beschränkt sich darauf, den Bestand aus kunsthistorischer Sicht zu dokumentieren, d. h. die Literatur kritisch aufzuarbeiten, den Darstellungsinhalt aufzuschlüsseln und in Ansätzen das künstlerische Umfeld der Wandbilder einzugrenzen.

Zur Erhaltung und zur Technik

Die wesentlichen Erkenntnisse zu Erhaltung und Technik der Malerei verdanke ich den Beobachtungen der Restauratoren Wilhelm Glaser und Raymond Bunz. Ohne sie hätte diese Studie nicht entstehen können. Alle Angaben zum ursprünglichen Erhaltungszustand und zur Technik basieren auf ihrer Schadensdokumentation bzw. auf ihren mündlichen Mitteilungen. Da diese ausführliche Dokumentation noch aussteht, soll an dieser Stelle nur kurz das Wichtigste zum Erhaltungszustand skizziert werden. Wilhelm Glasers Untersuchungen ergaben, daß die Oberflächen der Wandmalereien im Auditorium original und zusammenhängend, also ohne Übermalungen und im wesentlichen ohne Restaurierungen, erhalten sind. Da mehrere Mal- oder Fassungsschichten nicht nachzuweisen sind, es sich also um eine einheitliche Ausstattungsphase handelt, erscheint es legitim, diese ersten kunsthistorischen Forschungsergebnisse ohne eine umfassende restauratorische Dokumentation vorzustellen. Verloren sind zum größten Teil die Inschriften, auch UV-Fluoreszenzaufnahmen brachten keine Aufschlüsse über ihren ursprünglichen Inhalt. Einzelne Inschriftenfragmente blieben glücklicherweise erhalten, ohne sie wäre ein Interpretationsversuch des Bildprogrammes erfolglos geblieben. Die anderen Wandmalereien im Maulbronner Kloster sind z. T. stark restauriert bzw. übergangen, deshalb kommt diesen Wandbildern im Auditorium eine besondere Aussagekraft zu.[5]

Bereits die Technik der Ausmalung zeugt von dem hohen Anspruch, mit dem der Raum ausgestattet wurde. Als Untergrund der obersten Malschicht, eines in der Wandmalerei selten verwendeten kostbaren Malachitgrüns, diente die sog. veneda, eine graue Grundierung, über deren Wirkung schon antike Quellen berichteten. Dieser Untergrund erzeugte den satten, dunklen Grünton und ermöglichte die kunstvolle Behandlung der Ranken mit weißen und gelben Lichthöhungen. Festzuhalten ist, daß die Kombination der veneda und Malachitgrün auf Lichteinfall berechnet war: ein wichtiger Sachverhalt, weil dadurch wahrscheinlich wird, daß der nachträgliche Einbau größerer Fenster möglicherweise im Hinblick auf diese Malachitfassung erfolgte, also zu dem Zeitpunkt, als die Ausstattung mit den Wandbildern geplant wurde. Neben den charakteristischen Lichthöhungen wird eine beträchtliche Lichtwirkung auch von den gelben und den vermutlich zinnoberroten sowie weißen Blumen ausgegangen sein, die in den grünen Rankenhintergrund eingefügt sind. Von erstaunlicher Qualität sind die Unterzeichnungen, so sind z. B. die Figuren mit sicherem Schwung skizziert und gekonnt an ihrem Bildort plaziert. Für die oberste Malschicht ist die leichte und flüssige Pinselführung charakteristisch, sie ist auf die veneda als Malgrund zurückzuführen.

Beschreibung der Wandbilder

Der heutige, wenig repräsentative Zugang zum Auditorium liegt versteckt im Nordwesten der Frateria, im nördlichen Teil des Kreuzgang-Ostflügels. Unterschiedlich große Gewölbefelder gliedern den Raum in vier Joche, das fünfte südliche Joch wird durch die Trennmauer mit dem Durchgang zur Geißelkammer halbiert. Hauptlichtquelle sind zwei große dreigeteilte Rechteckfenster mit segmentförmigem oberem Abschluß in der Ostwand. Zugänglich war der Raum ursprünglich über eine Tür vom Dormitorium aus, die heute noch, im südlichen Abschnitt der Westwand, fast unter der Wölbung, erhalten ist.

Die Raumfassung[6] ist geprägt durch einen flächigen, kaum tiefenwirksamen Rankenhintergrund, der an allen Bildträgern, außer den Gewölben, nachgewiesen ist. Er überzieht die Wände und die Fensterlaibungen, nach Aussage der Restauratoren war er auch in dem heute zerstörten unteren Wanddrittel vorhanden. Mehrere Rankenstränge scheinen von unten nach oben zu wachsen, wobei sich einzelne oder mehrere Blätter ausbilden. Die Blätter sind länglich und breit und laufen stumpf aus; einige legen sich um einen Rankenstrang oder fallen lappig nach unten. Die Ranken liegen nicht dicht und flächendeckend nebeneinander, sie lassen Raum frei für großblättrige, flache Blüten. Eine schwarze Umrißlinie faßt Ranken und Blätter ein, die Blätter sind an ihren Rändern wirkungsvoll mit Weiß gehöht. Die Halbfiguren bzw. Figurengruppen sind durch ihre körperhaft-plastische Darstellung, ursprünglich wohl auch durch eine kräftigere Farbgebung, von diesem Hintergrund abgehoben.

Nördliche Hälfte der Ostwand

Die nördliche Ostwand ist von allen Wänden die breiteste und bietet daher als Bildträger am meisten Platz (Abb. 1). In der

Mitte des Schildbogens über dem Fenster ist eine Halbfigur zu sehen, die sich mit dem Oberkörper nach links wendet, die Kopfhaltung weist nach rechts. Der Kopf scheint leicht nach unten geneigt, das Gesicht ist im Dreiviertelprofil gezeigt. Mit weit ausgebreiteten Armen hält sie ein vermutlich ehemals zweizeiliges, breites Schriftband, das wellenförmig über dem Fenstersturz verläuft. Es ist von allen Schriftbändern, die die Figuren tragen, das längste. Die Figur ist eingebettet in den Rankenhintergrund, der über dem Sturz und unterhalb des Scheidbogens einen kleinen Streifen frei läßt. In diesem Streifen ist rechts neben der Kopfbedeckung der Rest einer Inschrift ... *iteles* zu erkennen, Neumüllers-Klauser ergänzte sie 1983 zu „aristoteles". Anhand eines neueren, während der derzeitigen For-

1 *Auditorium Ostwand, nördliche Hälfte. Zur Orientierung vgl. Hassler Abb. 7*

1 Hinzuweisen ist auf zwei vorbildliche, wenn auch umfangreichere Forschungsvorhaben, deren Ergebnisse jüngst veröffentlicht wurden. Hervorzuheben besonders der Beitrag von DÖRTHE JAKOBS und HELMUT F. REICHWALD, Untersuchungsergebnisse und Maßnahmen der jüngsten Restaurierung von St. Georg, Reichenau-Oberzell, in: Zeitschrift für Kunsttechnologie und Konservierung 4 (1990) Heft 2, S. 291–332; HANS-HERBERT MÖLLER (Hrsg.), Wandmalerei-Schäden, in: Arbeitshefte zur Denkmalpflege in Niedersachsen (1990) Heft 8.

2 Die Ergebnisse der bauhistorischen Untersuchungen zum Dormentbau bzw. Auditorium und Geißelkammer sind bislang unveröffentlicht und bleiben in dieser Studie daher unberücksichtigt. Meine Überlegungen zur Raumnutzung und zur Datierung wurden selbstverständlich mit den Bauhistorikern und den Restauratoren diskutiert.

3 Vgl. dazu die bislang veröffentlichte Literatur: ADOLF METTLER, Zur Klosteranlage und zur Baugeschichte Maulbronns, in: Württembergische Vierteljahrshefte für Landesgeschichte, NF XVIII, 1909, S. 39–49; JOSEF SAUR, Der Cistercienserorden und die deutsche Kunst des Mittelalters, in: Studien und Mitteilungen zur Geschichte des Benediktinerordens und seiner Zweige 34 (1913) S. 660 und S. 667; GEORG FRANK, Das Zisterzienserkloster Maulbronn. Die Baugeschichte der Klausur von den Anfängen bis zur Säkularisation. Diss. phil. Freiburg 1989 (Masch.).

4 MARGA ANSTETT-JANßEN, Die Wandmalereien im Kloster, in: Ausst. Kat. Kloster Maulbronn 1178–1978, Maulbronn 1978, S. 77/78; s. d. die Katalognummern 38–51.

5 Eine restauratorische Untersuchung der 1424 entstandenen Wandbilder im Langhaus der Klosterkirche steht ebenso aus wie deren kunsthistorische Würdigung. Dasselbe gilt für die Wandmalereifragmente der Geißelkammer, die in dieser Studie ausgeklammert wurden.

6 Auf eine ausführliche Beschreibung der Architektur sowie der einzelnen Architekturglieder wurde im folgenden bewußt verzichtet.

schungsarbeiten aufgenommenen Detail-
photos entdeckte sie als weiteres Buchsta-
benfragment links neben dem Kopf die A-
Majuskel, so daß nun die Rekonstruktion
der fehlenden Buchstaben und damit die
Identifikation der Figur als Aristoteles
zweifelsfrei zu sein scheint.[7]
Die Figur hat langes gelocktes Haar und
einen zweigeteilten Bart. Über einem
langärmligen Untergewand trägt sie ein
wamsähnliches Übergewand mit umge-
krempelten Halbärmeln. Das Wams über
dem nach links gedrehten, kräftig gerun-
deten Oberkörper scheint sich in der Taille einzuschnüren. Auf dem Kopf sitzt eine
hohe Mütze, die den Scheitel des Schildbogens ausfüllt.

Links und rechts neben der Fensteröff-
nung sind zwei Bischofsfiguren in der
Vorzeichnung erhalten. Ihre Körper sind
leicht in Richtung Fenster gedreht. Bischofsstab und -mütze sowie Heiligen-
scheine sind ihre Attribute. Bei der linken
Bischofsfigur ist am Bischofsstab ein Pen-
timento zu erkennen. Mit beiden Händen
halten die Heiligen auf Brusthöhe einen
geöffneten Folianten, so als ob sie dem im
Raum stehenden Betrachter eine zum Lesen geöffnete Buchseite zeigen würden.
Ihre gelockten Köpfe sind leicht nach unten geneigt, ihre Aufmerksamkeit scheint
sich auf die geöffneten Bücher zu richten.
Beide Figuren werden hinterfangen von
heute leeren Inschriftenbändern, die geschickt den Konturen der Fensterlaibung
und der Gewölbekonsole folgen.

In den tiefen Fensterlaibungen sind links
und rechts Fragmente eines Bischofssta-
bes und rechts außerdem Reste eines Hei-
ligenscheines zu erkennen.

Südliche Hälfte der Ostwand

Im Schildbogen sind Vorzeichnungsre-
ste eines Kopfes (vermutlich mit einer
Drehung nach rechts), Kopfbedeckung,
Schulterkontur und Halsausschnitt erhal-
ten, am nördlichsten Fenstergewände das
Fragment eines nimbierten Kopfes.

Nordwand

An der stark zerstörten, durch das Gewölbe in zwei Felder geteilten Nordwand
lassen sich auf gleicher Höhe wie an der
Ostwand nur noch spärliche Reste eines
Schriftbandes erkennen.

Westwand, nördlicher Schildbogen

Die in der Vorzeichnung am vollstän-
digsten erhaltene Figur nimmt in ihrer
Anordnung, Ausrichtung und Haltung
deutlich Bezug auf die durch den Kamineinbau gestörte rechte Wandhälfte; sie
füllt den Bildort vollständig aus. Der
Oberkörper, die Haltung des erhobenen,
angewinkelten linken Armes und des
Kopfes zeigen nach rechts, weg von der
Kaminwand (Abb. 2). Der Oberkörper ist
leicht vornüber geneigt, als ob die Figur
sich über das Schriftband beugen würde.
Sie scheint von unten aus einem wulst-
artigen Gebilde herauszuwachsen, der
Oberkörper schnürt sich von den Achseln
aus zur Taille hin ein. Überschnitten wird
sie durch das lange, wellige, vermutlich
zweizeilige Schriftband. Beide Hände halten es; der rechte Arm ist weit ausge-
streckt, die rechte Hand hält es oben fest.
Der linke Arm ist angewinkelt und erhoben, so daß das Übergewand am Ellbogen
weit herunterfällt. Die Linke stützt das
Band am oberen Ende von unten. Der
Kopf ist nach vorne geneigt, die geöffneten Augen scheinen nach unten zu
schauen. Das jugendliche, bartlose Gesicht ist im Dreiviertelprofil gezeigt, wodurch das linke Ohr sichtbar ist. Kürzere
Haare schauen unter einer zipfelmüt-
zenähnlichen Kopfbedeckung hervor.
Zwei der Kopfneigung folgende, schmale,
flatternde Bänder scheinen im Nacken an
der Mütze befestigt zu sein.
Über einem langärmligen Untergewand
trägt die Figur ein Übergewand mit weit

2 Gelehrtenfigur Westwand, nördlicher Schildbogen

fallenden, kurzen geschlitzten Ärmeln und kapuzenähnlichem Kragen, bei dem am Halsausschnitt das Untergewand hervorschaut. Die Brust schmückt eine auf dem Kopf stehende herzförmige Ornamentform.

Westwand, südlicher Schildbogen

In dem schmalen Schildbogenfeld wendet sich eine Halbfigur nach rechts. Mit weit ausgebreiteten Armen hält sie ein Schriftband, das sich deutlich der Tür, die ehemals zum Herrendormitorium führte, anpaßt. Sie ist bärtig und wie die anderen Figuren mit Unter- und Übergewand sowie einer Mütze bekleidet.

Südwand, westliche Hälfte

Besser als bei den anderen Wandflächen ist hier der Rankenhintergrund erhalten:

Er spart einen Streifen unterhalb des Gewölbeansatzes aus, und wie bei allen anderen Bildern trennt eine wellenförmige Linie die Ranken von diesem Streifen. Figur und Schriftbandkonturen fügen sich geschickt in den schmalen, hochformatigen Bildort ein (Abb. 3). Die leichte Drehung der Figur wird durch die Kopfhaltung und vor allem durch den angewinkelten linken Arm und dessen ausgestreckten Zeigefinger unterstützt. Der Zeigefinger scheint auf das von der rechten Hand gestützte Schriftband zu deuten.

Über einem langärmligen Untergewand trägt sie ein Übergewand mit kurzen Ar-

7 RENATE NEUMÜLLERS-KLAUSER, Die Inschriften des Enzkreises, München 1983, Nr. 140 und brieflich Auskunft vom 12. 12. 1990.

4   *Auditorium Gesamtansicht Südwand*

men, um den Ausschnitt und am Ärmel läuft eine breite Schmuckborte. Das Gesicht ist bärtig, auf dem Kopf sitzt ein spitzer Hut mit hochgeschlagener, vorne dreiecksförmiger Krempe.

Südwand

Über dem hölzernen Sturz des Durchgangs zur Geißelkammer befindet sich die Hauptszene des Raumes (Abb. 4). Vor dem Rankenhintergrund, in dem große, flächig aufgefaßte, ursprünglich zinnoberrote und gelbe Blumen eingebettet sind, verteilt sich um den in der Mitte thronenden Christus eine nimbierte Männergruppe. Die Männer sitzen, Dreiergruppen bildend, deutlich niedriger als Christus angeordnet auf wenig hohen Bänken, links und rechts des Thrones. Breite, heute nicht mehr lesbare Schriftbänder, die stellenweise kunstvoll in die Ranken verwoben sind, beherrschen das Bildfeld. Jeweils die beiden inneren Bänder ordnen

sich der Mitte zu, lassen diese aber frei und scheinen Christus zu rahmen, die seitlichen Bänder flattern über den Bildort auf die anschließende Ost- bzw. Westwand hinüber.

Die mit dem Kreuznimbus ausgezeichnete Christusfigur nimmt die Mitte ein. Christus wird einerseits durch die mächtige Thronarchitektur, andererseits durch das in der Mitte über seinem Kopf angeordnete Schriftband betont. Mit seiner Linken hält er ein aufgeschlagenes Buch auf seinem rechten Knie, seine Rechte ist lehrend erhoben. Der breite Thron ist etwas von rechts gesehen; rechts unten lassen sich als Sockelzone kleine Zierarkaturen ausmachen. Die gestufte linke Thronwange endet oben mit einem kleinen Wimperg. Christi Kopf ist leicht nach rechts geneigt, er ist bärtig, die Haare sind in der Mitte gescheitelt und hinter dem linken Ohr zurückgekämmt. Über einem langärmligen Kleid trägt er einen Mantel, den eine große runde Schließe vor der

Brust zusammenhält. Dieser fällt in einer sanften Wellenbewegung, den Kontur fein bezeichnend und auf der rechten Seite die Hand freilassend, bis über die Knie.

Die zwei außen sitzenden Männer der Dreiergruppen scheinen jeweils weiter vorne zu sitzen als der mittlere, der durch beide überschnitten wird. In Körper und Kopfhaltung beziehen sie sich alleine auf die eigene Gruppe, sie nehmen weder Kontakt zu Christus noch zu der gegenüberliegenden Gruppe auf. Alle sechs Figuren halten ein breites und langes, flatterndes Schriftband in einer Hand. Die Männer der rechten Gruppe sind alle bärtig und halten einen einfachen Krummstab in der Hand, die Krummstäbe der linken Gruppe dagegen sind am Knauf verziert. Diese drei Männer scheinen kostbare Kleider zu tragen (Untergewand, Mantel mit Schließe), während ihre Pendants auf der rechten Seite einfache, weich fallende Gewänder tragen. Die mittlere Figur der rechten Gruppe hält ein sehr langes Schriftband, das sich kunstvoll durch die Ranken in die Tiefe windet. Als Negativabdruck ist darauf zu lesen: *s. paul* pm* herem* (ita) *s. ant.*

Die bartlosen Männer der linken Gruppe werden auf einem frei über ihren Köpfen

schwebenden, von Christi Thron ausgehenden Schriftband näher bezeichnet. Bei den Untersuchungen auf dem Gerüst gelang es über die Negativabdrücke der Inschriften die linke Männergruppe in der Reihenfolge von links nach rechts als *s. bernhard*, *s. benedikt* und *s. basilius* zu identifizieren. Basilius wird durch einen Bischofshut näher bezeichnet, er und Bernhard agieren mit der linken Hand.

Beobachtungen zur Bau- und Nutzungsgeschichte des Auditoriums

Auditorium und Geißelkammer waren ursprünglich ein durchgehender und zusammenhängender Raum, den Mettler als einen „... achtfeldrigen Innenraum von 16 m Länge und 8 m Breite" rekonstruierte;[8] Frank datiert diesen Raum in das zweite Viertel des 13. Jahrhunderts.[9] Durch neue Nutzungsanforderungen (Dormitorium) im Obergeschoß, so Frank, wurde der Einbau einer Treppenanlage im Westteil des Raumes nötig, wodurch dieser kleiner und der Raumeindruck durch die Substruktion der Treppe empfindlich gestört wurde. Gleichzeitig wurde er erhöht und neu eingewölbt, Maßnahmen, die im zweiten Drittel des 14. Jahrhunderts erfolgten. Später wurden die Räume durch eine Trennmauer in zwei selbständige Räume unterteilt, möglicherweise entstand der heutige Durchgang erst zwischen 1930 und 1940.[10] Frank wies mit Recht darauf hin, daß Arbeitsspuren und Materialwechsel an der Außenseite der Ostwand den Schluß nahelegen, daß der Einbau der Fenster später, jedenfalls nicht gleichzeitig mit der im

3   Gelehrtenfigur Südwand, westliche Hälfte

8   Mettler 1909, S. 17f.
9   Frank 1989, S. 114f.
10 F. Rimmele, Denkmalpflege am Kloster Maulbronn, in: Schwäbische Heimat, 1939, S. 13–18. Nach Überzeugung Wilhelm Glasers bestand dieser Durchgang bereits zur Zeit der Ausmalung.

zweiten Viertel des 13. Jh.s hochgezogenen Ostwand erfolgt sein kann.[11] Anstett
und nach ihm Frank gehen ohne nähere
Untersuchung der Fensterformen davon
aus, daß sowohl der Fenstereinbau als
auch der Einbau der Trennmauer um
1520 ausgeführt wurden.[12] Der gleichen
Bauphase schreibt Frank den Kamineinbau zu, die Ausmalung soll ebenfalls zu
diesem Zeitpunkt erfolgt sein.

Nach den restauratorischen Untersuchungen besteht kein Zweifel mehr, daß die
Fassung der Wände und die Gesamtausstattung auf die Anordnung der Fenster,
auf den Kamineinbau und auf die Trennwand Rücksicht nehmen, also vor der
Ausmalung entstanden sind. Konkrete
Hinweise allerdings, daß diese Maßnahmen 1520 erfolgten, fehlen gänzlich. Diese
in der bisherigen Forschung vorgeschlagene Datierung basierte alleine auf der
Annahme, daß der Stil der Malerei eine
Datierung um 1520 zuläßt und daß laut
Quelle um 1520 eine Bibliothek eingerichtet wurde.

Alle bisherigen Spekulationen über Bau
und Einrichtung einer Maulbronner Klosterbibliothek – wo auch immer sie gelegen haben mag – gehen von Klunzingers
„Artistischer Beschreibung" aus, „… 1518
läßt Abt Johannes Burrus die künstliche
Bibliothek bauen."[13] Die folgenden Auflagen der „Beschreibungen" geben keine
weiteren Hinweise mehr auf diese Bibliothek. Stellvertretend für die kontroverse
Diskussion um Nutzung und Ausstattung
des Auditoriums sollen Mettlers Ausführungen von 1909 zitiert werden. Er
schreibt: „Der Saal wird gewöhnlich als
,ehemalige Bibliothek' bezeichnet, allein
es ist schwer einzusehen, warum dann Abt
Burrus (zwischen 1518 und 1521) noch
eine zweite [!] Bibliothek über dem nördlichen Querschiff der Kirche eingerichtet
haben sollte. Zudem ist der normale Platz
[!] der Bücherei im Obergeschoß. Vielmehr war E (Auditorium) der Studiensaal
des Klosters."[14] Auch für Edgar Lehmann
liegt die Bibliothek des Abtes Burrus im

Obergeschoß des nördlichen Querschiffarmes, nachdem er als Standort einer
möglichen (nicht nachgewiesenen) Vorgängerbibliothek (zwischen 1160 und
1220) die Lage zwischen Chor und
Kapitelsaal im Untergeschoß des Ostflügels diskutiert.[15] Marga und Peter Anstett
gehen auf das Auditorium und die Malereien kurz ein, Peter Anstett bezeichnet
die Bruderhalle als „Bibliothek und Studierraum der Mönche".[16]

Der angeblich von Abt Burrus erbaute Bibliothekssaal wird sowohl von Eberhard
Gohl als auch von Wolfgang Irtenkauf mit
dem heutigen spätgotischen Oratoriumsbau identifiziert. Als Indizien dienen ihnen die Figuren auf den Schlußsteinen,
also „… die vier Kirchenlehrer in der
Kombination mit dem hl. Bernhard und
Maria … die Männer alle mit einem
Buch."[17] Für Georg Frank schließlich gibt
es keine Zweifel, daß sowohl die Bauformen als auch der Stil der Wandgemälde
im Auditorium für eine Datierung um
1520 sprechen – die angeblich von Abt
Burrus 1520 erbaute Bibliothek sei also
mit dem Auditorium identisch.

Die folgenden Ausführungen werden zeigen, daß sowohl die Identifizierung des
Auditoriums als der von Abt Burrus erbaute Bibliothekssaal als auch die Datierung der Wandbilder ins 16. Jahrhundert
ohne Grundlage sind.

Das Auditorium – ein mittelalterlicher Bibliothekssaal?

In seiner Skizze zur Entstehungsgeschichte der Maulbronner Bibliothek wirft
Irtenkauf, wie er selbst ausführt, mehr
Fragen auf, als er beantwortet.[18] Wie wir
noch sehen werden, liefern seine Überlegungen aber doch wichtige Hinweise für
die Rekonstruktion der mittelalterlichen
Klosterbibliothek. Die Nachrichten über
eine Schreibstube bzw. eine Bibliothek in
Maulbronn fließen äußerst spärlich. Irtenkauf weist auf die erstaunliche Maulbronner Buchproduktion in der zweiten Hälfte

des 12. Jh.s hin, deren Höhepunkt und vorläufigen Abschluß das wohl um 1249 zu datierende Maulbronner Antiphonale darstellt. Über Aussehen, Umfang der Produktion und des allgemeinen Buchbestandes in späterer Zeit ist so gut wie nichts bekannt, da der Erhaltungszustand des Maulbronner Buchbestandes heute ein rein zufälliger ist. So liegen auch die Jahre zwischen 1250 und 1400 im Dunkeln, jegliche Hinweise auf eine Maulbronner Bibliothek fehlen.

Erst 1439 erfahren wir wieder etwas mehr. Aus diesem Jahr gibt es eine wichtige Nachricht, die bislang nicht ausgewertet wurde und uns in der Frage nach der wirklichen Nutzung des Auditoriums voranbringt. 1439 kauft Maulbronn bei der hessischen Zisterzienserabtei Arnsberg 64 Handschriften. Dieser Ankauf ist in mehrfacher Hinsicht ungewöhnlich. Erstaunlich ist die Anzahl der gekauften Exemplare, es ist zu vermuten, daß in Maulbronn

Büchernot herrschte, ein Grundstock fehlte und dieser zunächst aufgebaut werden mußte. Dafür spricht auch die Tatsache, daß durch den Ankauf 41 theologischer, 21 juristischer und zwei medizinischer Codices v. a. Schriften für den klösterlichen Alltagsgebrauch erstanden wurden. Ungewöhnlich ist weiterhin, daß diese Handschriften gekauft und nicht wie sonst eher üblich über Schenkungen, Vermächtnisse oder Stiftungen in Maulbronner Besitz kamen.[19] Der Ankauf der Bücher ruft daher mehrere Fragen hervor: Wer war für den Kauf verantwortlich? Welches Ziel wurde damit verfolgt? Wie standen die Zisterzienser generell zum Bücherstudium? Warum versuchte man nicht über eine Stiftung oder Schenkung den Bücherbestand zu vergrößern?[20] Es ist zu vermuten, daß mit dem Kauf der Bücher die Absicht verfolgt wurde, Maulbronn besser mit Büchern auszustatten bzw. den vorhandenen Bestand mit

11 S. Anm. 9.
12 PETER ANSTETT, Kloster Maulbronn, München – Berlin 1989, S. 16.
13 KARL KLUNZINGER, Artistische Beschreibung der vormaligen Zisterzienserabtei Maulbronn, Karlsruhe 1853 (2), S. 63. Klunzingers Behauptung geht seinerseits auf Quellen des 16. bzw. 17. Jahrhunderts zurück.
14 METTLER 1909, S. 49 f.; vgl. auch: Beschreibung des Oberamts Maulbronn, Stuttgart 1870 (Neuausgabe 1974), S. 154.
15 EDGAR LEHMANN, Die Bibliotheksräume der deutschen Klöster im Mittelalter, Berlin 1957, S. 39. Gerade auch Lehmanns Untersuchungen machen deutlich, daß es eigentlich unzulässig ist, von einem „normalen" Standort einer mittelalterlichen Klosterbibliothek zu sprechen. Auch der Versuch, typisch zisterziensische bzw. benediktinische Bibliotheksstandorte auszumachen, zumal im Mittelalter, ist problematisch. Hinzu kommt das Problem der Terminologie des Wortes „Bibliothek". Vgl. weiter die neue-

sten Überlegungen zur mittelalterlichen Bibliothek in Hirsau und ihre Verbindung mit Maulbronn: ANNELIESE SEELIGER-ZEISS, Studien zur Architektur der Spätgotik in Hirsau, in: Hirsau St. Peter und Paul 1091–1991, Forschungen und Berichte der Archäologie des Mittelalters in Baden-Württemberg, Bd. 10/1, Stuttgart 1991, S. 335 ff.
16 S. Anm. 4 und Anm. 12.
17 WOLFGANG IRTENKAUF, Zur Geschichte der Bibliothek, Ausst. Kat. Kloster Maulbronn 1978, S. 92.
18 Vgl. für die folgenden Angaben: IRTENKAUF, Ausst. Kat. Kloster Maulbronn 1978, S. 89–93.
19 Grundsätzlich dazu auch: LADISLAUS BUZÀS, Deutsche Bibliotheken des Mittelalters, 1975, Bd. 1, S. 19 und S. 21.
20 Die Beantwortung dieser Fragen bleibt einer künftigen Studie vorbehalten. Vorerst dazu: AMBROSIUS SCHNEIDER, Die Cisterzienser. Geschichte – Geist – Kunst, Köln 1977.

den grundlegenden Schriften aufzufüllen. Eine gebildete Persönlichkeit mußte sich für diesen Plan eingesetzt haben. Nur die Äbte kommen dafür in Frage, zu ihrer vorrangigen Aufgabe gehörte es, auf die geistig-seelische Bildung der Mönche und der Brüder zu achten und diese zu fördern.

In den ersten drei Jahrzehnten des 15. Jahrhunderts regierte Abt Albert von Ötisheim (1402–1428).[21] In seiner Amtszeit wurde 1424 z. B. das Langhaus mit Wandmalereien geschmückt. Ihm folgen zwei weitere bedeutende Abtspersönlichkeiten. Zunächst Johannes von Gelnhausen, ein ehemaliger Kartäusermönch, seit 1431 Mönch und ab 1433 bis 1439/1440 Abt in Maulbronn. In seine Regierungszeit fiel das Basler Konzil (1431–1448), das Konzil von Konstanz (1414/18) ging diesem voraus, das in Ferrara folgte 1438/1442. Da Johannes von Gelnhausen beim Basler Konzil eine aktive Rolle als Vermittler zwischen Konzil und den rebellischen Hussiten spielte, lohnt es sich, kurz einen Blick auf die Ziele dieser päpstlichen Versammlungen zu werfen.[22] Im 14./15. Jahrhundert hatte der geistliche und klösterliche Stand erheblich an Respekt und Ansehen verloren. Neben den wichtigen institutionellen Reformen als Hauptziel wurde daher die Reformation der Kirche an Haupt und Gliedern angestrebt, wurde auf den Konzilien dem Rückgang des einstigen religiösen Eifers und der klösterlichen Disziplin der Kampf angesagt. Aber die Umsetzung der Reformbemühungen auf höchster kirchlicher Ebene war nicht immer von Erfolg gekrönt. Die Konzilsideen hatten allerdings beträchtlichen Einfluß auf die einzelnen Ordensbewegungen. Vor allem im Benediktinerorden, aber nicht nur dort, fand der Aufruf zur Erneuerung des Mönchtums nachhaltig Anklang.[23] Zeitgleich wurde unter dem Einfluß der deutschen Mystik zur Erneuerung der Klosterzucht, zur Verinnerlichung der Askese und zur Wiederaufnahme der Studien aufgerufen.

Vor diesem Hintergrund muß das Wirken des Abtes Johannes von Gelnhausen gesehen werden, was auch die Inschrift seines Grabsteines in Maulbronn illustriert: „... Johannes, der weithin berühmte Verkünder des Wortes, weiland Abt und hochherzigen Geistes, ruht nun entseelt. Aus Gelnhausen gebürtig, begann er als Gesandter des Baseler Konzils die Böhmen aus Liebe zu Gott zur Übung des einen Glaubens zurückzurufen ...".

Johannes von Gelnhausen wurde durch Berthold von Roßwag, Abt zwischen 1445 und 1462, abgelöst. Während seiner Amtszeit, wohl auf seine Initiative hin, entstand 1450 die Stiftungstafel (Fundationstafel), die sich, wie die Langhausmalereien zuvor, stark auf die Gründungsgeschichte und Anfänge Maulbronns zurückbesinnt.

Zusammenfassend sei die These aufgestellt, daß Johannes von Gelnhausen die Einrichtung einer Bibliothek plante, den Kauf der Handschriften betrieb und die Ausstattung mit den Wandbildern in Auftrag gab, möglicherweise jedoch über dem nicht vollendeten Vorhaben 1443 verstarb. Sein Nachfolger Berthold von Roßwag könnte sich dann nach ihm um die endgültige Fertigstellung der Ausstattung gekümmert haben.

Das Bildprogramm

Die Halbfiguren an den Schildwänden werden bei Anstett und Frank als Propheten gedeutet, Mettler sprach generell von „Weltlichen mit Spruchbändern". Nachdem Neumüllers-Klauser eine der Figuren als Aristoteles identifiziert hatte, schien es ihr möglich, die restlichen Halbfiguren ebenfalls als Gelehrte zu deuten. Unbemerkt blieb bislang, daß Mettler, glaubt man seinen Aufzeichnungen von 1909, noch einiges mehr auf dem Inschriftenband der Aristotelesfigur lesen konnte, als es uns heute möglich ist (Abb. 5): „... am besten erhalten ist über dem letzten Fenster gegen Norden ein Brustbild mit beigesetztem Namen Empedokles [!] und mit

5 *Aristoteles, vgl. Abb. 1*

dem zweizeiligen Spruch: Tria sunt in tota rerum varietate praecipua, scil. mobilis affluentiae contemptus, futurae felicitatis appetitus et/mentis illustratio, quorum primo nihil honestius, secundo nihil felicius, tertio nihil ad amborum compendiosam adeptionem efficacius." Mettler kommentierte diesen Spruch folgendermaßen: „... Also den Worten ewiger Wahrheit und weltlicher Weisheit sollten die Brüder hier die Seelen öffnen."[24] Er fand ihn bei dem englischen Philosophen Gualtierus Burlaeus (1275–1343), eigentlich Walter Burley, und zwar in dessen Hauptwerk „De vita et moribus philosophorum". Burlaeus leitete den Spruch mit den Worten ein: „... von diesem (Empedokles) wird folgender Satz überliefert, wie im Vorwort über das Pflanzenreich steht."[25] Natürlich handelt es sich um eine willkürliche Zuschreibung an Empedokles. Unter den bezeugten Fragmenten des Empedokles ließ sich dieser Spruch nicht nachweisen, ebenso-

21 Vgl. zu den folgenden Ausführungen die Angaben bei NEUMÜLLERS-KLAUSER, Anm. 7. Zu Johannes von Gelnhausen weiter: L. WALTER, Johann von Geilnhausen, Mönch und Abt von Maulbronn auf dem Konzil zu Basel 1431–34, in: Festgabe P. Gregor Müller (Bregenz 1926), S. 121–126.

22 JOHANNES HELMRATH, Das Basler Konzil 1431–1449, Kölner Historische Abhandlungen, Wien 1987, Bd. 32; REMIGIUS BÄUMER (Hrsg.), Das Konstanzer Konzil, Darmstadt 1977.

23 Zum Zisterzienserorden allgemein vgl. SCHNEIDER 1977. Ein eindrucksvolles Zeugnis für die Reformversuche der Maulbronner Zisterzienser ist das Wirken des Johannes von Speyer, dem Amtsvorgänger des Johannes von Gelnhausen, der 1431–1433 versuchte, in dem adligen Frauenkloster Rechentshofen die strenge Klausur wieder einzuführen; dazu: IRTENKAUF, Ausst. Kat. Kloster Maulbronn 1978, Nr. 90.

24 METTLER 1990, S. 49f.

6   Disputierende Philosophen, Ulm, ehem. Reichenauer Hof

wenig in der pseudoaristotelischen Schrift „Über das Pflanzenreich", auf die Burlaeus anspielt.[26] Auch die Zuschreibung an Aristoteles trifft also nicht zu.

Das Rätsel löst sich, folgt man dem Kommentar des Herausgebers der „vita", dem Mettler keine Beachtung schenkte. Er verweist auf das „speculum" des berühmten mittelalterlichen Pädagogen und Enzyklopädisten Vinzenz von Beauvais (1184/94–1264). Dieses vierteilige Werk ist die erste und größte Enzyklopädie des Mittelalters, sie gibt das Gesamtwissen der Zeit in logischer Systematisierung nach der scholastischen Methode wieder; im „speculum historiale" ist die Weltgeschichte bis 1250 erfaßt. Dort im dritten Buch, Kapitel 44 ist unser Spruch zu finden. Vinzenz von Beauvais selbst legt ihn ausdrücklich Aristoteles in den Mund und verbindet damit den Hinweis auf Empedokles (… ut ait Empedocles …).[27] Somit ist davon auszugehen, daß dem Verfasser des Bildprogramms in Maulbronn das berühmte „historiale" des Vinzenz von Beauvais als Vorlage gedient hatte und nicht die „vita" des Burlaeus; dafür spricht u. a. auch, daß Burlaeus für andere Stellen Vinzenz von Beauvais selbst als Quelle ausgebeutet hatte. Da Neumüllers-Klauser keine Zweifel mehr an der Lesung des Fragments als „Aristoteles" ließ, ist es nun sicher, daß Mettlers Identifizierung als Empedokles falsch war.

Daß aber in Maulbronn Aristoteles den Spruch in den Händen hält, obwohl dieser weder in seinen Werken noch in denen des Empedokles nachzuweisen war, braucht nicht zu verwundern. Für das Mittelalter ist mehrfach belegt, daß der Name Aristoteles nur deshalb genannt wurde, weil seine Autorität nahezu alles beglaubigen konnte. Er konnte z. B. in der Absicht benutzt werden, eigene Meinungen oder Lehren mit seiner Autorität abzusichern.[28]

Da für unser Interpretationsziel eine differenzierte Übersetzung des Schriftbandes wichtig ist, sei hier abschließend versucht, eine solche vorzulegen: Es gibt unter all den verschiedenen Dingen drei vorzügliche: die edle Verachtung des Reichtums, das Streben nach künftiger Seligkeit und die Erleuchtung des Geistes. Diese betreffend gibt es nichts Ehrenhafteres als das erste, nichts Seligeres als das zweite, nichts Wirksameres zur Erreichung der beiden (sc. ersten) zusammen als das dritte.[29]

Die Identifizierung der anderen Halbfiguren wird vorerst, da jegliche Attribute fehlen und die Inschriften unleserlich sind, nicht gelingen. Daß sie u. a. als Propheten bezeichnet wurden, ist verständlich, da sie als Typ (Halbfigur, Kleidung, Spruchbänder, Handgebärde) durchaus in dieser Tradition stehen. Es ließen sich beliebig viele Beispiele für diese Deutung anführen.[30] Beachtung verdient jedoch die Tatsache, daß der ikonographische Übergang zwischen Prophetendarstellungen einerseits und „Weisen Männern" bzw. lehrenden Propheten andererseits fließend ist.[31] Ihnen gemeinsam ist die Funktion als Übermittler einer Botschaft, unterschiedlich ist dagegen die Art, wie diese vermittelt wird. Unsere Figuren scheinen sich ganz auf die Lesung ihrer Spruchbänder zu konzentrieren, allein der belehrend erhobene Finger scheint mit einem Adressaten im Raum zu rechnen. Untereinander nehmen sie weder in der Haltung noch in der Gestik Kontakt auf.

Zwei Beispiele illustrieren die Vielfalt dieser Bildtradition. Ein Wandmalereizyklus des 14. Jahrhunderts im sog. Meistersingersaal des ehemaligen Reichenauer Hofes in Ulm zeigt drei Szenen, in denen Männer in ein Gespräch vertieft sind.[32] Jeweils zwei disputierende Philosophen sitzen auf einer Bank und wenden sich erregt gestikulierend einander zu (Abb. 6). In einer Hand halten sie jeweils das Ende eines langen Inschriftenbandes. Der Text der Spruchbänder hat teils profanen, teils religiösen Charakter. Die Gelehrten in Maulbronn sind im Vergleich zu Ulm auffallend zurückhaltend, sie befinden sich eindeutig nicht in einem Gespräch. Wie in Maulbronn ist in Ulm eine Identifizierung aller Figuren bislang nicht möglich. Was

aber an Gelehrtenpersonal im 14. Jahrhundert üblich war, illustriert exemplarisch das Beispiel der sog. Bremer Philosophenbank, auf der außer Aristoteles Plato, Seneca, Cato, Sokrates, Boethius u. a. sitzen.[33]

Einen anderen, aber im Bildtyp vergleichbaren Traditionsstrang kennt die burgundische Malerei des 14. Jahrhunderts. In Schloß Fenis im Aostatal gibt es die großfigurige Darstellung einer Reihe aufrecht stehender männlicher Gestalten, die Spruchbänder in den Händen halten, auf denen gereimte Vierzeiler in französischer Sprache zu lesen sind. Es handelt sich dabei um Sentenzen und Sprüche der „Diz et Proverbes des Sages", eines profanen Erbauungsbuches und Lebensbreviers des französischen Adels. Die Figuren sind namentlich benannt, u. a. finden sich Plato, Eusebius und Aristoteles; obwohl sie sich einander zuwenden und auch anblicken, scheinen sie keine Notiz voneinander zu nehmen.[34]

Dieser kleine Exkurs verdeutlicht das ikonographische Umfeld, in dem die Gelehrtendarstellung in Maulbronn zu sehen ist. Direkte Hinweise auf die Identität der einzelnen Gestalten lassen sich daraus allerdings nicht ableiten. Akzeptiert man die Deutung des Raumprogramms als Biblio-

25 HERMANN KNUST (Hrsg.): Walter Burley, De vita et moribus philosophorum, Bibliothek des Literarischen Vereins in Stuttgart, 1886.

26 Für die Hilfe bei der Quellenkritik danke ich Herrn Dr. Ekkehard Stärk.

27 VINZENZ VON BEAUVAIS, Bibliotheca mundi seu Speculum Maius, IV, 3. Buch, Kap. XLIV, Douai 1624. Zu Vinzenz von Beauvais: Lexikon für Theologie und Kirche, Bd. 10, Freiburg 1966, Spalte 798.

28 Vgl. dazu: KURT RUH, GUNDOLF KEIL u. a. (Hrsg.), Die deutsche Literatur des Mittelalters, Verfasserlexikon, Bd. 1 (1978) Spalte 441, 443.

29 Diese Übersetzung folgt dem Text in Vin-

zenz' „historiale". Dort ist *nobilis affluentiae* statt *mobilis affluentiae* zu lesen.

30 Vgl. EDUARD TRIER, Die Propheten des Kölner Rathauses. Ein Beitrag zur Profanikonographie des Mittelalters. Diss. Bonn 1952, in: Wallraf-Richartz Jb. 19 (1957) S. 193 ff.

31 Aristoteles in der Haltung eines Propheten vgl. dazu: MARIA MONICA DONATO, Aristoteles in Siena, in: Hans Belting und Dieter Blume (Hrsg.), Malerei und Stadtkultur in der Dantezeit. München 1989, S. 105–114.

32 MAX SCHEFOLD, Ein Freskenzyklus aus dem Ende des 14. Jahrhunderts in Ulm, in: Münchner Jahrbuch der bildenden Künste N. F. 5 (1928) S. 101 ff.

33 TRIER 1957, S. 218.

8   *Ordensgründer, Detail Südwand*

theksausstattung, wäre der Weg für die
weitere Suche vorgezeichnet. Zu suchen
wären antike oder mittelalterliche Philosophen, die für den Zisterzienserorden
bzw. für Maulbronn wichtig sind und die
im Sinne des Raumprogramms das Ziel
der geistigen Erleuchtung verfolgten. Es
ist daher denkbar, daß in einer vertiefen-
den Studie über Vergleiche eine Identifizierung gelingen könnte.

Ähnliches gilt für die Identifikation der
nur in der Unterzeichnung erhaltenen Bischofsfiguren an der nördlichen Ostwand,
die nicht über Attribute näher bezeichnet
sind. Sicher ist nur, daß es sich um heilige
Bischöfe handelt und daß sie ein geöffne-
tes Buch so in den Händen halten, daß offensichtlich mit einem im Raum stehenden Leser gerechnet wird. Besonders
dieser Umstand verdient hervorgehoben
zu werden. Die gängige Darstellung, wie
sie z. B. in der Bibliothek der Augustiner-
Eremiten des frühen 16. Jahrhunderts in
Eberhardsklausen zu sehen ist, kennt eine
Reihe stehender heiliger Bischofsfiguren
mit einem geschlossenen, rein attributiv

verstandenen Buch in den Händen.[35]
Maulbronn unterscheidet sich ganz deutlich in diesem Punkt. Die Suche nach der
Identität der Maulbronner Bischofsfiguren
müßte auf vergleichbare Weise wie bei
den Gelehrten geschehen. Es muß sich
um heilige, schriftstellerisch tätige und gelehrte Zisterzienser handeln, die zudem
die Bischofswürde trugen.

Die Versammlung der Heiligen mit Christus an der Südwand soll im folgenden unter mehrfacher Fragestellung untersucht
werden. Wie heißt die jeweilige Aussage
der einzelnen Gestalt, die der Gruppen,
und in welchem inhaltlichen Zusammenhang stehen beide Gruppen? Welche Absicht wurde mit der Auswahl gerade dieser
Gestalten verfolgt, d. h. läßt sich eine Aussageabsicht rekonstruieren? Und schließlich, mit welcher Botschaft wenden sich
die Bilder an den Betrachter?

In der bisherigen Literatur werden die Figuren, die Christus flankieren, meist unge-
nau als Heilige mit Bischofsstäben, davon
einer bekrönt [!], als heilige Bischöfe oder
Äbte gedeutet, oder, wie Saur formuliert:

7   *Eremiten, Detail Südwand*

„… ein Bild Christi, das ihn unter dichtem Laubwerk predigend unter Äbten und Pilgern zeigt."[36] Mettler hielt 1909 in der bereits zitierten Textstelle eine weitergehende Beobachtung fest: „… Die Wandgemälde geben über seine Verwendung (des Raumes) einigen Aufschluß. Die Hauptbilder befinden sich auf der südlichen und nördlichen Wand. Letzteres ist verblichen, auf der Südwand aber erkennt man noch mit hinlänglicher Deutlichkeit den thronenden Christus mit aufgeschlagenem Buch und lehrend erhobener Rechten, umgeben von zweimal drei sitzenden Heiligen. Links drei geistliche Würdenträger im Ornat, mit verziertem Pedum, zu äußerst am Fenster, laut Inschrift, der heilige Bernhard. Rechts drei bärtige Männer mit einfachen Krummstäben, nach den zum Teil stark verwitterten Beischriften links ‚S. Paulus primus heremita‘, rechts ‚S. Anthonius‘; der mittlere Name ist noch nicht entziffert." Meine Lesart der rechten Gruppe stimmt mit derjenigen Mettlers überein.[37] Der dritte Heilige ist über eine Inschrift leider nicht

identifizierbar.

Auf der rechten Seite sitzen Paulus von Theben (228–341), der erste Eremit, und der Eremit Antonius (251?–356) (Abb. 7).[38] Sie hatten sich aus der menschlichen Gemeinschaft zurückgezogen, um sich in Gebet und strenger Askese dem Streben nach Vollkommenheit und Gotteinigung zu widmen. Heute ist nicht mehr sicher zu beurteilen, ob sie alleine durch ihre Inschriften als diese Personen erkennbar waren oder ob sie durch weitere Attribute näher bezeichnet waren. Auffallend allerdings ist, daß die durchaus übliche Charakterisierung von Antonius z. B.

34 Walter Tröscher, Burgundische Malerei, Berlin 1966, S. 266ff. und J. Morawski, Les Diz et Proverbes des Sages, in: Bibliothèque de la Faculté des Lettres, Université de Paris, Deuxième série, Bd. 2, Paris 1924.

35 Paul Clemen, Die gotische Monumentalmalerei der Rheinlande. 2 Bde. Düsseldorf 1930. Bd. 1: S. 434–436, Bd. 2: Tafeln 100–102.

durch einen T-Stab unterblieb. Daß Paulus und Antonius gemeinsam als Typus der ‚Begegnung' dargestellt sind, hat viele Vorbilder, ungewöhnlich ist eher die Hinzufügung einer dritten Figur und die Einbindung in eine Gruppe. Paulus eremita und Antonius gelten als Begründer des Mönchtums, für Antonius war die Bezeichnung *antonius abbas*, Vater der Mönche, üblich. Der Dritte, bislang unbenannt gebliebene, muß aufgrund der Bildkomposition und -aussage ebenfalls einen Eremiten darstellen; die typische schlichte Kleidung, der lange Eremitenbart ist allen gemeinsam. Die rechte Gruppe ließe sich somit als ‚Eremitenkollegium' bezeichnen. Mit Paulus und Antonius sind die wichtigsten und berühmtesten Repräsentanten des Eremitentums vertreten, es wäre daher denkbar, daß als dritter Eremit Hieronymus (bedeutend auch als Kirchenvater) anwesend ist.[39] Für diese These scheint eine weitere Beobachtung zu sprechen. Paulus, Antonius und Hieronymus verbinden wichtige Ereignisse miteinander: Paulus, der erste Eremit, wurde als „princeps (auctor) vitae monasticae" gefeiert, Antonius gilt als derjenige, der Paulus tot fand und ihn würdig begraben ließ, Hieronymus schließlich war derjenige, der als erster die Schriften von Paulus herausgab.

Das Eremitenthema erlebte im 14. und 15. Jahrhundert vor allem in der Toskana eine Renaissance. „… Die Dominikaner – wie auch die anderen neuen Orden – suchten ihre historische Identität bei den frühchristlichen Eremiten und Mönchen."[40] Die Eremitendarstellungen dieser Zeit zeigen die Asketen vorwiegend predigend, lesend und lehrend oder im Zustand der Versuchung. Eines der wichtigsten szenischen Bilder ist das Fresko im Pisaner Camposanto, das in den Hauptszenen Paulus eremita und Antonius abbas, die in eine Vielzahl von Inschriften eingebunden sind, darstellt. Eine wichtige Variante des Eremitentums stellte der Orden der Augustiner-Eremiten dar, der zwischen den in

strengster Askese abgeschieden lebenden Vorvätern und ‚modernen', wissenschaftlich gebildeten und kirchenpolitisch aktiven Eremiten unterschied.

Links, dem Thron Christi am nächsten, sitzt Basilius (331–379), einer der wichtigsten griechischen Kirchenväter (Abb. 8).[41] Auch Basilius lebte zuerst eine Zeit lang als Eremit, kehrte aber später ins kirchlich-pastorale Leben zurück, da er das Wirken in der menschlichen Gemeinschaft in den Vordergrund stellte. Die grundlegenden frühen Regeln für das mönchische Zusammenleben basieren auf seinem Gedankengut. Es kann nun nicht mehr verwundern, daß links neben Basilius der hl. Benedikt von Nursia sitzt. Benedikt (gest. 547) lebte ebenfalls zeitweise als Eremit, wie Basilius für den Osten, gilt Benedikt als Begründer der westlichen Mönchsorden. Sowohl für Basilius als auch für Benedikt ist die Verehrung der Eremiten Antonius und Paulus überliefert, überdies ist die Hochschätzung Benedikts für Basilius bekannt.

Benedikt begründete in seiner ‚Regel' die Vorschriften für das gemeinsame monastische Leben, dessen Ziel es war, die christliche Frömmigkeit, die persönliche Heiligung und das Streben nach Vollkommenheit zu fördern. Gelebt wurden diese Ziele durch die Abkehr vom weltlichen Leben, nach der die persönliche Besitzlosigkeit und das „opus dei", der Gottesdienst in der Liturgie, ebenso wichtig waren wie die körperliche Arbeit. Für Benedikt war die Lektüre der Hl. Schrift und der Kirchenväter, die „lectio divina", Pflicht, sie war die Grundlage für die geistig-religiöse Schulung der Mönche. Diese Haltung war der Ausgangspunkt für die mittelalterliche Gelehrsamkeit und die Grundlage für das Bücherstudium in Bibliotheken. Benedikts Bedeutung lag weiter darin, daß er das Mönchsgelübde einführte, wodurch den Mönchen eine dreifache Verpflichtung auferlegt wurde: Ortsbeständigkeit, sittenreiner Wandel und nicht zuletzt Gehorsam dem Abt gegenüber. Die Stellung des Abtes wurde dadurch in seiner zweifachen Funktion als *pater spiritualis* und *maior monasterii* definiert. Es ist wichtig festzuhalten, daß im absoluten Gehorsam gegenüber dem Abt Christus selbst geehrt werden sollte und daß der Abt in der Funktion als *magister* die Lehre Christi dem schweigend zuhörenden Mönch zu vermitteln hatte. Daß der hl. Bernhard von Clairvaux (1090–1153) als Dritter der Gruppe am Rand der Darstellung angeordnet ist, scheint nun kein Zufall mehr zu sein. Zeitlich und inhaltlich ist sein Platz in der Entwicklung des Mönchtums nach Christus, nach Basilius und nach Benedikt. Der hl. Bernhard darf hier in Maulbronn als einer der Gründungsväter des Zisterzienserordens nicht fehlen. Die Gründung des Zisterzienserordens, die sich in erster Linie gegen die Cluniazienser richtete, markierte einen Neuanfang in der abendländischen Mönchsbewegung.[42] In der Auseinandersetzung mit den Cluniaziensern berief sich die erste Zisterziensergeneration, die bekanntlich durch die starke Persönlichkeit Bernhards geprägt war, auf das Geistesgut der Eremiten, auf den hl. Benedikt und auf die östlichen Kirchenväter. Bernhard dachte Benedikts Regel in vielem, in mancher Hinsicht noch strenger, weiter. Nach diesen ersten Deutungsversuchen ist

es möglich, das Generalthema des Wandbildes zu benennen: Thematisiert werden die zwei Wege, die ein Christ bei seinem Streben nach der christlichen Vollkommenheit gehen kann. Den einen Weg stellt das Eremitentum dar, den anderen das Mönchtum, also das gemeinschaftliche Leben nach dem Vorbild der apostolischen Urgemeinde. Dieses Leben war durch die Gelübde des Gehorsams, der Armut und der Keuschheit streng geregelt. Zu fragen ist nun, mit welcher Aussageabsicht Christus zwischen die Gruppe der Eremiten und die der Mönchsväter angeordnet wurde. Um es zu wiederholen: Christus sitzt mit lehrend erhobener Hand und einem aufgeschlagenen Buch auf den Knien in der Mitte zwischen diesen beiden Gruppen (Abb. 9). Unterschiedliche Bildmotive und Themenkreise scheinen hier in einem Bild zusammenzuströmen.[43] Als Urbild klingt die *maiestas domini* an, der erhöht thronende Herr, nun nicht mehr umgeben von den Evangelistensymbolen, sondern von den Eremiten und Ordensgründern. Vor allem die Handgebärde, die am ehesten als Rede- oder Lehrgeste zu deuten ist, verweist auf die Bildtradition des thronenden, im Kreise der Apostel lehrend wirksam werdenden Christus. In der christlichen Tradition bedeutet das geöffnete Buch die offenbarte Heilslehre und das Wort (logos) – Chri-

36 Saur 1913, S. 666.
37 Neumüllers-Klausers vorgeschlagene Lesart (..) *pa* (...) (...) *n* (us) *herman* (....) stimme ich nicht zu, vgl. Neumüllers-Klauser 1983, Nr. 140.
38 Zu den folgenden Ausführungen vgl. die Stichwörter im Lexikon der christlichen Ikonographie (LCI), Rom, Freiburg, Basel, Wien 1973: Antonius, Eremiten, Paulus.
39 Zum Eremitenthema: E. Callmann, Thebaid Studies, in: Antichità viva 14 (1975) 3, S. 3–22; Max Seidel, Ikonographie und Historiographie – Conversatio angelorum in silvis. Eremiten-Bilder von Simone Martini und Pietro Lorenzetti, in: Städel

Jahrbuch 10 (1988) S. 77–142.
40 Eva Frojmovič, Eine gemalte Eremitage in der Stadt. Die Wüstenväter im Camposanto zu Pisa, in: Malerei der Dantezeit, Belting 1989, S. 209.
41 Vgl. zu den folgenden Ausführungen die Stichworte im LCI: Basilius, Benedikt, Bernhard; Ordensheilige bzw. Ordensstifter; Äbte; weiter: Buzàs 1975, Bd. 1, S. 7 ff.
42 Dazu und zur Geistigkeit der Zisterzienser: Schneider 1975, S. 29–38 und S. 118–156.
43 Vgl. LCI: Maiestas domini, Lehrer, Christus.

9   *Christus, Detail Südwand*

stus als Lehrer offenbart sich selbst. Die leicht geneigte Kopfhaltung der Eremiten und der Ordensgründer könnte als Ausdruck des Zuhörens gedeutet werden – der Lehre Christi galt aber auch die Aufmerksamkeit der hier im Saal versammelten und arbeitenden Maulbronner Mönche.

Eremiten- und Mönchtum sind zwei unterschiedliche Wege, beiden gemeinsam ist der Versuch, Christus nachzufolgen.[44] Das Maulbronner Wandbild erläutert, daß die „radikale" Nachfolge vorbildhaft im frühen Asketentum verwirklicht wurde – durch das Leben der Eremiten in der Thebais und durch ihre schriftstellerische Tätigkeit. Aussagen zisterziensischer Gelehrter illustrieren diese Auffassung anschaulich. Stephan Harding postuliert die Rückkehr zu den Quellen vor allem der Hl. Schrift als Grundlage echter Christusnachfolge, und Wilhelm von St. Thierry

spricht mit Ehrfurcht von „… patres nostri in Aegypto et Thebaida". Für die abendländischen Mönchsväter war Christus selbstverständlich ebenfalls das Vorbild an Demut und der wichtigste Lehrmeister. Wie der lehrende Christus seine Jünger auf den Weg schickte und diese ihm folgten, taten es die Wüstenväter, die Mönchsorden, und in gleicher Weise war der Abt von Maulbronn als *pater spiritualis* aufgerufen, seinen Mönchen die wahre Christusnachfolge zu vermitteln. Die Maulbronner Zisterziensermönche konnten diese Nachfolge durch die Einhaltung des Mönchsgelübdes und durch das Studium der heiligen Schriften antreten, oder, um das Spruchband, das Aristoteles in den Händen hält, zu zitieren: durch die edle Verachtung des Reichtums, durch das Streben nach künftiger Seligkeit und nach Erleuchtung des Geistes.

Soweit die Interpretation der Wandbilder im Auditorium, dessen ursprüngliche Zweckbestimmung als Bibliothekssaal hiermit rekonstruiert werden konnte. Die Ausstattung dieses Bibliothekssaals als Ausdruck seines Auftraggebers, seines Ordens und seiner Zeit zu deuten, bleibt einer späteren Studie vorbehalten.[45]

Zur Datierung

Über verschiedene Argumentationsstränge läßt sich die Entstehungszeit der Wandbilder näher eingrenzen. Nach den bisherigen Ausführungen scheint es abwegig, die aufwendige Ausstattung des Auditoriums mit der angeblich in der zweiten Regierungszeit von Abt Burrus zwischen 1518 und 1521 entstandenen Bibliothek gleichzusetzen. Keine weitere Quelle, sei sie primärer oder sekundärer Art, gibt über eine derartige Einrichtung zu diesem Zeitpunkt Auskunft. Wie gezeigt wurde, verbietet es vor allem der programmatisch-nachkonziliare Charakter der Wandbilder, eine Datierung um 1518 anzusetzen. In diesem Zusammenhang ist darauf hinzuweisen, daß in der ersten Amtszeit

10   Hl. Markus, Maulbronner Altar

von Abt Burrus von 1495–1503 der klassisch-humanistischer Bildung anhängende Conradus Leontorius das geistige Klima in Maulbronn prägte. Hinweise auf humanistisches Gedankengut lassen sich in dem auf die Anfänge und Ziele der Mönchsorden ausgerichteten Hauptbild auf der Südwand in keiner Form ausmachen. Wie an der rekonstruierten Nutzungsgeschichte ablesbar ist, könnte ab 1433 – dem Amtsantritt des Johannes von Gelnhausen – in Maulbronn der Wunsch bestanden haben, eine repräsentative Klosterbiblio-

thek einzurichten. 1439 werden Bücher gekauft, Gelnhausens Amtszeit geht 1440 zu Ende, er stirbt 1443 oder 1445. In den Zeitraum von 1433 bis 1443(45) könnte also hypothetisch die Ausstattungsphase des Saales fallen. Das Datum des Bücherkaufes wäre dann als Abschluß dieser Phase anzusehen. Auch wenn man anführt, daß der Tod Gelnhausens 1443(45) möglicherweise den Abschluß der Arbeiten verhinderte oder hinauszögerte, spricht vieles dafür, daß sein Nachfolger Abt Roßwag für die zügige Vollendung ge-

44 Es muß vorerst offen bleiben, ob in dem Wandbild in Maulbronn eine Stellungnahme gegen den Weg des Eremitentums enthalten ist. Abt Johann von Gelnhausen scheint in einem Briefwechsel mit Johannes Wenck dieses Problem zu diskutieren. Vgl. dazu Ausst. Kat. Kloster Maulbronn 1978, Nr. 92.

45 Als Leitfaden einer solchen Studie könnten die von Heinfried Wischermann entwickelten Thesen zur Untersuchung barocker Klosterbibliotheken dienen: H. WISCHERMANN, Die barocke Klosterbibliothek als kunstwissenschaftliche Aufgabe, Berichte und Forschungen zur Kunstgeschichte, Freiburg 1984.

11   *Selbstbildnis Bartholomäus Zeitblom*

tierte Tafeln stützen, die Bruno Bushart als typische Vertreter des „Nach-Moserschen-Spätstils" einordnete (Abb. 10).[48] Ihre charakteristischen Merkmale – plastisches Körpervolumen, das sich von der Flächigkeit des Hintergrundes abhebt, weiche Kurven von Körper und Gewand, schwere, allerdings weich fallende Gewänder, sind auf unsere Wandbilder übertragbar. Zu dieser konservativen Stilhaltung gehören auch die an die Wespentaillen des Weichen Stils erinnernden Oberkörper der Maulbronner Gelehrtenfiguren wie deren variantenreiche und weich konturierte Mützenbildung.

Ein kurzer vergleichender Blick auf die Entwicklung des Rankenornamentes der letzten zwei Jahrzehnte des 15. Jahrhunderts macht abschließend deutlich, daß jenes im Bibliothekssaal zeitlich früher, zwischen 1433–1450, anzusetzen ist. Das Detail mit dem Selbstbildnis Bartholomäus Zeitbloms aus dem 1497/98 entstandenen Heerberger Altar oder die 1511 datierten Ranken in der Maulbronner Brunnenkapelle sind typische Beispiele für dieses spätere Rankenwerk (Abb. 11).[49] Es ist meist dichter und feingliedriger angelegt, die einzelnen Blätter sind stärker bewegt und in sich dynamischer. Die Blumen oder Blüten sind plastischer ausgebildet und tiefenwirksam in das Rankengeflecht einbezogen. Dies gilt auch für die Halbfiguren, die im Maulbronner Bibliothekssaal eher vor als in das System der Ranken eingefügt sind.

sorgt haben könnte. Roßwags Interesse und Einsatz für Reform und Rückbesinnung der Zisterzienser lassen sich u. a. eindrucksvoll an den 1450 entstandenen Maulbronner Fundationstafeln ablesen. Akzeptiert man diese Überlegungen, wären die Wandbilder in der Zeitspanne zwischen 1433 und 1443(45) bzw. 1450 entstanden. Auch der neue Datierungsvorschlag von Neumüllers-Klauser unterstützt diese These, nach ihr spricht der Buchstabencharakter des Aristotelesfragmentes für eine Datierung in die Mitte des 15. Jahrhunderts.[46]

Mit der vorgeschlagenen Datierung würde die Maulbronner Ausmalung in die Zeit nach der Entstehung von Lucas Mosers Tiefenbronner Altar 1431 fallen.[47] Diese stilistische Einordnung läßt sich durch zwei aus Maulbronn stammende, 1442 da-

46 Schriftliche Mitteilung vom 12. 12. 1990.
47 Vgl. BRUNO BUSHART, Der Meister des Maulbronner Altars von 1432, in: Münchner Jahrbuch der bildenden Kunst 1957, S. 81–100.
48 Meister des Maulbronner Altars, Der Evangelist Markus, Staatsgalerie Stuttgart, Inv. Nr. L 26.
49 Bartholomäus Zeitblom, Heerberger Altar, Selbstbildnis zwischen Rankenornament. Staatsgalerie Stuttgart, Inv. Nr. L 42 c.

Zusammenfassung

Die vorliegende Studie beschäftigt sich erstmals ausführlich unter kunsthistorischen Gesichtspunkten mit den gefährdeten Wandmalereifragmenten des Auditoriums im ehemaligen Zisterzienserkloster Maulbronn. Die Konzeption des Raumes und die Wandbilder stellen in mehrfacher Hinsicht eine Besonderheit dar. Aus maltechnischer Sicht ist die kostbare Malachitfassung der Wände hervorzuheben, denn das teure Malachit wird üblicherweise eher bei Tafelgemälden und nicht in der Wandmalerei verwendet.

Die Ikonographie der Bilder wurde aufgeschlüsselt und in Ansätzen in das geistesgeschichtliche Umfeld eingeordnet, die stilistischen Vorbilder eingegrenzt. So wurden z. B. die Figuren des Hauptbildes an der Südwand als Eremitenkollegium (Paulus eremita, Antonius abbas, Hieronymus?) und als die Ordensgründer Basilius und Benedikt sowie der hl. Bernhard identifiziert. Es gelang überdies, eine der Halbfiguren als Aristoteles zu benennen und über Quellen den bislang verlorenen Inhalt seines Spruchbandes zu rekonstruieren.

Ausstattungsgeschichte und Bildprogramme sprechen für eine Identifizierung des Raumes als mittelalterlichen Bibliothekssaal – in Anbetracht des reduzierten Denkmälerbestandes dieses Raum- und Ausstattungstyps ein wichtiger kulturhistorischer Fund. Es konnte gezeigt werden, daß der Maulbronner Abt Johannes von Gelnhausen für die Einrichtung der Bibliothek verantwortlich war und daß die Wandbilder vermutlich in dessen Amtszeit bzw. nach seinem Tod, in den Jahren 1433 bis 1450, entstanden.

Summary

The study on hand is the first to elaborate from the art historian's viewpoint on the endangered fresco fragments of the so called auditorium at the former Cistercian monastery of Maulbronn. Both the concept of the room and the wall paintings present exceptional features in more than one respect. Considering the technique of painting, the precious malachite settings have to be pointed out, for the expensive malachite was employed more often in panel than in mural painting.

The iconography of the pictures was deciphered, their position in the historical and philosophical context outlined, and their artistic context defined. Thus, for instance, the figures of the main fresco on the south wall were identified as a 'college of hermits' (Paulus the Hermit, Antonius abbas, Jerome?), and as Basilius, Benedict, and Bernard, the founders of orders. Moreover, the author was able to name one of the half-figures as Aristotle, and to reconstruct from source material the hitherto lost inscription of his banderol.

The history of its interior decorations as well as the pictorical program point to an identification of the room as a medieval library hall – a finding of some relevance to cultural history considering the reduced number of rooms and decorations of this type still existing. It could be shown that the Maulbronn abbot Johannes von Gelnhausen was responsible for the interior decorations of the library, the wall paintings probably dating back to his term of office or to the time immediately following his death (1433–1450).

Résumé

L'étude dont il est question ici traite dans un premier temps très largement, en se plaçant du point de vue de l'histoire de l'art, des fragments de peintures murales menacés de l'auditorium de l'ancien couvent cistercien de Maulbronn. La conception de la salle et les peintures murales sont singulières à bien des égards. Au plan technique, les incrustations de précieuse malachite des murs méritent d'être soulignées, car la malachite, coûteuse, est généralement utilisée dans la peinture sur panneau de bois ou toile et non dans la peinture murale.

L'iconographie des peintures a été étudiée et replacée par évaluation dans le contexte de l'histoire religieuse, avec délimitation du contexte artistique. Ainsi, les figures de la peinture principale de la paroi sud ont par exemple été identifiées comme collège érémitique (Paul l'Ermite, Antoine l'Abbé, Hiéronyme?) et, en tant que fondateurs de l'ordre, Basile, Bénédicte et Saint Bernard. Il a en outre été possible de désigner l'une des demi-figures comme Aristote et de reconstituer grâce à des sources écrites anciennes le contenu jusqu'alors perdu de sa légende. L'histoire de son aménagement et la gamme des peintures laissent penser que cette salle était au moyen-âge une salle de bibliothèque – découverte importante du point de vue de l'histoire de la culture, étant donné le petit nombre de monuments historiques comportant ce type de pièce et d'aménagement. Il a pu être démontré que l'abbé de Maulbronn Johannes von Gelnhausen avait été responsable de la construction de la bibliothèque et que les peintures murales ont probablement été réalisées alors qu'il était en fonction ou après sa mort, vers 1433–1450.

Harald Garrecht, Jörg Kropp

Untersuchungen zur Feuchtesituation im Dormentbau Kloster Maulbronn – Ziele und Methodik

1 Einleitung

Restauratorische und mineralogische Untersuchungen an der Ostwand des Parlatoriums der Klosteranlage Maulbronn zeigten eine Reihe von Bauwerksschäden auf, die durch das Einwirken von Feuchtigkeit ausgelöst wurden [1, 2]. Neben den Schadensmechanismen durch Salzkristallisation, chemische Umbildung des Baustoffgefüges, das Herauslösen der Bindemittel, Schwind- und Quellvorgänge und Frosteinwirkungen wurden auch die Wachstumsbedingungen von Mikroorganismen analysiert.

Seit 1989 werden auch im Erdgeschoßbereich des Dormentbaus der Klosteranlage Maulbronn umfangreiche Grundlagenuntersuchungen durchgeführt. Im nachfolgenden sollen die zum Themenkreis „Mauerfeuchte" laufenden bzw. vorgesehenen Arbeiten erörtert werden, die sich mit der Erkundung der Feuchtesituation, den unmittelbaren Folgen einer hohen Bauteilfeuchte und der Ausarbeitung geeigneter Feuchteschutzmaßnahmen befassen.

Auf einzelne Fragestellungen und die Methodik des Vorgehens wurde bereits in unserem Beitrag zum Jahrbuch 1989 des Sonderforschungsbereiches eingegangen, wo auch anhand erster Ergebnisse die Zielsetzung der Klimamessung erläutert wurde. An dieser Stelle sollen die Aufgaben des Teilprojektes B1 „Feuchteschutz" nochmals kurz umrissen werden, um das Vorgehen der im Dormentbau tätigen Arbeitsgruppen aus unterschiedlichen Fachdisziplinen geschlossen darzustellen.

2 Laufende Untersuchungen

Bereits im Januar 1990 wurde begonnen, die klimatischen Verhältnisse im Bereich der Geißelkammer–Auditorium aufzuzeichnen. Erste Meßergebnisse wurden bereits in einem Beitrag zum Jahrbuch 1989 veröffentlicht [5]. Auf eine Darstellung bislang vorliegender Ergebnisse soll verzichtet werden, da eine sinnvolle Auswertung, wie sie in [5] am Beispiel der Klosteranlage Bronnbach gezeigt wurde, erst mit dem Vorliegen eines kompletten Jahresmeßzyklus zum Ende des Frühjahrs 1991 möglich ist.

2.1 Meßeinrichtung

Zur Aufzeichnung des Mikroklimas wurden insgesamt 18 Sensoren zur Messung von relativer Luftfeuchte sowie der Luft- und Wandoberflächentemperatur an verschiedenen Stellen installiert. Die Wertepaare aus relativer Luftfeuchte und Lufttemperatur werden im Außenbereich, im Großen Keller, in der Geißelkammer und im Auditorium gemessen. In der Geißelkammer ist über dem Zugang zum Kreuzgang in der offenen Fensterrosette zudem eine Temperatur- und Luftfeuchtesonde angeordnet, um den Einfluß einströmender Luftmassen zu berücksichtigen. Desweiteren wurden im Auditorium (Abb. 1) auf der Wand zum Keller und der östlichen Außenwand in zwei Höhenlagen (0,30 m und 2,50 m über der Fußbodenoberkante) sowie auf den gegenüberliegenden Wandseiten im Großen Keller und an der Außenfassade im Sockelbereich Oberflächentemperaturfühler angebracht. Ein weiterer Oberflächentemperaturfühler befindet sich in der Geißelkammer auf der zum Ost-Ern gelegenen Wand.

Um keinerlei Schädigung der bis zur Installation der Meßeinrichtung noch nicht dokumentierten Wandbereiche zu verursachen, wurden die Oberflächentemperaturfühler gemeinsam mit dem Restaurator an sorgfältig ausgewählten Stellen angebracht. Die zahlreichen Kabelverbindungen zur Stromversorgung und Signalübertragung zwischen den Sensoren und den Datenerfassungsgeräten wurden lose, ohne Befestigung an Wand und Boden, verlegt.

Die Meßwerte der einzelnen Fühler werden von zwei kleinen, handlichen Steuer- und Datenerfassungsgeräten alle 30 Minuten abgerufen und abgespeichert. Jeden Monat wird die Meßanlage überprüft, und die aufgezeichneten Daten werden auf einen tragbaren PC überspielt.

Von hier werden sie direkt auf den Großrechner der Universität Karlsruhe übertragen, auf dem dann die umfangreichen Datenmengen aufbereitet und mit einem leistungsstarken Statistikprogramm weiterverarbeitet werden.

Neben dem monatlichen Datentransfer wird zudem mit Handmeßgeräten die Wandoberflächentemperatur an mehreren, zu Beginn der Messung festgelegten Stellen überprüft, um sicherzustellen, daß die ausgewählten Meßpunkte auch unter veränderten Klimaverhältnissen die für die Kondensatbildung maßgebenden Bereiche sind.

2.2 Ziele der Klimamessung

Um festzustellen, ob Schadensprozesse auf die Wirkung hygroskopischer Salze, auf eine erhöhte Feuchtebelastung durch Kondensatbildung, Quell- und Schwindvorgänge oder auf das Wachstum von Mikroorganismen zurückgeführt werden können, sind neben einer Reihe chemisch-mineralogischer, physikalischer, baustoffkundlicher und biologischer Untersuchungen vor allem auch die klimatischen Verhältnisse des betroffenen Bauwerksbereichs zu untersuchen [3, 4, 5].

Da das Trocknungsvermögen feuchter Wände ebenfalls von den Verdunstungsbedingungen, also dem umgebenden Mikroklima bestimmt wird, werden die Ergebnisse der Klimamessung zudem bei der Beurteilung des Feuchtegehaltes im Mauerwerksinneren benötigt.

Bereits in den Jahrbuchbeiträgen der vergangenen Jahre [3, 4, 5] wurde auf die Bedeutung des Zusammenwirkens von Klima und Materialfeuchtegehalt hingewiesen, das insbesondere bei einer starken Salzbelastung und hohen relativen Luftfeuchten der Umgebungsluft zur Durchfeuchtung von Baustoffen oder gar Bauteilen führen kann.

Schwankt die relative Luftfeuchte ständig um den kritischen Luftfeuchtezustand, bei dem die hygroskopische Wirkung der Salze einsetzt, so führt ein häufiger Wechsel zwischen Kristallisation und Inlösunggehen neben der optischen Beeinträchtigung infolge von Ausblühungen zur Schädigung des Baustoffgefüges durch Salzsprengung aufgrund hoher Kristallisationsdrücke [3, 4].

Die Beurteilung der Wechselwirkung zwischen Salzen und Klima setzt die Kenntnis der Salzverteilung im Mauerwerk voraus. Im Erdgeschoßbereich des Dormentbaus müssen folglich umfangreiche Salzanalysen über Art und Menge der im Mauerwerk enthaltenen Salze vorgenommen werden.

Die Auswertung der Klimadaten zu Fra-

1   Auditorium Innenansicht nach Südwesten. Foto D. Altenkirch

gen der Feuchtebelastung infolge Kondensatbildung auf Wandoberflächen bzw. im
Mauerwerksinneren erfolgt entsprechend
den Ausführungen in [5].

Die Untersuchung muß dabei auch auf
die großflächigen Putzablösungen an der
Wand zwischen Auditorium und Großem
Keller oberhalb der Durchgangstür auf der
Seite des Auditoriums eingehen, deren Ursache möglicherweise in einer erheblichen
Feuchtebelastung durch Kondensatbildung liegt. Da sich an den Großen Keller
der heutige Heizraum anschließt, ist die
Raumluft des Kellers im Winter wärmer
als die des Auditoriums. Durch die Spalten der nicht dicht schließenden Tür zwischen Keller und Auditorium können
wärmere Luftmassen in das Auditorium
einströmen. Die Aufzeichnung der Klimadaten zeigten z. B. für den Januar 1990,
daß im Großen Keller eine mittlere Luftfeuchte von 75 % r. F. bei 13°C und im
Auditorium 80 % r. F. bei 5°C vorherrsch-
ten.

Die Wasserdampfkonzentration der Kel-
lerluft beträgt folglich ca. 8g/m³ und die
der Luft im Auditorium 5g/m³. Mit dem
Einströmen der wärmeren und mit einer
höheren Feuchtekonzentration versehenen Luft aus dem Großen Keller in das
Auditorium steigen die warmen Luftmassen sogleich an der Wand zum Keller
nach oben und kühlen über den kälteren
Wandoberflächen aus. Wird die Tau-
punkttemperatur unterschritten, konden-
siert Wasserdampf auf den Putzflächen
aus und kann langfristig zu den beobachteten Schäden führen.

Die Befund- und Schadensanalyse der
wertvollen Bildflächen in Auditorium und
Geißelkammer sollen auch aufzeigen, inwieweit Mikroorganismen an der Zerstörung der historischen Malfassungen auf
den Wandoberflächen teilhaben.

Zudem konnten die Restauratoren beobachten, daß die in den Malflächen verwendeten Materialien hohe Schwind- und
Quellneigungen zeigen. Beides, sowohl
die Schädigung durch Organismenwachs-
tum als auch die Schäden durch die Verformung bei der Wasseraufnahme und -ab-
gabe der verarbeiteten Materialien ist nur
mit Kenntnis der Klimasituation zu beurteilen.

3 Ausstehendes experimentelles Unter-
suchungsprogramm

3.1 Feuchteverhalten der Baumaterialien
und Bauteilzusammensetzung

Die experimentellen Untersuchungen zur
Mauerwerksfeuchte sollen erst nach Abschluß der Arbeiten von Bauforschung
und Restaurator zum Ende des Jahres
1991 aufgenommen werden. Um den
Feuchtehaushalt von Mauerwerkswänden
als Folge des komplizierten Zusammen-
spiels von Feuchteaufnahme, Feuchtespeicherung, Feuchtetransport und wiederum
Feuchteabgabe bewerten zu können, ist es
erforderlich, am Bauwerk geringe Mengen
an Probenmaterial zu entnehmen. Die
Probenahme erfolgt dabei in gemeinsamer
Absprache mit dem Restaurator, der
Wandbereiche ausweisen kann, die feuch-
tetechnisch von Bedeutung sind, aber keine Zerstörung wertvoller, originaler Befunde nach sich ziehen.

Die gewonnenen Materialien werden zur
direkten Bestimmung des Mauerfeuchte-
gehalts genutzt und später im Labor zur
Charakterisierung der hygrischen Eigenschaften verwendet. Neben der Bestimmung des Feuchtespeicher- und Feuchte-
transportvermögens von Mauerstein und
Mauermörtel, die bereits früher ausführlich erläutert wurde [3, 4, 5], muß mittels
endoskopischer Untersuchung der Bohrlöcher eine Aussage zur Mauerwerkszusammensetzung getroffen werden.

Umfangreiche Untersuchungen zum Ein-
fluß bauschädlicher Salze auf den
Feuchtehaushalt der Baustoffe wurden be-
reits an bruchfrischem Maulbronner
Schilfsandstein vorgenommen [5]. Der
Vergleich mit am Bauwerk entnommenen
Proben soll dabei helfen, trotz Salzbela-

stung anhand einer geringfügigen Probenahme eine sichere Abschätzung des hygrischen Materialverhaltens geben zu können.

3.2 Bestimmung der Mauerwerksfeuchte

Der Feuchtehaushalt von Mauerwerkswänden könnte umittelbar beurteilt werden, wenn die zeitliche Änderung des Feuchtezustands technisch meßbar wäre. Eine sichere Aussage zur Feuchteverteilung im Mauerwerksinneren ist bislang allerdings nur mit der gravimetrischen Feuchtegehaltsbestimmung möglich. Infolge des zerstörenden Eingriffs handelt es sich dabei um eine einmalige Bestimmung des Feuchtegehalts.

Dementgegen versucht man mit Hilfe moderner, zerstörungsfreier Feuchtemeßmethoden, die verschiedensten Eigenschaften des Wassers bzw. des feuchten Baustoffs, so den elektrischen Widerstand, die Dielektrizitätskonstante, die Absorption von Strahlungs- oder Schallernergie etc. zu messen, um anhand von Eichkurven auf den Feuchtegehalt des Mauerwerks zu schließen.

Abgesicherte Ergebnisse liegen bislang für den Einsatz zerstörungsfreier Feuchtemeßmethoden an Mauerwerkswänden nicht vor. Dennoch wurden bereits und sollen zukünftig Kontakte mit verschiedenen Forschungs-und Entwicklungsabteilungen geknüpft werden, die an erfolgversprechenden Geräten arbeiten. Solange von zerstörungsfreien Feuchtemeßverfahren kein schädigender Eingriff in die Bausubstanz ausgeht, oder wenn auf bereits vorhandene Bohrlöcher zurückgegriffen werden kann, steht dem Einsatz solcher Verfahren nichts im Wege. Lediglich die Interpretation der Meßergebnisse muß gewissenhaft hinterfragt und mit den übrigen Untersuchungsergebnissen verglichen werden. Bei einer kritischen Bewertung dieser Verfahren sind durchaus wichtige und interessante Aussagen zum Feuchtezustand des Mauerwerks zu erwarten.

3.3 Bestimmung der Bodenfeuchteverhältnisse

Neben der Aufzeichnung der klimatischen Verhältnisse muß die Feuchtezufuhr in den aufgehenden Bauteilen in der flüssigen Phase unter- und oberhalb der Geländeoberkante erkundet werden. Im untersuchten Bauwerksbereich von Auditorium und Geißelkammer ist eine Beregnung von Fassaden oder eine Beanspruchung durch Spritzwässer nur auf der östlichen Außenwand möglich. Gravierende Schäden, wie sie bei einer übermäßigen Beanspruchung beobachtet werden können, finden sich in diesem Bauwerksbereich allerdings nicht.

Von größerer Bedeutung ist die Analyse der Bodenfeuchteverhältnisse. So zeigen umfangreiche Untersuchungen, die im Rahmen eines hydrogeologischen Gutachtens durchgeführt wurden [u. a. zitiert in 7], daß der heutige Grundwasserspiegel wesentlich über dem der historischen Talsohle liegt. Hierzu wurden mehrere Pegel über die gesamte Anlage verteilt eingebaut und über mehrere Jahre hinweg beobachtet. Ursache des hohen Grundwasserspiegels können Undichtigkeiten des oberhalb der Klosteranlage gelegenen historischen Damms des Stausees sein sowie die neuzeitliche Verdohlung der unter der Klosteranlage verlaufenden Salzach.

Nicht zuletzt wirkt die über die nahezu gesamte Talbreite reichende Klosteranlage wie ein Wehr und führt so oberhalb der Klosteranlage zu einem hohen Wasserstand [7].

Die mittlerweile ruhenden Messungen werden wieder aufgenommen, um die Grundwassersituation und damit die Feuchtebelastung des Fundamentmauerwerks bewerten zu können.

Um den Feuchteübergang vom Erdreich zum Fundament bewerten zu können, sollen mit den ebenfalls im Bereich des Dormentbaus vorgesehenen archäologischen Grabungen die geometrischen Verhältnisse der Gründungen aufgenommen werden. Zudem ist von Interesse, ob in der historischen Bausubstanz bereits Feuchteschutzmaßnahmen vorgesehen und verwirklicht wurden.

4   Numerische Betrachtungen zum Feuchtehaushalt

Mit Hilfe der in Abschnitt 2 und 3 angesprochenen Vorgehensweise kann die Feuchtesituation des Mauerwerks nicht vollständig beschrieben werden, da die verschiedenen Vorgänge der Feuchteaufnahme, der Feuchtespeicherung, des Feuchtetransports und wiederum der Feuchteabgabe in äußerst komplizierter Weise zusammenwirken.

Bereits im Jahrbuch 1988 wurde eine Modellrechnung erläutert, mit der der Feuchtehaushalt im Bauteilinneren rechnerisch beschrieben werden kann [6].

Dabei setzt die Modellrechnung eine genaue Wiedergabe der geometrischen Verhältnisse auch im Inneren des Mauerwerks voraus, eine Forderung, die in realen Bauwerken nur näherungsweise erfüllt werden kann.

Mit Hilfe des Rechenmodells soll die Feuchtesituation allerdings auch nicht detailgetreu beschrieben werden. Vielmehr sind Fragen des Zusammenwirkens von Feuchteaufnahme, -speicherung, -transport und Trocknung unter Berücksichtigung der hygrischen Eigenschaften der Bauwerksmaterialien und der gegebenen hygrischen Umgebungsbedingungen näherungsweise zu erfassen. Die erzielbaren Ergebnisse liefern dabei wesentlich differenziertere Betrachtungen zur Feuchtverteilung im Mauerwerksinneren als dies mit sonstigen Verfahren und Überlegungen möglich ist. Dennoch sind die Berechnungsergebnisse immer kritisch zu hinterfragen und zu überprüfen.

Zeigen die vor Ort durchzuführenden stichprobenartigen Feuchtemessungen die gleichen Feuchtezustände wie die Rechnung, so erlaubt der Berechnungsansatz die Durchführung von Simulationsstu-

dien, in denen geeignete Konservierungskonzepte im Hinblick auf ihre Wirksamkeit hin überprüft werden [6].

5   Zusammenfassung

Ziel der Feuchteanalysen im Dormentbau der Klosteranlage Maulbronn ist die Ausarbeitung eines wirksamen und dauerhaften Konzepts zum Schutz vor weiterer eindringender Feuchte, die die verschiedensten Schäden an der historisch wertvollen Bausubstanz verursacht.

Das Untersuchungsergebnis des hier aufgezeigten Vorhabens soll Aufschluß über die Feuchtebelastung im Bereich des Auditoriums, Geißelkammer und Großem Keller geben. Mit Kenntnis von Art und Umfang des Feuchteangebots können in den Arbeiten der anderen Fachdisziplinen spezielle Untersuchungen zu den jeweiligen Schadensursachen vorgenommen werden.

Nach Ermittlung der eigentlichen Schadensmechanismen müssen dann Konservierungs- bzw. Sanierungsarbeiten ausgearbeitet werden, die auch eine Regulierung des Feuchteangebots erfordern.

Auch hier kommt der interdisziplinären Zusammenarbeit mit dem Architekten, Bauforscher und Restaurator und den verschiedenen naturwissenschaftlichen Arbeitsgruppen eine große Bedeutung zu, da mit Rücksicht auf die historisch bedeutsame Bausubstanz eine wirksame und dennoch minimal in das Bauwerk eingreifende Maßnahme ausgearbeitet werden muß.

Die bisherigen Arbeiten beschränken sich auf die Aufzeichnung der klimatischen Bauwerksverhältnisse. Im Anschluß an die Befundaufnahme seitens der Bauforschung sollen direkte Bestimmungen des Feuchtegehaltes im Mauerwerk durchgeführt werden.

Die Klimameßdaten werden entsprechend den im Jahrbuch 1989 aufgeführten Methoden ausgewertet.

Literatur

[1] U. HASSLER, W. GLASER, A. BRÄUNING, E. ALTHAUS: Kloster Maulbronn. Restauratorische und mineralogische Untersuchungen der Wandmalerei an der Ostwand des Parlatoriums. In: Erhalten historisch bedeutsamer Bauwerke, SFB 315, Universität Karlsruhe, Jahrbuch 1989, Berlin 1990, S. 73 ff.

[2] K. GRIMM, A. FALLER, E. ALTHAUS: Bedeutung von Mikroorganismen bei der Verwitterung mineralischer Baustoffe. In: Erhalten historisch bedeutsamer Bauwerke, SFB 315, Universität Karlsruhe, Jahrbuch 1989, Berlin 1990, S. 91 ff.

[3] H. K. HILSDORF, J. KROPP, H. GARRECHT: Ursachen und Wege der Feuchtigkeit in Baukonstruktionen. In: Erhalten historisch bedeutsamer Bauwerke, SFB 315, Universität Karlsruhe, Jahrbuch 1986, Berlin 1987, S. 249 ff.

[4] H. GARRECHT, J. KROPP, H. K. HILSDORF: Mauerfeuchte als Folge bauschädlicher Salze. In: Erhalten historisch bedeutsamer Bauwerke, SFB 315, Universität Karlsruhe, Jahrbuch 1987, Berlin 1988, S. 115 ff.

[5] H. GARRECHT, J. KROPP, H. K. HILSDORF: Das Mikroklima – ein wichtiges Kriterium bei der Bewertung von Feuchteschäden und Sanierungskonzepten historischer Bauwerke. In: Erhalten historisch bedeutsamer Bauwerke, SFB 315, Universität Karlsruhe, Jahrbuch 1989, Berlin 1990, S. 41 ff.

[6] H. GARRECHT, J. KROPP, H. K. HILSDORF: Die Computersimulation. Eine Hilfe bei der Feuchtesanierung historischer Bauten? In: Erhalten historisch bedeutsamer Bauwerke, SFB 315, Universität Karlsruhe, Jahrbuch 1988, Berlin 1989, S. 41 ff.

[7] G. BACHMANN: Praxiserfahrungen im Feuchteschutz und bei der Entwicklung von Sanierungskonzepten. Arbeitsheft des SFB 315, Sonderheft 1988 zum Thema Feuchteschutz.

Abbildungsnachweis

1 Dirk Altenkirch

Summary

In the former Abbey of Maulbronn many types of deterioration of the building materials can be observed. Most of them are caused by physical and chemical action of corrosive agents.

The degradation of the sand stone masonry units, lime mortars, plasters and paintings requires a high moisture content or is accelerated by excess moisture in the porous materials.

To work out a reliable conservation concept the moisture behaviour of this building has to be considered.

Therefore in this research project the climatic conditions inside and outside of the "Dormentbau", a part of the abbey, are recorded. Then the analysis of the moisture concentration and the salt distribution in the walls will explain, whether the hygroscopic effect of salts, the condensation of water vapor on the wall surfaces or the capillary rise of water cause a high moisture content at the interior wall surfaces, leading to visible damages.

The considerations are based on a numerical model developed for the simulation of moisture flow through a structural element, taking into account the boundary conditions prevailing on the site.

If the moisture situation is known, the mechanisms of deterioration can be characterized. In order to protect the building, the plasters and the paintings against further decay, methods are needed, which control the moisture content of the structure. Thereby priority is given to measures that will not change the historic structure or its materials.

Résumé

L'objectif des analyses hygrométriques du » Dormentbau» du couvent de Maulbronn est l'élaboration d'un projet efficace et durable de protection contre toute humidité infiltrée supplémentaire, responsable des dommages les plus divers subis par des volumes bâtis précieux du point de vue historique. Les résultats de l'étude menée dans le cadre du projet décrit ici visent à fournir des informations quant à la charge hygrométrique des zones de l'auditorium, de la salle de flagellation et de la grande cave. Une fois connues la nature et l'ampleur de l'humidité présente, les autres disciplines peuvent, dans le cadre de leurs travaux, engager des études spécifiques consacrées aux causes des dommages. Une fois déterminés les véritables mécanismes de dégradation, il s'agit de mettre au point des travaux de conservation ou d'assainissement, exigeant entre autres une régulation de la présence d'humidité. Ici encore, la coopération interdisciplinaire avec l'architecte, le chercheur qui se consacre au bâtiment, le restaurateur et les différents groupes de travail scientifiques est essentielle, dans la mesure où, si l'on considère les volumes bâtis, importants du point de vue historique, il s'agit d'élaborer des mesures efficaces qui soient néanmoins le moins sensibles possible pour le bâtiment.

Les travaux menés jusqu'ici se sont limités à l'enregistrement des comportements de l'ouvrage sous l'effet du climat. Il est prévu de déterminer directement la teneur hygrométrique de la maçonnerie une fois le diagnostic établi par les chercheurs. Les données relatives aux mesures seront exploitées conformément aux méthodes présentées dans le recueil 1989.

Rudolf Pörtner

Verformungen des Traggefüges und Schäden im Dormentbau Kloster Maulbronn

Bestand

Schiefstehende Wände, unregelmäßige Gewölbeformen, Risse im Gewölbe- und Wandmauerwerk, aufgespaltene Gewölberippen, Steinabplatzungen u. a. gaben Veranlassung, auch das Traggefüge in die Untersuchungen mit einzubeziehen. Sie sind noch nicht abgeschlossen, erste Ergebnisse liegen für die Erdgeschoßräume Auditorium und Geißelkammer im südöstlichen Teil des Dorments vor. Darüber wird nachfolgend berichtet. Auf allgemeine Ausführungen zur Architektur und zur Bau- und Kunstgeschichte wird verzichtet, es sei im vorliegenden Jahrbuch auf die weiteren Beiträge hingewiesen.

Auditorium und Geißelkammer nehmen einschließlich des Zugangs und der Konstruktionsflächen der Umfassungswände eine Grundfläche von ca. 160 m² und einen umbauten Raum von ca. 1000 m³ ein. Sechs der insgesamt acht Joche, die sich in ihrer Größe und in ihren Proportionen unterscheiden, werden von Kreuzrippengewölben überspannt. In zwei Jochen tragen Tonnengewölbe als Unterbau eine Geschoßtreppe, die vom Erd- in das Obergeschoß führt.

Bei einer Voruntersuchung wurden 1988 Unregelmäßigkeiten (abgesackte Rippensteine) und Schäden an den Rippen (klaffende Fugen, Aufspaltungen, Abplatzungen) und Rißschäden im Putz der Gewölbekappen und der Wände erfaßt. Die Untersuchungen wurden teils vom Boden, teils von einem fahrbaren Gerüst aus vorgenommen. Die Erkundungen erfolgten durchweg zerstörungsfrei und ohne Freilegungen. Die Befunde wurden in Photos und zunächst in Plänen einer im Jahre 1985 photogrammetrisch erstellten Bauaufnahme des Landesdenkmalamtes Baden-Württemberg dokumentiert.

Ab Herbst 1990 wurden ergänzend bauliche Veränderungen der Umfassungswände erfaßt und deren Verformungen gemessen. Das Staatliche Hochbauamt in Pforzheim stellte Archivunterlagen über Umbauten des Dorments zur Verfügung. Ferner wurden die im Handaufmaß von Frau Kriewitz und Herrn Knoch gefertigten Aufmaßblätter, die zusätzlich zur photogrammetrischen Bauaufnahme erstellt wurden, ausgewertet.

Innerhalb des Dormentbaus nehmen Geißelkammer und Auditorium nur einen kleinen Raum ein. Dennoch sind die Bedingungen des Konstruktionsgefüges sehr differenziert. Auf der Ostseite bildet die ca. 90 cm dicke Außenwand zusammen mit den Wandvorlagen in den drei Gurtbogenachsen die Gewölbewiderlager. Die Fensteröffnungen in der Wand sind in den beiden südlichen Jochen wesentlich kleiner als in den beiden nördlichen. Da die beiden größeren nördlichen Gewölbe einen größeren Schub verursachen als die beiden kleineren südlichen, trifft auf der Ostseite der größte Gewölbeschub auf die Widerlager mit der kleinsten Tragfähigkeit.

Auf der Westseite stehen in den Gurtbogenachsen steife Mauerscheiben als Ge-

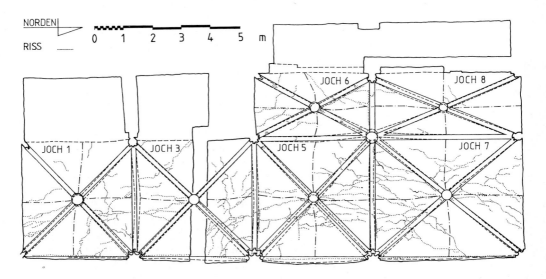

1   *Rißaufnahme Gewölbe*

wölbewiderlager zur Verfügung. Mauer-
werkswände schließen die Stirnseiten der
Geißelkammer im Süden und die des Auditoriums im Norden ab. Die angrenzen-
den Räume sind ebenfalls eingewölbt.
Ein sehr schwaches Gewölbewiderlager
stellt die schlanke „Mittelsäule" im Auditorium dar. Sie hat die Vertikallast aus
vier unterschiedlich großen Gewölben zu
tragen. Davon besitzt das größte Joch eine
annähernd 2,5 mal so große Grundfläche
wie das kleinste. Entsprechend treffen in
dem Gewölbeanfänger auf der Säule un-
terschliedlich große Gewölbeschübe zusammen, die sich nur zum Teil gegenseitig
ausgleichen. Es verbleibt eine resultierende Schubkraft, der die Säule so gut wie
keinen Widerstand entgegenzusetzen ver-
mag.
Im Obergeschoß setzt sich die Raum- und
Tragstruktur der Erdgeschoßräume nicht
fort. Wie das Konstruktionsgefüge in dem
ca. 80 cm hohen Deckenaufbau über den
Gewölben ausgebildet ist, konnte noch
nicht untersucht werden.

Verformungen, Rißbildungen

Man kann wohl davon ausgehen, daß die
Umfassungswände in Auditorium und
Geißelkammer im wesentlichen lot- und
fluchtrecht errichtet wurden. Derzeit
weist die Ostwand erhebliche Verformungen auf, während sich die Gewölbewiderlager auf der Westseite nicht nennenswert verschoben haben. Auf der
Ostseite erfuhr der mittlere Gewölbeanfänger (Gewölbewiderlager zwischen dem
3. und 5. Joch) die größte Verschiebung.
Die Verformung des nördlich davon gelegenen Gewölbeanfängers ist um ca. 1/5
kleiner. Da aber in dieser Gurtbogenachse
der Gewölbeanfänger auf der Mittelsäule
um ca. 15 cm nach Westen auswich, rückten die Kämpfer des Gurtbogens zwischen
dem 5. und 7. Joch insgesamt um ca.
32 cm auseinander. Die Kreuzrippe, die
vom mittleren Gewölbewiderlager in der
Ostwand zur Mittelsäule verläuft, längte
sich in der Projektion gemessen um ca.
26 cm.

2 *Scheitel der Gurtrippe zwischen dem
5. und 7. Joch*

Die Gewölbe der verhältnismäßig kleinen
Joche in Auditorium und Geißelkammer
mit Abmessungen im Grundriß zwischen
2,3 × 4,1 m und 4,2 × 5,1 m konnten sich an
derartig große Formänderungen nur anpassen, indem sie rissen. Ein Vergleich
zwischen den Rißverläufen und den ermittelten Verformungen verdeutlicht die
Zusammenhänge. Die Risse konzentrieren sich um den mittleren Kämpfer in der
Ostwand und im Abschnitt des Gurtbogens zwischen dem 5. und 7. Joch. In dieser Zone verlaufen auch die Putzrisse mit
den größten Breiten bis ca. 5 mm. Ferner
zeigt sich, daß im westlichen Teil der östlichen Joche die Risse nicht so zahlreich
sind wie im östlichen Teil. Auch im Ge-
wölbesektor im Anschluß an die nördliche Stirnwand verlaufen nur sehr schmale
Risse (Rißbreiten < 1 mm). Den Gewölbe-
sektor an der südlichen Stirnwand durchziehen nur wenige Risse. Den nach außen
ausgewichenen östlichen Gewölbewider-
lagern entspricht ein ausgeprägter Rißverlauf in Richtung Nord-Süd (Abb. 1). Erheblich verformte Kappen und ver-
schobene Rippen weisen die gedrückten
Joche 6 und 8 auf.
Auch die Schadensverteilung an den Gewölberippen deckt sich generell mit dem
Verformungsbild. Im Scheitelbereich des
Gewölbes sind die Rippen an zahlreichen
Stellen auf der Unterseite aufgerissen
(Abb. 2). Oberhalb des Gewölbeanfängers

gibt es Rippen mit klaffenden Lagerfugen
auf der Rippenaußenseite. Stellenweise
kam es außerdem zu Steinabplatzungen
und Aufspaltungen der Rippen an der
schmalen Innenseite (Abb. 3). Die Kreuzrippen, die einen Gesamtquerschnitt von
ca. 310 cm² haben, verfügen an den Stellen, mit den längsten klaffenden Fugen
über Kontaktflächen, die nur noch 1/10
bis 1/5 des Gesamtquerschnittes betragen.
Das Ausweichen der Gewölbewiderlager
verursachte im 5. Joch ein Absenken des
Gewölbescheitels um ca. 11 cm. Ferner
änderten sich im nördlichen und im südlichen Sektor des Gewölbes die von den
Kreuzrippen eingeschlossenen Winkel um
4°. Beide Veränderungen ergaben sich sowohl rechnerisch als auch durch Heraus-
messen aus den Aufmaßblättern (Abb. 4).
Das Absenken und Verdrehen spaltete

3 *Südöstliche Diagonalrippe oberhalb des
Gewölbeanfängers im 7. Joch*

5   *Schlußstein im 7. Joch*

Rippenansätze am Schlußstein auf, verursachte Abplatzungen und ließ Rippensteine absacken (Abb. 5).
Der Schaft der „Mittelsäule" setzt sich aus
einer niedrigen und zwei hohen Trom-
meln zusammen. Letztere durchziehen
auf der Süd- und Nordseite über die Lagerfuge hinweg bis zu 1 mm breite Risse
(Abb. 9).
Zu den Bauphasen des Dorments liegen
detaillierte Untersuchungsergebnisse der
beteiligten Bauforscher vor. Noch nicht
abschließend diskutiert wurden die Wölb-
phasen in Auditorium und Geißelkammer. Die Bauforscher gehen in ihren
Überlegungen von einer ersten Einwölbung mit regelmäßiger Jochteilung in einer mit II B bezeichneten Bauphase aus.
Das heutige Erscheinungsbild der Gewölbe führen sie auf Umbauten in der Bauphase III zurück. Die Detailbeobachtun-
gen, auf die sich die Überlegungen zum
Umbau der Gewölbe stützen, sollen hier
nicht widerlegt werden. Die nachfolgend
dargestellte Anamnese des Konstruktionsgefüges, wie sie sich aus dem Verfor-
mungs- und Schadensbild herleitet, stellt
lediglich einen Beitrag zur Diskussion dar.
Im Anschluß an die Nordwand des Parlatoriums gibt es in der Ostwand der Geißelkammer zwei Mauerwerksausbrüche
für Pfetten eines nicht mehr vorhandenen
Daches. Die Nordwand des Parlatoriums
überschneidet den oberen Ausbruch zum
Teil. Die lichte Höhe zwischen Oberkante

Gelände und Unterkante Auflager der
Traufpfette beträgt in der gegenwärtigen
Situation ca. 1,5 m. Wegen der fehlenden
Kopfhöhe wäre das eine sehr unbequeme
Durchgangshöhe gewesen. Vermutlich lag
die Terrainoberkante vor dem Bau des
Parlatoriums tiefer als das heute der Fall
ist. Darauf gibt auch der Verlauf des
Sockels der Ostwand, der im Abschnitt
des 3. Joches nach unten abknickt, einen
Hinweis. Dafür spricht ferner die Tatsache, daß die Ostwand bereits in Höhe des
heutigen Terrains nach außen ausbaucht
(Abb. 6). Ob durch ein Anheben des
Geländes der Wasserhaushalt im Boden
im Bereich der Gründung verändert wurde, ist unbekannt, könnte aber eine Erklärung für das Verformungsverhalten der
Wand sein. Dem Verlauf der Lagerfugen
in Höhe der Brüstung nach zu urteilen,
kam es in der Ostwand zwar zu erheblichen Fundamentverdrehungen, aber zu
keinen nennenswerten unterschiedlichen
Fundamentsetzungen (Setzungsdifferenzen <3 cm; Abb. 7). Baugrunduntersu-
chungen, die zur Klärung der Vermutungen beitragen könnten, stehen noch aus.
Insgesamt gesehen, verformte sich die
Ostwand sehr regelmäßig. Die Bauchung
der Wand nimmt von unten nach oben

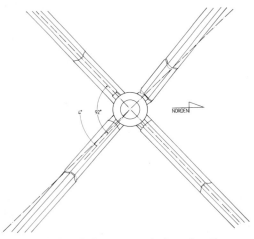

4   *Winkelverdrehungen zwischen den Kreuzrippen im 5. Joch*

12 Westseite des Gewölbeanfängers über der Mittelsäule

und von den beiden Stirnwänden zur Mitte hin gleichförmig zu. Der Bauch der Obergeschoßwand in Brüstungshöhe ist dem der Erdgeschoßwand unterhalb des Kaffgesimses ähnlich. Das heißt, Erd- und Obergeschoßwand können sich nur gemeinsam verformt haben. Folglich war das Dorment im Abschnitt des Auditoriums und der Geißelkammer bereits zweigeschossig, als man die Erdgeschoßräume einwölbte (Abb. 6).

Bemerkenswert ist der Befund, daß die Dachbalkenlage die Fundamentverdrehungen und damit das Kippen der Wand nicht durch Zurückhalten des Wandkopfes behinderte. Das wirft die Frage danach auf, ob das Dachtragwerk auf dem Dorment fehlte, als die Gewölbeschübe zum ersten Mal auf die Ostwand einwirkten? Die Untersuchung, wie das heutige Dach-

tragwerk auf die Wandverschiebungen reagierte, steht noch aus. Der Balkenlage über den Erdgeschoßgewölben kommt als Konstruktion zur Rückverhängung der Wand keine Bedeutung zu, da es im Auflagerbereich der Deckenbalken an Auflast fehlt, um nennenswerte Kräfte über Reibung zu übertragen (Abb. 8).

Verschiebungen

Ermittelt man aus den Ablotungen der Außenseite der Ostwand durch Interpolation die horizontalen Verschiebungen der Wand in Höhe der Schildbogenscheitel und der Gewölbeanfänger, so ergeben sich für die Außenwandseite rechnerisch folgende Verschiebungsdifferenzen: 1. Joch ca. 4,7 cm, 3. Joch ca. 8,8 cm, 5. Joch ca. 10,5 cm und 7. Joch ca. 6,3 cm. Im Vergleich dazu wurden auf der Innenraumseite zwischen Schildrippe und dem Ansatz des Kappenputzes im 7. Joch Abrißbreiten zwischen 5 und 6 cm und im 5. Joch zwischen 11,5 cm und 14 cm gemessen. Im 1. und 3. Joch konnten die Abrisse mit 3 bis 5 cm bzw. 10 bis 12 cm nur geschätzt werden, weil sich das Fahrgerüst nicht bis unmittelbar an die Meßstellen heranschieben ließ. Vergleicht man die auf der Außen- und Innenwandseite gemessenen Verschiebungswerte miteinander, so ergeben sich für die beiden äußeren Joche innen kleinere Verschiebungswerte als

10   Abriß der Kappe im 7. Joch vom östlichen Schildbogen

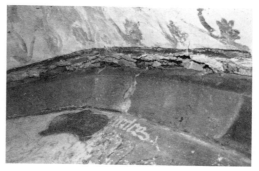

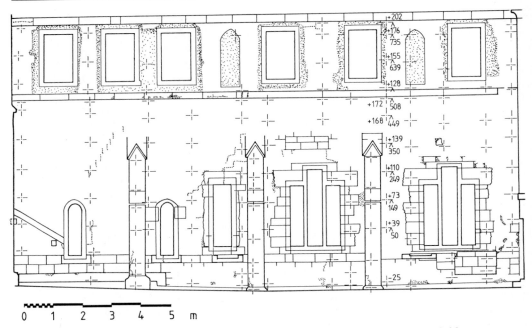

7   Ostwand von Auditorium und Geißelkammer. Schadensaufnahme und Wandablotung

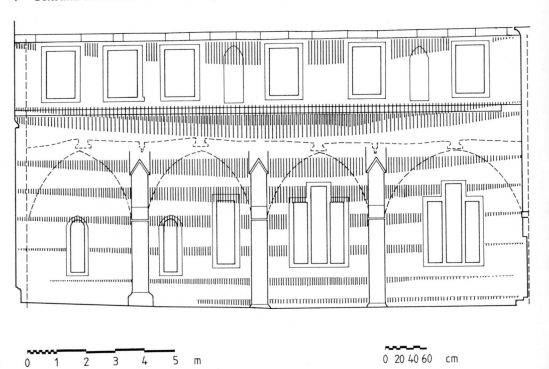

6   Horizontalverformung der Ostwand

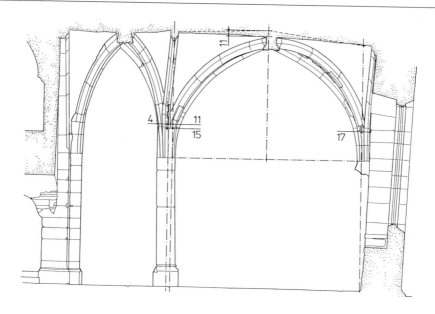

11 Querschnitt durch das 5. und 6. Joch mit Blick nach Norden

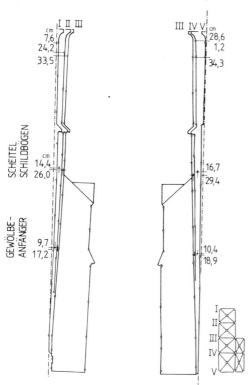

außen und für die beiden inneren Joche auf der Innenwandseite größere Verschiebungen als auf der Außenwandseite. Die geringfügigen Abweichungen sind mit örtlichen Unregelmäßigkeiten innerhalb des Wandquerschnittes, mit der Berechnung von Verschiebungswerten durch Interpolation und/oder mit dem spezifischen Verformungsverhalten des gerissenen räumlichen Gewölbetragwerks zu erklären. Die Tendenz der Verschiebungen erscheint jedoch eindeutig: Die Ostwand hat ihre Verformungen im Zusammenwirken mit dem Gefüge der vorhandenen Gewölbe erfahren. Wenn Gewölbeschub bereits aus einem Vorgängergewölbe auf die Ostwand eingewirkt hätte, dann müßten die Differenzen der Verschiebung auf der Außenwandseite in jedem Fall deutlich größer sein als die Abrißbreiten zwischen Schildbogen und Wand auf der Innenseite (Abb. 10).

8 Verformungsprofile der Ostwand in den Gurtbogenachsen

Schäden an der Mittelsäule

Im Zusammenhang mit den Eigenschaften des Konstruktionsgefügens wurde bereits darauf hingewiesen, daß aus den Gewölbeschüben der Joche 5, 6, 7 und 8 eine nach Westen gerichtete Horizontalkraft resultiert. Da sie von der Mittelsäule, der das statische System einer Pendelstütze zugrunde liegt, nicht abgetragen werden kann, wirkte der Schub auf den Gurtbogen zwischen den Jochen 6 und 8, die von der Mittelsäule ausgehenden Kreuzrippen dieser Joche und die zwischen der Gurtrippe und den Kreuzrippen liegenden Kappen ein. Geht man davon aus, daß die Rippen zwischen den Jochen 5 und 6 sowie 7 und 8 im Neubauzustand in einer Ebene lagen, dann erfuhr der Kopf des Gewölbeanfängers über der Säule eine Verschiebung um ca. 15 cm nach Westen

9   Südostseite der Mittelsäule

(Abb. 11). Merkwürdigerweise weicht der Rippenansatz des Gewölbeanfängers aber nur 4 cm nach Westen von der Lotrechten durch den Mittelpunkt der Säulenbasis ab. Dafür kommen zwei Erklärungen in Betracht. Denkbar ist ein Errichten der Mittelsäule mit einer Neigung von ca. 11 cm nach Osten, um gegen den Schub aus den beiden großen östlichen Gewölben eine abstrebende Wirkung zu erzielen. Die Ausmitte von 11 cm wäre in diesem Fall geschickt gewählt, da sie knapp unter der 2. Kernweite des Säulendurchmessers liegt. Der „Überhang" nach Osten wäre demnach durch Zusammendrücken der beiden kleinen westlichen Gewölbe eliminiert und schließlich in einen Überhang von 4 cm nach Westen umgekehrt worden. Als zweite Version ist eine Korrektur der Säulenstellung durch Zentrieren denkbar. Man fragt sich allerdings, warum nicht in diesem Fall die durch Spaltzugrisse erheblich geschwächten Säulentrommeln ausgetauscht wurden. Auch die Abplatzungen auf der Westseite des Gewölbeanfängers über der Mittelsäule sprechen bei den im jetzigen Zustand klaffenden Fugen für die erstgenannte Version (Abb. 12).

Welche erheblichen Formänderungen von den Gewölben der Geißelkammer und des Auditoriums zu verkraften waren, soll durch einen Vergleich verdeutlicht werden. Während sich in Maulbronn die Spannweite des Gurtbogens zwischen den Jochen 6 und 8 um ca. 6,8 % verkürzte und jene zwischen den Jochen 3 und 5 um 5,0 % und zwischen den Jochen 5 und 7 um 7,6 % vergrößerte, erfuhr z. B. im Freiburger Münster das 3. Joch von Westen eine Verbreiterung durch Ausweichen der Gewölbewiderlager nur um ca. 2,3 %. Aus der im Freiburger Münster vergleichsweise kleinen relativen Verformung ergab sich nach unseren Untersuchungen bereits eine erhebliche Gefährdung der Standsicherheit.

Erste quantitative Ergebnisse weisen auf hohe Beanspruchungen in den Wänden und Gewölben von Auditorium und Geißelkammer hin. Darüber soll jedoch erst berichtet werden, wenn die Untersuchungen im Obergeschoß abgeschlossen und ausgewertet sind und die Untersuchungsergebnisse der übrigen an dem Projekt beteiligten Fachleute vorliegen.

Schlußfolgerungen

Insgesamt gesehen stimmt das Bild von den Schäden an den Rippen, Kappen und Wänden so vollkommen mit den beobachteten und gemessenen Verformungen überein, daß daraus aus statisch-konstruktiver Sicht nur ein Schluß zu ziehen ist: Die vorhandenen Gewölbe über der Geißelkammer und dem Auditorium sind die ersten und einzigen Gewölbe, von denen Schub auf die östliche Außenwand ausging und weiterhin ausgeht. Ob es zu einem Teileinsturz der Gewölbe kam und Reparaturarbeiten in begrenztem Umfang ausgeführt werden mußten, läßt sich voraussichtlich erst beurteilen, wenn die Oberseite des Kappenmauerwerks eingesehen werden kann.

Die Ausführungen zur Veränderung des Winkels um ca. 4° zwischen den Kreuzrippen im 5. Joch haben gezeigt, daß z. B. ein Schlußstein, wie er jetzt im 7. Joch vorhanden ist, in einem Vorgängergewölbe mit den Proportionen des 5. Joches nicht gepaßt haben kann. Eine Zweitverwendung des Schlußsteines hätte in diesem Fall eine Verkleinerung des zwischen den Kreuzrippen eingeschlossenen Winkels um ca. 13° erfordert.

Dem guten Erhaltungszustand der oberhalb der Gewölbeanfänger in die Rippen eingesetzten Vierungen und verschiedene nachverfugte und nicht wieder gerissene Rippenstöße lassen darauf schließen, daß die Verformungen wohl im wesentlichen kurz nach der Einwölbung eintraten und sich danach allmählich verlangsamten oder gar abklangen. Wenn sich ein Gleichgewichtszustand einstellte, dann reagierte er sicherlich empfindlich auf

jede Störung von außen. Die aber gab es im Verlaufe der Standzeit mehrfach, denkt man an die vergrößerten Fenster in der Ostwand, das Nachgründen der Wandvorlagen, den Einbau eines Kanalsystems im Abstand von etwas mehr als 1 m vor den Wandvorlagen, an Veränderungen des Geländes oder an Umbauten im Obergeschoß.

Zusammenfassung

Auditorium und Geißelkammer, zwei benachbarte Räume im Erdgeschoß des zweigeschossigen Dorments im Kloster Maulbronn, werden von sechs Kreuzrippengewölben überspannt. Die Besonderheit des Konstruktionsgefüges liegt in den unterschiedlichen Jochgrößen und Gewölbewiderlagerbedingungen. Ferner sind Unregelmäßigkeiten im Baugrund, der in der Talaue liegt, zu vermuten. Die Schwächen des Konstruktionsgefüges zeichnen sich in ganz erheblichen Schiefstellungen und Bauchungen der Ostwand, in Abrissen der Kappen von den Schildbögen, in Rissen im Kappenmauerwerk, klaffenden Fugen in den Rippen, Steinabplatzungen und Steinaufspaltungen ab.

Im vorliegenden ersten Teil der Untersuchung konnten die Beanspruchungen im Konstruktionsgefüge qualitativ ausschließlich auf der Grundlage zerstörungsfreier Erkundungen durch Beobachtungen im Detail, Schadensaufnahmen und Verformungsmessungen eingegrenzt werden. Ferner konnten anhand statisch-konstruktiver Befunde in Ergänzung zu den restauratorischen Befunden Aussagen zu den baulichen Veränderungen und den zeitlichen Abläufen der Verformungen gemacht werden.

Summary

The auditorium and the „Geißelkammer", which are adjacent rooms on the ground floor of the two-storied dormitory of the cloister of Maulbronn, are covered with six ribbed cross vaults. The peculiarity of the structure are the different sizes of the bays and the support conditions of the vaults. In addition irregularities of the ground conditions in the valley are expected. The weakness of the structure becomes apparent at the extreme inclination and bulge of the East wall, at the separation of the webs and the wall arches, at the cracks within the masonry of the webs, at the open joints of the ribs and the spalling and splitting of the stones.

In the submitted first part of the invetigation it was possible to evaluate the steps in the structure only on the basis of non-destructive examinations, detailed observations, an assessment of the damages and measurements of the deformations. The structual and statical findings in combination with the results of the restauration made it possible to make some statements concerning the structual alterations and the sequence of the deformations.

Résumé

L'auditorium et la salle de flagellation, deux pièces voisines du rez-de-chaussée du » Dormentbau» à deux étages du couvent de Maulbronn, sont surmontées par des voûtes à nervure en croix. La spécificité de la structure de cette construction réside dans le fait que les dimensions des arches et les données relatives aux piédroits varient. On peut en outre soupçonner des irrégularités du terrain de construction, situé dans une prairie de la vallée. Les faiblesses de la structure de la construction apparaissent au travers d'inclinaisons extrêmement prononcées et de forjetures de la paroi est, de détachement des chaperons des arcs en orbevoie, de fissures dans la maçonnerie des chaperons, de joints de liernes béants, ainsi que d'effritements et de fissurations des pierres.

Dans cette première partie d'étude ont pu être déterminées au plan qualitatif, sur la base de méthodes non destructives uniquement – observation détaillée, inventaire des dommages, mesure de la déformation – les sollicitations de la structure de la construction. De plus, on a pu se prononcer, grâce aux résultats de calculs statiques de construction venus compléter le diagnostic relatif à la restauration, sur les modifications de la construction et le déroulement des déformations dans le temps.

Klaus Rheidt

Zur Geschichte der Sicherung historischer Bauten

Theoriediskussion und technische Entwicklung bei der Pflege von Baudenkmalen

Im Rahmen der Arbeiten des Sonderforschungsbereiches 315 nehmen die Untersuchungen über Entstehung, Verbreitung und Weiterentwicklung einzelner bautechnischer Verfahren breiten Raum ein. Die technische Entwicklung im Bereich der Baukonstruktion hat bis heute auch auf die Sanierungspraxis entscheidenden Einfluß. Für die Frage der Anwendung bestimmter Techniken bei der Sicherung beschädigter und zerrütteter Bauten, die wegen ihrer kunstgeschichtlichen oder historischen Bedeutung erhalten werden sollen, ist jedoch nicht nur der jeweilige Entwicklungsstand einzelner ingenieurtechnischer Verfahren maßgeblich. Ebenso wichtig, wenn nicht sogar vorrangig, ist die sinnvolle, aus den historischen und bautechnischen Vorgaben abgeleitete Einbindung der Maßnahmen in das vorhandene statisch-konstruktive Konzept, dessen Konservierung von ebenso grundsätzlicher Bedeutung für die Überlieferung des Denkmals als Ganzem ist, wie etwa die aus kunstgeschichtlich-ästhetischen Gründen hoch bewertete Fassade.

Das Baudenkmal *„als Geschichtszeugnis, das heißt als eine unwiederholbare handwerklich-substanzielle und geistige Leistung des Menschen in der Vergangenheit"*[1] läßt sich nicht nur anhand seines künstlerischen Äußeren begreifen. Daneben treten als ebenbürtig seine Konstruktion, Statik, Bautechnik,[2] die aus ebenso langen Entwicklungsprozessen hervorgegangene gedankliche Leistungen darstellen.

Als Beispiel sei die seit der Antike bei wenig tragfähigem Baugrund übliche Gründung von Bauwerken auf Pfählen genannt, eine für die gestellte Aufgabe äußerst praktikable und bis ins 19. Jahrhundert hinein weiterentwickelte Technik.[3] Denkmalpflege und Sanierungspraxis haben sich mit den Eigenschaften und der historischen Bedeutung dieser weit verbreiteten Gründungsart bisher kaum auseinandergesetzt. Bei den Sicherungsarbeiten der 1920er Jahre am Mainzer Dom etwa wurde die große Menge von 2 200 Eisenbahnwaggons Beton dazu verwendet, die mittelalterlichen Pfahlgründungen vollständig mit modernen Mitteln auszutauschen.[4] Die Frage, ob und wie

1 M. Backes, Bauforschung aus der Sicht der staatlichen Denkmalpflege, in: J. Cramer (Hrsg.), Bauforschung und Denkmalpflege, Stuttgart 1987, 30.
2 Vgl. G. Th. Mader, Bauforschung und Denkmalpflege, in: Arbeitskreis Theorie und Lehre der Denkmalpflege e. V., Dokumentation der Jahrestagung 1987 in Bamberg, Bamberg 1989, 11.
3 M. Borrmann, Historische Pfahlgründungen, Materialien zu Bauforschung und Baugeschichte 3, 1992 (im Druck). – Vorläufig ders., Untersuchung historischer Pfahlgründungen, Materialien zu Bauforschung und Baugeschichte 1, 1990, 43 ff.

1   K. F. Schinkel, Entwurf für einen Palast auf der Akropolis

man zumindest einen Teil dieser über 700 Jahre funktionsfähigen Gründungen erhalten oder zumindest als wichtiges Dokument der Baugeschichte des Domes hätte sichtbar machen können, stellte man nicht. Heute jedoch ist die Diskussion um Authentizität, um möglichen Verlust an Denkmalwert, auch bei der technischen Sicherung historischer Bauten nicht mehr zu vernachlässigen, da wichtige handwerkliche Errungenschaften, wie etwa die der Gründung auf Holzpfählen, der Aussteifung von Mauerwerk durch Holzeinlagen[5] oder der hölzernen Verankerung von Gewölben,[6] heute höher bewertet werden und daher nicht unbeachtet bleiben oder zerstört werden dürfen.

Das Teilprojekt A 2 des Sonderforschungsbereiches 315 hat es sich zur Aufgabe gemacht, den Umgang mit historischer Bausubstanz vor dem Hintergrund sich wandelnder Denkmalpflegevorstellungen und fortschreitender bautechnischer Entwicklungen an Fallbeispielen darzustellen und die jeweils angewandten Sicherungsmaßnahmen aus heutiger Sicht kritisch zu werten. Die folgende kurzgefaßte Entwicklungsgeschichte der theoretischen und praktischen Voraussetzungen der Sicherung historischer Bauten basiert im wesentlichen auf den Ergebnissen der im Rahmen des Teilprojektes erfolgten Untersuchungen der Sanierungsgeschichte des Westteils des Wormser Domes und vor allem der Matthiaskapelle in Kobern,[7] bei der sich die wandelnden Vorstellun-

gen von praktischer Denkmalpflege besonders gut ablesen lassen. Mit Hilfe dieser Arbeiten sollen auch für spätere Entscheidungen über den Einsatz bestimmter Sanierungsverfahren Grundlagen zur Abwägung zwischen ingenieurtechnischer Machbarkeit und historischer Sinnfälligkeit geschaffen werden.

Der Stand der Denkmalpflegetheorie als Voraussetzung für die Erhaltung historischer Bausubstanz

Schon aus der Antike gibt es immer wieder Hinweise auf Wiederherstellungs- und Reparaturarbeiten an bedeutenden Baudenkmalen der Vergangenheit.[8] So waren etwa im ausgehenden 3. oder frühen 4. Jahrhundert technische Sicherungsmaßnahmen – Stützpfeiler und Unterfangungen – am Markttor in Milet notwendig, das durch ein Erdbeben Schaden genommen hatte.[9] Die gesetzliche Verankerung der Herrichtung älterer Bauten erfolgte jedoch erst etwa ein Jahrhundert später, in einer Zeit, in der die langsame Auflösung des städtischen Organismus und das Abrücken der aristokratischen Oberschicht von ihren entsprechenden gesellschaftlichen Verpflichtungen zum erkennbaren Problem wurde.[10] Es handelt sich hier aber offensichtlich um auf den Erhalt oder die Herstellung des repräsentativen Charakters der Städte gerichtete Gesetzesinitiativen. In einem Erlaß des Jahres 398 n. Chr. heißt es etwa, daß die

Stadtverwaltungen mit schweren Strafen zu rechnen hätten, wenn sie sich nicht unter Aufbietung ihres ganzen Einflusses für den Erhalt der Denkmale einsetzten.[11] Die Beseitigung sichtbarer Mängel, die Vermeidung eines unordentlichen Straßenbildes und die Durchsetzung baupolizeilicher Vorschriften (z. B. Brandschutz) waren die Triebfedern.[12]

Der Gedanke, daß über die Erkenntnis eines Denkmals als Zeugnis der Geschichte hinaus dessen Schutz durch Gesetze und Verordnungen nötig sei, entwickelte sich erst in der Renaissance. Die Rückbesinnung auf die Antike führte zu einer hohen Bewertung ihrer Überreste, die sich jedoch im wesentlichen auf deren ästhetische Qualitäten beschränkte.[13] Päpstliche Verordnungen verlangten in Rom zwar schon in der ersten Hälfte des 16. Jahrhunderts, daß *„die Monumente der Stadt und der Umgebung ... bewahrt, von Gestrüpp befreit, keine neuen Bauwerke ihnen angehängt, nicht zerschlagen, zu Kalk gebrannt, oder aus der Stadt entfernt werden."*[14]

Gleichzeitig wurden aber immer noch antike Ruinen als Steinbruch genutzt und für

4 G. RÜTH (Hrsg.), Sicherungsarbeiten am Mainzer Dom, München o. J., 7 f., 14, 22, 25 ff., 69 ff. – Vgl. ders., Bautechnische und statische Ursachen der Schäden am Mainzer Dom und die Sicherungsarbeiten zur Erhaltung des Bauwerkes, Der Bauingenieur 25, 1926, 489 ff. – Ders., Sicherungsarbeiten an gefährdeten alten Bauwerken, Zentralblatt der Bauverwaltung 49, 1929, 249 ff.

5 Vgl. etwa H. LICHT, Holzeinlagen im Mauerwerk des Pleissenburgthurmes in Leipzig, Zentralblatt der Bauverwaltung 22, 1902, 655. – DOELL, Ueber Holzeinlagen im Mauerwerk des Pleißenburgturmes in Leipzig, Zentralblatt der Bauverwaltung 23, 1903, 77, 92. – FORSCHNER, Holzeinlagen in Backsteinmauerwerk, ebenda 148. – H. A. SCHÄFER, Die Holzeinlagen im Turme von Jung St. Peter in Straßburg, Zentralblatt der Bauverwaltung 24, 1904, 157 ff., 177 f. – W. HAAS, Hölzerne und eiserne Anker an mittelalterlichen Kirchenbauten, architectura 1983, 140 ff.

6 HAAS, a. O., 137 ff.

7 K. RHEIDT, Der Westteil des Wormser Domes, Materialien zu Bauforschung und Baugeschichte 1, 1990, 14 ff.; ders., Die Matthias-Kapelle auf der Oberburg bei Kobern, Materialien zu Bauforschung und Baugeschichte 2, 1991, 5–53. Im vorliegenden Beitrag zum Jahrbuch des SFB 315 können diese Arbeiten nur kurz angesprochen werden, da ein vollständiger Abdruck an dieser Stelle den vorgegebenen Rahmen sprengen würde.

8 Vgl. H. HÖRMANN, Methodik der Denkmalpflege, München 1938, 73 f.

9 H. KNACKFUSS, Der Südmarkt und die benachbarten Bauanlagen, Milet I 7, Berlin 1924, 151 f.

10 Vgl. W. MÜLLER-WIENER, Von der Polis zum Kastron. Wandlungen der Stadt im Ägäischen Raum, Gymnasium 93, 1986, 448. – A. H. M. Jones, The Greek City, Oxford 1940, 149.

11 HÖRMANN, a. O., 72 f. – M. VOIGT, Die römischen Baugesetze, Berichte der königlich sächsischen Gesellschaft der Wissenschaften 55, 1903, 175 ff.

12 Vgl. M. VOIGT, a. O., 175 ff. – In diesen Zusammenhang gehört auch das Vorgehen gegen eine zunehmende Verbauung von Säulenstraßen mit Läden und Baracken, das zeigt, wie sehr der Repräsentationswert der älteren Anlagen gesunken war. Vgl. MÜLLER-WIENER, a. O., 459 f.

13 TH. WIEGAND, Untergang und Wiedererstehen der antiken Denkmäler, Sonderabdruck aus: Handbuch der Archäologie 1, München 1913, 36. – A. RIEGL, Der moderne Denkmalkultus. Sein Wesen und seine Entstehung, Wien 1903, in: G. DEHIO, A. RIEGL, Konservieren, nicht restaurieren. Streitschriften zur Denkmalpflege um 1900, Braunschweig/Wiesbaden 1988, 51 f. – Vgl. N. HUSE (Hrsg.), Denkmalpflege. Deutsche Texte aus drei Jahrhunderten, München 1984, 14 f.

14 Breve Papst Pauls III. vom 28. November 1534. Zit. nach N. HUSE a. O., 14. – Vgl. RIEGL, a. O., 51. Die Anzeige von Funden-

die Bedürfnisse des päpstlichen Hofes geplündert.[15] Von einer aktiven Denkmal*pflege* kann zu dieser Zeit noch nicht die Rede sein.

Diese Einstellung im Umgang mit historischer Bausubstanz hat sich bis in das 18. Jahrhundert nicht wesentlich gewandelt. Die Wiederaufbauprojekte nach der Pfalzverwüstung durch die Franzosen im Jahre 1689 orientierten sich zwar, wie in Worms, Speyer oder Oppenheim, an den vorhandenen mittelalterlichen Resten, können aber dennoch kaum als denkmalpflegerisch in unserem Sinne bezeichnet werden.[16] Sie waren fast überall bloße Reparaturen zur Herstellung des überlieferten Repräsentationswertes und zum Zwecke der Nutzbarmachung der zerstörten Bauten.[17] Die Wiederherstellung als getreue Kopie des mittelalterlichen Vorbildes am Langhaus des Speyerer Domes (1772–1778) unter der Leitung von Fr. I. M. Neumann[18] entsprach der Forderung nach Einheitlichkeit des Stils,[19] allerdings nur bei den Teilen des Bauwerkes, deren Formen durch die erhaltene Ruine vorbestimmt waren. Darüber hinaus waren noch zu Beginn des 19. Jahrhunderts Veränderungen und Einbauten im Geschmack der Zeit – auch unter Beeinträchtigung der vorhandenen historischen Substanz – gang und gäbe. Dennoch gaben die Erfahrungen aus diesen umfangreichen Wiederherstellungen wichtige Impulse für die durch das ganze 19. Jahrhundert hindurch heftig geführte Theoriediskussion der Denkmalpflege.[20]

Das als Folge der Revolution in den ersten Jahrzehnten des 19. Jahrhunderts zunehmende Nationalgefühl verstärkte das Interesse an den Geschichtsdenkmalen – vornehmlich jenen des ‚deutschen‘ Mittelalters. So stellt der Denkmalerlaß Ludwigs I. von Bayern vom 29. Mai 1827 fest, daß *„nach einem langen Vandalismus ... die Überreste der deutschen Vorwelt"* wieder geschätzt würden und *„die Historie ein spezifisches Gegengewicht wider revolutionäre Neuerung und wider ungeduldiges Experimentieren sey."*[21]

Barocke Veränderungen und Einbauten wurden nun als unangemessen und barbarisch (*„im verdorbensten Geschmack"*[22]) empfunden. Sünden *„gegen den Geist der Formen"* seien es etwa, wenn Gebäude durch *„römische Säulenordnungen und altfranzösisches Formenwerk"* verunstaltet, altertümliche Kirchtürme *„durch selt-*

---

verlangt schon ein Breve Leos X. aus dem Jahre 1515. WIEGAND, a. O., 36.

15 HUSE, a. O., 14 f.

16 D. v. WINTERFELD, 1689–1957. Zweieinhalb Jahrhunderte Denkmalpflege am Dom in Speyer, Deutsche Kunst und Denkmalpflege 44, 1986, 149. – Dagegen sah noch A. RIEGL (a. O., 51) den Beginn einer *„wirklichen Denkmalpflege im modernen Sinne"* schon in der Renaissance, in der zumindest die antiken Denkmäler wieder bewußt geschätzt wurden. Vgl. auch HÖRMANN, a. O., 75 f.

17 Zu Worms s. RHEIDT, Worms a. O., 19 ff. – Zu Speyer vgl. M. SCHMITT, Die Sicherungen des Speyerer Domes im 18. und 20. Jahrhundert und die Fundamentgrabungen in den Jahren 1929 und 1931, Speyer 1932, 23 ff. – M. WEIS, Die konstruktiven Sicherungen der Vierungskuppel des Speyerer Domes 1698 bis 1700, Jahrbuch des SFB 315, 1986, 89 ff. – Vgl. auch G. DEHIO, Denkmalschutz und Denkmalpflege im neunzehnten Jahrhundert. Festrede an der Kaiser-Wilhelms-Universität zu Straßburg, den 27. Januar 1905, in: G. DEHIO, A. RIEGL, a. O., 90 f.

18 W. HAAS, H. E. KUBACH, Zur heutigen Gestalt des Speyerer Domes, Kunstchronik 28, 1975, 146.

19 wie sie auch in der Architekturtheorie des Barock etwa von Blondel empfohlen wurde. Vgl. H. ECKERT, „Konservieren, nicht restaurieren". Der Wandel denkmalpflegerischer Konzeptionen im 19. und 20. Jahrhundert, Arbeitshefte des SFB 315, H. 9, 1989, 8. – s. auch v. WINTERFELD, a. O., 149 ff.

20 Vgl. v. Winterfeld, a. O., 149.

21 M. SPINDLER (Hrsg.), Briefwechsel zwi-

same barocke Aufbauten ... entstellt" und Wohnhäuser durch *„griechische, römische und phantastische Bauformen auf das wunderlichste ausgeputzt"* worden seien. Die anschließende Forderung, *„verehrungswürdige Überreste"* nicht unsinnig und ohne Geschmack zu verstümmeln, sondern *„möglichst zu schonen und zu erhalten",*[23] betrifft ausschließlich die mittelalterlichen Monumente und widerspricht in keiner Weise derjenigen nach Stilreinigung und Stilverbesserung etwa von Heinrich Hübsch, der keine Unregelmäßigkeiten duldete, *„um die Reinheit des Styls herzustellen."*[24] So wurden etwa in den 1830er Jahren aus den Domen in Regensburg und Bamberg unter der Herrschaft Ludwigs I. von Bayern (1825–1848) alle nicht mittelalterlichen Ausstattungsstücke entfernt und durch den Architekten Friedrich von Gärtner in einfachen gotisierenden Formen ersetzt.[25] Die Reinigung von barocken Einbauten war gleichzeitig eine Reinigung vom ‚französischen Ungeschmack', eine Wiederherstellung der Reinheit der Nation.[26] Die in der Zeit der Romantik hoch geschätzten Baustile – im wesentlichen die der Antike, der frühbyzantinischen Zeit und des Mittelalters – beeinflußten den Umgang mit der überlieferten Bausubstanz ganz erheblich. Schon um die Mitte des 18. Jahrhunderts hatten die englischen Architekten Nicholas Revett und James Stuart mit der Aufnahme antiker Bauten in der Levante begonnen. Die Arbeiten wurden in der Folgezeit von der Society of Dilettanti finanziert und veröffentlicht.[27] In den nächsten Jahrzehnten wurden zahlreiche antike Tempel und Heiligtümer freigelegt, aufgenommen und, wie 1835 durch Roß, Schaubert und Hansen der Nike-Tempel auf der Akropolis, wiederhergestellt.[28] Gleichzeitig bezogen die solchermaßen wissenschaftlich und denkmalpflegerisch tätigen Architekten die Reste der Vergangenheit ganz selbstverständlich in großangelegte Neuplanungen mit ein, wie etwa K. F. Schinkel bei seinem Entwurf für die Bebauung der Akropolis (Abb. 1),[29] nicht zuletzt mit dem Ziel, deren ästhetische Wirkung zu nutzen und noch zu steigern.

In Deutschland wurden diese romantischen Strömungen bis in die 40er Jahre des 19. Jahrhunderts hinein vom Kronprinz und späteren preußischen König Friedrich Wilhelm IV. gefördert, der vor

schen Ludwig I. von Bayern und Eduard von Schenk 1823–1841, München 1930, 377, zit. nach: W. NERDINGER (Hrsg.), Romantik und Restauration. Architektur in Bayern zur Zeit Ludwigs I. 1825–1848, Ausst. München 1987, 15, 45.

22 Der Wormser Dom am Adventsonntage 1913, Vom Rhein 12, 1913, 93. – RHEIDT, Worms a. O., 24.

23 K. A. MENZEL, Einiges über Wiederherstellung vorhandener Gebäude aus früheren Zeiten, in ästhetischer Hinsicht, Allg. Bauzeitung 2, 1837, 3f., 16. – Vgl. auch G. HAGER, Denkmalpflege und moderne Kunst. Bericht, erstattet auf dem 6. Tag für Denkmalpflege in Bamberg 1905, in: G. HAGER, Heimatkunst, Klosterstudien, Denkmalpflege, München 1909, 466f. – N. GÖTZ, Aspekte der Denkmalpflege unter Ludwig I. von Bayern, in: NERDINGER, a. O., 52f.

24 Bauwerke von Heinrich Hübsch, Karlsruhe und Baden 1838, 13. Zit. nach: W. SCHIRMER, Heinrich Hübsch im Umgang mit historischen Bauten, in: Heinrich Hübsch 1795–1863. Der große badische Baumeister der Romantik, Ausst. Karlsruhe 1983, 174.

25 Vgl. A. FABER, Die Restaurierung des Domes in Regensburg 1826–1839, in: NERDINGER, a. O., Kat.Nr. 24, S. 187ff. – Ders., Die Restaurierung des Bamberger Domes 1826–1837, ebenda, Kat. Nr. 25, S. 191f.

26 Götz, a. O., 52f.

27 D. WIEBENSON, Sources of Greek Revival Architecture, London 1969, 1ff. Zu den Publikationen der Society of Dilettanti s. ebenda S. 7, Anm. 30.

28 Vgl. WIEGAND, a. O., 31f. – H. H. RUSSACK, Deutsche bauen in Athen, Berlin 1942, 91ff.

allem die Restaurierung und Wiedererrichtung mittelalterlicher Burgen mit großem Aufwand unterstützte. Grundlagenarbeit für ein regelrechtes Programm rheinischer Burgenromantik leistete z. B. der preußische Bauinspektor Johann Claudius von Lassaulx,[30] der Aufnahmen und Planungen für mehrere Burgen, etwa auch für die später von Schinkel ausgeführte Burg Stolzenfels anfertigte.[31] Im Zusammenhang damit entstanden weitgehende Neubauten anstelle der Ruinen, wie etwa Burg Rheineck (Abb. 2),[32] aber auch Restaurierungen und Sicherungen bestehender Bauten, die durchaus auf den Substanzerhalt gerichtete denkmalpflegerische Ziele anstrebten.

Ein gutes Beispiel sind die Arbeiten an der Matthiaskapelle auf der Oberburg bei Kobern, die das gesamte Lebenswerk von J. C. v. Lassaulx bis wenige Jahre vor seinem Tod im Jahre 1848 begleiteten. Eine detailreiche und genaue Bauaufnahme (Abb. 3) diente als solide Basis für die darauffolgende Restaurierung, bei der Lassaulx die modernsten Errungenschaften der Bautechnik, wie etwa den Baustoff Zement, einsetzte, um eine dem historischen Original formal so nahe wie möglich kommende Ergänzung zu erreichen.

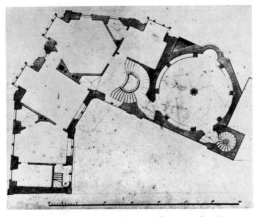

2 *J. C. v. Lassaulx, Bauzeichnung der Burg Rheineck. Grundriß des zweiten Obergeschosses*

Im Zuge dieser Arbeiten stellte er auch den nicht erhaltenen Fußboden der Kapelle in modernen, dem Charakter des Bauwerkes in Dimensionierung und Farbgebung jedoch angemessenen vorgefertigten Mosaikplatten wieder her.

Lediglich die Veränderung der ehemals runden Fenster des Umganges in ‚originalem' mittelalterlichem Sinn zu Dreipaßfenstern läßt bei der Sanierung der Matthiaskapelle noch die Tendenzen zu Stilreinigung und Stilverbesserung anklingen. Sie stellt zudem einen heute kaum mehr zu rechtfertigenden Eingriff in die bis in diese Zeit intakte Substanz des Bauwerkes dar (Abb. 5). Dennoch ist die Bedeutung solcher Projekte für die Entwicklung eines modernen Denkmalpflegebegriffes seit der Mitte des 19. Jahrhunderts nicht hoch genug einzuschätzen.[33]

Die Besinnung auf das nationale Erbe und dessen romantische Verklärung sind so ohne Zweifel die Wegbereiter eines auf die weitestgehende Erhaltung historischer Monumente gerichteten Denkmalpflegebegriffes, der sich im weiteren Verlauf des 19. Jahrhunderts jedoch nur langsam und unter heftigen Diskussionen herauskristallisierte.[34]

Schon vor der Jahrhundertmitte erhob sich Kritik an den praktizierten, oft zu weit getriebenen Stilreinigungstendenzen. Alle Gebäude, *„an denen der Spitzbogen vorkömmt"*, würden von manchen in einem Stile restauriert, *„den sie für gothisch halten."*[35] Die Frage des Baustiles sei viel zu sehr eine Sache des Nationalstolzes geworden. Man müsse sich allen zu weit gehenden Säuberungen und Restaurationen, wie etwa im Falle der Burg Stolzenfels, widersetzen. Auch der Stil des 17. Jahrhunderts habe sein Gutes. Alles artistisch und historisch wichtige sei ohne falsche Vorurteile zu schützen! Bei Sicherungsmaßnahmen sei streng nach dem Gebot zu verfahren: *„Alles, was Noth tut, aber auch nur das!"*[36]

Den Gegenpol zu dieser schon sehr konservatorischen Einstellung umriß Hein-

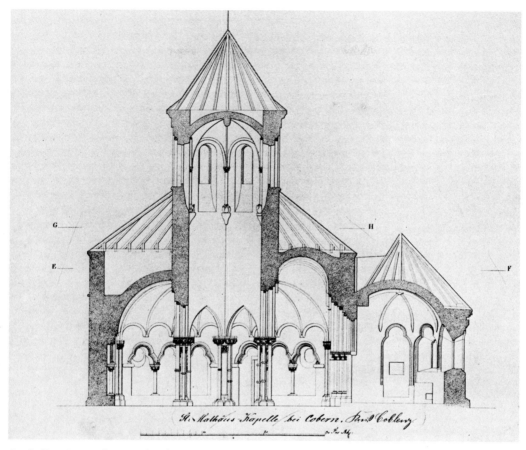

3 J. C. v. Lassaulx, Matthiaskapelle in Kobern, Bauaufnahme aus dem Jahre 1820, Längsschnitt

29 M. KÜHN, Entwurf für den Palast des Kö-
    nigs Otto von Griechenland auf der Akro-
    polis, in: M. KÜHN (Hrsg.), Karl Friedrich
    Schinkel, Lebenswerk. Ausland, Bauten
    und Entwürfe, München, Berlin 1989, 3 ff. –
    RUSSACK, a. O., 37 ff.

30 Zu Lassaulx s. P.-F. SCHWIEGER, Johann
    Claudius von Lassaulx 1781–1848. Archi-
    tekt und Denkmalpfleger in Koblenz, Neuss
    1968. – U. LIESSEM, Studien zum Werk von
    Johann Claudius von Lassaulx 1781–1848,
    Koblenz 1989.

31 E. BRÜES, Karl Friedrich Schinkel. Die
    Rheinlande, 1968, 300 ff.

32 Vgl. SCHWIEGER, a. O., 85 f. – s. auch
    H. SCHMIDT, Zur Entwicklung denkmal-
    pflegerischer Richtlinien seit dem 19. Jahr-

hundert, Jahrbuch des SFB 315, 1989, 4 u.
    Abb. 2, 3 (Hohkönigsburg, Elsaß).

33 Zu Lassaulx und den Arbeiten an der Mat-
    thiaskapelle s. Rheidt, Kobern a. O. (s.
    Anm. 7).

34 Vgl. HAGER, a. O. – HUSE a. O., 19 ff.

35 FUSS, Mittheilungen über historische Denk-
    mäler, Allgemeine Bauzeitung 8, 1843, 97.

36 FUSS, a. O., 97 f., 106, 109. – Vgl. auch
    J. RUSKIN, Die sieben Leuchter der Bau-
    kunst (engl. Original 1849 erschienen),
    Leipzig 1904, 363 ff. – F. v. QUAST, Herstel-
    lung älterer Monumente. Rede auf der 13.
    Versammlung der Architekten und Ingeni-
    eure zu Hannover vom 3.– 6. 9. 1862, Allge-
    meine Bauzeitung 28, 1863, Notizbl.
    S. 260 f.

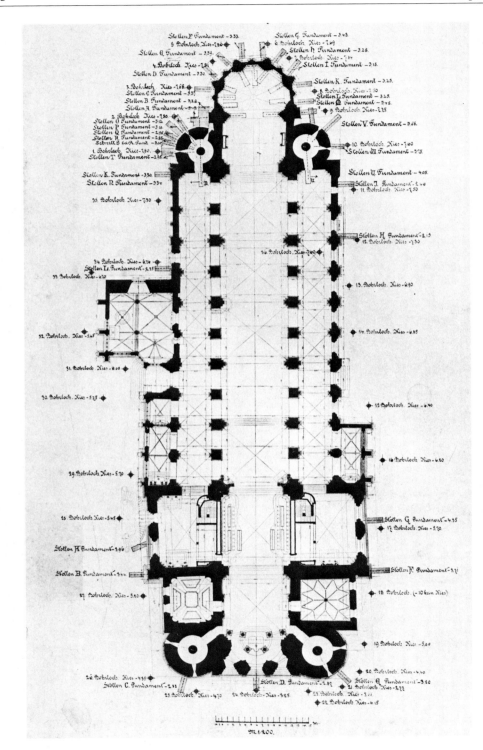

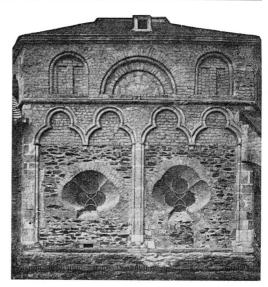

5 *Matthiaskapelle, Nordfassade, photogrammetrische Aufnahme (Juni 1987) und Umzeichnung mit Eintragung der wahrscheinlich von J. C. v. Lassaulx im Jahre 1836 ausgebrochenen und neu eingesetzten Mauerteile*

rich Hübsch noch 1852 in einem Gutachten zum Westteil des Speyerer Domes: Der barocke Westbau mit seinen *„häßlichen Formen"*, seinen *„unser Auge beleidigenden Auswüchsen einer sinn- und gedankenlosen Afterkunst"* müsse weichen; *„die Restauration … in rein romanischem Style und nach seiner ursprünglichen Gestalt"* sei notwendig.[37] Viele Bauten gingen in dieser Zeit der Elemente ihrer Geschichte verlustig, durch die sie noch ein Jahrhundert zuvor in wohlmeinender Absicht für eine neue Nutzung tauglich gemacht und vor dem vollständigen Abbruch bewahrt worden waren. Das *„Restaurierungsfieber"*, das *„Wüthen gegen den Zopf"*[38] zeigte noch lange nach der Mitte des 19. Jahrhunderts seine Wirkungen. So entfernte man etwa um 1860 die *„welsche Haube"*, den geschweiften

Turmhelm des Wormser Domes, um ihn durch eine der Romantik entsprechende Bedachung, ein pyramidenförmiges Steindach zu ersetzen.[39] Wenige Jahre später wurde die moderne Eisenkuppel, die G. Moller 1826 unter größtmöglicher Schonung des mittelalterlichen Bestandes für die Ostvierung des Mainzer Domes entworfen hatte, abgebrochen und, diesmal mit sehr großen Eingriffen in den Originalbestand, durch einen ‚mittelalterlichen' Turmhelm ersetzt.[40] Im Jahre 1874 forderte man im Zuge der Restaurierungs-

4 *Grundrißplan des Wormser Domes mit Einzeichnung der Stollen und Bohrlöcher zur Baugrund- und Fundamentuntersuchung 1892–95*

37 SCHIRMER, a. O., 178. – Ähnliche Äußerungen auch bei R. GOERZ, Einiges über die Erhaltung und Beaufsichtigung alter Baudenkmale, Allgemeine Bauzeitung 13, 1848, 65f. – In Worms wollte man sogar alle Anbauten aus gotischer Zeit entfernen, um die *„romanische Reinheit"* des Baues zu retten. RHEIDT, Worms a. O., 24 u. Anm. 50.

38 W. LÜBKE, Das Restaurierungsfieber (1861), in: HUSE, a. O., 100ff.

39 RHEIDT, Worms a. O., 24f.

40 H. ECKERT, a. O., 9ff. u. Abb. 4–6

arbeiten am Limburger Dom die Be-
freiung des Kircheninneren *„von einem
Theile der in der Zopfzeit eingebauten
und dasselbe in jeder Weise entstellenden
Gegenstände.“*[41] Noch gegen Ende des
19. und in den ersten Jahren des 20. Jahrhunderts wurde das 1761–64 von Blondel
errichtete Westportal des Domes in Metz
als *„verunzierende Zuthat“* abgebrochen
und durch eine neue, gotische Portalan-
lage ersetzt,[42] eine Maßnahme, die allerdings schon kurz nach ihrer Fertigstellung
als *„mit den heute geltenden Ansichten
und Grundsätzen der Denkmalpflege
doch schwer zu rechtfertigen“* kritisiert
wurde.[43]
Der Streit um *„Konservieren oder Restaurieren“*[44] mußte sich vor allem an den
Großprojekten von nationaler Bedeutung
entzünden. Um die Restaurierung des
Heidelberger Schlosses[45] etwa und –
kaum minder heftig – um die Sicherung
des Westchores des Wormser Domes ent-
brannte in den 80er Jahren des 19. Jahrhunderts ein teilweise polemisch geführter
Expertenstreit, der vor allem diejenigen,
die sich für die Konservierung des Bestandes einsetzten, zu ausführlichen statischen
und bautechnischen Untersuchungen
zwang (Abb. 4).[46] Aber auch bei kleineren
Projekten konnte man nun von genauen
Expertisen bezüglich der Bauschäden und
ihrer Ursachen nicht länger absehen. So
bedurfte es vor der konstruktiven Sicherung der Matthiaskapelle in Kobern im
Jahre 1894 durch Ludwig Arntz einer ausführlichen Schadensanalyse und Diskus-

sion möglicher Alternativen, ehe schließlich ein Konzept – der Anbau von Strebepfeilern – zur Ausführung kam, das auch
schon vor Beginn der Untersuchungen in
ähnlicher Form vorgelegen hatte (Abb.
6).[47] Eine vergleichbare Entwicklung nahmen auch die Arbeiten zur Sicherung des
Westchores des Wormser Domes. Auch
hier war der schließlich durchgeführte
vollständige Abbruch und Wiederaufbau
mit altem Material schon früh gefordert
worden; durchsetzen ließ er sich aber erst
im Jahre 1901, nach einem 17 Jahre dau-
ernden Hin und Her bautechnischer und
denkmalpflegerischer Gutachten und Ge-
gengutachten.[48]
Man war sensibel geworden für die Fragen
nach Authentizität und Zeugniswert der
zu erhaltenden Bausubstanz.[49] So mußte
etwa Ludwig Arntz feststellen, daß bei einer Rekonstruktion der Koberner Matthiaskapelle, d.h. wie in Worms Abbruch
und Wiederaufbau der geschädigten
Außenwände und Gewölbe, selbst bei
Verwendung der ursprünglichen Materialien und Aufmauerung in *„mittelalterlicher Technik“* das Bauwerk an kunst-
historischem Wert verlieren werde.
Deshalb wurde von dieser ernsthaft diskutierten Lösung Abstand genommen, die allerdings den Vorteil gehabt hätte, daß
*„auch der äußere Bildeindruck der einsti-
gen Burgkapelle“* nicht beeinträchtigt
worden wäre.[50]
Bemerkenswert ist auch hier die Forderung nach einer dem ursprünglichen Bestand entsprechenden Bautechnik, die

41 A. Cremer, Die Herstellung der Domkirche
   in Limburg an der Lahn, Zeitschrift für
   Bauwesen 24, 1874, 55ff.
42 Vgl. A. Senz, Der Dom in Metz, Zentralblatt der Bauverwaltung 11, 1891, 497. –
   Schmidt, a. O., 5f. u. Abb. 4, 5.
43 Vom Dom in Metz, Zentralblatt der Bauverwaltung 23, 1903, 241f., 284. – Vgl. auch
   Schmidt, a. O., 5.
44 Vgl. allgemein dazu: M. Wohlleben, Konservieren oder Restaurieren? Zur Diskus-

sion über Aufgaben, Ziele und Probleme
der Denkmalpflege um die Jahrhundertwende, Zürich 1989. – Zur zeitgleichen Diskussion in England vgl. S. Muthesius, Die
Diskussion über "Restoration" und "Preservation" sowie die Bewegung "Vernacular
Revival" im England der zweiten Hälfte des
19. Jahrhunderts, Österreichische Zeitschrift für Kunst und Denkmalpflege 43,
1989, 170ff.
45 Die Herstellung des Friedrichs- und des

6 *Matthiaskapelle in Kobern um 1920*

Otto-Heinrichs-Baues „in ihrer ursprünglichen Herrlichkeit" wurde noch 1882 vom
Verband deutscher Architekten und In-
genieur-Vereine in Hannover gefordert,
Zentralblatt der Bauverwaltung 2, 1882,
315f.

46 Zur Kontroverse um das Heidelberger
Schloß s. G. DEHIO, Was wird aus dem
Heidelberger Schloß werden? Straßburg
1901. – F. MIELKE, Die Zukunft der Ver-
gangenheit, Stuttgart 1975, 44ff. – WOHL-
LEBEN, a. O., 34f., 38f. – Dies. in: G. DEHIO,
A. RIEGL, Konservieren, nicht Restaurieren
a. O., 16f. – Zum Westchor des Wormser
Domes s. RHEIDT, Worms a. O., 26ff. –
Ein weiteres Beispiel ist etwa die Kontro-
verse um die Sicherung der Westfront der
Kathedrale von Peterborough. Vgl. MUTHE-
SIUS, Die Kathedrale von Peterborough
und die Denkmalpflege in England, Zentralblatt der Bauverwaltung 17, 1897,
164ff.

7   *Matthiaskapelle in Kobern, Bauaufnahme 1990*

man demnach ebenso als Teil der historischen Identität des Bauwerkes sah, wie
dessen äußere Gestalt. In Worms etwa
wurden die alten Holzankerkanäle beim
Wiederaufbau des Westchores für die neu-
en eisernen Anker verwendet und so das
konstruktive Gefüge des Mittelalters –
wenn auch mit modernen Mitteln – wiederhergestellt.[51]
So war zu Beginn unseres Jahrhunderts
zumindest in Ansätzen ein Denkmal-
pflegebegriff gereift, der Bautechnik und
äußere Gestalt als Einheit sah und beide
Komponenten für die Beurteilung des geschichtlichen Wertes eines Baudenkmals
heranzog.
Es scheint, als ob die zunächst sehr weit
fortgeschrittene Theoriediskussion in den

folgenden Jahrzehnten durch eine vielleicht allzu rasche Entwicklung der bautechnischen Möglichkeiten in den Hintergrund gerückt wurde. *„Die technische
Seite des reinen Konstruierens"* sei in all
den Debatten um Ziele und Aufgaben der
Denkmalpflege bisher zu kurz gekommen,
schrieb Paul Clemen 1933. Mit den neuen
Möglichkeiten des Verpressens und Tor-
kretierens, überhaupt mit armiertem Beton in jeder Form könne man nun Bauten
erhalten, die *„noch vor einem Menschenalter"* hätten abgetragen werden müssen.[52]
Es ist schwer zu beurteilen, ob etwa der
Mainzer Dom nicht anders als durch das
Einbringen von 10 000 m³ Beton hätte ge-
rettet werden oder ob die neuen bautechnischen Möglichkeiten den Abbruch und

Wiederaufbau des Wormser Westchores hätten verhindern können.[53] Eines jedoch bleibt festzustellen: mit dem Übergang der Sicherungsmaßnahmen aus den Händen des damals noch gleichzeitig bauforschenden Architekten, wie Lassaulx, Arntz oder des Wormser Dombaumeisters Hofmann, in die des Ingenieurs wurde nun die rein konstruktiv-technische Komponente der anstehenden Sanierungsaufgaben stärker hervorgehoben.

Mit dieser Entwicklung ging das Abrücken des vor komplexe neue Aufgaben gestellten, praktisch tätigen Architekten von der intensiven Beschäftigung mit der Baugeschichte einher. Pflege und Schutz der Denkmale, auch der historisch bedeutenden Bauten, wurden mehr und mehr zu Aufgaben der Kunstgeschichte und der Archäologie,[54] obwohl Bauforschung bis heute bei der Ausbildung in diesen Fächern nur einen untergeordneten Stellenwert hat.[55]

Die seit den 20er Jahren erreichten immensen ingenieurtechnischen Leistungen auf dem Gebiet der Denkmalpflege, mit denen etwa die Namen G. Rüth und K. Pieper[56] eng verknüpft sind, dürfen nicht darüber hinwegtäuschen, daß eine Polarisierung der Theoriediskussion stattgefunden hat: eine sehr theoretische kunsthistorisch-ästhetische Auffassung steht einer sehr praktischen ingenieurtechnischen gegenüber.

Seit einigen Jahren ist nun wieder der bauforschende Architekt gefragt; für die Schaffung von Grundlagen – Bauaufnahmen (Abb. 7), Archivarbeit – die Analyse von Baubefunden, aber auch zur Koordinierung der beiden Pole, zur Diskussion der Sinnfälligkeit ingenieurtechnischer Maßnahmen im historischen Kontext.[57] Es hat sich gezeigt, daß gerade die Kombination ingenieurtechnischer Schadensaufnahmen und Analysen mit der baugeschichtlichen Bearbeitung des zu sichernden Objektes eine unabdingbare Voraussetzung für die Entwicklung denkmalpflegerischer Konzeptionen ist.[58] Der Wert eines Baudenkmals läßt sich nicht

47 RHEIDT, Kobern a. O., 29 ff.

48 RHEIDT, Worms a. O., 26 ff.

49 Vgl. M. BACKES, Historische Originalität und materielle Substanz. Denkmalpflege zwischen Bewahrung und Verlust, Konservierung und Verfälschung, Deutsche Kunst und Denkmalpflege 45, 1987, 28.

50 L. ARNTZ, Bericht betreffend den Zustand und die Instandsetzung der St. Mathias Kapelle auf Burg Cobern, Burg Cobern, 21. Juni 1894 (handschr.), Landeshauptarchiv Koblenz, Akte Abt. 441 Nr. 28417, S. 37 ff.

51 RHEIDT, Worms a. O., 38 ff. u. Abb. 18–20.

52 P. CLEMEN, Die Deutsche Kunst und die Denkmalpflege, Berlin 1933, 29 f. – Vgl. auch SCHMIDT, a. O., 13 ff.

53 Wie CLEMEN, a. O., 30, annahm.

54 Vgl. G. MÖRSCH, Erforschen und Erhalten oder: die Wissenschaftlichkeit der Denkmalpflege, in: J. CRAMER (Hrsg.), Bauforschung und Denkmalpflege, Stuttgart 1987, 12.

55 D. V. WINTERFELD, Bauforschung im Rahmen kunstgeschichtlicher Institute, in: CRAMER, a. O., 22 ff.

56 Zu Rüth s. K. PIEPER, Georg Rüth (1880–1945), in: Jahrbuch des SFB 315, 1986, 1 ff. – H. MAUS, Ingenieurmäßige Sicherungsmaßnahmen in der ersten Hälfte unseres Jahrhunderts an historischen Bauten, in: Jahrbuch des SFB 315, 1988, 131 ff. – G. Rüth erarbeitete z. B. auch ein Konzept für die Sicherung der Matthiaskapelle mit Hilfe zweier Betonringanker, welches jedoch nicht zur Ausführung gelangte. RHEIDT, Kobern a. O., 46 f. – Zu den Arbeiten Piepers vgl. K. PIEPER, Sicherung historischer Bauten, Berlin/München 1983.

57 Vgl. M. BACKES, Bauforschung aus der Sicht der staatlichen Denkmalpflege, in: CRAMER, a. O., 30 ff.

58 G. TH. MADER, Zur Frage der denkmalpflegerischen Konzeption bei technischen Sicherungsmaßnahmen, Arbeitshefte des SFB 315, H. 9, 1989, 23.

nur anhand seines kunsthistorischen äußeren Erscheinungsbildes messen.[59] Die Entwicklung der Denkmalpflegetheorie bis zu Beginn unseres Jahrhunderts macht deutlich, daß die gründliche Erforschung der jeweiligen historischen, funktionalen, konstruktiven und technischen Elemente seiner Geschichte, kurz: der gesamten baugeschichtlichen Voraussetzungen eingehendere und *„denkmalverträglichere"* Planungen ermöglichen.[60]

Die Entwicklung des Denkmalpflegebegriffes in der ersten Hälfte des 20. Jahrhunderts ist demnach zunächst von einem Verlust geprägt: vom Verlust der Einheit zwischen Konstruktion und Form, von der starken Differenzierung, ja manchmal Divergenz zwischen kunstgeschichtlich-ästhetischem und ingenieurtechnischem Anspruch.

Um noch einmal das Beispiel der Matthiaskapelle in Kobern anzuführen: vor wenigen Jahren erfolgte die statische Sicherung des Bauwerkes mit Hilfe einer Ringverankerung, die in Bohrlöchern in Höhe des Gewölbeansatzes verlegt und mit Beton verpreßt wurde. Der um 1860 umgelegte äußere Eisenanker und die von L. Arntz 1894 angebauten Strebepfeiler konnten daraufhin entfernt werden, so daß die Kapelle heute wieder einen Zustand zeigt, wie er vielleicht im Mittelalter einmal war, ohne äußere Stützkonstruktionen und Verankerungen (Abb. 8),[61] aus kunsthistorischer Sicht eine ebenso sinnvolle Maßnahme, wie die aus gestalterischen Gründen erfolgte Abnahme der Dachrinnen zu Beginn der 1930er Jahre, die allerdings äußerst negative Auswirkungen auf die Feuchteverhältnisse im Inneren des Bauwerkes hatte. Sind solche Arbeiten aber vor einer genauen Bau-

untersuchung sinnvoll, bevor also die – bei einem solchen Bauwerk zu erwartenden – Holzankerkanäle lokalisiert sind?[62] Müßte man nicht vielmehr zunächst auch die Konstruktion als geschichtliches Zeugnis untersuchen und, da sie immerhin über 600 Jahre ihren Dienst versehen hat, mit einigen modernen Verbesserungen im ‚mittelalterlichen Sinne' wiederherstellen?

Diese Fragen sollen nicht als Geringschätzung der in Kobern angewandten Verfahren verstanden werden. Die Matthiaskapelle ist hier ein Beispiel für viele. Sie verstehen sich vielmehr als Herausforderung an den Sonderforschungsbereich 315, der mit dem Anspruch einer Verknüpfung von Bauforschung, Ingenieurwissenschaften und Denkmalpflege einen Beitrag zur Weiterentwicklung eines verantwortungsbewußten Verständnisses bei der Pflege von Baudenkmalen leisten will.

Die Entwicklung der Sicherungsverfahren als Voraussetzung für die praktische Durchführung der Erhaltungsarbeiten

Die vorangegangenen Überlegungen zur Entstehung des modernen Denkmalpflegebegriffes machen deutlich, daß die Entwicklung spezieller Sicherungstechniken erst in Angriff genommen werden konnte, als die Substanzerhaltung als höchstes Ziel der Denkmalpflege formuliert war. Natürlich wurden zu allen Zeiten Dächer, Fenster und Türen instandgesetzt sowie beschädigte Steine und Ornamente ausgetauscht (Abb. 9), wobei sich vor allem der Ersatz von Bauteilen durch Kopien, die meist dem Original sehr nahekommen, heute oft nur schwer nachweisen läßt.[63] Solche Reparaturen waren jedoch fast

59 G. Mörsch in: G. Dehio, A. Riegl, Konservieren, nicht Restaurieren, a. O., 123.

60 Vgl. auch H. Eckert, a. O., 20f.

61 Die Maßnahme wurde seitens der Denkmalpflege lange und kontrovers diskutiert. Freundliche Information von M. Backes,

Landesamt für Denkmalpflege Rheinland-Pfalz.

62 Die Lage von Hohlräumen im Mauerwerk versucht derzeit die Forschungsgruppe Mauerwerk des Projektes Steinzerfall/ Steinzerstörung des BMFT unter der

8   Matthiaskapelle in Kobern 1990

Leitung von F. Berger in Zusammenarbeit mit dem SFB 315 zu klären. – Vgl. F. BERGER, Zerstörungsarme und zerstörungsfreie Erkundung von Mauerwerksgefüge. Stand der Forschungen, in: Arbeitshefte des SFB 315, Bauwerksdiagnostik 1990, 19 ff.

63 Vgl. U. BESELER, Frühwerke rheinischer Denkmalpflege, Tagung der Landesdenkmalpfleger im Rheinland 1957, Deutsche Kunst und Denkmalpflege Sonderheft 1959, 53 ff. u. Abb. 5.

immer Maßnahmen des normalen Bauun-
terhalts zur reibungslosen Nutzung der
Gebäude.

Statisch-konstruktive Sicherungen waren
bis ins 19. Jahrhundert hinein in der Regel
ausschließlich notwendige und möglichst
wirtschaftliche Hilfskonstruktionen. Die
auseinanderweichenden Gewölbe des
Wormser Domes wurden z. B. schon zu
Beginn des 18. Jahrhunderts durch eiserne
Verankerungen zusammengespannt und
der besonders gefährdete Westteil durch
mehrere außenliegende Eisenbänder gesichert (Abb. 11).[64] Sichtbare hölzerne oder
eiserne Verankerungen wurden wahrscheinlich schon deshalb nicht als gestalterisches Problem empfunden, weil sie
durchaus zum gewohnten Bild mittelalterlicher Architektur gehörten.[65]

Ein anderes Mittel war der Anbau von
Stützkonstruktionen, wie sie etwa schon
im frühen 14. Jahrhundert zur Aufnahme
des gewaltigen Schubes der Mittelkuppel
der Hagia Sophia in Istanbul errichtet
wurden.[66] Bei sehr schwerwiegenden
Mängeln bzw. Einsturzgefahr war jedoch
der Abbruch und verstärkte Wiederaufbau
meist nur in grober formaler Angleichung
an das Original die Regel. So wurden etwa
noch im Jahre 1756 Westbau und West-
kuppel des Speyerer Domes abgetragen
und 1772/78 in barocken Formen wieder-
errichtet.[67] Viele der bis 1772 erarbeiteten
und nicht ausgeführten Entwürfe zu diesem Wiederaufbau zeigen schon mehr
oder weniger starke historisierende An-
klänge an die mittelalterlichen Formen
des bestehenden Baues.[68]

Erst mit der langsamen Entwicklung eines
modernen Denkmalpflegebegriffes in der
ersten Hälfte des 19. Jahrhunderts, mit der
zunehmenden Wertschätzung des historischen Originals als Geschichtszeugnis,
geht auch die Entwicklung spezieller Si-
cherungs- und Konservierungsverfahren
einher. So wurde etwa schon in den
1830er Jahren ein Verfahren zur Sanierung schadhafter Gewölbe vorgestellt, die
bis dahin hätten abgebrochen und neu er-

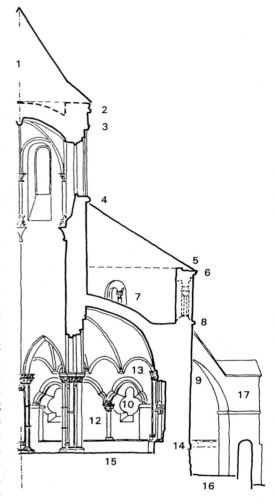

richtet werden müssen. Man schlug dazu
Keile von in einem Ofen getrocknetem Eichenholz, die kurz in Wasser getaucht
worden waren, in alle Risse und Spalten,
so daß sie durch Aufquellen die Spannung
des Gewölbes wieder herstellen konnten.
Zu bedenken waren bei diesem Verfahren
allerdings die Gefahr einer erneuten Rißbildung beim Austrocknen der Keile, sowie die Vermeidung allzu großer Erschütterungen beim Eintreiben derselben. Eine
Verbesserung stellte die Auskeilung mit
Steinen und Eisenkeilen dar. Zu diesem

		1721–44	1788	1792–97	1819–44	1844–93	1894	1895–1903	1930–40	1950–89
1	Dächer	×	×		×		×			
2	Oberes Hauptgesims	?	?		× über 50 %		× ca. 30 %			
3	Bogenfries				×		× ca. 30 %			
4	Fußgesims				?					
5	Dachentwässerung				×	× (Chor)			entfernt	
6	Unteres Hauptgesims	?	?		× 40 %		× ca. 40 %			1959/60
7	Fenster im Dachraum				×					„zahlreiche Architekturglieder" erneuert
8	Rundstabprofil				× 30 %					
9	Lisenen und Bögen des Umganges				×	über 20 %	×			
10	Fenster im Umgang		x		×					
11	Eingangsportal				×		×	×		
12	Säulen im Inneren					×				
13	Putz im Inneren				× fast 100 %		×			× fast 100 %
14	Sockel				×					
15	Fußboden innen				×					
16	Drainagemaßnahmen				×	×				×
17	statische Sicherungsmaßnahmen (Strebepfeiler, Rinanker etc.)					×	×	nur Ausbesserungen	geplant	×

9a und b   Schematische Übersicht über die historischen Sicherungs- und Instandsetzungsarbeiten an der Matthiaskapelle in Kobern

Zweck wurden von einem Gerüst aus biegsame Dielen von unten gegen die schadhaften Gurte gelegt und mit Spreizen in deren Krümmung hineingetrieben, so daß die Dielen praktisch Lehrbögen bildeten. Die klaffenden Fugen – jetzt auf der Oberseite der Gurte – konnten nun leicht mit Steinen und Keilen verschlossen werden, und die so reparierten Gurte bildeten wieder sichere Auflager für die dazwischenliegenden Kappen, die anschließend mit demselben Verfahren instandgesetzt wurden.[69]

64 RHEIDT, Worms a. O., 20 ff. u. Abb. 4, 5.
65 Vgl. W. HAAS, a. O., 136 ff.
66 Vgl. W. MÜLLER-WIENER, Bildlexikon zur Topographie Istanbuls, Tübingen 1977, 90 f.
67 Vgl. M. SCHMITT, Die Sicherungen des Speyerer Domes im 18. und 20. Jahrhundert und die Fundamentgrabungen in den Jahren 1929 und 1931, Speyer 1932, 24 f. – W. SCHIRMER, a. O., 174.
68 V. WINTERFELD, a. O., 150.
69 K. A. MENZEL, Ueber Reparaturen an schadhaften Gewölben, Allgemeine Bauzeitung 3, 1838, 393 f.

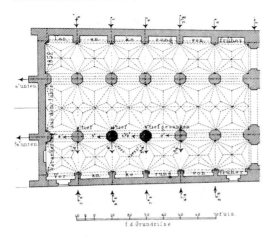

10 Grundriß des Schiffes der Nicolai-Kirche in Danzig mit Eintragung der abgesunkenen und ausgewechselten Pfeiler

Ein frühes Beispiel für die statisch-konstruktive Gesamtsanierung eines bedeutenden Baudenkmales stellt die Arbeit der Architekten Fossati an der Hagia Sophia in Istanbul dar, die 1847 begann. Die große Kuppel hatte solche Sprünge, *„daß ein Mensch durchpassieren konnte"*.[70] Der Kuppelschub mußte durch zwei eiserne Bänder aufgenommen werden. Sodann wurden die vier Hauptpfeiler der Kuppel

unter schwierigsten Bedingungen fast ganz erneuert. Die Restaurierung stand hier vor dem in den folgenden Jahrzehnten sehr häufig diskutierten Problem, ein Bauwerk zu sichern, *„dessen kühne Konstruktion die Gesetze der Statik überschritt"*.[71]

Oft waren es also die allzu große Kühnheit oder auch die Fehler *„der Alten"*, die die zu behebenden Mängel verursachten.[72] So stellte man etwa zu Beginn der 1850er Jahre fest, daß die Fundamente der St. Nicolai-Kirche in Danzig an einigen Stellen gerade 0,6 m unter die Erdoberfläche hinabreichten und vom tragfähigen Baugrund weit entfernt waren. Die Gewölbe wurden daraufhin neu verankert und zwei der Pfeiler im Inneren der Kirche mit großem Aufwand unterfangen (Abb. 10). Das nur noch aus Moder von Holz und Knochen bestehende Erdreich wurde durch ein jetzt bis zu 4,5 m tief reichendes Fundament aus Ziegeln in Zementmörtel ersetzt.[73]

Zement als Baustoff speziell für komplizierte Sicherungs- und Ergänzungsaufgaben war schon zu Beginn des 19. Jahrhunderts aus der Sanierungspraxis nicht mehr wegzudenken. J. C. v. Lassaulx ließ etwa bei der Instandsetzung der Matthiaskapel-

70 Die Restaurazionsarbeiten an der St. Sophienkirche zu Konstantinopel, Allgemeine Bauzeitung 14, 1849, Notizbl. S. 200.

71 A. O., 199 ff. – Vgl. auch MÜLLER-WIENER a. O., 93. – C. FOSSATI, Aya Sophia, Constantinople, as recently restored by order of H. M. the Sultan Abdul Medjid, London 1852, 1f.

72 Vgl. RHEIDT, Worms a. O., 26 u. Anm. 67.

73 DONNER, Herstellung zweier Pfeiler in der St. Nicolai-Kirche zu Danzig, Zeitschrift für Bauwesen 11, 1861, 483 ff.

74 E. DRONKE, J. C. v. LASSAULX, Die Matthias-Kapelle auf der oberen Burg bei Kobern an der Mosel, Koblenz 1837, 19.

75 So z. B. auch bei den Sanierungen der Jahre 1810 und 1838–42 am Turm des Step-

hansdomes in Wien. TROST, Der Umbau der oberen Pyramide des Stephansthurmes, Allgemeine Bauzeitung 8, 1843, 10, 14f. – Zur Verwendung von Zementmörtel vgl. auch: Ueber die Reparatur, Restaurazion, Erhaltung und Vollendung mittelalterlicher Baudenkmäler, Allgemeine Bauzeitung 17, 1852, 321 ff. (Autor: vermutlich L. Vitet, s. HUSE, a. O., 84) – A. v. COHAUSEN, Die Erhaltung der Baudenkmäler, besonders der Wehrbauten, Zentralblatt der Bauverwaltung 4, 1884, 338 ff. – RHEIDT, Kobern a. O., 14

76 A. Reichensperger sprach sich schon 1870 gegen die Ergänzung von Bauteilen mit Zement aus. A. REICHENSPERGER, Die Matthiaskapelle zu Kobern, in: FR. BOCK,

le in Kobern im Jahre 1836 *„alle beschädigten Verzierungen mit dem bekannten vortrefflichen Cement aus der Fabrik des Herrn Koch in Kassel in ihren ursprünglichen Formen herstellen"*,[74] ein Verfahren, das auch in der Dombauhütte in Köln angewandt wurde. Darüber hinaus war in dieser Zeit die Ergänzung von Fehlstellen und das Verlegen von Natursteinen in Zementmörtel die übliche Technik.[75]

Die nachteilige Wirkung des Zementes wurde erst in der zweiten Hälfte des 19. Jahrhunderts erkannt[76] und führte schließlich zu einem am 19. September 1885 veröffentlichten Ministerial-Erlaß, nach dem *„von der Verwendung reinen Cementmörtels"* völlig abzusehen sei, da es aufgrund nachträglicher Volumenänderungen zu Schäden kommen könne. Statt dessen sei Kalkmörtel mit Zementzusatz und Traß zu verwenden.[77] Bei der Genehmigung von Instandsetzungsprojekten wurde seither auf den ausschließlichen Gebrauch von *„verlängertem Traßmörtel"* besonderer Wert gelegt.[78]

Auch die Anfänge einer möglichst zerstörungsarmen Mauerwerkssanierung reichen bis in die Mitte des 19. Jahrhunderts zurück. So wurden Verfahren zur Festigung verwitterter Natursteine entwickelt[79]

1698-1711

11   Eiserne Verankerungen des Westchores des Wormser Domes (Zeichnung: J. Panitz)

Rheinlands Baudenkmale des Mittelalters, Köln um 1870, 5. Lieferg., 3.

77 Zentralblatt der Bauverwaltung 5, 1885, 389. – Vgl. RHEIDT, Kobern a. O., 42 – In einem Gutachten zum Bauzustand des Stephansdomes in Wien (Zentralblatt der Bauverwaltung 9, 1889, 16) wurde etwa festgestellt, daß viele der frei tragenden Architekturteile *„den Wirkungen des Portlandcementes"* zum Opfer gefallen seien. – Vgl. auch die Schäden an den 1877 erfolgten Zementergänzungen am Turm der Dresdener Hofkirche. KÖHLER, Die Instandsetzungsarbeiten am Turme der katholischen Hofkirche in Dresden, Zentralblatt der Bauverwaltung 24, 1904, 299f.

78 So zum Beispiel im Jahre 1898 beim Austausch von Werkstücken an der Matthiaskapelle in Kobern, RHEIDT, Kobern a. O.

79 Darstellung der verschiedenen Ursachen, welche die spontanen Verwitterungen der Monumente veranlassen, und über die Mittel dagegen durch die Silikatisazion oder Einführung von Kieselsäure in die Poren der Steine, nach dem Verfahren von Rochas, Allgemeine Bauzeitung 21, 1856, Notizbl. 50ff. – J. P. LEONHARD, Ueber die Mittel zur Erhaltung von geschliffenen und polirten Marmorarbeiten, welche dem Wetter ausgesetzt sind, Allgemeine Bauzeitung 21, 1856, Notizbl. 26f. – Beschreibung der Verkieselungsmethode des Herrn Dalemagne zur Erhaltung der Baudenkmale, Allgemeine Bauzeitung 26, 1861, 123f.

und Fragen der dauerhaften Sicherung freistehender Natursteinmauern, etwa nach der Freilegung durch archäologische Ausgrabungen, diskutiert.[80]

Die besonderen Probleme des mehrschaligen Mauerwerkes wurden ebenfalls schon früh untersucht und als Grundlage für die Sanierungspraxis dargestellt.[81] Die größten Probleme römischer und mittelalterlicher Mauern seien der Mangel an Bindern und die allgemein schlechte Konstruktion, die zu Aufspaltungen im Inneren führe. Wenn man nicht die Mauern abtragen und mit eingelegten Bindern neu errichten könne, so sei es doch möglich, die Mängel mit Hilfe von Ankern aus flachen Bandeisen (Abb. 13) zu beseitigen. Ein Ausgießen mit dünnem Zementmörtel, der weder klaffende Lücken ausfülle, *„noch dem alten faulen Mörtel neue Bindekraft verleiht"*, sei bei Mauern nur in Ausnahmefällen angeraten.[82]

Seit der Mitte des 19. Jahrhunderts war also eine ganze Palette von Sicherungsverfahren bekannt,[83] die in der Fachpresse ausführlich besprochen und ständig weiterentwickelt wurden. Es zeigte sich aber auch, daß der Einsatz bestimmter Verfahren nicht nur umstritten und Gegenstand heftiger Kontroversen sein konnte,[84] sondern in manchen Fällen sogar dem Bestand mehr schadete als nützte.[85] Spätestens in den 1890er Jahren war klar, daß die allenthalben formulierten einfachen Rezepte zur Sicherung von Dächern, Gewölben und aufgehendem Mauerwerk in ihrer dargestellten allgemeingültigen Form zwar technische Lösungen für Einzelprobleme, nicht aber Methoden für eine gesamte Bauwerkssicherung darstellten. Jedes Bauwerk unterlag eigenen, aus seiner Geschichte oder aus spezifischen technischen und konstruktiven Gegebenheiten abgeleiteten Bedingungen (Baugrund, Verfügbarkeit bestimmter Baumaterialien etc.), welche allgemeingültige Regeln für die Sanierung einzelner bautechnischer Details kaum sinnvoll und längst nicht für jedes Projekt anwendbar erscheinen ließen.

Die großen Sicherungsmaßnahmen an der Wende zum 20. Jahrhundert zeichnen sich deshalb weniger durch spektakuläre technische Leistungen aus, die etwa, wie die Einrüstung des Stephansturmes in Wien,[86] noch gut 50 Jahre zuvor im Mittelpunkt des öffentlichen Interesses gestanden hatten, sondern erstrebten eine möglichst weitgehende Berücksichtigung sowohl der bauhistorischen als auch der konstruktiven Bedingungen des zu sanierenden Objektes.

Naturgemäß kam unter diesen Umständen der sorgfältigen Bestandsuntersuchung und Dokumentation besondere Bedeutung zu. Der Zustand der Fundamente und die Baugrundverhältnisse des Wormser Domes etwa wurden mit Hilfe von 35 Bohrungen und 30 Stollen genau erfaßt (Abb. 4)[87] und die Grundmauern des Westchores vermessen und in zahlreichen Detailschnitten aufgenommen und dargestellt.[88] Beim Abbau des Westchores wurde schließlich jede einzelne Quaderschicht im Maßstab 1 : 10 gezeichnet (Abb. 12).[89] Die praktische Denkmalpflege machte sich hier die im Bereich der archäologischen Bauforschung[90] und der Denkmalinventarisation und -publikation[91] in der ersten Hälfte des 19. Jahrhunderts entwickelten Verfahren zunutze. Während in Worms die vollständige Niederlegung und der durch moderne Mittel (Zusammenbinden der Mauerschalen mit Klammern, Ersatz der Holzanker durch Eisenprofile) verstärkte, aber weitgehend mit originalem Steinmaterial durchgeführte Wiederaufbau als die den Prinzipien der Denkmalpflege am nächsten kommende Lösung angesehen wurde,[92] erhielt die Kapelle in Kobern Strebepfeileranbauten, die aber als ‚moderne' Zutaten und Maßnahmen zum Zwecke einer angemessenen technischen Sicherung erkennbar waren (Abb. 14).[93] Bei beiden Projekten wird deutlich: es ging nicht um allgemeingültige Lösungen etwa für das Problem der Sicherung auseinanderweichenden und zerrütteten Mauerwerkes, sondern

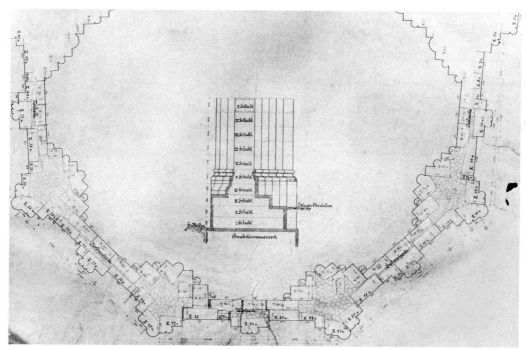

12 *Westchor des Wormser Domes, Quaderschicht, aufgenommen im Maßstab 1 : 10*

80 V. COHAUSEN, a. O., 338 f.

81 V. COHAUSEN, a. O. – Vgl. z. B. auch G. SCHÖNERMARK, Mittelalterliche Mauerwerksausführung und Fugenbehandlung, Zentralblatt der Bauverwaltung 9, 1889, 230 ff.

82 V. COHAUSEN, a. O., 339.

83 Vgl. vor allem die umfangreiche Zusammenstellung, in: Ueber die Reparatur, Restaurazion, Erhaltung und Vollendung mittelalterlicher Baudenkmäler, a. O., 305–375.

84 Wie etwa bei der Sicherung des Wormser Westchores, s. RHEIDT, Worms a. O., 26 ff.

85 So z. B. der Gebrauch von Zementmörtel (s. o. Anm. 77), oder auch der Austausch geschädigter Steine und die Herstellung der ,originalen' Fensterform zwischen 1836 und 1841 bei der Matthiaskapelle in Kobern, vgl. RHEIDT, Kobern a. O., 14

86 TROST, a. O., 8 ff. u. Taf. 492. Fig. 2–19. – Vgl. auch Allgemeine Bauzeitung 24, 1859, 100 u. Taf. 250.

87 RHEIDT, Worms, 34 f. u. Abb. 14.

88 Ebenda 36 u. Abb. 16.

89 Die Aufnahmezeichnungen haben sich erhalten und werden im Archiv der Dompropstei Worms aufbewahrt. Sie wurden mir von Herrn Dompropst Wolff freundlicherweise zugänglich gemacht. Vgl. RHEIDT, Worms, 38.

90 Vgl. z. B. W. SCHIRMER in: Bauaufnahme, Arbeitshefte des SFB 315, H. 7, 1987, 6. – H. SCHMIDT, Bauaufnahme. Die Entwicklung der Methoden im 19. Jahrhundert, Jahrbuch des SFB 315, 1986, 33 ff.

91 H. ECKERT, Bauaufnahme als Methode der mittelalterlichen Bauforschung. Anmerkungen zu einer Geschichte der Bauaufnahme, ebenda 31 ff.

92 RHEIDT, Worms a. O., 40 f.

93 RHEIDT, Kobern a. O., 29 ff.

13 *Maueranker zur Sicherung von auseinandergerissenem mehrschaligem Mauerwerk*

um für den historischen Bestand in technischer und bauhistorischer Hinsicht optimale Maßnahmen, die notwendigerweise die gesamte geschichtliche Entwicklung der Baudenkmale ebenso zu berücksichtigen hatten wie die detailliert untersuchten und dargestellten bautechnischen Bedingungen.

Die darauffolgende Entwicklung der Sicherungstechnik wurde schon angesprochen. Die Verfahren zum Verpressen, Vernadeln und Torkretieren von Bauwerken, die im Bereich der Ingenieurbauten, etwa für Unterwassergründungen und Tunnelabdichtungen im 19. Jahrhundert entwickelt worden waren, hielten in schneller Folge Einzug in die Sanierungspraxis.[94] Zahlreiche, bisher nicht zu bewältigende oder seit Jahrzehnten kontrovers diskutierte Sanierungsprobleme konnten damit endlich einer Lösung nähergebracht werden.[95] Die Entwicklung und die Probleme dieser Verfahren sind seit längerer Zeit Gegenstand einer ausführlichen Untersuchung im Rahmen des SFB 315 und müssen deshalb an dieser Stelle nicht näher beschrieben werden.[96] Die althergebrachten handwerklichen Verfahren mußten – oft schon aus wirtschaftlichen Gründen – an Bedeutung verlieren, und mit ihnen anscheinend auch die Wertschätzung historischer Technik und Baukonstruktion als Geschichtszeugnis und damit als Objekte der Denkmalpflege.

Die heutige Situation

Die historischen Sanierungen am Westchor des Wormser Domes und an der Matthiaskapelle auf der Oberburg bei Kobern zeigen, daß für Arbeiten, die das gesamte Gefüge eines Baudenkmales, seine Geschichte, Bautechnik und kunsthistorische Bedeutung gleichermaßen im Auge hatten, zwei Voraussetzungen galten: erstens war die Denkmalpflege auf gründlich ausgebildete Handwerker angewiesen, sie mußte sich *„auf eine verständige, gesicherte und tüchtige praktische Arbeit"* stützen,[97] zweitens bedurften die Arbeiten des historisch interessierten und ausgebildeten bauforschenden Architekten, der die Voruntersuchungen und die Koordinierung der Ausführung zu leiten hatte.

In der heutigen Situation, in der die historische und die ingenieurtechnische Grundlagenarbeit immer komplexer und fachspezifischer geworden ist, sind diese Voraussetzungen umso mehr unabdingbar. Seit einigen Jahren wird der Anwendung traditioneller handwerklicher Verfahren – ganz im Sinne der schon 1899 von L. Arntz formulierten Grundsätze[98] – wieder große Bedeutung beigemessen.[99] Die Entwicklung seit Beginn unseres Jahrhunderts macht darüber hinaus aber deutlich, daß sich die Probleme der Sicherung historischer Bauten, die über die Fragen der praktischen Ausführung hinausgehen, weder allein vom Standpunkt des Ingenieurs noch von dem des Kunsthistorikers befriedigend lösen lassen. Die Universalität der Architektenausbildung in historischer und technischer Hinsicht allerdings, die noch bis in die erste Hälfte unseres Jahrhunderts hinein wichtige Grundlage der praktischen Denkmalpflege war, ist

---

94 Vgl. H. Maus, Über die Anfänge der Technik des Verpressens von Zement bei Mauerwerksbauten, Jahrbuch des SFB 315, 1987, 101 ff. – Ders., Ingenieurmäßige Sicherungsmaßnahmen in der ersten Hälfte unseres Jahrhunderts an historischen Bauten, Jahrbuch des SFB 315, 1988, 131 ff. – Die Weiterentwicklung des Verfahrens für die

Sicherung von Hochbauten begann in den ersten Jahren des 20. Jahrhunderts. Vgl. A. Wolfsholz, Wiederherstellung schadhafter Bauwerke mittels Einpressens flüssigen Zements, Zentralblatt der Bauverwaltung 23, 1903, 517f. – S. auch die zunächst ablehnende Haltung der Fachpresse, ebenda, 639.

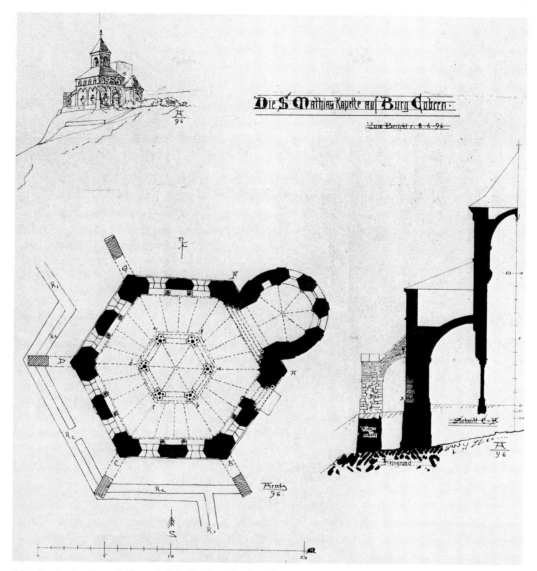

14 L. Arntz, Grundriß und Schnitt der Matthiaskapelle in Kobern mit Strebepfeileranbauten 1896

95 P. Clemen, Die Deutsche Kunst und die Denkmalpflege, Berlin 1933, 30.

96 Bearbeitet vom Teilprojekt A 3 (Ingenieurmäßige Bestandsuntersuchungen an sanierten Bauwerken). – Zu einer neuen, kritischeren Sicht dieser Techniken vgl. auch H. Schmidt, Zur Entwicklung denkmalpflegerischer Richtlinien seit dem 19. Jahrhundert, a. O., 21 f.

97 L. Arntz, Die technische Arbeit im Dienste der Denkmalpflege, Die Denkmalpflege 1, 1899, 94 ff.

98 Ebenda.

99 So etwa in der ‚Carta del Restauro‘ von 1987, Schmidt, a. O., 21 f.

seit den 20er Jahren mehr und mehr ge-
schwunden.[100]
Gerade die durch die Forschungsinstitute
des Projektes Steinzerfall/Steinzerstörung
des BMFT in Zusammenarbeit mit dem
Teilprojekt A 2 des SFB 315 derzeit
durchgeführten Untersuchungen[101] und
geplanten Sanierungsmaßnahmen an der
Matthiaskapelle in Kobern zeigen aber,
wie wichtig nicht nur die Vorarbeit, sondern auch die Überwachung und Koordinierung der Untersuchungsergebnisse und
geplanten Maßnahmen durch einen entsprechend ausgebildeten Fachmann ist.
Die Frage der sinnvollen Anordnung von
Probeflächen bzw. -bohrungen, die Beurteilung der Sinnfälligkeit älterer Sicherungsmaßnahmen in ihrem jeweiligen
historischen Kontext, die Zusammenfüh-
rung der Ergebnisse der einzelnen Objekt-
untersuchungen und ihre Interpretation
für die Geschichte des Baues und das zu
entwickelnde Gesamtkonzept gehören zu
den Aufgaben der Bauforschung, die damit an eine im frühen 19. Jahrhundert beginnende und um die Jahrhundertwende
entwickelte Verbindung von Forschung

und praktischer Arbeit anknüpft.
Das Erhalten des Baudenkmales als
Ganzes, das Begreifen des gesamten Gefüges als Geschichtsdenkmal,[102] bei dem
den ästhetischen und den bautechnischen und konstruktiven Eigenarten gleichermaßen historischer Wert beigemessen
wird, ist die Grundlage eines modernen
Denkmalpflegebegriffes, für den die Entwicklung der Sicherungsverfahren und die
parallel laufende Theoriediskussion im
19. Jahrhundert die Voraussetzungen geschaffen haben.

---

100 Vgl. W. Schirmer, Bauforschung an den
    Instituten für Baugeschichte der Techni-
    schen Hochschulen, in: J. Cramer (Hrsg.),
    Bauforschung und Denkmalpflege, Stutt-
    gart 1987, 25 ff.
101 Vgl. dazu auch M. Backes, Historische
    Originalität und materielle Substanz,
    Deutsche Kunst und Denkmalpflege 45,
    1987, 29 ff.
102 F. Wenzel, Wieviel Veränderung verträgt
    ein Baudenkmal?, in: Konzeptionen, Ar-
    beitshefte des SFB 315, H. 9, 1989, 5.

Abbildungsnachweis

1   M. Kühn (Hrsg.), Karl Friedrich Schinkel. Lebenswerk. Ausland, Bauten und Entwürfe,
         München, Berlin 1989, 10, Abb. 3, 2
2   P.-F. Schwieger, Johann Claudius von Lassaulx 1781–1848, Neuß 1968, Taf. 57
3   Landesamt für Denkmalpflege, Mainz, Inv. Nr. 2687
4, 12   Original im Besitz der Domprobstei Worms, (12: Rolle Inv.Nr. D 3 und 4)
5 l., 8, 9 Verf.
5 r.   Landesvermessungsamt Rheinland-Pfalz
6   P. O. Rave, Romanische Baukunst am Oberrhein, Bonn 1922, Abb. 37
7   U. Wulf
10   Zeitschrift für Bauwesen 11, 1861, Bl. U nach S. 484
11   Institut für Baugeschichte, Universität Karlsruhe
13   Zentralblatt der Bauverwaltung 4, 1884, 339, Fig. 3
14   Bonner Jahrbücher 100, 1896, 170 f. Fig. 11

Summary

The history of historic building preservation is marked by the level of technical development as seen in the engineering methods employed at a given time. These methods are accompanied by theoretical approaches to preserving historic monuments which on one hand help promote further technical developments or the implementation of modern techniques originally developed for other purposes. Yet on the other hand the dependency of such theoretical concepts on technical innovation can be seen in the manner in which they are subjected to permanent alterations and made to conform to existing technologies.

The west choir of the Worms Cathedral and above all the Matthias Chapel in Kobern were the two case studies examined by the SFB 315 project where the interdependence of technical development and theoretical approaches to preserving historic buildings is particularly striking. The present article discusses these two components within a larger historical context and subjects them to a critical analysis. Above all, it points out that the detailed assessment of a building's architectural history which takes into account all historical, functional and structural components is the chief prerequisite for any practical measures involving the preservation and maintenance of historical buildings. Pointing to these examples taken from the history of historic building preservation, the study concludes that a modern concept of architectural preservation must proceed from a thorough grasp of a historic building's overall framework, with its aesthetic as well as structural attributes being accorded an equal historical value.

Résumé

L'histoire de la sauvegarde des ouvrages d'architecture historiques est marquée par les différents niveaux de développement des procédés d'ingénierie technique utilisés. Ceux-ci sont accompagnés par des conceptions théoriques relatives à la préservation des monuments historiques qui, d'un côté, donnent les impulsions qui déboucheront sur de nouvelles évolutions techniques ou l'emploi de procédés techniques modernes développés dans un premier temps à d'autres fins, mais qui, d'un autre côté, se sont également constamment modifiées et adaptées en fonction de telles innovations techniques.

Avec le chœur ouest de la cathédrale de Worms et surtout la chapelle Matthias de Kobern, le SFB 315 s'est penché dans le cadre de ses travaux sur deux exemples concrets caractéristiques du lien de dépendance qui existe entre évolution technique et discussion théorique en matière de préservation des monuments historiques. Cet exposé les replace dans un cadre historique plus large et les soumet à une évaluation critique. On se rend alors compte avant tout que lorsque des mesures de sauvegarde sont envisagées aux fins de conservation et de préservation de monuments historiques, l'inventaire précis de toute l'histoire de leur construction, comprenant l'ensemble des composantes historiques, fonctionnelles et architecturales, est une condition clef avant de se lancer dans quelque travail pratique que ce soit. L'histoire de la sauvegarde des ouvrages d'architecture historiques, présentée à l'aide d'exemples, montre que toute conception moderne de la préservation des monuments historiques ne saurait trouver ses racines ailleurs que dans la compréhension de la structure entière de tel ou tel monument historique, dont les caractéristiques esthétiques se verront, tout autant que celles portant sur la technique de construction, accorder une valeur historique.

Historisches Mauerwerk

HELMUT MAUS, FRITZ WENZEL

Zementhaltiges Injektionsgut und Bewehrungsstähle in altem Mauerwerk

Zustand, Wirkung, Dauerhaftigkeit

1 Einleitung

Beim Injizieren und Bewehren von altem, im Gefüge gestörten Mauerwerk handelt es sich um eine bereits 100 Jahre lang angewandte Methode [1]. In der Hauptsache werden dazu zementhaltige Bindemittel und handelsübliche Baustähle verwendet. Auch heute noch stellt diese Art der Instandsetzung mit im Prinzip unveränderter Technik* die einzige Alternative zu Abriß und Neuaufbau dar.

Zum Teil wurden an das Injizieren und Bewehren hohe Erwartungen geknüpft, man ging von einer deutlichen Verbesserung des Mauergefüges und von einer entsprechend höheren Tragfähigkeit aus. Versuche an Probekörpern [3] bestätigen das, offen blieb aber die Frage, wie es damit unter Praxisbedingungen am Bauwerk selbst aussah.

Bis auf ein paar Veröffentlichungen zu Spezialfällen und abgesehen von den Erfahrungswerten der wenigen Fachfirmen gab es für die Ingenieure keine systematisch zusammengetragenen Untersuchungsergebnisse über Zustand, Wirkung und Dauerhaftigkeit von zementhaltigem Injektionsgut und Bewehrungsstählen in altem Mauerwerk. Ohne diese Kenntnisse war eine differenzierte Planung der ingenieurmäßigen Instandsetzung nur schwer möglich. Nicht selten war es der Polier vor Ort, der die grundlegenden Entscheidungen über das Vorgehen bei der Instandsetzung zu treffen hatte.

Mit den Untersuchungen, über die hier berichtet wird, wurde versucht, diese Lücke zu schließen. Erste Zwischenberichte wurden in [4, 5] veröffentlicht. Die im folgenden beschriebenen Erkundungs- und Meßergebnisse bestätigen oder ergänzen die ersten Eindrücke und wurden – wie damals mitgeteilt – durch Kern-

1 Fehlende Kontinuität im Gefügeaufbau einer Ziegel/Natursteinmauer.

bohren, Endoskopieren und Freilegen instandgesetzter Mauerwerksbereiche gewonnen, welche an insgesamt 44 Objekten zugänglich waren.

Die untersuchten, durch Injizieren und Bewehren instandgesetzten Bauwerke – darunter auch solche, die später wieder neu instandgesetzt werden mußten – waren über ganz Deutschland verteilt. Regionale Besonderheiten, wie die norddeutschen, mit Gips gemörtelten Ziegel- und Natursteinbauten, wurden mit aufgenommen (siehe dazu auch den Bericht von M. Ullrich und F. Wenzel in diesem Jahrbuch).

Nachfolgend werden die wesentlichsten Ergebnisse der Untersuchungen und die Umstände und Bedingungen, die für sie bestimmend waren, wiedergegeben. Weitergehende "Empfehlungen für die Praxis"

3 Abgelöste, schmale Verblendschale. Der dahinterliegende Spalt ist mit Injektionsgut verpreßt.

2 Mauerausbruch mit Mörtelfehlstellen, die z. T. durch Injektionsgut ausgefüllt wurden.

zum Injizieren und Bewehren alten Mauerwerks sind in Bearbeitung.

2 Injektionsgut

2.1 Faktoren, die das Eindring- und Fließverhalten des Injektionsgutes beeinflußten

Mauerwerk und Mörtel

Fehlende bzw. verlorengegangene Kontinuität im Gefügeaufbau und gestörter Kraftfluß wurden bei der Untersuchung von Mängeln und Schäden am Mauerwerk oft angetroffen (Abb. 1). Dabei konnte unterschieden werden zwischen Störstellen, die schon bei der Erstellung oder später aus der Beanspruchung des Mauerwerks entstanden waren, und Hohlräumen, die sich erst bei Instandsetzungsarbeiten während des Herstellens der Injektions- und Bewehrungsbohrungen gebildet hatten.

Zu den erstgenannten Störstellen zählten u. a. Fehlstellen im originalen Mörtel (Abb. 2), Risse aus Verformungen des Baugefüges und Hohlräume infolge Auswaschungen in Fugen und Fundamenten. Auch Aussparungen für Gerüstbalken gehörten dazu sowie Spalte, die sich zwischen Verblendschalen und Kernmauerwerk aufgetan hatten (Abb. 3).

Bei den untersuchten Bauwerken besaß mehrschaliges Mauerwerk aus Naturstein und Kalkmörtel meist einen größeren Hohlraumgrad als solches aus Ziegeln und Gipsmörtel. Das innere Füllmauerwerk war in der Regel schlechter vermörtelt als die beiden äußeren Schalen; hohe Anteile an großen Steinen im Inneren reduzierten den Hohlraumgrad merklich.

Die an zweiter Stelle genannten Hohlräume, die sich bei Instandsetzungsarbeiten gebildet hatten, waren offensichtlich dadurch entstanden, daß beim Bohren und Kühlen mit Luft oder Wasser alter Mörtel in größerem Umfang herausgespült worden war.

Dieses Phänomen konnte im Zuge einer Kernbohrung in großer Höhe, bei der das Spülwasser vom Mauerwerk ferngehalten werden mußte, reproduziert werden. Unterhalb des Bohrlochs wurde eine Kunststoffolie als Auffangtasche an der Wand angebracht. Bei einer Bohrtiefe von ca. 1,70 m und einem Bohrlochdurchmesser von 80 mm kam ein Sandvolumen von 40–50 l zutage. Da das Volumen des Bohrloches nur rund 8,5 l betrug, war klar, daß der alte Mörtel aus der Umgebung des Bohrlochs stammen und mit herausgespült worden sein mußte.

Damit das Injektionsgut bei den Instandsetzungsarbeiten die Fehlstellen erreichen konnte, mußten Verbindungskanäle vorhanden sein oder durch Bohrungen geschaffen werden. Auch mußte Suspension, der vom alten Mörtel schon Wasser entzogen worden war, den Querschnitt noch passieren können. Unausgefüllte Hohlräume im Mauerwerk wurden jetzt, bei den Nachuntersuchungen, u. a. deshalb angetroffen, weil der Zufuhrweg durch versteiftes Injektionsgut im engen Querschnitt verstopft war.

Gipsmörtel enthielten fast immer – Kalkmörtel manchmal – so gut wie keine Zuschläge und bestanden somit quasi aus reinem Bindemittel. Es wurden aber auch Kalk- oder Kalk-Gips-Mörtel angetroffen, die so stark mit Sand abgemagert waren, daß sie problemlos mit den Fingern herausgekratzt werden konnten. Vereinzelt

4 Von fließfähiger Suspension benetzte Stein- und Mörteloberflächen.

besaßen diese Mörtel auch Beimengungen aus Stroh, Holzkohle oder tonigem Material. Bohrungen im Mauerwerk, das mit solchen Mörteln erstellt worden war, hatten bei den Instandsetzungsarbeiten z. T. großvolumige Ausspülungen zur Folge, während bei Mauerwerk mit bindemittelreichem Mörtel aufgrund der Härte und Festigkeit des Mörtels fast überall glatte Bohrlochwandungen entstanden und der Bohrhohlraum auf den Bohrlochzylinder beschränkt blieb.

Wassergehalt

Der im Rührmischer mit Wasser aufgeschlossene Zement wurde, wie die Fachfirmen berichteten, als Suspension mit einem W/Z-Faktor zwischen 0,8–1,0 injiziert. Es wurde jedoch eingeräumt, daß vor Ort eine Anpassung an das vorhandene Mauerwerk getroffen werden mußte, was höhere, z. T. deutlich über 1,0 liegende Werte zur Folge haben konnte. Zementleime mit solchermaßen hohen Wasseranteilen würden im geschlossenen System stark sedimentieren und der Zementstein hätte ein großes Kapillarporenvolumen. Da dies selten angetroffen wurde, mußte die Zusammensetzung der Suspension im Mauerwerk Veränderungen erfahren haben.

Aufgrund der unterschiedlichen Grenzzonenausbildung zwischen Injektionsgut

5   Durch unterschiedliche Konsistenz am Rand und in der Mitte des Injektionsgutstroms entstandenes „Zementrohr", in dem Überschuß-wasser oder Luft nicht entweichen konnte.

6   Nicht aufgefüllter Mauerwerkshohlraum, dessen einziger enger Zugang nach kurzer Zeit verstopft war.

und Mörtel und der angetroffenen Vertei-lung des Zementsteins im Mauerwerk wurde ersichtlich, daß der Bindemittelan-teil, die Porosität und die Eigenfeuchte des alten Mörtels den Wasserhaushalt und damit die Fließfähigkeit der Suspension stark beeinflußt hatten.

Am stärksten ausgeprägt war die Fließ-fähigkeit der Suspension in Rissen, Spal-ten und Bohrlöchern im Mauerwerk, wenn dieses bindemittelreiche, dichte Mörtel besaß. Die Zementschlämpe be-hielt offensichtlich ihren hohen Was-seranteil über Strecken von mehreren Me-tern bei. Mörtel- und Steinoberflächen wurden gut benetzt (Abb. 4), Fehlstellen bis hinab zu Millimeterrissen verfüllt.

Mit zunehmender Porosität und Binde-mittelarmut änderten sich die Verhältnis-se. Es bildeten sich zum Mörtel hin Kon-taktschichten aus steiferem Zementleim aus, weil der Mörtel wie eine Art Filter das Anmachwasser absaugte und sich die Konsistenz in der Randzone des Injek-tionsgutstromes änderte. Zementpartikel dichteten quasi die Poren des Mörtels vor weiterem Injektionsgut und Wasser ab. In dieser Phase des Injizierens entstand eine Art Injektionsgutschlauch, durch den die Suspension floß. Waren die Randschich-ten zu dicht geworden, konnte Über-schußwasser oder miteingepreßte Luft so schnell nicht mehr entweichen. Dann bil-

deten sich regelrechte „Rohre" aus Ze-mentstein (Abb. 5).

Je mehr Anmachwasser am Rand abgezo-gen wurde, desto enger wurden die Durchflußquerschnitte, die Reibungs- und Druckverluste stiegen, der Suspensions-fluß kam zum Erliegen. An engen Hohl-raumzugängen hatte dies z. T. gravierende Auswirkungen. Fehlstellen, die durch kei-ne weitere Bohrung angeschnitten waren oder über andere Kanäle nicht miteinan-der in Verbindung standen, konnten dann nicht verfüllt werden (Abb. 6).

In Fällen extremer Bindemittelarmut hatte der „Verdurstungseffekt" zu einer klaren Abgrenzung zwischen verfüllten und un-verfüllten Bereichen geführt, die, wie Abb. 7 zeigt, z. T. sehr dicht beieinanderliegen konnten. Außer dem seinerzeit erbohrten Hohlraum war dann kein weiterer mehr vom Verpreßgut erreicht worden.

Zuschläge

Vereinzelt war Injektionsgut durch Zu-schläge abgemagert worden. An einem Bauwerk wurde laut Abrechnungsunter-lagen Steinmehlzusatz verwendet. Dies hatte, an den in den Nachuntersuchungen erbohrten Stellen, dazu geführt, daß in re-lativ kurzen Abständen vom Injektions-loch kaum oder kein Injektionsgut mehr im Bohrgut angetroffen wurde (Abb. 8).

In anderen Fällen war Sand beigemischt, dessen Korndurchmesser meist zwischen 1 und 2 mm lag, aber auch 4 mm erreichte. Die im Verhältnis zu den Zementpartikeln deutlich größeren und schwereren Körner neigten noch mehr zum Sedimentieren und beeinflußten die Fließbedingungen meist negativ.

Der Grund dafür dürfte im noch eher und stärker stattfindenden Verstopfen von Mörtelstruktur und Verbindungskanälen zu finden sein. Wegen der empfindlicheren Reaktion auf den Entzug von Anmachwasser und den höheren Reibungsverlusten scheint sich daher das Abmagern nur bei gezielter Verfüllung von bekannten, größeren Hohlräumen zu

9 Erfolgreiche Verpressung eines hinter der Außenschale liegenden Hohlraums mit abgemagerter Suspension.

eignen, wie Abb. 9 zeigt. Hier waren alle Spalte zwischen abgelöster Verblendschale bzw. äußerer Schale und dem Kernbereich des mehrschaligen Mauerwerks ordentlich ausgefüllt. Hingegen konnten Risse in Zentimeterdicke im Innern oftmals nicht kraftschlüssig verfüllt werden, weil der Eingang durch abgemagertes Injektionsgut blockiert war (Abb. 10).

Verpreßdruck

So klar es einerseits war, daß ohne Druck kein Zementleim weit ins Mauerwerk eingedrungen sein konnte, so schwierig war

7 Wegen starkem Wasserentzug blieb der Suspensionsfluß auf den angebohrten kleinen Hohlraum begrenzt und erreichte den Raum darüber nicht.

8 Bohrgut aus dem Umfeld einer Bohrung, die mit einer Mischung aus Zementstein und Steinmehl verpreßt worden war. Es wurde kein Zementstein angetroffen.

11   Ausgepreßte, zentimeterdicke Risse im Findlingsmauerwerk.

es andererseits, Hinweise auf den seinerzeit verwendeten Verpreßdruck und seine Auswirkungen zu erhalten. Nur lokal um das Injektionsloch herum ließen sich aus dem unterschiedlich tiefen Eindringen der Suspension in den Mörtel Rückschlüsse auf eine eindeutige Druckbeteiligung ziehen. In den übrigen Bereichen handelte es sich beim „Verpressen" wohl mehr um ein druckgesteuertes „Verfüllen" von Hohlräumen im alten Mauerwerk.

Nach Literaturangaben (z. B. [6]) und Aussagen von Fachfirmen werden zum Injizieren Verpreßdrücke bis zu 6 bar verwendet. Geht man von einem W/Z-Faktor von 1,0 aus, so ergibt sich für die Suspension ein γ von ungefähr 15 kN/m^3. Steigverluste sind daher unbedeutend. Sie hätten im obigen Fall bei 20 m Höhe erst die Hälfte des Druckes abgebaut. Größer sind die Reibungsverluste einzuschätzen,

wenn auf den ersten Metern Fließweg der Suspension das Anmachwasser entzogen wird und sich eine steifere Konsistenz einstellt. Dann scheint an vorderster Front, wie bei einigen freigelegten Verpreßgutadern festgestellt wurde, nur noch soviel Druck übrig zu bleiben, daß das Injektionsgut gerade noch fließt (siehe auch Abb. 4).

Gefahr für die Außenschalen mehrschaligen Mauerwerks kann dennoch bestehen, wenn sich horizontale Drücke zwischen „festgefahrenem" Injektionsgut und nachschiebender Suspension aufbauen. Diese können rechnerisch schnell einige 100 Kilonewton pro m^2 ausmachen, was zum Abdrücken der Außenschalen und damit zum Teileinsturz führen würde. Mit einem pauschal am Manometer eingestellten, konstant eingehaltenen Druck darf daher altes, instabiles Mauerwerk nicht verpreßt werden.

Vor Ort konnte die Erfahrung gesammelt werden, daß der erfahrene Polier bei aufgehendem Mauerwerk mehr zum Verfüllen unter leichtem Druck als zum stabilitätsgefährdenden Verpressen unter relativ hohen Drücken neigt. Symptomatisch steht dafür die Schlauchschleife kurz vor dem Verpreßstutzen, mit der die Druckverhältnisse vom Polier im Mauerwerk „erfühlt" werden.

Sind erst einmal Nadelanker zur Siche-

10   Durch abgemagertes Injektionsgut verstopfter Rißbeginn, so daß der Riß nicht verpreßt werden konnte.

rung eingebaut und verpreßt, kann bei statisch-konstruktiver Notwendigkeit über neu eingebrachte Stichbohrungen mit höheren Drücken nachverpreßt werden, um verbliebene Hohlräume noch auszufüllen. Dies geschieht in der Praxis aber selten.

Einiges deutet darauf hin, daß von den beiden Faktoren – Wasseranteil in der Suspension und Verpreßdruck – für das Fließ- und Eindringverhalten des Injektionsgutes offensichtlich ersterer die größere Rolle spielt. Um dies vollends zu klären, sind Parameterstudien an definierten Riß-Probekörpern geplant.

2.2 Das erhärtete Injektionsgut im Mauerwerk

Ausbreitung

Wurden bei den Instandsetzungsarbeiten die Fehlstellen im Mauerwerk durch Bohrungen angeschnitten oder waren sie über Verbindungskanäle erreichbar, so füllte das Injektionsgut sie in der Regel auch aus. Dies betraf horizontale und vertikale Risse im Kernmauerwerk in Zentimeter- und Millimeterdicke (Abb. 11). Auch Spalte zwischen Kern und Außenschale waren geschlossen (Abb. 12).

An aufgefüllten Hohlräumen, die bei den Nachuntersuchungen angetroffen wurden, können weiterhin Balkenlöcher, Ringankerkanäle, vermauerte Ausbrüche und Bereiche um Ankerköpfe aufgezählt werden, ebenso Hohlräume infolge ausgespültem Mörtel. Vereinzelt – so ging aus mündlicher Mitteilung hervor – sollen auch alte, nicht mehr benutzte Kanalisationen verfüllt worden sein. In dieser Hinsicht – das sei aus eigener Erfahrung angemerkt – ist Vorsicht geboten, damit das Injektionsgut nicht unbemerkt abfließt und Schaden anrichtet.

Bei nachträglichen Anbauten (z. B. Strebepfeilern) oder bei wechselnden Baumaterialien fanden sich bei den Untersuchungen gerissene Übergangsbereiche, die mit Zementsuspension planmäßig und

12 Mit Injektionsgut verfüllter Spalt zwischen Kernmauerwerk und nicht angebundener Außenschale.

kraftschlüssig verpreßt waren (Abb. 13). Von besonderer Art waren die Untersuchungsergebnisse bei gut vermörteltem und durchgemauertem Mauerwerk. Zu erwähnen sind hier römisches Ziegelsplitt- und norddeutsches Gipsmörtelmauerwerk. In diesen Fällen konnte es passieren, daß die Suspension außer dem Hohlraum des Bohrloches sonst nichts ausgefüllt hatte. Bei dichtem römischen „opus cementitium" kam es vor, daß überschüssiges Anmachwasser oder miteingepreßte Luft aus angebohrten Stellen nicht entweichen konnte, so daß nach Sedimentation und Hydratation der Zementpartikel noch Hohlräume übrig blieben (Abb. 14).

Das Injektionsgut in gut vermörteltem, mehrschaligem Gipsmauerwerk fand sich mehr oder weniger als Zementsteinzylin-

14   Endoskopaufnahme mit 45° Vorausblick. Deutlich sichtbarer Hohlraum. Der dichte Ziegelsplittmörtel und der Ziegelstein ließen ein schnelles Entweichen von Überschußwasser nicht zu.

16   Das Verpreßgut blieb in durchgemauerten Wänden meist auf das (hier durch die Erkundungsbohrung angeschnittene) Bohrloch beschränkt.

13   Injizierter Spalt zwischen nachträglich angebautem Strebepfeiler und der Giebelwand.

der in den Bohrlöchern wieder, von denen vereinzelt Injektionsgutstränge abzweigten (Abb. 15). Bei durchgemauerten Gebäudeteilen blieb der Zementstein in den hier untersuchten Fällen mit dichtem Mörtel strikt auf die Bohrlöcher beschränkt (Abb. 16).

Zustandsformen

Die am häufigsten angetroffene Form des erhärteten Verpreßgutes war scheibenartig ausgebildet. Entweder eben – wie bei vorgesetzten und dann abgelösten Verblendschalen der Fall – oder, dem Rißverlauf angepaßt, räumlich gekrümmt (Abb. 17). War das Injektionsgut fließfähig genug, so durchzogen solche Scheiben mit Stärken zwischen wenigen Millimetern bis zu mehreren Zentimetern das Mauerwerk. Eine zweite Form des eingebrachten Injektionsgutes stellte sich zylindrisch oder annähernd zylindrisch dar. Dies betraf vor allem Bohrlöcher in dichtem und festem Mauerwerk, seltener Kanäle im Kernbereich (Abb. 18). Die Oberflächen besaßen außer leichten Unebenheiten – herrührend aus der Anpassung an die Wandung – und vereinzelten Abgängigkeiten so gut

15 In Gipsmörtelmauerwerk fand sich das *Injektionsgut oft als Zementsteinzylinder, der das Bohrloch ausfüllte und vereinzelt Abzweigungen aufwies.*

17 *Die am häufigsten angetroffene Form des erhärteten Verpreßgutes war scheibenartig eben oder räumlich gekrümmt, hier in Teilstücken im Anschnitt sichtbar. Die Stärken schwankten zwischen wenigen Millimetern und mehreren Zentimetern.*

wie keine Variationen. Abweichungen davon zeigten solche Kreiszylinder nur bei Nachfall größeren Ausmaßes (Abb. 19) oder falls ein ausgedehnter Hohlraum angebohrt worden war.

In den Hohlräumen konnten großvolumige, mehrere Kubikdezimeter ausfüllende Zementsteinanhäufungen freigelegt werden, die durch Steine und alten Mörtel begrenzt waren. Größtenteils erstreckten sich diese Anhäufungen – sofern sie in Kavernen lagen, die beim Bohren freigespült worden waren – über die gesamte Innenfüllung des mehrschaligen Mauerwerks (Abb. 20).

Zum Teil waren unter größeren Steinen oder Platten die horizontalen Injektionsgutscheiben an der Oberfläche mit Vertiefungen versehen, die, wie oben schon erläutert, aus eingeschlossenem Anmachwasser oder nicht entwichener Luft herrührten (Abb. 21).

Neben den bisher beschriebenen, im großen und ganzen doch deutlich getrennten Bereichen von Injektionsgut und altem Mörtel gab es auch Zonen, in denen sich Zementstein, Verfüllsteine und z. T. auch alte Mörtel abwechselnd und dicht an dicht beieinander fanden (Abb. 22). Dies war jedoch nur in mörtelarmen, mit viel Bruchstein versehenen Innenberei-

19 *Verfüllter Querschnitt eines Bohrkanals mit Bewehrung und Nachfall (rechts unten). Der Zementstein blieb auf den Rest des Bohrloches begrenzt, der Nachfall wurde von Suspension nicht durchdrungen.*

18 *Ausgebauter zylindrischer Injektionsgutkörper, der in satt vermörteltem und festem Mauerwerk lag.*

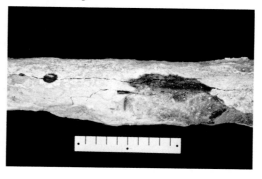

20   Beim Bohren entstandener und mit Injektionsgut wieder ausgefüllter großvolumiger Hohlraum im Kernmauerwerk.

21   Horizontale Zementsteinscheiben (Draufsicht), die keinen flächigen Kontakt zum darüberliegenden Material hatten. Eingeschlossenes Anmachwasser oder nicht entwichene Luft hinterließen an der Oberfläche Vertiefungen.

chen mehrschaliger Wände der Fall, die ausreichend große und viele Verbindungskanäle aufwiesen.

Grenzzonen

Je nach Oberfläche und Beschaffenheit des alten Mörtels sowie der Entfernung vom Injektionsloch bildeten sich die Grenzzonen zwischen Injektionsgut und Mörtel unterschiedlich aus.
Eine Durchwirkung und Durchtränkung des alten Mörtels mit Zementleim wurde selten angetroffen. Einzelne Fälle mit Eindringtiefen im Zentimeterbereich waren das Maximum, sie konnten nur um Injektionslöcher herum und bei stark abgema-

22   Aus Zementstein, altem Mörtel und Verfüllsteinen bestehender Bohrkern.

gerten, grobkörnigen, alten Mörteln beobachtet werden; beim Freilegen zeigten sich verfestigte Sandknollen unterschiedlicher Größe (Abb. 23). In diesen Fällen hatte es bei den Instandsetzungsarbeiten offensichtlich ein Zusammenspiel zwischen hohem Wasseranteil in der Suspension und hohem Verpreßdruck am Injektionsstutzen gegeben, welches die Zementpartikel in die Mörtelporen hineinspülte und -drückte.
Mit zunehmendem Abstand vom Injektionsloch – und damit einhergehendem Druckabfall sowie deutlich steiferer Suspensionskonsistenz – tendierte die Verbindung zwischen Suspension und altem Mörtel mehr zum oberflächigen Anhaften, wobei nur die äußersten Mörtelkörner von Suspension umschlossen waren (Abb. 24). Dieser Effekt wurde z. T. schon bei Abständen von unter einem Meter vom Injektionsloch festgestellt. Ein Eindringen in die Mörtelstruktur und ihre innere Verfestigung konnte mit dem zähflüssigen Injektionsgut nicht mehr erreicht werden. Zementstein mit einer solchermaßen ausgebildeten Übergangszone ließ sich ohne große Kraftanstrengung lösen und entfernen.
Wenn der Bindemittelanteil des Mörtels zunahm oder der Mörtel ganz aus Binde-

23 Um Injektionslöcher herum angetroffene und von Suspension durchzogene Sandknollen. Der alte Mörtel war stark abgemagert und grobkörnig.

24 Von altem Mörtel abgehobenes Verpreßgut. Außer einer Umschließung der äußersten Mörtelkörner trat keine weitere innige Verbindung zwischen Verpreßgut und altem Mörtel auf.

mittel bestand, gab es wegen seiner höheren Dichtheit meist abrupte Grenzflächen zwischen Mörtel und Suspension. Diese relativ ebenen Flächen waren nur durch ausgefüllte größere Mörtellöcher, feine Mörtelrisse oder Fehlstellen unterbrochen. Meist bestand flächiger, fester Kontakt zwischen beiden Materialien. Dies traf auch auf Gipsmörtelmauerwerk zu, das außer beim Injizieren sonst keiner Feuchtigkeit ausgesetzt war (Abb. 25).

Hatte eingeschlossene Luft oder Anmachwasser keine Möglichkeit zu entweichen, so bildeten sich Luftblasen im Grenzgebiet aus (Abb. 14).

Neben den beiden Extremen „Durchtränkung im Zentimeterbereich" und „Flächenkontakt" gab es viele Mischformen. Abb. 26 zeigt einen sägezahnartigen Übergang vom Zementstein zum Kalkmörtel.

Vereinzelt fiel an Verfüllsteinen eine staubartige Trennphase zum Zementstein auf, die vermutlich vom Bohrprozeß herrührte.

Auswirkungen auf den Kraftfluß

Mit den ausgefüllten Spalten, Rissen und Hohlräumen waren die Druckübertragung und der Schubfluß im Mauerwerk erkennbar verbessert. Je nach Steifigkeitsverhält-

nissen und Verpreßgrad bildeten sich neue Wege des Kraftflusses im Injektionsgut oder in Verbindung mit Verfüllsteinen aus. Ein Störeinfluß aus dem prozentual nicht ins Gewicht fallenden Luftblasenanteil im Zementstein war nicht auszumachen. Die Haftung zwischen reinem Zementleim und bindemittelreichem Mörtel oder Verfüllsteinen war im allgemeinen ausgezeichnet. Vereinzelte Beeinträchtigungen traten nur bei verstaubten Stein- oder Mörteloberflächen auf.

Mit zunehmendem Zuschlaganteil ließ die positive Wirkung der eingepreßten Suspension nach. Durch Sedimentation oder Entmischung entstanden Bereiche, in de-

25 Ein Stück des Injektionsgutes mit fast ebener Kontaktfläche zum trockenen Gipsmörtel.

nen das Injektionsgut nur noch ganz geringen Bindemittelanteil besaß und damit
eine schlechte Haftung zum Mörtel aufwies (Abb. 27).
Eine nennenswerte Vergütung, d. h. vollständige Durchwirkung bzw. Durchtränkung des alten Mörtels im Sinne einer
nachträglichen Bindemittelzufuhr, konnte
an keinem Bauwerk vorgefunden werden. Auch war eine vollständige Umschließung von Mörtel und Steinen durch
das Injektionsgut im Sinne der Umwandlung des Mauerwerks in Beton, außer vereinzelt und lokal begrenzt an Injektions-
löchern und im mörtelarmen Mauerwerk,
nirgends anzutreffen.

2.3 Treibmineralbildung im Mauerwerk

Alle untersuchten Bauwerke, bei denen
Schäden aus chemisch-mineralogischen
Reaktionen entstanden waren, wiesen fast
reinen Gipsmörtel oder zumindest hohen
Gipsanteil auf und waren mit Zement verpreßt worden.
Generell unterschied sich das Injektions-
gutverhalten im geschädigten Mauerwerk
nicht von dem im ungestörten Mauerwerk. Wieder überwogen in den Grenzzonen zwischen Injektionsgut und Mörtel

*27   Querschnitt einer Übergangszone vom
stark abgemagerten Injektionsgut (oben) zum
alten Mörtel (unten). Durch Sedimentation
und Entmischung entstanden Bereiche mit geringem Bindemittelanteil und schlechter Haftung zum Mörtel.*

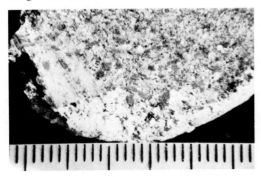

*26   Sägezahnartige Verbundzone zwischen al-
tem und neuem Mörtel.*

die flächigen Verbindungen bzw. Kontakte.

Mauerfeuchte

Ein wesentlicher Unterschied zwischen
beiden Bauwerks- bzw. Mauerwerksgrup-
pen bestand im Feuchtehaushalt. In der
Tabelle sind einige ermittelte Wasserge-
halte von Gipsmörteln aufgeführt, bei denen an den Kontaktstellen zum Zement
Sekundärphasenbildung festgestellt wurde. Die Messungen weisen z. T. hohe
Feuchtegehalte in den oberflächennahen
Zonen aus. Daten aus dem inneren Bereich der Wände konnten nur an einem
Bauwerk (nicht in der Tab. enthalten) im
Zuge eines Abbruchs ermittelt werden.
Der durchschnittliche Feuchtigkeitswert
beim Gipsmörtel betrug hier im Inneren
ca. 6 Gew. %. Die Werte fielen zu den
Außenschalen hin etwas ab, was offensichtlich mit der Oberflächenverdunstung
zusammenhängt (Abb. 28). Das Objekt
war intensiver Durchfeuchtung über mehr
als 30 Jahre ausgesetzt, besaß aber entgegen den Bauwerken A, B, C und D
in der Tab. keine Spritzputzschale an der
Innenseite, so daß die Verdunstung nicht
gestört war.
Oftmals war die relativ hohe Mauerfeuchte offensichtlich „hausgemacht" und eine
Folge der veränderten Begleitmaßnahmen
im Zusammenhang mit dem Verpressen
des Mauerwerks. Während in den 30er

	Bauwerk Material	Entnahmestelle	f [%]	Mörtel	Injektions-zement	Sekundär phasenbil-dung an der Kontaktzone
A)	Kirchturm Naturstein	$H = 1–2,2\,m$ $T = 0,1\,m$	1,13–8,59	kalkhaltiger Gips-mörtel nahezu zuschlagfrei	HOZ	Thaumasit
B)	Kirchturm Naturstein	$H = 1,8–2\,m$ $T = 0,1\,m$	7,48–13,87	kalkhaltiger Gips-mörtel nahezu zuschlagfrei	„gipsfester" Zement (1)	in Spuren Thaumasit
C)	Kirchturm Ziegel- und Naturstein	$H = 1,5–1,8\,m$ $T = 0,03–0,1\,m$	8,0–12,76	kalkhaltiger Gips-mörtel nahezu zuschlagreich	PZ-HS	in Spuren Thaumasit
D)	Kirche Ziegel- und Naturstein	$H = 0,5\,m$ $T = 0,2\,m$	13,9	kalkhaltiger Gips-mörtel zuschlag-arm	PZ-HS	in Spuren Thaumasit
E)	Kirche Naturstein	$H = 1–2,2\,m$ $T = 0,1–0,3\,m$	5,07–8,93	kalkhaltiger Gips-mörtel Anhydritzuschläge	PZ	Thaumasit
F)	Kirchturm Ziegel- und Naturstein	$H = 1–2\,m$ $T = 0,3–0,5\,m$	10,67–11,7	gipshaltiger Kalk-mörtel zuschlag-arm	„HS-Zement" (2)	Thaumasit
G)	Kirchturm Ziegel	$H = 7–11\,m$ $T = 0,2–0,25\,m$	0,46–1,24	kalkhaltiger Gips-mörtel und fast reiner Gipsmörtel	PZ-HS	keine

(1) laut Ausschreibungstext.
Eigene Analyse konnte wegen zu geringer
Probemenge nicht erstellt werden.
(2) $Al_2O_3 = 2,13\,\%$; $Fe_2O_3 = 6,17\,\%$

H = Höhe über Grund
T = Entnahmetiefe
f = Feuchtegehalt der Probe

Tabelle: Mörtelfeuchtemessungen und Sekundärphasenbildung

Jahren alle Risse, die Zementleim hätten austreten lassen können, abkalfatert wurden, ging man in den 60er und 70er Jahren aus Gründen, die wohl in höheren Lohnkosten und besserem Gerätepark lagen, dazu über, zumindest die für die Allgemeinheit nicht sichtbaren innenliegenden Schalen großflächig im Spritzputzverfahren zu schließen. Mit der Dichtheit des Materials wurde dabei augenscheinlich der normale Feuchte-haushalt des Mauerwerks durcheinandergebracht. Nässe im Kernmauerwerk, die durch Schlagregen und aufsteigende Feuchte entstand, konnte nach innen so gut wie nicht mehr abgeführt werden.

Art und Ausmaß der Schäden

Endoskopaufnahmen und freigelegte Bereiche zeigten die gleichen Zustandsformen an den Übergangszonen vom

zementhaltigen Injektionsgut zum Gipsmörtel. In der ersten Stufe der chemischen Zerstörung des Zementsteins kam
es zur Entstehung einer weichen, weißen
Schmierschicht, wie sie auf Abb. 29 deutlich zu sehen ist. Ihre Dicke betrug meist
mehrere Millimeter, wobei das Maß offensichtlich vom Feuchtegehalt und von der
Einwirkungsdauer abhing. Phasenanaly-
sen lieferten als Ergebnis die Minerale
Thaumasit und Ettringit. Eingebettet waren diese Schichten zwischen festem
Gipsmörtel und hartem Zementstein.
Letzterer fiel manchmal durch verschiedene Grautöne in den Randzonen
auf. Vermutlich waren dies Anzeichen eines chemisch-mineralogischen Umwand-
lungsprozesses.
Für eine laminare Strömung, die bei Porenradien ab ca. 100 nm eintreten kann,
waren bis auf wenige Ausnahmen alle untersuchten Zementsteine zu dicht ([7] und
weitere Untersuchungen). Das heißt, mo-
bile Sulfatlösung aus den Gipsmörteln
konnte den Zementstein nicht durchdringen und von innen heraus die Zerstörung
durch Ettringitbildung betreiben, sondern
mußte von der Oberfläche her angreifen.

*29   Endoskopaufnahme einer weichen, wei-
ßen Schmierschicht aus Thaumasit und Ettringit (Dicke 3 bis 5 mm) zwischen festem Gipsmörtel und hartem Zementstein.*

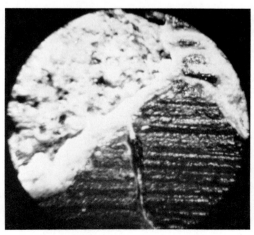

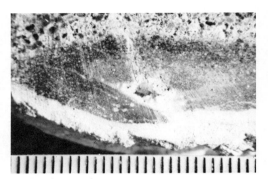

*30   Durch Auskristallisation von Gipslösung
oder Sekundärphasenbildung an der Vertiefung der Oberfläche entstandener radialer Riß
im Zementstein (in Bildmitte, nahezu senkrecht).*

Tatsächlich konnten zwei Mechanismen
gefunden werden, die in einer zweiten
Stufe den Zementstein systematisch
sprengten. Ausgangspunkt bei beiden war
sein Aufspalten durch Auskristallisation
von Gipslösung oder Sekundärphasenbildung, beides an Vertiefungen der Oberfläche (Abb. 30).
Im ersten Fall drang in den Spalt gelöster
Gips ein, was eine topochemische Mineralbildung an den reaktiven Rißober-
flächen zur Folge hatte. Die räumliche
Ausdehnung des Minerals bewirkte wie
ein Keil das weitere Aufreißen. Auf diese
Weise kam es beim Injektionsgut um die
Anker zur radialen – bis zur Nadel durchgehenden – Rißbildung. An den aufgeris-
senen neuen, unebenen Oberflächen
konnte der Mechanismus von vorn begin-
nen.
Im zweiten Fall lief der Mechanismus
ähnlich dem Schälen einer Zwiebel ab.
Durch die Phasenbildung in feinen, oberflächigen Mikrorissen entstanden Kräfte,
die im Zementstein nicht nur Zug-, sondern auch radikale Querzugspannungen
erzeugten. Es kam zur tangentialen
Schichtenablösung, die, durch nachfolgende Gipslösung wieder mit Sulfat ver-
sorgt, Schicht für Schicht zum Kern
fortschritt. In Abb. 31 ist dieser „Zebraeffekt" dargestellt. Der Mechanismus hat-

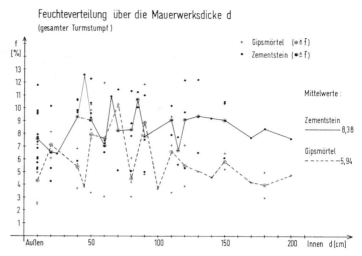

28 *Feuchtigkeitsverteilung im Querschnitt eines Turmmauerwerks, das 30 Jahre ohne Mauer-kronenabdeckung dem Wetter ausgesetzt war.*

te zum Zeitpunkt der Probeentnahme eine radiale Strecke von maximal einem Millimeter erfaßt.

In der dritten und letzten Stufe der Zerstörung, die sich je nach Durchfeuchtung und Luftzutritt – CO_2 aus der Luft ist für die Bildung von Thaumasit notwendig – offensichtlich über mehrere Jahre, wenn nicht gar Jahrzehnte hinzog, kam es schließlich zur vollständigen Zersetzung des Zementsteins in den Randzonen. Übrig blieben eine weiße, plastische Masse und – sofern hinzugegeben – die Körner des Zuschlags (Abb. 32). In dem geschilderten Fall lag zwischenzeitlich jedoch eine solch hohe Gipsmobilisation vor, daß das Mauerwerk mit Gipskristallen und Stalaktiten auf und an den Steinen übersät war (Abb. 33).

Mit der Sekundärbildung von Ettringit und – nachfolgend – Thaumasit wurden die Kontaktzonen zwischen Injektionsgut und Gipsmörtel in verbundlose Gleitschichten umgewandelt. Eine Normal-

31 *Als „Zebraeffekt" bezeichnete, tangentiale Schichtenablösung am Zementstein.*

32 *Von Thaumasitkristallen durchsetzter und in den Randzonen aufgelöster, plastischer „Zementstein".*

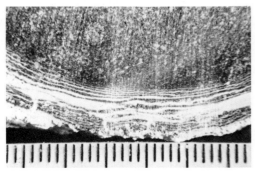

kraftübertragung war nur bedingt und mit Verformungen verbunden möglich, eine Schubkraftübertragung so gut wie ausgeschlossen. Zugkräfte in Nadelankern, die aus der Rückverhängung abgelöster bzw. abgedrückter Außenschalen herrührten und über den Zementsteinmantel des Ankers an das verpreßte Mauerwerksinnere abgegeben werden sollten, konnten, wenn überhaupt, nur über ein Dübelsystem aus verzahntem Injektionsgut, altem Mörtel und Verfüllsteinen lokal abfließen, nicht aber kontinuierlich entlang des Zementsteinmantels.

Da Mineralbildung nur in den Kontaktzonen angetroffen wurde, diese sich aber auf Ausdehnungen im Millimeterbereich beschränkten, konnten auf Ettringitbildung zurückzuführende Rißbilder oder Schäden nicht eindeutig identifiziert werden. Dies lag daran, daß aufgrund des notwendigen hohen Wasserpotentials parallel zur Phasenbildung Zerstörungen des Mauergefüges aus Durchfeuchtung, Mörtelmobilisation, Frosteinwirkung und manchmal auch Pflanzenbewuchs einhergingen, die ihrerseits in großem Ausmaß für Schadensbilder sorgten.

2.4 Zusammenfassung und Diskussion der Untersuchungsergebnisse über das Injektionsgut

Aus den Untersuchungsergebnissen läßt sich ableiten, daß Vorstellungen über die Wirkung und Wirksamkeit des Injizierens von altem Mauerwerk einerseits ihre Bestätigung finden, andererseits aber auch revidiert werden müssen.

So beruht offensichtlich eine in Versuchen [3] nachgewiesene Tragfähigkeitserhöhung mehrschaligen Ziegelmauerwerks auf einem höheren Verfüllgrad, der Spalte, Risse und Hohlräume auf Kontakt miteinander verbindet. Ein Kraftfluß wird wieder möglich, teilweise über Drucksysteme im Injektionsgut. Sofern die Fehlstellen untereinander in Verbindung stehen, einen für die Suspensionskonsistenz ausrei-

chend großen Querschnitt aufweisen und der alte Mörtel nicht extrem bindemittelarm und wasserabsaugend ist, läßt sich eine Vergütung des Mauergefüges erzielen. Je weniger Mörtel vorhanden ist, desto mehr tritt eine gleichmäßige Verteilung der Suspension ein. Sand- oder Steinmehlzusatz kann dann angezeigt sein, ist sonst aber nur unter Vorbehalt anzuraten.

Die wenigsten Fließprobleme treten bei Mauerwerk mit bindemittelreichem Mörtel auf. Hier bleibt augenscheinlich die Fließfähigkeit der Suspension erhalten, der Wasseranteil wird nur minimal reduziert, das bei Mehrschaligkeit mit Hohlräumen durchsetzte Verfüllgut im Innern wird von Suspension umspült. Allerdings ist stärker als bei porösen, abgemagerten Mörteln auf eine ausreichende Entlüftung zu achten.

Bei durchgemauerten Wänden und Pfeilern mit dichtem Mörtel kann die Aufnahme von Injektionsgut so gering sein, daß vom Injizieren – außer in Schadensbereichen und zum Schutz eingezogener Bewehrung – Abstand genommen werden kann.

Vorsicht ist, wie schon angedeutet, bei stark abgemagerten, grobsandigen alten Mörteln geboten. Diese als Filter funktionierenden Mörtel bewirken ein Versickern der Suspensionsflüssigkeit und damit eine Versteifung des Injektionsgutes in sich. Verstopfte Kanäle, nicht ausgefüllte Hohlräume und oberfläches Anhaften am alten Mörtel können die Folge sein. Mit einer Erhöhung des Wasser-Zement-Faktors mag zwar in engem Radius um das Bohrloch herum kurzfristig ein Fließen aufrechterhalten werden, dann kann sich der Prozeß der Versteifung jedoch wiederholen. Deshalb sollten beim Bohren Mörtelausspülung und Spülwasserrückfluß (sofern mit Wasser gekühlt wird) beobachtet werden, weil sich daraus Rückschlüsse auf Bindemittelgehalt und Verbindungskanäle ziehen lassen. Überhaupt bedarf der Injektionserfolg hier während der Arbeiten einer gründlichen Kontrolle. Eventuell ist in Extremfällen das Sicherungskonzept zu überdenken.

Entgegen den Befürchtungen der Denkmalpflege hat sich herausgestellt, daß ein Eindringen des neuen Injektionsgutes in den alten Mörtel so gut wie nicht stattfindet. Das Verpreßgut verfüllt die Risse, Spalte und Hohlräume, verbleibt im wesentlichen in den Schadens- und Fehlbereichen des Mauerwerks, durchdringt aber nicht den alten Mörtel im Sinne einer Durchmischung. Lediglich um Injektionslöcher herum kann es mit hohem Wasseranteil in der Suspension und entsprechendem Druck zu einem Einspülen von Zementpartikeln in das alte Mörtelgerüst kommen.

Bis auf diese Ausnahme sind die Kontaktbereiche zwischen beiden Materialien auf Riß-, Hohlraum- und Bohrlochwandungen beschränkt, was mehr oder weniger abrupte und flächige Grenzzonen schafft. Es existiert eine deutliche Trennung zwischen Zementstein und altem Mörtel. Die Vorstellung, es könne eine Erhöhung der Mörtelgruppe durch Zementleiminjektion erreicht werden, konnte keine Bestätigung finden. Auch wurde kein in „Beton" umgewandeltes altes Mauerwerk angetroffen. Weil das Injektionsgut den alten Mörtel nicht durchdringt, ist nach Meinung der Verfasser auch die Vorstellung von der Schädigung des Mauerwerks durch die beiden Minerale Ettringit und Thaumasit in Sekundärphasenform neu zu überdenken. Unbestritten ist, daß es, bei entsprechenden Randbedingungen, zur Vergrößerung des Ausgangsvolumens des alten, gipshaltigen Mörtels durch Ettringitbildung und zur Zementsteinzersetzung durch Thaumasitbildung kommt. Die dafür notwendigen Randbedingungen treffen jedoch längst nicht an jedem Gipsmörtelbauwerk zusammen. Die wichtigste Bedingung für den Umwandlungsprozeß ist eine permanente Wasserzufuhr, die bei einem halbwegs unterhaltenen Bauwerk mit geschlossenen äußeren Fugen nicht die

33 *An Mauersteinen hängende Gipsstalaktiten, die durch Gipsmörtelmobilisation entstanden sind.*

Regel ist. Hinzu kommt, daß der Prozeß im Mauerwerk offensichtlich sehr langsam abläuft und der Injektionszement für laminare Durchströmung zu dicht ist. Tritt dennoch Mineralbildung ein, weil zum Beispiel durch eine Spritzbetonschale auf der Innenseite der normale Feuchtehaushalt des Mauerwerks nachhaltig gestört wurde, so besitzt die Reaktionsschicht an den Kontaktzonen zwischen altem Mörtel und Injektionsgut, wie die Untersuchungen gezeigt haben, nur wenige Millimeter Dicke; die Ausdehnungen selbst sind noch beträchtlich geringer. Um nun Verformungen und Risse am Bauwerk zu erhalten, die zweifelsfrei und hauptsächlich auf Ettringit/Thaumasitbildung zurückzuführen sind, müßte der alte Mörtel in größerem Umfang mit Zementleim durchwirkt sein. Dies mag lokal aufgrund stark abgemagerter alter Mörtel zutreffen, kann aber gerade bei Gipsmörtelbauwerken nicht als die Regel bezeichnet werden. Mit einer pauschalen Einordnung von Schäden in den Bereich Treibmineralbildung muß man also sehr vorsichtig sein, oft sind andere Schadensursachen im Spiel und von größerem Gewicht als das Entstehen von Ettringit und Thaumasit (vgl. auch den Artikel von Michael Ullrich und Fritz Wenzel im vorliegenden Jahrbuch).

34   *In feuchtem Mörtel steckender, nur stellenweise mit Zementstein ummantelter Nadelanker,
der lamellenartige Abspaltungen infolge starker Korrosion aufweist.*

3   Bewehrungsstähle

3.1 Faktoren, die den Korrosionsschutz der Bewehrungsstähle beeinflußten

Mauerfeuchte

Die untersuchten Mauerwerkszonen mit
eingebrachter Bewehrung hatten unterschiedliche Eigenfeuchten. Dies hatte verschiedene Ursachen, die einerseits mit der
allgemeinen Bauunterhaltung und andererseits mit der baulichen und örtlichen
Situation oder den durchgeführten Instandsetzungsmaßnahmen zusammenhin-
gen. Manche Bauwerke litten unter aufsteigender Feuchte, andere mehr unter
Schlagregen in Verbindung mit unzweck-
mäßigem oder gerissenem Fugenmörtel.
Ein durchnäßter Turmstumpf ohne Mau-
erkronenabdeckung war 30 Jahre lang
dem Wetter ungeschützt ausgesetzt. Viele
der in den 60er und 70er Jahren instandgesetzten Bauten waren innen mit einer
Spritzputzschale versehen, welche die
durch das Injizieren eingebrachte Feuchtigkeit aus dem Kernmauerwerk nicht
nach innen entweichen ließ.

Generell hatte die individuelle Eigenfeuchte auf den Zustand der eingezogenen
Bewehrung keinen negativen Einfluß. Wie
die freigelegten Bereiche zeigten und
Porositätsmessungen zusätzlich belegten,
konnte allseitig umhüllender Zementstein
aufgrund seiner Dichtheit den Stahl ausreichend und dauerhaft gegen Korrosion
schützen.
Anders sah es jedoch aus, wenn auf die
Ausführung des Korrosionsschutzes weniger Sorgfalt gelegt wurde. Die vorhandene
Luft- und Mauerfeuchte reichte an den

35   *Narbenförmige Abrostung an Zugankern,
deren Abdeckschichten beschädigt waren und
somit Feuchtigkeit eindringen ließen.*

Stellen ohne Schutzanstrich oder Zementsteinüberdeckung aus, um an der Wand
entlanglaufende Anker oder in Bohrlöcher eingelegte Bewehrung zum Rosten
zu bringen. Dies konnte soweit gehen, daß
im alten, feuchten Mörtel ungeschützt
steckende Ankerbereiche durch starke
Korrosion lamellenartige Abspaltungen
aufwiesen. Vom ursprünglichen Querschnitt waren vereinzelt nur noch Bruch-
teile erhalten (Abb. 34).

Das Metall korrodierte auch, wenn die anfänglich dicht abschließende Umhüllung
aus Zementstein oder -mörtel zwischenzeitlich in größerem Umfang gerissen oder
beschädigt war und Feuchtigkeit eindringen konnte. So kamen beispielsweise Zuganker, die 1932 in Kanälen eines Turm-
umganges verlegt worden waren, wegen
abgelöster Abdeckschichten mit Schnee-
und Regenwasser in Kontakt. In diesen
und ähnlichen Fällen wiesen die Stähle
dann eine narbenförmige, unterschiedlich
stark ausgeprägte, korrodierte Oberfläche
auf (Abb. 35).

An einem Bauwerk war der Zementleim
laut schriftlicher Mitteilung mit einem
sehr hohen, deutlich über 1,0 liegendem
W/Z-Faktor injiziert worden. Wie die Po-
renradienverteilung zeigte, entstand ein
kapillarporenreicher und wasserdurchläs-
siger Zementstein. Dies hatte zur Folge,
daß in dem feuchten Mauerwerk an den
freigelegten Spannankeroberflächen sich

*37 Schlecht geschützte Nadelankerspitzen
verunzieren mit ihren Rostfahnen die Oberfläche des Bauwerkes.*

*36 Vom Spannanker abgehobenes Injektions-
gut mit Rostpartikeln an der Kontaktfläche.
Der Zementstein war wasserdurchlässig.*

trotz Zementsteinüberdeckung an mehreren Stellen kleinere Rostpartikel bilden
konnten, die wiederum den Zementstein
abdrückten (Abb. 36).

Während sich die aufgeführten Veränderungen der Bewehrung im Verborgenen
abspielten, traten an anderen Bauwerken
die Probleme offen zutage. Nicht genügend geschützte, korrodierte Nadelankerspitzen mit ihren Rostfahnen sorgten für ein unschönes Erscheinungsbild
(Abb. 37).

In Zonen, zu denen Feuchtigkeit keinen
oder nur unwesentlichen Zutritt hatte,
waren nur bedingt geschützte und sogar
ungeschützte Bewehrungsstähle ohne
Schäden. Wie neu sah ein 57 Jahre alter
Zuganker im Dachstuhl einer Kirche aus,
der in quasi bindemittelfreiem Mörtel und

38 Ein 57 Jahre alter Zuganker ohne jeglichen Rostansatz im trockenen Gewölbemauerwerk einer Kirche.

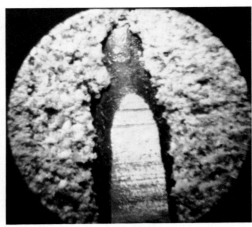

39 Trotz stark abgemagertem Injektionsgut besitzt dieser über 50 Jahre alte Nadelanker im trockenen Sockelbereich einer durchgemauerten Wand keine Korrosionsschäden.

staubtrockenem Gewölbemauerwerk lag (Abb. 38). In neuerer Zeit wurde zum Zweck der Wärmedämmung auf das Gewölbe eine Polyurethan-Ortschaumschicht aufgebracht. Inwieweit sich dadurch der Feuchtehaushalt im Gewölbe ändert, konnte nicht untersucht werden.

Ebenfalls ein positives Ergebnis wies ein unter spitzem Winkel abgebohrter Nadelanker auf (Abb. 39). Er war im Sockelbereich zur Anbindung der Außenschale ans Kernmauerwerk eingebracht worden und trotz stark abgemagertem und dadurch porösem Injektionsgut noch in bestem Zustand.

Bohrlochdurchmesser

Bohrungen für Ankereinlagen waren an einigen Bauwerken deutlich mit zu geringem Bohrdurchmesser ausgeführt worden. Die Differenz zwischen Bewehrungs- und Lochdurchmesser betrug nur 1–2 cm (Abb. 40) und führte zu Problemen beim Einbau der Nadelanker. Meistens wurden an den Wandungen Mörtel oder Steine mitgerissen, so daß große Flächen der Nadeln damit bedeckt waren. Besonders gefährdet waren schräg nach unten führende oder senkrechte Steckanker. Hier war es offensichtlich schon beim Bohr- und Spülprozeß schwierig, das Bohrgut herauszutransportieren. Alle bei den Untersuchungen freigelegten Enden steckten im Bohrklein. Ein Abstand zum Bohrlochende – mit schützendem Zementstein ausgefüllt – war nicht vorhanden. Hinzu kam, daß diese Anker, auch wenn sie von Zementstein überdeckt waren, alle eine Staubschicht aufwiesen, die eindeutig aus dem Kontakt zur Bohrlochwand und damit zum Bohrstaub herrührte.

Lage der Bewehrung im Bohrloch

Bis in neuere Zeit war es allgemein üblich, die Bewehrung einfach ins Bohrloch zu legen. Sie kam dann entweder auf der unteren Bohrlochwandung oder auf Nachfall zu liegen. Vereinzelt konnte dies eine Reduzierung des von Zementleim zu umschließenden Umfangs um 50 % zur Folge haben (Abb. 19). Diese ungeschützten Bereiche hatten je nach Mauerwerksfeuchte z. T. großflächige Anrostungen.

Alle angebohrten oder freigelegten Nadel-

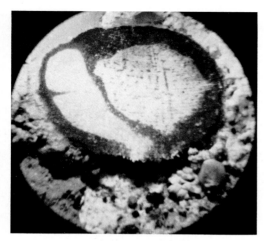

40 Ankerlochbohrung mit zu geringem Bohrdurchmesser. Die Differenz zwischen Bewehrungs- und Lochdurchmesser beträgt nur 1–2 cm.

und Spannanker mit mittiger Lage im Bohrloch und allseitiger, ungestörter Zementsteinüberdeckung waren frei von Korrosion (Abb. 41).

Zementsteinüberdeckung

Das Maß der Überdeckung der Anker korrespondierte mit der Lage im Bohrloch und dem jeweiligen Bohrdurchmesser. Das bereits erwähnte einfache Einlegen der Bewehrung, mit fehlender Überdeckung an der Unterseite und Korrosionsproblemen in feuchtem Mauerwerk, hat sich nicht bewährt. In engen Bohrquerschnitten fand der eingepreßte Zementleim nicht überall ein Durchkommen, so daß im Kontakt zum alten Mörtel liegende Stahlteile angetroffen wurden, die nicht mit Suspension umhüllt waren. Waren Nadelanker nicht weit genug ins Bohrloch hineingesteckt oder zu lang geraten, so reichten Überdeckungen von 1–2 cm an der Stirnfläche meist nicht aus, um eindringende Feuchtigkeit wirksam abzuhalten.
Im Spritzverfahren verfugte und verschlossene Oberflächen wiesen nicht

überall die erforderliche Dichtheit und Dicke für den Korrosionsschutz der Nadelanker im Bereich der Stirnflächen auf (Abb. 42). Das Spritzgut war an den geschädigten Stellen stark abgemagert und porös. Durchfeuchtung und Frost sorgten für eine weitere Lockerung der Überdeckung. Bindemittelreichere Verschlußpfropfen besorgten den Rostschutz eindeutig besser.
Als Schwachpunkt bei kegelförmigen Abdeckungen der Ankerspitze – wie das häufig bei Wänden aus unbehauenen Natursteinen und bei Bohrungen in oder knapp neben Fugen auftrat – erwies sich der Übergang zwischen neuem Verschluß- und altem Wandmaterial. Hier drang meistens Feuchtigkeit ein, weil sich die neue Substanz von der alten gelöst hatte. Dieses Problem trat bei Bohrungen, die mitten im Stein angesetzt und ordnungsgemäß verschlossen waren, nicht auf.
Nicht ganz geklärt werden konnte das Verhalten von Steinersatzmaterial als Verschlußsubstanz. An einem Bauwerk waren alle bewehrten und verpreßten Bohrlöcher aus vermutlich optischen Gründen mit einem der Umgebung angepaßten Ersatzmaterial verschlossen. Über-

41 Freigelegter Spannanker mit mittiger Lage im Bohrloch und allseitiger ungestörter Zementsteinüberdeckung. Er weist keine Anzeichen von Rostschäden auf.

bohrte Nadelankerköpfe wiesen in ihren nicht von Zementstein geschützten Teilen, die sich im Hohlraum zwischen Injektionsgut und Verschlußmaterial befanden, starke Rostbildung auf (Abb. 43). Ob die Korrosion auch aufgetreten wäre, wenn das Verschlußmaterial bis an den Zementstein gereicht hätte, bleibt offen.

Neben diesen negativen Erfahrungen, die einerseits auf methodische Schwächen, andererseits auf Ausführungsmängel, zurückzuführen waren, zeigte die überwiegende Mehrheit aller freigelegten oder überbohrten Ankerstähle bei Überdeckungen im Zentimeterbereich ein einwandfreies Aussehen. Als besonders positiv können pH-Messungen an 60 Jahre altem, in nassem Gipsmörtelmauerwerk gelegenen Zementstein gewertet werden. Es wurden Werte zwischen 11,4 und 12,1 gemessen. In dementsprechend gutem Zustand befanden sich die glatten Nadelanker an diesen Stellen.

3.2 Verankerung durch Verbund

Zustandsbeobachtungen

Bei Rippenstählen mit allseitiger Zementsteinumschließung war die Verbundwirkung zwischen Zementstein und Anker offensichtlich gewährleistet. Waren glatte Stähle eingebaut worden, wie in den 30er und noch in den 60er Jahren üblich, so wiesen fast alle von ihnen leicht narbige Oberflächen auf, die vor dem Einlegen vorhanden gewesen sein müssen und nicht aus nachträglicher Korrosion stammten, zur Aufnahme größerer Scherkräfte jedoch durchaus nützlich waren. Ankerziehversuche an bauseits eingebauten, glatten Ankern aus Baustahl I (d = 20 mm) ergaben, daß schon relativ kurze Verankerungslängen ausreichen, um den Stahl bis zur Fließgrenze belasten zu können. Auch zwischen altem Mauerwerk und Zementstein war meist eine ausreichende Verzahnung und damit eine Kraftübertragung möglich. Schubrisse oder ähnliche,

auf eine Beanspruchung durch Verbund hinweisende Schäden konnten an den untersuchten Stellen nicht gefunden werden.

Haft- und Steckanker

Dadurch, daß im Inneren von mehrschaligem Mauerwerk neben altem Mörtel auch Verfüllsteine beim Herstellen der Bewehrungslöcher durchbohrt worden waren und zwischendrin immer einmal wieder größere Zementsteinklumpen die Anker umhüllten, konnten Zugkräfte aus den Ankern dübelartig übertragen werden. Damit konnten Haft- oder Steckanker ihre Aufgabe erfüllen, auch wenn sich über reine Scherbeanspruchung zwischen Injektionsgut und altem Verfüllmörtel nur geringe Kräfte abgeben ließen.

Queranker im mehrschaligen Mauerwerk

Probleme traten, wie festgestellt wurde, bei mehrschaligem Mauerwerk bei der Verankerung der Innenschale (nicht zu verwechseln mit der Innenfüllung) auf. Beim Bohren der Ankerlöcher von außen wurden solche innenliegenden Schalen, die oftmals dünner ausgebildet waren als

42 Die Nadelankerspitze war mit stark abgemagertem Material im Spritzputzverfahren verschlossen worden. Das Spritzgut konnte an dieser Stelle nicht die erforderliche Dichtheit und Dicke für den Korrosionsschutz aufweisen.

43 Im Hohlraum zwischen Steinersatzmate-rial an der Oberfläche und Injektionsgut war der abgenommene Nadelanker stark verrostet.

44 Der Nadelanker mit Öse am Ende reicht keine 10 cm in die Steine der innenliegenden Schale hinein. Er wurde beim Auseinander-drücken des Mauerwerks einfach herausgezo-gen. Seine Verbundlänge und Zementsteinum-hüllung war nicht ausreichend.

die außenliegenden, nicht tief genug ange-bohrt. War in diesen Fällen dann noch der Nadelanker zu kurz oder wurde er nicht tief genug ins Bohrloch hineingesteckt, so konnte die Innenseite über Verbund nicht ausreichend angeschlossen werden. Tra-ten Horizontalkräfte im Mauerwerk und damit Zugkräfte im Anker auf, kam es zum Versagen (Abb. 44). An der Außen-seite waren Schäden am Ankerkopf nicht feststellbar, da der Anker mitsamt Ze-mentsteinumhüllung aus der Innenschale unsichtbar herausgezogen wurde; das Mauerwerk weitete sich auf. Die Nadelan-ker konnten ihre Aufgabe, die innere und die äußere Schale über den Kern hinweg zugfest zusammenzubinden, nicht erfüllen.
Was bei den Instandsetzungen aus den 30er Jahren noch auffiel, ist die Endveran-kerung der Nadelanker auf der Seite des Injektionsloches. Aufgrund der bekannt schlechten Verbundwirkung bei glatten Ankerstählen sägte man mancherorts das Ende ein, hämmerte oder schmiedete den Rundstahl etwas flacher und stauchte ihn, so daß ein „Knubbel" quasi als Endveran-kerung entstand. Beim Verpressen wurde der Stahl mitsamt Verpreßstutzen, Holz-keilen und Werg im Bohrloch verklemmt. Nach dem Verpressen schaute das eigent-liche Verankerungsstück aus dem Ze-

mentstein aber heraus. Wenn am Schluß das Injektionsloch mit Zementmörtel voll-ständig ausgefüllt worden war – was häu-fig jedoch nicht zur Zufriedenheit geschah – konnte der Nadelanker dennoch wirk-sam werden. In vielen Fällen wurde das Bohrloch aber nur oberflächlich zuge-schmiert, so daß die Endverankerung im statisch-konstruktiven Sinne nicht zum Tragen kam.
Mit der Anwendung der heutigen Rippen-stähle hat sich dieses Problem deutlich re-duziert. Aber auch an Bauwerken mit In-jektionen und Vernadelungen aus neuerer Zeit konnten unverschlossene Bohrlöcher angetroffen werden. An den durch die Verpreßstutzen reduzierten Veranke-rungslängen – die Bohrlöcher befanden sich fast immer im Stein und nicht in der Fuge – konnten zwar keine Schäden sta-tisch-konstruktiver Art ausgemacht wer-den, bei einer höheren Beanspruchung der Anker können dies jedoch Schwach- und Versagensstellen sein. Außerdem überziehen, wie schon festgestellt, von sol-chen Punkten aus Rostfahnen die Ober-flächen der Bauwerke und Korrosion kann den Zementstein mitsamt dem Rest-verbund zerstören. Ein nachträgliches, sorgfältiges Verfüllen der Bohrlöcher ist also wichtig.

3.3   Zusammenfassung und Diskussion
      der Untersuchungsergebnisse über
      die Bewehrungsstähle

Wenn der Bohrlochdurchmesser, der nötigen Zementsteinüberdeckung von etwa
2×2 Zentimeter plus Stahldurchmesser
entsprechend, genügend groß ist, die Bewehrung im Bohrloch halbwegs zentrisch
liegt und das Injektionsgut im Bohrkanal
überall freien Zugang findet, sind in der
Regel keine Schäden durch Korrosion an
den Baustählen zu erwarten.

Die Verbundwirkung zwischen Rippen-
stahl und umschließendem Zementstein
ist bei ordnungsgemäßer Ausführung gesichert. Sogar glatte Stähle, die noch bis in
die 60er Jahre hinein verwendet wurden,
zeigten ausreichenden und wirkungsvol-
len Verbund. Scherkräfte, die am Übergang vom Zementstein zum umliegenden
Mauerwerkgefüge auftreten, können
ebenfalls aufgenommen werden, am besten, wenn durch die Steine und nicht in
den Fugen gebohrt wird. Ist im Innern des
Mauerwerks bindemittelarmer alter Mörtel vorhanden, der keine oder nur geringe
Scherkräfte weiterleiten kann, so bildet
sich dort bei Bedarf dennoch ein funktio-
nierender Kraftverlauf aus; die Zugkräfte
der Anker werden dann mit Hilfe von
Verfüllsteinen und Zementsteinklumpen
offensichtlich über Dübelwirkung ans
Mauergefüge abgegeben.

Probleme können auftreten, wenn bei
eingelegter Bewehrung das alkalische
Schutzfeld des Zementsteins an der
Stahloberfläche nicht gegeben ist und
Mauerfeuchte Zutritt hat.

So haben sich im Durchmesser zu klein
gewählte Bohrungen als ungünstig erwiesen. Der Zementleim besitzt dann nicht
überall einen ungehinderten Zugang zum
Stahl und erreicht nicht die erforderliche
Dicke, um den Anker vor Korrosion zu
schützen und vollen Verbund zu gewährleisten. Ebensowenig hat sich das einfache
Einlegen der Baustähle – ohne Abstand-
halter – bewährt. Was die Gefährdung

durch Korrosion und mangelnden Verbund angeht, gilt das eben Gesagte sinn-
gemäß. Zusätzlich kann auch das Anhaften von Bohrstaub Schutz- und
Verbundprobleme hervorrufen.

In Fällen großer Mauereigenfeuchte besteht die Gefahr, daß in einem mit sehr
hohem W/Z-Faktor injizierten Zementleim beim Abbinden zu große Porenradien
und -volumen entstehen, die laminare
Wasserströmungen mit negativen Folgen
für die Bewehrungsstähle zulassen. Bei
den Nachuntersuchungen an den instandgesetzten Bauwerken wurde dieser Fall
aber nur selten angetroffen.

Wird bei mehrschaligem Mauerwerk die
meist dünnere innenliegende Schale von
außen nicht ausreichend tief angebohrt,
kann das statisch-konstruktive Zusammenbinden der Schalen mangels ausreichender Verbundlängen zum Scheitern
verurteilt sein.

Wegen der besseren Verankerungswir-
kung und auch im Hinblick auf die aus-
führungstechnisch reduzierte Veranke-
rungslänge am Injektionsloch sollten die
Bewehrungsbohrungen im Stein und nicht
in der Fuge angesetzt werden. Sie sind
anschließend sorgfältig zu verschließen.

4   Folgerungen

Die Untersuchungsergebnisse zeigen,
daß die Technik des Injizierens und
Bewehrens von altem Mauerwerk bei
Beachtung der hier wiedergegebenen Erkenntnisse zu technisch verläßlichen,
ökonomisch vorteilhaften und denkmalpflegerisch verträglichen Bauwerksin-
standsetzungen verhelfen kann. Ziel einer
Weiterentwicklung dieser Technik für den
Einsatz an historisch bedeutsamen Bauwerken ist es, Mittel und Möglichkeiten
für eine Minimierung im Sinne einer gezielten Beschränkung zu finden. Das
Mauerwerk in allen seinen Teilen perfekt
bis in die kleinsten Ritzen und Fugen zu
verpressen, ist in der Denkmalpflege nicht
gefragt. Zementhaltiges Injektionsgut –

dazu gehört auch solches mit Zusatz von Traß – ist nach wie vor für die ingenieurmäßige Instandsetzung von altem Mauerwerk wegen der nötigen Festigkeit und des Korrosionsschutzes unverzichtbar. Bei Beachtung einfacher Einbauregeln genügen im allgemeinen normale Baustähle anstelle von Edelstählen als Bewehrung. Treibmineralschäden bei Gipsmörtelbauwerken lassen sich in der Regel durch die Verwendung von HS-Zementen, durch Trockenlegen und Trockenhalten des Mauerwerks und durch bauphysikalisch-baukonstruktiv verträgliche Begleitmaß-

nahmen vermeiden. Von großer Bedeutung sind gründliche Voruntersuchungen der alten Bauwerke und die bestmögliche Abstimmung der Instandsetzungsmaßnahmen und -materialien auf die vorhandene Bausubstanz. Weitere Hinweise finden sich im Beitrag von M. Ullrich und F. Wenzel in diesem Jahrbuch.

* Auf Arbeiten im Sonderforschungsbereich, die aus denkmalpflegerischen und ökonomischen Gründen einen mehr gezielten und minimierten Einsatz anstreben (u. a. [2]), sei verwiesen.

Literatur

[1] MAUS, H.: Über die Anfänge der Technik des Verpressens von Zement bei Mauerwerksbauten. In: Erhalten historisch bedeutsamer Bauwerke, Jahrbuch des SFB 315, 1987, Berlin 1988, S. 101–114

[2] NIETZOLD, A.: Begrenzung des Verpreßgutes und Vorspannen ohne Verbund. Versuchsprogramm und erste praktische Anwendung. In: Erhalten historisch bedeutsamer Bauwerke, Jahrbuch des SFB 315, 1989, Berlin 1990, S. 29–40

[3] DAHMANN, W.: Untersuchungen zum Verbessern mehrschaligen Mauerwerks durch Vernadeln und Injizieren. Diss. Institut für Tragkonstruktionen Univ. Karlsruhe, 1985

[4] WENZEL, F.; MAUS, H.: Nachuntersuchungen an ingenieurmäßig sanierten Mauerwerksbauten (Erster Zwischenbericht). In: Erhalten historisch bedeutsamer Bauwerke, Jahrbuch des SFB 315, 1986, Berlin 1987, S. 211–221

[5] ULLRICH, M.: Ingenieurmäßige Bestandsuntersuchungen an sanierten Bauwerken. In: Erhalten historisch bedeutsamer Bauwerke, Jahrbuch des SFB 315, 1986, Berlin 1987, S. 222–230

[6] WENZEL, F.: Verpressen, Vernadeln und Vorspannen von Mauerwerk historischer Bauten. Stand der Forschung, Regeln für die Praxis. In: Erhalten historisch bedeutsamer Bauwerke, Jahrbuch des SFB 315 1987, Berlin 1988, S. 53–72

[7] FALLER, A. u. a.: Zur Dauerhaftigkeit von Mauerwerkssanierungen. In: Erhalten historisch bedeutsamer Bauwerke, Jahrbuch des SFB 315, 1988, Berlin 1989, S. 157–164

Summary

Over 40 repaired masonry buildings or parts of them were inspected by subsequent substance investigations; they form the basis for the report on the behaviour and the efficiency of the grouted material as well as the condition of the placed reinforcement.

The condition of the masonry and its mortar, the water content of the suspension, the portion of aggregates and the injection pressure mainly influence the flow and penetration.

The description of the spreading of the suspension, the shape of the cement stone, the contact zones between suspension and old mortar and the influence on the load path as well inform in detail about the characteristics of the hardened grout.

Concerning the formation of the minerals ettringite and thaumasite, which were found in the contact zones between cement grout and original gypsum mortar, the continuation of the process and the necessary boundary conditions are described as well as the different shapes of the phases and the extent of corresponding demages.

The moisture, the borehole diameter, the position of the reinforcement in the borehole and the rate of the cement stone covering mostly influence the protection against corrosion and the durability of the inbuilt reinforcement.

Inspection of bond anchorages are described and used for deriving possible modes of action.

All results are discussed and conclusions are given for practical use.

Résumé

Les résultats relatifs au comportement et à l'efficacité de la suspension injectée, ainsi qu'à l'état du ferraillage mis en place, sont ici exposés. Ces résultats ont été obtenus après intervention sur la matière de plus de 40 ouvrages d'architecture ou zones de maçonnerie.

Les principaux facteurs influençant la visco-élasticité et la capacité de pénétration de la suspension étaient l'état de l'ouvrage de maçonnerie et de son mortier, la teneur en eau de la suspension, le pourcentage de granulat et la pression d'injection.

La substance d'injection durcie une fois injectée dans l'ouvrage de maçonnerie est présentée dans le détail grâce à une description de la diffusion de la suspension, des états successifs de la pâte de ciment après prise, de la formation de zones en contact avec l'ancien mortier et des effets touchant à la circulation des forces.

Pour ce qui est de la constitution de phases secondaires, due à l'incompatibilité entre la substance d'injection apportée, contenant du ciment, et l'ancien mortier de plâtre, on décrit les conditions de compatibilité nécessaires au maintien du processus et la façon dont elles doivent se traduire, ainsi que le type et l'ampleur des dommages.

La protection contre la corrosion et donc la durabilité du ferraillage mis en place ont été principalement influencés par l'humidité des parois, le diamètre de la forure, la position du ferraillage dans la forure et le degré de recouvrement de la pâte de ciment après prise.

L'ancrage en sandwich est évoqué au travers d'observations et de modes d'action potentiels qui en ont été déduits.

Tous les résultats obtenus sont discutés et complétés par des conclusions destinées à un usage pratique.

Abbildungsnachweis

Alle Abbildungen SFB 315, Teilprojekt A3

Michael Ullrich, Fritz Wenzel

Nachuntersuchungen an ingenieurmäßig instandgesetzten, gipshaltigen Mauerwerksbauten

Einleitung

Schon seit Jahrzehnten wird altes, im Gefüge gestörtes Mauerwerk durch Einpressen von zementhaltigem Injektionsgut und Einziehen von Nadel- und Spannankern in statisch-konstruktiver Hinsicht vergütet. Die wichtigsten Anwendungszwecke sowie Bemessungs- und Ausführungsregeln sind in [1] zusammengestellt.

Hauptsächliches Ziel der Untersuchungen, über die hier – nach Vor- und Zwischenberichten in den vergangenen Jahren [2], [3], [4], [5] – zusammen mit einem weiteren Aufsatz von H. Maus und F. Wenzel in diesem Jahrbuch berichtet wird, war es, die Stärken und Schwächen dieser Instandsetzungstechnik kennenzulernen, um daraus Verbesserungen und Weiterentwicklungen ableiten zu können. In diesem Zusammenhang wurden Kenntnisse darüber zusammengetragen, wieviel und welche Art der Verfüllung durch Injektion in unterschiedlichen Mauerwerksstrukturen erreicht werden kann, in welchem Maße es zu einer Durchdringung des vorhandenen Mörtels mit Injektionsgut kommt und wie es mit dem Korrosionsschutz und dem Verbund der eingebauten Anker aussieht.

Von besonderem Interesse – und darüber wird hier im wesentlichen berichtet – war es, zu erkunden, wie es mit der Treibmineralbildung bei den zu Schaden gekommenen Gipsmörtelbauwerken der evangelischen Landeskirche Hannover bestellt war. Als „Treibmineralschäden" eingestuft, hatten sie in der Öffentlichkeit für Aufregung und bei den Fachleuten für Unsicherheit gesorgt und die herkömmliche Art der ingenieurmäßigen Instandsetzung alten Mauerwerks in Frage gestellt. Es ging den Verfassern darum, durch unabhängige Untersuchungen die Schadensursachen differenziert zu ergründen und Kenntnisse zu gewinnen, die dazu beitragen können, daß bei künftigen Instandsetzungen ähnliche Schäden vermieden werden. Für die von der kirchlichen Bauverwaltung und den Planungs- und Baubeteiligten gewährte Hilfe bei den Untersuchungen sei herzlich gedankt.

Untersuchungsmethoden

Inaugenscheinnahmen

Bei allen Nachuntersuchungen wurden die Wandkonstruktionen, soweit sie zugänglich waren, insgesamt und die instandgesetzten Wandpartien im besonderen inspiziert. Der angetroffene Zustand wurde dokumentiert. Schäden wurden dann aufgenommen, wenn berichtet wurde, daß sie nach der Instandsetzung aufgetreten seien bzw. wenn ein Zusammenhang mit den erfolgten Instandsetzungsmaßnahmen nicht ausgeschlossen werden konnte.

Insgesamt wurden 86 Mauerwerksbauten aus Ziegel- und Naturstein, die in der Zeit zwischen 1920 und 1980 baulich instandgesetzt worden waren, in Augenschein genommen; 56 Bauwerke davon sind Kirchen der evangelischen Landeskirche Hannover. Bei 65 Gebäuden war das Mauerwerk durch Injizieren und Vernadeln bzw. Vorspannen vergütet, bei weiteren 18 Kirchen (alle gehören zur Landeskirche Hannover) waren keine statisch-konstruktiven Maßnahmen durchgeführt worden und bei drei Kirchen handelt es sich um Wiederaufbauten nach dem Kriege.

Angaben zur Gebäudeauswahl und zur Beschaffung von Unterlagen über die zurückliegenden Instandsetzungen sind in [3] nachzulesen.

Gezielte Untersuchungen

Eingehend untersucht wurden 13 niedersächsische Kirchen, bei denen 15 bis 20 Jahre nach einer Mauerwerksvergütung durch Injizieren und Vernadeln erhebliche Schäden aufgetreten waren, sowie drei Bauwerke in Schleswig-Holstein und ein Kirchturm im Südharz (zusammen mit der Gruppe Karlsruhe). Bei der Mehrzahl der Mauerwerkskonstruktionen waren umfassende und großflächige Einblicke in die Wandkerne möglich, da im Zuge erneuter Instandsetzungsmaßnahmen die Wände zum Zeitpunkt der Untersuchungen in großen Bereichen geöffnet waren oder gar gänzlich abgebrochen wurden. Des weiteren konnten injizierte Mauerwerkspartien, eingebaute Nadeln und Spannanker freigelegt sowie Mörtel- und Steinproben für mineralogische Untersuchungen [6] entnommen werden.

Untersuchungsergebnisse

Die nachfolgend beschriebenen Fälle stehen exemplarisch für eine Reihe weiterer untersuchter Bauten. Die mitgeteilten Ergebnisse repräsentieren die Erkenntnisse, die bei den gezielten Untersuchungen an den niedersächsischen Kirchenbauten insgesamt gewonnen wurden. In die Beschreibungen mit aufgenommen sind die

1 Rißbildungen im Sockel der Verblendung der nordwestlichen Turmecke von Bauwerk A vor der Öffnung der Wand (Zustand 1988)

Gründe, die Anlaß für die Mauerwerksvergütungen in den 60er und 70er Jahren waren.

Bauwerk A:

Das Sockelmauerwerk eines aus dem 13. Jh. stammenden Glockenturmes war zum Zeitpunkt der Inaugenscheinnahme durch auffällige, zentimeterbreite Vertikalrisse an den beiden westlichen Turmecken (Abb. 1) und im Bereich des Turmzuganges geschädigt. Als Ursache für die Risse wurde angegeben, daß sich nach einer Injektion des Findlingsfundaments und des Turmsockels mit Hochofenzement das Treibmineral Ettringit gebildet habe. Die Nachforschungen über die 1964 durchgeführten Instandsetzungsmaßnahmen und die gezielten Untersuchungen

2 Blick in die geöffnete Westwand der Turmecke von Abb. 1 mit Kernmauerwerk, Zementsteinscheibe und dreischichtiger Verblendung (Zustand 1988)

3 Rißbildung in einem Wandversprung der Nordwand von Bauwerk B (Zustand 1987); als Ursache dafür wurden Treibminerale vermutet

während der jetzt durchgeführten Sicherungsarbeiten am Turm haben zu folgenden Ergebnissen geführt:
In einem Anfang der 60er Jahre eingeholten ingenieurtechnischen Gutachten über den baulichen Zustand des Glockenturmes wurde – im Hinblick auf die schlechten Bodenverhältnisse unter dem Turm – eine unzureichende Dimensionierung und Ausführung der Findlingsfundamente als Hauptursache für die massiven, fortwährenden Mauerwerksschäden diagnostiziert. Zur Herabsetzung der sehr hohen Bodenpressungen und der noch nicht abgeklungenen Setzungen schlug der Gutachter eine Fundamentverbreiterung in Kombination mit einer Vergütung des Findlingsmauerwerkes durch Vernadelungen und Injektionen vor. Aus welchen Gründen dann bei der Instandsetzung nur

die bestehende Findlingsgründung und das Sockelmauerwerk injiziert wurden, war nicht zu erfahren; anzunehmen ist, daß die Fundamentverbreiterung aus Kostengründen verworfen wurde und der Gutachter keinen Einfluß auf die weitere Ausführungsplanung hatte.
Schon bald nach Abschluß dieser Sicherungsmaßnahme traten erneut Risse im Turmmauerwerk auf, die über die Zeit an Breite zunahmen. In einem weiteren, im Jahre 1988 von einem zweiten Ingenieur abgegebenen Gutachten wird wiederum festgestellt: die verschiedenen Schäden im Verlaufe der Jahrhunderte gehen auf Ursachen aus dem Zusammenwirken von Baugrund, Gründung, Mauerwerksaufbau, Feuchtigkeit und Witterungseinflüssen zurück; sie sind verstärkt worden durch die Verwendung ungeeigneter Baustoffe

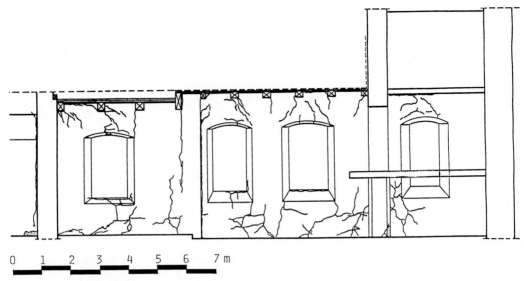

4   *Darstellung der Rißverteilung im Innenputz der Südwand von Bauwerk B vor der Putzabnahme (Zustand 1987)*

bei den verschiedenen Reparaturen. Mit anderen Worten: die neuerlichen Risse sind eher die Folge nicht beseitigter Schadensursachen als die Auswirkungen von Ettringit bzw. Thaumasit (dieses ist eine mit der Zeit veränderte Form des Ettringit). Für die Instandsetzung wird eine Neugründung auf größerer Fundamentfläche und der Einbau einer Horizontalsperre gegen aufsteigende Feuchte vorgeschlagen.

In diesem zweiten Gutachten werden auch Aussagen zu den alten Mörteln gemacht. So soll das Findlingsmauerwerk des Fundamentes mit einem bindemittelreichen Kalkmörtel und das Kernmauerwerk des Turmsockels mit deutlich gipshaltigem Mörtel vermauert worden sein; in der Verblendung konnte Gips nicht nachgewiesen werden.

Bei der Instandsetzung Ende der 80er Jahre wurde der Turm mit einer Stahlbetonplatte unterfangen. Im Zuge der dafür erforderlichen Abbrucharbeiten an den bis zu 2 m dicken Turmwänden konnten folgende Beobachtungen gemacht werden:

- Das etwa 1 m hohe Findlingsmauerwerk des Fundamentes war mit einer Ziegelschuttpackung unterbaut; Findlingsmauerwerk und Schuttpackung waren nur teilweise von dem 1964 injizierten Hochofenzement durchdrungen.
- Die Turmwände des Erdgeschosses bestanden aus Schalenmauerwerk mit einer kompakten Kernfüllung aus Ziegel- und Natursteinen, die in Gipsmörtel eingebettet waren, und einer dreischichtigen, ca. 40 cm dicken Außenschale (Abb. 2).
- Das Injektionsgut war nur in größere Poren und Spalten eingedrungen. Kleinere Klüfte und Risse blieben unverfüllt, und das um so mehr, je weiter sie von der Injektionsbohrung entfernt lagen.
- Auffällig war auch eine Schicht aus sehr hartem, sprödem Injektionsgut zwischen dem Kernmauerwerk und der dreischichtigen Verblendung (Abb. 2), die augenscheinlich sperrend wirkte.
- Vernadelungen wurden nicht gefunden.
- Nennenswerte   Ansammlungen   von

Salzkristallen oder Ettringit bzw. Thaumasit, die als Ursache für den Fehlschlag der Instandsetzung in den 60er Jahren hätten angesehen werden können und die die Rißbreiten im Zentimeterbereich erklärt hätten, wurden bei den Nachuntersuchungen nicht angetroffen.

Bauwerk B:

Im Jahre 1988 wiesen bei der Inaugenscheinnahme einer auf das 13. Jh. zurückgehenden, einschiffigen Dorfkirche, die in ihrem heutigen Erscheinungsbild aus dem 18. Jh. stammt, die aus Naturstein errichteten Wände, insbesondere die Nordwand, teilweise sehr kräftige Risse auf (Abb. 3). Der Putz an den Innenwänden des Kirchenraumes, ein Sperrputz, war großflächig mit auffälligen Rißnetzen überzogen (Abb. 4). Die Schäden wurden mit der Bildung von Ettringit als Spätfolge der mit sulfatbeständigem Hochofenzement injizierten Wände erklärt. Nach Auskunft der zuständigen Bauverwaltung sollen die Injektionen zu Beginn der 60er Jahre durchgeführt worden sein; warum man sich zu Injektionen entschlossen hatte, war nicht zu erfahren. Nach Abnahme des gesamten Innenputzes im Zuge einer 1989 eingeleiteten Instandsetzung konnten bei einer zweiten Inaugenscheinnahme im aufgehenden Mauerwerk Spuren von Injektionsgut nicht gefunden werden und ebenso keine Treibminerale. Die Risse im Innenputz korrespondierten vielfach mit Rißverläufen in den Fugen des freigelegten Mauerwerkes (Abb. 5, 6). Gespräche mit Dorfbewohnern ergaben:
– Im Zuge einer Kanalisierung wurde nach Abschluß der in den 60er Jahren durchgeführten Instandsetzung entlang der Nordwand der Kirche ein Regenwasserkanal in großer Tiefe verlegt.
– Nach der Kanalisierung seien im Ort an mehreren Häusern Rißschäden aufgetreten.

Diese Auskünfte deuten auf eine Beeinträchtigung der Gründung oder auf eine Veränderung des Grundwasserstandes durch die neue Kanalisation hin, in deren Folge es zu Setzungen im bindigen Baugrund gekommen sein kann.

Einflüsse aus einem wenige Kilometer entfernten Kalibergbau können dazugekommen sein, zumal berichtet wurde, daß bei Sprengungen in der Kaligrube Erschütterungen in den Häusern des Ortes zu spüren seien. Um ein Treibmineralschaden handelt es sich jedenfalls nicht.

5 Risse im Innenputz der Südwand über dem linken Fenster von Abb. 4; als Ursache für die Risse wurden auch hier Treibminerale vermutet (Zustand 1987)

6 Blick auf das Sturzmauerwerk von Abb. 5 nach Abnahme des Innenputzes; Spuren von Injektionsgut wurden nicht festgestellt (Zustand 1988)

7   Blick auf die hohlraumarme, südliche Wand von Bauwerk C nach Abnahme des inneren Sperrputzes und Anlage eines Untersuchungsfensters; die dunklen Mörtelreste auf der Wandfläche stammen von der abgeschlagenen Putzschicht (Zustand 1988)

Bauwerk C:

Die in Augenschein genommene Landkirche aus dem 14. Jh. war Mitte der 70er Jahre wegen statischer Probleme und starker Durchfeuchtung der Wände instandgesetzt worden. Zur Verbesserung der Tragfähigkeit der Gründung hatte man – nach Aussage der Bauverwaltung – das aus lose verlegten Findlingssteinen bestehende Fundamentmauerwerk mit Schrägnadeln und sulfatbeständigem Hochofenzement zu festigen versucht. Auf der Mauerkrone war zur Aufnahme des Dachschubes ein Ringanker eingebaut und mittels verpreßter Vertikalnadeln mit dem Mauerwerk verbunden worden.

Zur Minderung der – nach Aktenvermerken – weiterhin bestehenden erheblichen Feuchtigkeit im Mauerwerk aus kapillar aufsteigender Grundfeuchte und Schlagregen wurde nach der statischen Sicherung in den Wänden eine Horizontalsperre nach dem Prinzip der Bohrlochtränkung (drucklose Injektion) eingebracht und das Mauerwerk außen neu verfugt; die Innenflächen wurden mit einem Sperrputz, einem zuschlagreichen Kalkzementmörtel, versehen. Die seit Abschluß dieser Maßnahmen aufgetretenen Risse im inneren

Sperrputz und Salzausblühungen auf der Außenseite wurden gutachterlich mit der Bildung von Treibmineralen erklärt.

Ende der 80er Jahre wurde durch die Bauverwaltung veranlaßt, den Innenputz zu entfernen und in „Fenstern" die Injektionsgutverteilung in der Wand zu erkunden. In begleitenden Untersuchungen ergab sich:

– Aufgrund der natürlichen Geschlossenheit des Mauerwerkverbandes – ein mit gipshaltigem Kalkmörtel dicht vermauerter Kern aus Ziegelsteinen und Rundlingen mit einer äußeren und inneren, verblendartigen Ziegelschale – waren die Hohlstellen im Inneren der Wand gering (Abb. 7).

– Das Injektionsgut war vornehmlich in die Fuge zwischen dem Mauerwerkskern und der inneren Vorsatzschale eingedrungen und hatte in der Sockelzone große Rundlinge umhüllt (Abb. 8).

– Ettringit bzw. Thaumasit wurde in den Proben aus dem freigelegten Wandinneren nicht gefunden, wohl aber waren große Bereiche der untersuchten Wandpartien mit Natriumsulfat, ebenfalls einem Treibmineral, überzogen. Die Entstehung dieser Salze läßt sich auf relativ hohe Alkalianteile im Kalkzementmörtel des Sperrputzes zurückführen. Weitere Salzverbindungen (z. B. Doppelsalze) sind denkbar, wurden aber nicht nachgewiesen.

– Spuren von Thaumasit wurden in der Kontaktfläche zwischen dem gipshaltigen Kalkmörtel und dem Injektionsgut, das die wenigen Risse im Mauerwerk verfüllt hatte, festgestellt.

Bauwerk D:

Bei einer einschiffigen Kirche aus dem 15. Jh., die 1987 in Augenschein genommen wurde, waren auf den Wänden außen und innen über weite Flächen Salzausblühungen bzw. Putzablösungen zu beobachten. Äußere Schadstellen waren mit Zementmörtel ausgeflickt und der Fugenverstrich

8 Mit Injektionsgut umhüllte Rundlinge in einem „Fenster" des Sockels der Nordwand von Bauwerk C (Zustand 1988)

war in großen Bereichen ausgebrochen. An mehreren Stellen im Mauerwerk waren Vertikalrisse zu erkennen, im Äußeren zwischen Wand und Strebepfeilern und im Inneren beiderseits von Kämpferpunkten, an denen die Gewölberippen endeten. Für die Schäden wurden nach einem ingenieurtechnischen Gutachten von 1988 Treibminerale verantwortlich gemacht, die sich in dem stark durchfeuchteten Mauerwerk nach einer Anfang der 60er Jahre durchgeführten Instandsetzung gebildet hätten.
Die Instandsetzung vollzog sich nach den zur Verfügung gestellten Akten wie folgt: In den unter den Gurtbögen stehenden, äußeren Pfeilern wurden zur Aufnahme der Gewölbeschübe rahmenartig eingespannte Stahlbetonstützen eingebaut; sie ersetzten alte, unwirksam gewordene

Holzzuganker. Weiterhin wurden die aus Ziegel- und Naturstein mit Gipsmörtel errichteten und verblendeten Pfeilerquerschnitte vernadelt und, laut Ausschreibung, mit sulfatbeständigem Zement injiziert. Die Umfassungswände wurden von innen mit einer kräftigen Zementmörtelschale versehen. Auf die durchgesackten Gewölbe wurde von oben zur Begrenzung weiterer Verformungen eine ca. 6 cm dicke, bewehrte Spritzbetonschale aufgebracht und zugfest mit diesen verbunden.
Aufgrund des 1988 erarbeiteten Instandsetzungsplanes wurden die vermeintlich von Ettringit zermürbten Pfeiler und Wände einschließlich der Fundamente bis auf eine Höhe von ca. 4 m über Gelände vollständig abgebrochen. Bei verschiedenen Besuchen während der Abbrucharbeiten wurde festgestellt:
– In den mehrschaligen Wänden zwischen den im Abstand von ca. 3 m stehenden Außenpfeilern hatten sich zwischen dem Kernmauerwerk und den Verblendungen scheibenartige, die Feuchte einsperrende Zementsteinschichten gebildet (Abb. 9).
– Vermischungen von Gips- und Injektionsmörtel konnten nicht festgestellt werden. Im wesentlichen bestanden

10 Angeschnittenes Mauerwerk mit dünnen, vertikalen Injektionsgutschichten; in den Kontaktflächen wurden geringe Mengen von Thaumasit gefunden.

9   Scheibenartige Zementsteinschicht zwischen Verblendung und Mauerkern einer in die injizierten Pfeiler einbindenden Außenwand bei Bauwerk D (Zustand 1988)

11   Blick auf die südliche Türleibung des Westportals von Bauwerk E vor dem Abbruch des Erdgeschosses (Zustand 1987); die Entstehung der Risse wurde mit der Bildung von Ettringit begründet.

nur lokale, flächige Kontakte zwischen dem kalkhaltigen Gipsmörtel und dem Injektionsgut.
- Ausgesprochene Ettringitbildungen waren in der Wand nicht erkennbar. Der Befund an Kristallen war auf die zuvor genannten Kontaktzonen beschränkt; hier wurden im wesentlichen Calcit, Portlandit und Gips gefunden, vereinzelt auch Spuren von Thaumasit (Abb. 10). Die Risse in den Wänden können sie nicht verursacht haben.
- Bei den äußeren Salzausblühungen, Anzeichen starker Verdunstung von Wandfeuchte, handelte es sich vor allem um die Salze Glaserit und Natriumsulfat.
- Die Durchmesser der Bohrungen für die Bewehrung waren nur 15 bis 20 mm

größer als die glatten, 20 mm dicken Nadeln aus Stahl I; in vielen Fällen waren die Bohrkanäle nicht sauber ausgeblasen. Dadurch war der Korrosionsschutz und Verbund nicht überall gewährleistet, die Nadeln waren angerostet.

Bauwerk E:

In dem einschaligen, bis zu 1,70 m dicken, von außen verblendeten Ziegelmauerwerk eines aus dem 18. Jh. stammenden Glockenturmes war bei der Inaugenscheinnahme Anfang 1987 eine Vielzahl vertikaler und horizontaler Risse zu beobachten, die die Wände außen und innen durchzogen. Auch die Leibungen des Westportals (Abb. 11) und der Fenster im Erdgeschoß

12 Blick auf die östliche Fensterleibung des
Südfensters im Erdgeschoß des Glockenturmes
von Bauwerk E mit charakteristischen Verti-
kalrissen (Zustand 1987)

13 Blick in die geöffnete Westwand von
Bauwerk E mit einer Schrägnadel dicht hinter
der Verblendung; Injektionsgut ist nirgends in
den Querschnitt eingedrungen (Zustand 1987)

waren davon betroffen (Abb. 12). Wegen
erheblicher Putzablösungen und starker
Versalzung des Erdgeschosses war der Innenputz zwei Jahre vor der Inaugenscheinnahme abgeschlagen worden; auf
den freigelegten Innenwandflächen hatten
sich großflächige Salzausblühungen –
zum Teil watteartige Kristallblumen – gebildet.

Nach Aktenlage und Auskunft der Bauverwaltung waren 1966 zur Behebung von
Rißschäden und wegen sehr starker
Durchfeuchtung am Turm Instandsetzungsarbeiten vorgenommen worden.
Dabei sollten in drei Ebenen vorge-
spannte Ringanker eingebaut und injiziert
sowie das Grundmauerwerk einschließlich der Fundamente durch Vernadelungen und Injektionen mit Hochofenzement

vergütet werden. Von einem vorgeschlagenen Turmabbruch und Wiederaufbau,
bei gleichzeitiger Fundamenterneuerung
und -verbreiterung, hatte man aus Kostengründen Abstand genommen. Zur Ein-
dämmung der Durchfeuchtung wurde der
Turm im Erdgeschoß innen verputzt und
außen neu verblendet; vom Einbau einer
Horizontalabdichtung ist nichts bekannt.
Bald nach Abschluß dieser Instandsetzungsmaßnahmen zeigten sich wieder Risse an den neuen Außen- und Innenflächen.

In einem 1985 erstellten ingenieurtechnischen Gutachten werden die zwischenzeitlich breiter gewordenen Risse
mit dem Vorhandensein von Treibmineralen erklärt. Aufgrund dieses Gutachtens
entschied man sich, den schon 1965

empfohlenen Turmabbruch jetzt für das ca. 5 m hohe Erdgeschoß durchzuführen, dabei auch das Fundament zu erneuern und für eine zuverlässige Horizontalsperre gegen kapillares Wasser zu sorgen.

Durch mehrere Besuche der Baustelle konnten beim Abbruch der Turmwände folgende Feststellungen gemacht werden:

- Das Sockelmauerwerk war nicht, wie im Gutachten von 1965 vorgeschlagen (und abgerechnet), vernadelt worden.
- Am Übergang zum Findlingsmauerwerk des Fundamentes wurden Schrägnadeln und Injektionsgut angetroffen, welches die Hohlräume zwischen den Findlingen nur unvollständig ausfüllte.
- Im abgebrochenen Mauerwerk des Erdgeschosses wurden nur vier 4–5 m lange, parallel zur Wandfläche verlaufende Schrägnadeln gefunden. Sie waren jeweils in etwa 5 m Höhe und unter rund 45° Vertikalneigung an den beiden westlichen Turmecken eingebaut worden und endeten in den Seitenmitten der drei freien, 8 m langen Turmwände; der Abstand der Nadeln zu den Außenflächen betrug 25 bis 65 cm (Abb. 13).
- Das Injektionsgut war fast überhaupt nicht aus den Bohrkanälen in das Mauerwerk eingedrungen (Abb. 13), woraus zu schließen ist, daß Ettringitbildung infolge der Zementinjektion nicht die Ursache für die aufgetretenen Risse gewesen sein kann.
- Aufgrund der engen Bohrlochdurchmesser von nur ca. 40 mm und nicht ausgeblasenem Bohrmehl betrug die Zementsteinüberdeckung der gerippten 26 mm dicken Nadeln kaum mehr als 5–10 mm; die Nadeln zeigten Rost und ihr Verbund war ungenügend.

Bauwerk F:

Der romanische Kirchturm in Abb. 14 war eines der wenigen untersuchten Bauwerke mit Bruchsteinmauerwerk. Aus den Unterlagen ergab sich, daß in Fortsetzung vielfacher Instandsetzungen im Jahre 1959 ein hölzernes – vom Erdgeschoß bis in die Glockenstube durchlaufendes – Traggerüst für die Glocken durch eine Stahlkonstruktion ersetzt wurde, die – zur Einsparung von Baukosten – auf eine Stahlbetonplatte oberhalb des Erdgeschoßgewölbes abgesetzt wurde. In der Folgezeit entstandene Risse im Mauerwerk führten im Jahre 1967 zu einer Injektion der mehrschaligen, mit kalkhaltigem Gipsmörtel (unten) bzw. gipshaltigem Kalkmörtel (oben) vermauerten Wände, die schon damals sehr feucht gewesen sein sollen. Für das Injizieren verwendete man einen zwar C_3A-armen, jedoch nicht sulfatbeständigen Eisenportlandzement, obwohl die Entstehung von Ettringit beim Zusammentreffen von Gips, Feuchtigkeit und nicht sulfatbeständigen Zement seit den 30er Jahren bekannt war.

Neu auftretende Risse, als deren Ursache Setzungen in einem ingenieurgeologischen Gutachten so gut wie ausgeschlossen wurden, verursachten weitere Gefügestörungen. Veränderungen des statisch-konstruktiven Gefüges im Jahre 1974 sollten Abhilfe schaffen: Abbruch des durch die Stahlkonstruktion und die Glockenkräfte stark geschädigten Erdgeschoßgewölbes, Abfangung der Stahlbetonplatte mit dem Glockengerüst auf neuen Stahlbetonwänden, Austausch des Mauerwerks auf der Nordseite und Injektionen mit sulfatbeständigem Hochofenzement – den Unterlagen zufolge hatte die Suspension einen W/Z-Wert von 1,3. Die Risse vergrößerten sich seither und damit die Feuchtigkeitszufuhr von außen. Das reichliche Wasserangebot schaffte günstige Entwicklungsbedingungen für die erneute Reaktion des Gipsmörtels mit dem 1967 injizierten Eisenportlandzement, von einer ursächlichen Beteiligung des Ettringits an den Schäden ist auszugehen. Verstärkt wurde die Schadensentwicklung durch Lastumlagerungen infolge der veränderten Steifigkeitsverhältnisse im Erdgeschoß. Ein fortschreitender Verfall der Bausubstanz mit örtlichen Ausbauchungen

ANSICHT WEST ANSICHT SÜD ANSICHT OST ANSICHT NORD

0 5 10 15 m

14 Abwicklung der Turmwände von Bauwerk F mit Eintragung der wesentlichsten Risse (Zustand 1985). Der Turm wurde wegen Baufälligkeit abgetragen.

der äußeren Mauerschale war die Folge. Bei den schließlich veranlaßten Abbrucharbeiten im Jahre 1986 konnte in einigen Bauphasen die Lage der Anker in den Bohrkanälen und die Verteilung des Injektionsgutes in den Wänden in Augenschein genommen werden:

– In dem bindemittelarmen Mörtel und hohlraumreichen Wandaufbau hatten sich z. T. große Zementsteinknollen und Luftblasen gebildet.

– Das Injektionsgut war spröde und deutlich härter als der Originalmörtel.

– Feine Spalten waren schon in der näheren Umgebung der Injektionskanäle nicht mehr verfüllt.

– In vielen Ankerkanälen war der Querschnitt durch Nachfall erheblich eingeengt und die Bewehrung lag ohne Ummantelung auf dem Nachfall auf; die Anker waren entsprechend angerostet.

Bauwerk G:

Anfang der 60er Jahre waren die stark gerissenen Gewölbe einer als Basilika errichteten Kirche aus gotischer Zeit instandgesetzt und durch den Einbau von Zugankern gesichert worden. Wegen unzulässig großer Spannungen im Baugrund unter den hoch belasteten Mittelpfeilern wurde zusätzlich eine chemische Baugrundverbesserung nach dem „Joosten-Verfahren" (Injektion von Wasserglas und Chlorcalcium) durchgeführt.

Etwa 15 Jahre später zeigten sich an den Basen der aus Ziegelsteinen errichteten Mittelpfeiler erhebliche Salzausblühungen und Rißbildungen. Über einen längeren Beobachtungszeitraum hinweg nahm die Auskristallisation der Salze ebenso zu, wie die Rißbildungen und Abplatzungen von Steinschollen. In einem neuen ingenieur-

*15 Natriumsulfatausblühungen auf einem
freigelegten Pfeilerfundament im Bauwerk G;
Folge einer chemischen Bodeninjektion und
kapillar aufsteigenden Grundwassers mit hohem Sulfatgehalt (Zustand 1987)*

technischen Gutachten wurde folgende
Schadensursache angegeben:
Der Grundwasserspiegel befand sich, von
Schwankungen abgesehen, etwa in Höhe
der Gründungssohle in ca. 3 m Tiefe unter
Oberkante Fußboden. In allen Grundwas-
serproben wurden relativ große Mengen
von Sulfaten und Chloriden, daneben
noch andere Salze in deutlich geringerer
Konzentration, festgestellt. Diese gelösten
Salze gelangten mit der aufsteigenden
Feuchtigkeit in die Pfeiler und verursachten dort erhebliche Schäden durch Treibminerale.
Der Begriff „Treibminerale" muß hier differenziert gesehen werden. Die in Abb. 15
gezeigten Salzausblühungen sind zum
größten Teil Natriumsulfate, die sich aus
den Alkali-Ionen des Wasserglases und
den Sulfat-Ionen des Grundwassers bei
der Auskristallisation an der Oberfläche
bilden konnten. Mit anderen Worten:
nicht Ettringit bzw. Thaumasit waren hier
Schadensverursacher, sondern andere in
den Baustoffen treibend wirkende Salze.
Zur Instandsetzung der versalzenen und
durch Abplatzungen geschwächten Pfei-
lerfüße wurden die Fundamente und die
unteren Meter der Pfeiler Ende der 80er
Jahre abgebrochen und in Verbindung mit

dem Einbau einer zuverlässigen Horizontalsperre gegen aufsteigendes Grundwasser erneuert.

Erkenntnisse

Ein positives Sanierungsergebnis war bei
32 statisch-konstruktiv instandgesetzten
Bauwerken ablesbar. Insbesondere ist
festzustellen, daß bei den inspizierten
Bauten, die in den 20er und 30er Jahren
injiziert und bewehrt worden waren, dem
Augenschein nach bis heute keine wesentlichen neuen Schäden aufgetreten sind;
hier sind derzeit jedenfalls keine Nachbes-
serungen erforderlich [3], [4].
Bei weiteren acht Objekten ergab die Inaugenscheinnahme kein klares Bild über
Erfolg oder Mißerfolg, weil nicht abschließend geklärt werden konnte, ob überhaupt eine Instandsetzung ingenieurtechnischer Art durchgeführt worden war
bzw. weil Unterlagen oder Berichte über
Art und Umfang der durchgeführten Instandsetzungsmaßnahmen nicht zu erhalten waren.
In 25 Fällen (21 davon niedersächsische
Kirchen) waren zum Teil beträchtliche
Schäden zu dokumentieren.
Bei den Zahlenangaben über erfolgreiche
und nicht erfolgreiche Instandsetzungen
ist zu bedenken, daß schon bei der Auswahl der zu untersuchenden Bauwerke
die bekanntgewordenen Schadensfälle
überproportional Berücksichtigung fanden. Deshalb sind Prozentzahlen über Erfolg und Mißerfolg des Injizierens und Bewehrens aus dieser Veröffentlichung nicht
abzuleiten. Nach [7] zeigten mehr als $3/4$
von 150 in Augenschein genommenen, ingenieurmäßig instandgesetzten Mauerwerksbauten ein positives und weniger als
$1/4$ ein negatives Ergebnis.

Verfüllung

Injektionen waren immer dann erfolgreich, wenn in ein gestörtes bzw. zer-
rüttetes Wandgefüge eine ausreichend

fließfähige und feinkörnige Mörtelsuspension eingebracht worden war. Dann war das Injektionsgut auch in Risse unter 2 mm Dicke eingedrungen und hatte das Mauergefüge durch die Verfüllung der Risse, Spalten und Hohlräume deutlich stabilisiert.

Bei dichtem Mauerwerk – ohne größere Fehlstellen, oftmals mit bindemittelreichem Mörtel – beschränkte sich die Verteilung des Injektionsgutes auf Risse, Spalten und Hohlräume, die miteinander in Verbindung und von der Bohrung angeschnitten waren, sowie auf die Bohrlöcher. Bei weniger dichtem Mauerwerk – hohlraumreich, mit bindemittelarmem Mörtel und starker Wasseraufnahme aus der injizierten Suspension – kann es, wie die Untersuchungsergebnisse zeigen, zum Ausspülen alten Mörtels und zum Verdursten und damit ungenügender Fließfähigkeit des Injektionsgutes kommen. Eine weitergehende Behandlung dieser und der in den beiden nächsten Abschnitten beschriebenen Beobachtungen findet sich im Aufsatz von H. Maus und F. Wenzel in diesem Jahrbuch.

Bei einigen Bauwerken wurde beobachtet, daß der Injektionsmörtel zwischen Verblendschale und Innenmauerwerk eine neue, eigenständige Schicht gebildet hatte (Abb. 2). Grund dafür dürfte sein, daß die Verblendungen im Regelfall weder durch Einbinder noch durch Anker mit dem Mauerkern verbunden waren. So hatten sie sich vermutlich schon vor der Injektion vom Kern abgelöst und wurden vom Injektionsdruck nach außen weggedrückt.

Durchdringung

Eine Durchdringung des alten Mörtels mit Injektionsgut – technisch als Vergütung wenig tragfähigen Mörtels durchaus wünschenswert, denkmalpflegerisch als seine Umwandlung in „Beton" dagegen gefürchtet – wurde bei den untersuchten Bauwerken nirgends angetroffen (Abb. 10).

Korrosionsschutz und Verbund

Aufliegende Anker unten im Bohrloch auf Mauerwerk bzw. auf Nachfall sowie zu enge Bohrlöcher führten stellenweise zu starker Korrosion und reduzierten den Verbund. Allseitige Umhüllung der Bewehrung in den Bohrlöchern durch Injektionsgut (Überdeckungsmaß 20 mm), erzielbar am besten mit Hilfe von Abstandhaltern, und sorgfältiger Stirnverschluß der Anker ließen es in Jahrzehnten nicht zu Rostspuren kommen.

Mauerfeuchte

Die Auswirkungen der Mauerfeuchte auf die Entstehung von Treibmineralen werden von H. Maus und F. Wenzel in diesem Jahrbuch ausführlich beschrieben. In diesem Zusammenhang sei auch auf die Untersuchungen von A. Faller [6], [9] verwiesen. Dieser Hinweis gilt auch für den nächsten Abschnitt „Treibmineralbildung".

Als Erkenntnisse aus den hier, in diesem Aufsatz, wiedergegebenen Bauwerksuntersuchungen seien ergänzend hinzugefügt:

- Regenwasser konnte kapillar durch feine Risse, die sich infolge von Setzungen und Verformungen gebildet hatten, in das Mauerwerk eindringen und die meist gipshaltigen Mörtel durchfeuchten.
- Haarrisse zwischen den Steinflanken und dem Fugenmörtel, entstanden durch das Schwinden des Mörtels bzw. durch Temperaturbewegungen, waren bei den untersuchten Bauwerken in weiten Bereichen der Verblendungen (Außenschalen) zu beobachten. Auch sie ließen Regenwasser in das Innere der Wände eindringen.
- Aufsteigende bzw. kondensierende Feuchte waren, z. T. zusammen mit der Witterungsfeuchte, ebenfalls an der Durchfeuchtung des Mauerwerks beteiligt.

- Zementputz bis hin zu ausgesprochenen Sperrputzen, Zementmörtel als Verfugung von Verblendschalen, aber auch Zementsteinscheiben, die sich beim Injizieren zwischen Kernmauerwerk und Verblendung gebildet hatten, sperrten verschiedentlich die eingedrungene Feuchtigkeit im Mauerwerk ein und behinderten ihre Verdunstung.

Treibmineralbildung

In den Vordergrund gestellt werden sollen hier die Ergebnisse und Erkenntnisse, die bei den Nachuntersuchungen an den Bauwerken selbst gewonnen wurden. Für die Beurteilung von Treibmineralschäden sind aber auch die von A. Faller beschriebenen Salzschäden an historischen Bauwerken [9] sehr wichtig. Danach gilt es zu differenzieren zwischen Ettringit und Thaumasit sowie anderen treibenden Salzen (z. B. Mirabilit, Glaserit, Natriumsulfat), die bei der Reaktion von Alkalien und Erdalkalien mit Sulfaten entstehen und ähnliche Schäden verursachen können wie Ettringit.

- Bei den intensiven Inaugenscheinnahmen und gezielten Untersuchungen der vermuteten „Treibmineralschäden" in Norddeutschland wurden in den freigelegten Wandbereichen meist nur geringe oder gar keine Ettringit- bzw. Thaumasitbildungen angetroffen; stattdessen waren häufiger Kristalle von anderen Salzen (Natriumsulfat, Glaserit u. a.) nachweisbar, die für die Ausblühungen, Putzablösungen und Putzrisse verantwortlich gemacht werden können, nicht aber (bis auf eine Ausnahme) für die Mauerrisse an den untersuchten Bauwerken.
- Mit hinreichender Wahrscheinlichkeit konnte nur in drei Fällen eine mengenmäßig ausreichende Bildung von Treibmineralen – zweimal Ettringit und Thaumasit, einmal hauptsächlich Natriumsulfat – als auslösende Ursache von Rißschäden im Mauerwerk angesehen

werden. Zweimal war der bei gipshaltigem Mörtel ungeeignete Portlandzement injiziert worden, vermutlich auch noch in sehr feuchtes Mauerwerk, wodurch dann von Anbeginn an das für die Ettringitbildung erforderliche Wasser zur Verfügung stand. In einem dritten Fall war eine chemische Baugrundverbesserung, die Salze mit der aufsteigenden Feuchte nach oben in die Mauerpfeiler schickte, ursächlich.

- Soweit erkundbar, wurde in der Mehrzahl der Fälle sulfat- bzw. hochsulfatbeständiger Zement für das Injizieren der gipshaltigen Mauerwerksbauten verwendet. Anzeichen dafür, daß es durch die Verwendung solcher Zemente – heute als HS-Zemente auf dem Markt – zu Schäden kam, die sich auf die Bildung von Treibmineralen zurückführen ließen, konnten nicht gefunden werden.
- Bevor man sich zur Injektion von Suspensionen mit HS-Zementen in gipshaltiges Mauerwerk entschließt, ist zu prüfen, ob nicht bei einer früheren Instandsetzung und Injektion einfache Portland- oder Hochofenzemente Verwendung fanden. Das mit der Suspension eingeführte Wasser kann dann Auslöser einer erneuten Reaktion zwischen dem alten Mörtel und dem ersten Injektionsgut werden [5].
- Wo das Mauerwerk nicht längerfristig feucht war und kein Wasserangebot bestand, konnte sich Ettringit, ebenso wie andere treibende Salze, nicht bilden. Kurzzeitige Durchfeuchtungen, z. B. aus Schlagregen, spielten offensichtlich keine Rolle, wenn das Mauerwerk anschließend wieder austrocknen konnte. Nicht schon das Nebeneinander von Gipsmörtel und zementhaltigem Injektionsgut, sondern erst das Hinzutreten und der permanente Nachschub von Wasser konnte die Ettringitbildung auslösen.
- Es kann nicht ausgeschlossen werden, daß sich Ettringit dort, wo es sich bil-

den konnte, schadensverstärkend ausgewirkt hat.

Eine pauschale Einstufung der im Bereich der evangelischen Landeskirche Hannover zu Schaden gekommenen Gipsmörtelbauwerke als „Treibmineralschäden" entspricht nach den Untersuchungsergebnissen nicht den tatsächlichen Verhältnissen. In erster Linie waren, wie weiter vorn aus den Beispielen hervorgeht, gründungstechnische, baukonstruktive, bauphysikalische und ausführungsbedingte Mängel die Ursachen für die Schäden. Vielfach wurden diese Mängel vor der Instandsetzung nicht erkannt und ihre Ursachen bei er Instandsetzung nicht behoben, verschiedentlich traten sie als Folge erkennbar ungeeigneter Instandsetzungsmaßnahmen auf. Die Ursachen und das Fortschreiten der Schäden sind meist in einem Zusammentreffen mehrerer Einflüsse zu suchen; Injektionen mit Zementsuspensionen sind, wenn überhaupt, nur einer davon.

Planung und Ausführung

Zum Schluß seien noch Erkenntnisse wiedergegeben, die die Planung und Ausführung der ingenieurtechnischen Instandsetzungsmaßnahmen betreffen.
– Bei einzelnen Bauwerken wurden konstruktiv richtige Instandsetzungsvorschläge der Gutachter bei der Ausführung nicht umgesetzt, aus welchen Gründen auch immer.
– Mit der gerade bei Altbauten und besonders bei Baudenkmälern dringend notwendigen Präsenz der verantwortlichen Ingenieure auf der Baustelle – vom Tragwerksplaner über den Prüfingenieur bis hin zum Bauleiter und Fachbauleiter – scheint es nicht immer ausreichend bestellt gewesen zu sein; auch fehlte es wohl häufig an verbindlichen Vorgaben für die notwendigen Bauabläufe. Jeder für ein altes Bauwerk verantwortliche Auftraggeber, der beim Aufwand für die Baustellenpräsenz

glaubte sparen zu können, war, wie einige der Untersuchungsergebnisse zeigen, ausgesprochen schlecht beraten.

Literatur

[1] WENZEL, F.: Verpressen, Vernadeln und Vorspannen von Mauerwerk historischer Bauten. Stand der Forschung, Regeln für die Praxis. In: Erhalten historisch bedeutsamer Bauwerke, SFB 315, Jahrbuch 1987, Berlin 1988, S. 53–72

[2] ULLRICH, M.: Statusbericht über Forschungsarbeiten zur ingenieurmäßigen Sicherung von historischem Mauerwerk durch Verpressen, Vernadeln und Vorspannen. In: Bautenschutz/Bausanierung 2/89, S. 19–27

[3] ULLRICH, M.: Ingenieurmäßige Bestandsuntersuchungen an sanierten Bauwerken. In: Erhalten historisch bedeutsamer Bauwerke, SFB 315, Jahrbuch 1986, Berlin 1987, S. 222–230

[4] ULLRICH, M.: Ingenieurmäßige Bestandsuntersuchungen an sanierten Bauwerken, In: Erhalten historisch bedeutsamer Bauwerke, SFB 315, Jahrbuch 1987, Berlin 1988, S. 89–100

[5] WENZEL, F., MAUS, H.: Nachuntersuchungen an ingenieurmäßig sanierten Mauerwerksbauten. In: Erhalten historisch bedeutsamer Bauwerke, SFB 315, Jahrbuch 1986, Berlin 1987, S. 211–221

[6] FALLER, A., u. a.: Zur Dauerhaftigkeit von Mauerwerkssanierungen. In: Erhalten historisch bedeutsamer Bauwerke, SFB 315, Jahrbuch 1988, Berlin 1989, S. 157–164

[7] WENZEL, F., MAUS, H.: Erfolge und Mißerfolge der ingenieurmäßigen Sicherung alten Mauerwerks durch Verpressen und Bewehren. Beitrag zur Mauerwerkskonferenz in Berlin, Oktober 1991

[8] PIEPER, K., HEMPEL, R.: Schäden und Sicherungsmaßnahmen an Bauten mit Gipsmörtel. In: Erhalten historisch bedeutsamer Bauwerke, SFB 315, Jahrbuch 1987, Berlin 1988, S. 73–88

[9] FALLER, A., u. a.: Salzschäden an historischen Bauwerken. In: Erhalten historisch bedeutsamer Bauwerke, SFB 315, Jahrbuch 1989, Berlin 1990, S. 105–111

Summary

Systematic inspections of grouted and stitched brickwork turned out with the following results: Groutingmaterial mixed with cement was in a distinc way enabled to stabilize old masonry by stuffing cracks, gaps and voids. Penetration of old mortar with groutingmaterial was not to make. Corrosion and bond was occasionally bad due to construction-failures; universal cover with cementstone was a clear remedy. Moisture in brickwork has central importance to the rise of expanding minerals. Ettringit might have increased the damage of masonry built with gipsum-mortar, but only in two cases it probably caused distinct cracks. In cases, where highsulphate-resisting cement was injected into gipsum-mortar, no expanding minerals or damages came up. Intensive examinations of old buildings before construction-work is started, a planing due to these results and intensive superintendence by engineers are necessary for success, when doing repairwork at old buildings with engineering methods, specially grouting and stitching.

Résumé

L'étude systématique après traitement d'ouvrages de maçonnerie pour lesquels on a eu recours aux injections et aux aiguilles ont produit les résultats suivants: les substances d'injection contenant du ciment ont nettement stabilisé l'état d'anciennes structures de maçonnerie en bouchant les fissures, fentes et creux. Il n'a pas été possible d'infiltrer l'ancien mortier avec la substance d'injection. Du fait de leur mode de réalisation, la protection contre la corrosion et l'ancrage en sandwich ont laissé à désirer à plusieurs égards; le recouvrement de tous les côtés par la pâte de ciment après prise a nettement amélioré la situation. L'humidité des parois joue un rôle déterminant dans l'apparition de minéraux agressifs. Il est possible que l'apparition d'ettringite dans des ouvrages comportant du mortier de plâtre ait aggravé les dommages; cependant, elle a pu être identifiée dans un cas seulement comme étant à l'origine de dégâts évidents de type fissure. Dans un autre cas, du sulfate de sodium était à l'origine des dommages subis par l'ouvrage de maçonnerie. Là où des ciments résistant bien aux sulfates avaient été injectés au mortier de plâtre, cela n'a pas provoqué d'agressions et de dégradations. Pour que la remise en état de bâtiments anciens grâce à des méthodes d'ingénierie, et plus particulièrement à l'injection et au ferraillage, puisse être un succès, des études préliminaires suffisamment approfondies de ces bâtiments, une planification conforme à leurs résultats et une présence renforcée des ingénieurs sur le chantier sont indispensables.

Abbildungsnachweis

Alle Abbildungen SFB 315, Teilprojekt A3

Ralph Egermann

Zur nachträglichen Bestimmung der mechanischen Eigenschaften von Mauerziegeln

Einleitung

Bei der Sicherung oder beim Umbau alter Bausubstanz ist häufig die Beantwortung der Frage nach der Tragfähigkeit des bestehenden Mauerwerks unerläßlich. Um der Forderung nach entsprechenden substanzschonenden Verfahren nachzukommen, wird im Teilprojekt C2 des SFB 315 an verschiedenen Themenschwerpunkten gearbeitet, die diese Problematik aufgreifen [1]. Im folgenden wird nur über die Arbeiten zur Routineziegeluntersuchung berichtet. Hierbei werden an alten, an neuen und an selbst hergestellten Mauerziegeln die für die Tragfähigkeit von Mauerwerk maßgebenden mechanischen Eigenschaften bestimmt. Obwohl im süddeutschen Raum die Mehrzahl der Mauerwerksbauten aus Naturstein bestehen, mußten sich die Arbeiten des Teilprojekts C2 bisher aus kapazitativen Gründen auf die mechanischen Eigenschaften von Vollziegeln konzentrieren. Die dabei entwickelte Untersuchungssystematik ist jedoch auch für entsprechende Arbeiten am Naturstein hilfreich; so hat das neu bewilligte Partnerprojekt (YE 1) an der TU Dresden bereits mit vergleichbaren Versuchen am Cottaer und Postaer Sandstein begonnen.

Eine zuverlässige Bestimmung der mechanischen Steineigenschaften ist nach dem gegenwärtigen Stand der Forschung nur mit Hilfe von zerstörenden Prüfverfahren möglich. Die zur Zeit in der Entwicklung befindlichen zerstörungsfreien Prüfmethoden zur nachträglichen Bestimmung der mechanischen Mauerwerkseigenschaften benötigen nach wie vor zur Eichung Referenzprüfkörper, deren Festigkeits- und Verformungseigenschaften in zerstörenden Versuchen ermittelt werden. Für eine aussagekräftige Beurteilung wird somit auch in Zukunft ein Verzicht auf zerstörende Untersuchungen am Bauwerk nicht möglich sein [2]. Daher liegt das Ziel der Arbeiten darin, die notwendige Kombination von zerstörenden und zerstörungsfreien Prüfverfahren dahingehend zu optimieren, daß die zerstörenden Eingriffe in das Mauerwerk auf ein Minimum reduziert werden.

Eine Minimierung der zerstörenden Eingriffe zur nachträglichen Bestimmung der mechanischen Steineigenschaften wird zur Zeit am besten durch die Entnahme von Bohrkernen erreicht. Die eigenen Untersuchungen konzentrieren sich weniger auf die Weiterentwicklung der Bohrverfahren als vielmehr auf die Bestimmung der für die Tragfähigkeit maßgebenden mechanischen Eigenschaften am Bohrkern. Dabei steht eine mögliche Anbindung der am Bohrkern ermittelten Eigenschaften an die gängigen Normen im Vordergrund.

1 Zum Stand der Technik bei Mauerwerksuntersuchungen und Ausgangsfragestellung

Der Stand der Technik bei Mauerwerksuntersuchungen ist weitgehend in [2] dargestellt. Hierbei wird darauf hingewiesen, daß das in der Praxis am häufigsten verwendete Verfahren die Untersuchung „nach Augenschein" ist. Diese Methode führt in einfachen Fällen bei Fragen nach dem Aufbau und dem Gefüge von Mauerwerk häufig zum Ziel. Bei Fragen zur Trag- oder Resttragfähigkeit liefert jedoch eine Werkstoffprüfung an entnommenen Proben eine wesentlich zuverlässigere Aussage als ein subjektiver „Kratztest" an der zu untersuchenden Bausubstanz.

Wenn auch die Mauerwerksnormen nicht unmittelbar auf altes Mauerwerk anwendbar sind, so besteht häufig bei der Genehmigungsplanung von Sicherungen, Sanierungen oder Umbauten die Notwendigkeit einer Anlehnung an diese Normen. Die dabei entstehende Problematik des Ansatzes der entsprechenden Werkstoffkennwerte wurde in [3] schon ausführlich behandelt. Um dennoch für einen ersten Schritt eine Anbindung an die Normen zu erreichen, mußten zunächst die wichtigsten, die Tragfähigkeit von Ziegelmauerwerk am nachhaltigsten beeinflussenden Materialkennwerte herausgearbeitet werden.

Danach war zu klären, wie diese Eigenschaften nachträglich am Bohrkern zu bestimmen sind und wie sich die Ergebnisse von den an Normprüfkörpern gewonnenen Kennwerten unterscheiden. Hierbei standen Fragen zu Form- und Gestalteinflüssen und Fragen zu herstellungsbedingten Einflüssen im Vordergrund.

Ferner war die bei Bauwerksuntersuchungen wichtige Größe der zu erwartenden Streuungen zu untersuchen.

2   Maßgebende Einflußfaktoren auf die Tragfähigkeit von Ziegelmauerwerk

In einer Vorstudie [4] wurde die Bedeutung der mechanischen Eigenschaften im Ziegelmauerwerk untersucht und geklärt, welche Eigenschaften für die Beurteilung der Tragfähigkeit von zentraler Bedeutung sind.

Beim Vergleich von geometrisch gleichen Versuchskörpern wird die Tragfähigkeit von Ziegelmauerwerk allein vom mechanischen Verhalten der Einzelkomponenten Stein und Mörtel bestimmt. Werden für eine vereinfachende Betrachtungsweise die gängigen Formeln aus den Vorschriften [5, 6] herangezogen, um die zulässigen Spannungen für Druck, Schub und Biegung zu ermitteln, so läßt sich zeigen, daß dem Kennwert der Mauerwerksdruckfestigkeit eine zentrale Bedeutung zukommt. Allein bei der Schubbeanspruchung unter geringer Auflast beeinflußt das Verhalten des Mörtels die Schubtragfähigkeit stärker als die Mauerwerksdruckfestigkeit. Wenn auch die unterschiedlichen Verformungseigenschaften von Stein und Mörtel das Tragverhalten von Ziegelmauerwerk unter vertikaler Auflast prägen[7], so sind diese bisher nur indirekt in die Normen eingeflossen. Dort werden zur Festlegung der zulässigen Mauerwerksdruckspannung nur die an den Einzelkomponenten Stein und Mörtel bestimmten Druckfestigkeiten herangezogen.

Um zu zeigen, welchen Einfluß eine Erhöhung der Druckfestigkeit des Steins oder des Mörtels auf die Mauerwerksdruckfestigkeit hat, wurde ein kleines Rechenbeispiel durchgeführt. Mit Hilfe von drei unterschiedlichen Bemessungsgleichungen wurde die prozentuale Zunahme der Mauerwerksdruckfestigkeit errechnet, wenn die Druckfestigkeit einer Einzelkomponente konstant gehalten wird, während die Festigkeit der anderen Komponente kontinuierlich gesteigert wird. Damit sollte gezeigt werden, wie groß der Einfluß der Ziegeldruckfestigkeit im Vergleich zu der des Mörtels auf die Mauerwerksdruckfestigkeit ist. Bei der Beispielrechnung wurde von einer anfänglichen Steindruckfestigkeit von $f_B = 7 \, \text{N/mm}^2$ und einer Mörteldruckfestigkeit von $f_m = 2,5 \, \text{N/mm}^2$ ausgegangen. Eine Steigerung der entsprechenden Festigkeiten wurde in fünf Schritten (100–500 %) vorgenommen.

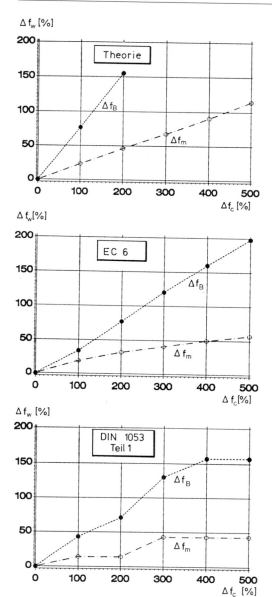

1 *Einfluß der Komponentenfestigkeiten (f_B, f_m) auf die Mauerwerksfestigkeiten (f_w)*

Die Berechnung der Mauerwerksdruckfestigkeit erfolgte zum einen über die Hauptgleichung für die zentrische Druckfestigkeit [7], um den theoretischen Zu-

sammenhang zwischen den Einzelkomponenten darzustellen. Die für die Hauptgleichung zusätzlich benötigten Parameter wurden entweder als konstante Glieder abgeschätzt, sofern es sich um geometrische Einflüsse (Verhältnis Stein-/ Fugendicke) handelte oder über Korrelationsbeziehungen festgelegt, wenn es sich um stoffliche Parameter (Verhältnis Druck-/Zugfestigkeit) handelte.

Eine andere Berechnung der Mauerwerksdruckfestigkeit erfolgte mit Hilfe des Eurocodes Nr. 6 (EC 6) [6]. Hierzu wurden die entsprechenden Komponentenfestigkeiten in eine Bemessungsgleichung eingesetzt, die sich aus der statistischen Auswertung zahlreicher Mauerwerksversuche ergeben hat. Schließlich wurde noch die Tabelle 3 der DIN 1053 Teil 1 [5] zur Berechnung der Mauerwerksdruckfestigkeit herangezogen. Der treppenförmige Verlauf der errechneten Kurven ergibt sich aus der Einstufung der Komponentenfestigkeiten in Festigkeitsklassen (Steinfestigkeitsklassen, Mörtelgruppen). Dadurch führt die Erhöhung einer Komponentenfestigkeit nicht immer zu einer höheren Mauerwerksdruckfestigkeit.

Die Ergebnisse dieser Berechnungen wurden in drei Diagrammen in Abb. 1 aufbereitet. Die nach den verschiedenen Bemessungsgleichungen errechneten Werte wurden jeweils für Stein und Mörtel getrennt durch Geraden verbunden. Die Diagramme in Abb. 1 zeigen sehr deutlich, daß eine Veränderung der Steindruckfestigkeit einen wesentlich größeren Einfluß auf die Änderung der Mauerwerksfestigkeit hat als eine Variation der Mörtelfestigkeit. Daher konzentrieren sich die folgenden Untersuchungen hauptsächlich auf die Bestimmung der Steineigenschaften. Der Schwerpunkt liegt dabei auf der Bestimmung der Ziegeldruckfestigkeit am Bohrkern, so daß eine Einordnung in eine Druckfestigkeitsklasse nach DIN 105 möglich wird [8]. Gelingt nämlich eine zuverlässige Bestimmung der Ziegeldruckfestigkeit, so kann die untere Grenze der

Mauerwerksdruckfestigkeit schon mit Hilfe der DIN 1053 festgelegt werden, indem der Mörtel in die Mörtelgruppe I eingestuft wird. Der so erhaltene Grundwert der zulässigen Druckspannung (zul. σ_0) ist für einfache statische Nachweise häufig schon ausreichend, um die Standfestigkeit und Gebrauchsfähigkeit nachzuweisen.

3   Auswahl der untersuchten mechanischen Steineigenschaften

Im folgenden wird nur stichwortartig auf die wichtigsten mechanischen Ziegeleigenschaften eingegangen, die für eine Tragfähigkeitsuntersuchung von Bedeutung sind. Die dabei gemachten Bemerkungen hinsichtlich der Aussagekraft der jeweiligen Prüfergebnisse dienen zur Auswahl der untersuchten Werkstoffparameter.

Druckfestigkeit (f_B)
Oberer, nie erreichbarer Grenzwert der Mauerwerksdruckfestigkeit, versuchstechnisch relativ einfach zu bestimmen, herstellungsbedingte Anisotropien müssen berücksichtigt werden.
Biegezugfestigkeit (f_f)
Ein Maß für die aufnehmbaren Biegespannungen im Ziegel, die z. B. bei ungleichmäßiger Verfugung entstehen. Die Ergebnisse werden stark von oberflächennahen Störungen (Schwindspannungen, Inhomogenitäten) beeinflußt. Je nach Format der Vollziegel kann es wegen der zu geringen Biegeschlankheit zu ungewollten Überlagerungen von Schubspannungen kommen. Spaltzugfestigkeit (f_{ST})
Beschreibt die maximal aufnehmbare horizontale Zugspannung bei vertikalem Druck. Relativ unempfindlich gegen Störungen im Randbereich, weitgehend unabhängig von Prüfkörperform und -abmessungen, keine Überlagerung von Schubspannungen. Gegenüber Biegezugprüfung kleinere Streuungen der Ergebnisse.

Zugfestigkeit (f_T)
Erfaßt am besten die Beanspruchbarkeit von Mauerwerk. Die Prüfung bereitet jedoch versuchstechnisch bei erheblich streuenden Versuchsergebnissen große Schwierigkeiten.
Saugfähigkeit
War schon früh Gegenstand von Untersuchungen, wobei festgestellt wurde, daß bei stark saugfähigen Steinen die Gefahr einer nicht vollen Hydratation des Mörtels durch ein vorzeitiges Entziehen des Wassers besteht und so zu einer geringeren Festigkeit des Mörtels führt. Korrelationsbeziehungen zur Mauerwerksdruckfestigkeit konnten gefunden werden, doch nur mit einem mäßigen Bestimmtheitsmaß.
Feuchtigkeitsgehalt
Hat sowohl Einfluß auf die Druckfestigkeit als auch auf die Verformungsfähigkeit. Der Feuchtigkeitsgehalt bestimmt die Höhe der Mörteldruckfestigkeit in der Lagerfuge.
Rohdichte (ρ)
Der Einfluß auf andere Steineigenschaften wurde bisher noch nicht genauer untersucht.
E-Modul (E)
Sein Verhältnis zum E-Modul des Tragmörtels hat entscheidenden Einfluß auf die Tragfähigkeit von Ziegelmauerwerk. Steht i. allg. in linearem Zusammenhang zur Ziegeldruckfestigkeit. Versuchstechnisch nur mit erhöhtem apparativen Aufwand zu bestimmen.
Querdehnfähigkeit
Ihre Bedeutung ergibt sich aus der Mehrachsigkeit des Spannungszustandes im Ziegel unter zentrischem Druck. Wird i. allg. mit Hilfe von Dehnmeßstreifen (DMS) bestimmt (teuer!), relativ große Versuchsstreuungen aufgrund des inhomogenen Mediums und schwieriger Applikation der Meßstreifen.
Anisotropien
Herstellungsbedingt, führen zu Richtungsunterschieden bei den mechanischen Eigenschaften. Nach Augenschein i. allg. nicht zu erkennen.

Aufgrund der oben bereits gezeigten Verhältnisse erschien es für die weiteren Untersuchungen sinnvoll, sich bei den Festigkeitsuntersuchungen vornehmlich auf die Druckfestigkeit und die Spaltzugfestigkeit zu konzentrieren. Letztere wurde aufgrund des relativ einfachen Prüfverfahrens gewählt, zumal die Prüfkörperform (Zylinder) zur Bestimmung der Spaltzugfestigkeit mit Hilfe der Scheibentheorie am besten geeignet ist. Obwohl bei Bauwerksuntersuchungen in der Regel eine Bestimmung der Verformungskennwerte nicht verlangt wird, wurden sie mit in das Versuchsprogramm einbezogen, um die bisher bekannten Korrelationsbeziehungen zwischen E-Modul und Druckfestigkeit für alte Mauerziegel zu überprüfen. Die Bestimmung der Querdehnzahl erfolgte dabei routinemäßig mit (durch die Verwendung kreuzförmig angeordneter Dehnmeßstreifen). Untersuchungen zur Saugfähigkeit und zum Feuchtigkeitsgehalt der Mauerziegel wurden bei den hier vorgestellten Routineprüfungen nicht angestellt, da beide Eigenschaften für eine nachträgliche Bestimmung der Tragfähigkeit eher von untergeordneter Bedeutung sind. Da sich die Mauerwerksfeuchte bisher noch nicht zuverlässig messen läßt, wurde eine entsprechende Untersuchung bisher nicht vorgenommen. Für stark durchfeuchtetes Mauerwerk ist jedoch empfehlenswert, die Druckfestigkeit am wassergesättigten Bohrkern zu bestimmen (in Anlehnung an den Eurocode 6). Da sich die Saugfähigkeit der Ziegel eher auf die Mörteleigenschaften als auf die des Steins auswirkt, kann ihre Bedeutung für die weiteren Untersuchungen als gering betrachtet werden. Obwohl auch die Trockenrohdichte eine eher untergeordnete Rolle spielt, wurde sie aufgrund der sehr einfachen Bestimmung routinemäßig miterfaßt.

Zusätzlich zu den oben genannten Eigenschaften wurde der Einsatz des Rückprallhammers (System Schmidt) in die Untersuchungen miteinbezogen, um dessen Aussagewert für die nachträgliche Bestimmung der mechanischen Eigenschaften von Mauerziegeln zu erproben.

4 Bisheriger Kenntnisstand und offene Fragen zur nachträglichen Bestimmung der mechanischen Steineigenschaften

4.1 Untersuchungen mit dem Rückprallhammer

Obwohl der Rückprallhammer für die Güteüberwachung von Betonteilen ein einfach zu handhabendes und relativ zuverlässiges Instrument ist, findet sich über seinen Einsatz bei Ziegelmauerwerk weniger in der Literatur als über die Kugelschlagprüfung. Die Aussagekraft der Ergebnisse rechtfertigt jedoch nicht den gegenüber dem Rückprallhammer größeren Prüfaufwand. Der von der Industrie speziell für Keramikprodukte bereitgestellte Prallhammer mit geringerer Schlagenergie (Typ LB) wurde nicht für die Bestimmung der Mauerwerksfestigkeit entwickelt, sondern sollte eher zur Güteüberwachung von keramischen Produkten dienen. [9] hat nach einer kurzen Literaturrecherche eigene Versuche angestellt, um den Unterschied zwischen den Prellwerten am Einzelstein und im Bauwerk zu klären. Bei Verwendung niederfester Mörtel (Mörtelgruppe I) kommt er zu dem Ergebnis, daß sich für niedrige Steinfestigkeiten nahezu die gleichen Prellwerte wie am Einzelstein ergeben, während mit zunehmender Steinfestigkeit die am vermauerten Ziegel bestimmten Prellwerte etwas höher sind als am Einzelstein. Allerdings konnte bei den vermauerten Steinen auch eine größere Streuung der Ergebnisse beobachtet werden. Der Einfluß der Bauteilspannung erscheint im Rahmen der auftretenden Streuungen als vernachlässigbar. Während [9] für seine Versuche nur ein Rückprallhammer vom Typ N (für Beton) zur Verfügung stand, stellte [10] mit dem Typ LB Korrelationsbeziehungen zwischen den Prellwerten am Einzelziegel und den Druckfestigkeiten auf; die Ergebnisse kommen den bei [9] genannten Beziehungen nahe. Für die Untersuchungen war der Einsatz des Rückprallhammers *in situ* und im Labor zu erproben. Hierbei sollte der Frage nachgegangen werden, ob die Prellwerte mit anderen mechanischen Eigenschaften der Ziegel besser korrelieren und ob eine Beziehung zwischen den Streuungen der am Bauwerk bestimmten Prellwerte und den am Einzelstein gemessenen Prellwerten besteht.

4.2 Inhomogenitäten

Für die nachträgliche Bestimmung der mechanischen Ziegeleigenschaften ist die Kenntnis über den Einfluß der Inhomogenitäten von großer Bedeutung. [11] berichtet über Versuche an aus Mauerziegel herausgeschnittenen Würfeln. Diese wurden aus verschiedenen Schnittebenen entnommen und auf Unterschiede hinsichtlich der Rohdichte, der Druck- und der Spaltzugfestigkeit untersucht. Die dabei festgestellten Dichte- und Festigkeitsunterschiede können durch das Formgebungsverfahren erklärt werden. Dies wurde durch eigene Untersuchungen [12] an handgestrichenen und stranggepreßten Ziegeln bestätigt. Der Einfluß dieser herstellungsbedingten Inhomogenitäten auf die Korrelationsbeziehungen der mechanischen Eigenschaften wurde bisher noch nicht gezeigt. Ferner mußte noch geklärt werden, wie sich die Anisotropien auf die unterschiedlichen Prüfkörpergeometrien auswirken.

4.3 Korrelationsbeziehungen

Wie bereits erwähnt wurde, sind die linearen Zusammenhänge zwischen Druck- und Spaltzugfestigkeit und zwischen Druckfestigkeit und *E*-Modul bereits hinreichend beschrieben [13]. Da die ausgeführten Versuche eher den Belangen des modernen Mauerwerkbaues dienten, ist es

nicht weiter verwunderlich, daß sich nur sehr wenige Untersuchungen an Vollziegeln finden. Hinzu kommt, daß den Versuchen die Normprüfverfahren der Ziegel zugrunde lagen, so daß die Beziehungen nur verwendet werden dürfen, wenn entsprechende Prüfkörperformen zur Untersuchung gelangen. Daher sollten die Beziehungen entsprechend modifiziert werden, daß sie auch auf die an Bohrkernen bestimmten Eigenschaften angewendet werden können. Dabei sollen die Anisotropien (vgl. 4.2) mit in die Untersuchungen einbezogen werden. Diese sind für die Bauwerksuntersuchung von großer Wichtigkeit, da dort nur Bohrkerne aus den Ansichtsflächen der Ziegel entnommen werden können, von denen auf die entsprechenden Parameter senkrecht dazu, d. h. in Lastrichtung geschlossen werden muß.

4.4 Formfaktoren und Gestaltbeiwerte

Formfaktoren dienen zum Vergleich der Versuchsergebnisse an Prüfkörpern, die sich bei gleicher Gestalt (Prisma, Zylinder) nur in ihrer Schlankheit oder ihrem Durchmesser unterscheiden. So konnte [14] zeigen, daß die an einem Betonzylinder bestimmte Druckfestigkeit mit abnehmender Bohrkernschlankheit zunimmt. Dieser Zusammenhang ist in ähnlicher Form auch bei der Festlegung der Formfaktoren für Mauersteine [15] aufgegriffen worden. Da aus baupraktischen Gründen bei der nachträglichen Bestimmung der Druckfestigkeit am Ziegelbohrkern nicht immer die gleiche Bohrkernlänge garantiert werden kann, mußte geklärt werden, ob die Formfaktoren nach [14] auch bei Ziegelbohrkernen angewendet werden können. Dabei war gleichzeitig zu klären, wie sich bei gleicher Schlankheit ein größerer Bohrkerndurchmesser auf die Druckfestigkeit und deren Streuung auswirkt.
Mit Hilfe der Gestaltbeiwerte sollen Beziehungen zwischen den an verschiede-

Untersuchte Parameter	am Vollziegel	am Bohrkern
Prellwerte	an den Ansichtsflächen	
Trockenrohdichte	×	×
Druckfestigkeit	nach DIN 105	in 3 Richtungen
Spaltzugfestigkeit	in Richtung der Breite	in 2 Richtungen
Verformungskennwerte		in 3 Richtungen

Tabelle 1   Übersicht über das Versuchsprogramm

nen Prüfkörperformen bestimmten Festigkeiten hergestellt werden. So mußten beispielsweise Faktoren gefunden werden, mit denen die am Ziegelbohrkern ermittelten Druckfestigkeiten auf Festigkeiten für Normprüfkörper aus dem gleichen Material umgerechnet werden können. Ferner war zu untersuchen, wie sich die am Vollziegel bestimmten Spaltzugfestigkeiten von den entsprechenden Bohrkernfestigkeiten unterscheiden.

5   Routineziegeluntersuchungen

Entsprechend den oben genannten offenen Fragen wurde eine Routineuntersuchung entwickelt, bei der jeweils mindestens 25 Vollziegel von einem Objekt oder Lieferanten zur Untersuchung gelangen. Die Auswahl der Objekte erfolgt rein zufällig, wobei es sich bei den Bauwerken i. allg. um Abbruchobjekte handelt. Neben den bisher untersuchten Ziegeln von entsprechenden Objekten wurden noch neue, von der Ziegelei hergestellte Mauerziegel und selbst hergestellte Ziegel (stranggepreßt und handgestrichen) geprüft. Eine genauere Beschreibung des bisher untersuchten Materials erfolgt später. Obwohl die Routineuntersuchungen zur Zeit noch weiterlaufen, wird im folgenden über die Ergebnisse der Untersuchungen an insgesamt sieben Ziegellieferungen berichtet. Dabei sollen noch keine statistisch gesicherten Forschungsergebnisse präsentiert

werden, sondern vielmehr erste Trends aufgezeigt werden, die die Grundlage für eine spätere Untersuchungsmethodik sein sollen.

5.1   Versuchsprogramm

Die Untersuchungen wurden sowohl an Vollziegeln als auch an daraus entnommenen Bohrkernen vorgenommen (vgl. Tabelle 1). Alle Ziegel wurden zunächst von Mörtelresten befreit und vermessen. Eine genaue Formatbestimmung erwies sich insbesondere bei den älteren Ziegeln als sehr schwierig. Die Vollziegel wurden bis zur Gewichtskonstanz (105°C) getrocknet, anschließend ihr Gewicht bestimmt. An den Ansichtsflächen der Ziegel wurden Prellwerte mit dem Rückprallhammer (System Schmidt, Typ LB) bestimmt. Bei ausreichendem Probenmaterial konnte an fünf Ziegeln jeder Lieferung die Druckfestigkeit nach DIN 105 [5] bestimmt und mit den an Bohrkernen aus Ziegeln der gleichen Lieferung gewonnenen Festigkeiten verglichen werden (Abb. 4). Der Verhältniswert der beiden Festigkeiten wird als Gestaltbeiwert bezeichnet. An wenigen Vollziegeln wurde zusätzlich noch die Spaltzugfestigkeit in Richtung der Breite des Ziegels bestimmt und die Ergebnisse mit den an Bohrkernen bestimmten Spaltzugfestigkeiten verglichen.
Nach Abschluß der zerstörungsfreien Untersuchungen an den Vollziegeln wurden

2 *Bestimmung von Formfaktoren bei ver-*
   schiedenen Bohrkerndurchmessern

3 *Bestimmung von Formfaktoren bei ver-*
   schiedenen Bohrkernschlankheiten

Serie		d [cm]	λ h/d	Anzahl d.Ziegel	Anzahl Bohrkerne	gemessene Größen	Zweck
A		3	2	10	90	f_b E, v	Bestimmung der Anisotropien
B		5	1	5 5	40	f_b f_{st}	Beziehung bzw. Druck- und Spaltzugfestigkeit
C		3/5/7	0,9	3	18	f_b	Formfaktoren bei unterschiedlichen Durchmessern
D		3	3/2/1 0,75/0,5	2	48	f_b	Formfaktoren bei unterschiedlichen Schlankheiten
				25	196		

Tabelle 2 Übersicht über die Bohrkernuntersuchungen

	Objektnummer *Bauwerk*	Jahr der Herstellung	Formgebung	Brenn-temperatur
Neue Industrieziegel	01 □ (MZ)	1988	Strangpressen	1000 °C
Ziegel aus Abbruchobjekten	02 ⊕ (BE) *Brauerei*	1884	?	?
	03 ⊙ *Wetzsteinfabrik*	1920		
	04 ▲ *Zigarrenfabrik*	1900	Handstrich	
	22 ● (QU) *Pastorat*	1796		
Neue, im Labor hergestellte Ziegel	50 △ (SM)	1988	Strangpressen	800 °C
	51 ■ (HM)		Handstrich	

Tabelle 3 Zusammenstellung der verschiedenen Ziegellieferungen (nach Objekten)

aus diesen jeweils einzelne Ziegelkerne in einer oder mehreren Richtungen ausgebohrt. Eine Übersicht über das Bohrprogramm ist in Tabelle 2 aufgeführt.

Bei der Serie A werden aus jeder Ziegelfläche drei Bohrkerne entnommen. Auf die Hälfte der Kerne werden Dehnmeßstreifen appliziert, so daß an diesen neben den Druckfestigkeiten auch noch die Verformungskennwerte (*E*-Modul, Querdehnzahl) bestimmt werden können. Mit Hilfe der Serie A können Aussagen zur Anisotropie von Mauerziegeln gemacht werden (vgl. 4.2).

Die Serie B dient zur Untersuchung des Zusammenhanges zwischen der Spaltzug- und der Druckfestigkeit (vgl. 4.3). Ferner wird überprüft, inwieweit sich das Herstellungsverfahren auf diese Beziehung auswirkt. Die Spaltzugkerne werden aus den Ansichtsflächen gewonnen, während die Druckfestigkeiten an Bohrkernen aus den Aufstandsflächen bestimmt werden.

Bei der Serie C werden aus der Lagerfläche Bohrkerne unterschiedlichen Durchmessers gebohrt und danach dem Durchmesser entsprechend abgelängt (Abb. 2). An den so aufbereiteten Bohrkernen gleicher Schlankheit können dann die Formeinflüsse, die aus den unterschiedlichen Bohrkerndurchmessern herrühren, bestimmt werden (vgl. 4.4). Ferner lassen sich Aussagen über den Einfluß des Bohrkerndurchmessers auf die Streuung der Druckfestigkeiten machen.

Die Serie D dient zur Bestimmung der Formfaktoren bei Bohrkernen gleichen Durchmessers, aber unterschiedlicher Schlankheit. Hierzu werden aus der Läuferseite Bohrkerne entnommen und unterschiedlich abgelängt (Abb. 3). Mit Hilfe der Formfaktoren und der Gestaltbeiwerte soll später die an einem beliebigen Bohrkern bestimmte Festigkeit auf eine entsprechende Steinfestigkeit nach DIN 105 umgerechnet werden (vgl. 4.4).

5.2 Auswahl des Versuchsmaterials

Ein Großteil der Ziegel stammt aus abgebrochenen Bauwerken. Obwohl in den meisten Fällen eine Datierung des Bauwerkes möglich war, konnte bei keinem Objekt ein Hinweis auf die Art der Ziegelherstellung gefunden werden. Um ausschließlich den Einfluß der Formgebung und der Brenntemperatur zu untersuchen, wurden aus einer Rohmasse handgestrichene und stranggepreßte Ziegel hergestellt und diese bei zwei unterschiedlichen Temperaturen gebrannt. Eine ausführliche Beschreibung dieser Untersuchungen findet sich in [12]. Neben der Lieferung von Vollziegeln (Mz 28 – 1,8 NF) und den beiden selbst hergestellten Chargen gelangten noch Ziegel aus insgesamt vier Bauwerken zur Untersuchung. Dabei wurden die bereits in [12] beschriebenen Objekte um zwei weitere Lieferungen ergänzt. Die Tabelle 3 enthält eine Auflistung des bisher untersuchten Ziegelmaterials. Die bei der Objektnummer in Klammern angegebenen Buchstaben entsprechen den Prüfbezeichnungen in [12].

5.3 Versuchsdurchführung

5.3.1 Bestimmung der Prellwerte

Eine Erprobung des Rückprallhammers *in situ* war bisher noch nicht möglich, da sich kein geeignetes Objekt fand, bei dem

4 Vergleichsuntersuchungen von Norm- und Bohrkerndruckfestigkeiten

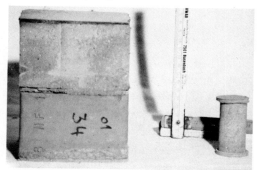

die Prellwerte vor Abbruch des Bauwerkes bestimmt werden konnten. Daher
konzentrieren sich die hier dargestellten
Untersuchungen nur auf die Labortests.
Die Bestimmtheitsmaße der Korrelationsbeziehungen erlauben dennoch eine generelle Beurteilung des Einsatzes des Ham-
mers, denn es ist damit zu rechnen, daß
die *in situ* bestimmten Prellwerte aufgrund der nicht genau zu erfassenden Lagerungsbedingungen noch höheren Streuungen unterliegen.
Die Prellwerte wurden an allen zur Untersuchung gelangten Ziegeln bestimmt.
Dafür wurden mit Hilfe einer Schraub-
zwinge jeweils fünf Ziegel zu einem Klein-
pfeiler zusammengespannt und danach
mit den Seiten in ein Sandbett gelegt, die
den zu prüfenden Ansichtsflächen ge-
genüberlagen. Durch diese Art der Prüfung sollten ähnliche Lagerungsbedingungen wie im Bauwerk simuliert werden.
Auf jede Ansichtsfläche wurden mit dem
Rückprallhammer insgesamt zehn aus-
wertbare Schläge abgegeben. Die Ergebnisse wurden richtungsweise zu einem
Mittelwert (R_x, R_z) je Ziegel zusammengefaßt. Als Maß für die Streuungen
wurde der Variationskoeffizient (v_R) bestimmt.

5.3.2 Vorbereitung der Prüfkörper

Zur Prüfung der Druckfestigkeit nach
DIN 105 mußte der Vollziegel mit einer
Diamantkreissäge halbiert und die beiden
Hälften mit einer sehr dünnen Zement-
mörtelschicht zu einem würfelförmigen
Prüfkörper aufgemörtelt werden. Die
Mörtelschicht hat in diesem Fall nicht die
Funktion einer Mörtelfuge, sondern sie
dient eher als „Steinersatz", um eine
größere Prüfkörperschlankheit (und so-
mit geringere Bruchlasten) zu erreichen.
Die Druckflächen der Prüfkörper wurden
ebenfalls mit einer Zementmörtelschicht
planparallel abgeglichen.
Zur Bestimmung der Spaltzugfestigkeit
am Vollziegel wurden in Längsrichtung je-

weils auf beide Lagerflächen Hartfilzstreifen ($b = 10$ mm, Härte F5) so aufgeklebt,
daß eine linienförmige konzentrierte Lasteinleitung gewährleistet schien.
Die Bohrkerne wurden mit einer Kern-
bohrmaschine mit wassergekühlten Dia-
mantbohrkronen (Innendurchmesser $d = 3$,
5, 7 cm) entnommen und entsprechend
ihres Verwendungszwecks abgelängt.
Beim Ausbohren der Kerne zur Bestimmung der Spaltzugfestigkeit wurde vorher
an den Ansichtsflächen die Belastungs-
richtung bzw. die Ziegelachse gekennzeichnet, da sich der Kern beim Ausbohren verdrehte.
Nach dem Bohren wurden die Kerne bei
105 °C bis zur Gewichtskonstanz getrocknet und danach die Trockenrohdichte bestimmt. Die Volumenbestimmung am
formtreuen Bohrkern konnte sehr einfach
mit der Schieblehre durchgeführt werden.
Um eine gleichmäßige Lasteinteilung zu
garantieren, wurden die zur Durckprüfung
anstehenden Bohrkerne an den Druckflächen mit Zementmörtel planparallel
abgeglichen. Zur Spaltzugprüfung wurden auf den Mantelflächen entsprechend
der Kennzeichnung der Lastrichtung gegenüberliegend Hartfilzstreifen ($b = 5$ mm,
Härte F 5) aufgeklebt.
Die Bestimmung der Verformungskennwerte (*E*-Modul, Querdehnzahl) erfolgte
an Bohrkernen ($d = 3$ cm) mit einer Min-
destschlankheit von $\lambda = 2$ und ebenfalls
planparallel abgeglichenen Druckflächen.
Auf die Mantelflächen der Kerne wurden gegenüberliegend Dehnmeßstreifen
(Längs- und Querdehnung) appliziert.

5.3.3 Druckprüfung

Die Druckprüfung an den Normprüfkörpern wurde mit einer hydraulischen
Druckprüfmaschine (max. $P = 600$ kN)
durchgeführt. Die Belastung wurde
dabei kontinuierlich bis zum Bruch
gesteigert (Belastungsgeschwindigkeit
$v = 0.5$ N/mm²s), der von der Prüfmaschine automatisch erkannt wird.

Die Druckprüfung an den Bohrkernen erfolgte in der Regel in einer von einem Elektromotor gesteuerten Druckprüfmaschine (Höchstlast max. $P = 50\,kN$) mit automatischem Höchstwertspeicher. Bei den Bohrkernen $d > 5\,cm$ mußte wegen der höheren Bruchlasten auf die hydraulische Prüfmaschine ausgewichen werden. Die Belastung erfolgte kraftgesteuert (Belastungsgeschwindigkeit $v = 0,1\,N/mm^2s$). Für die Bestimmung der Verformungskennwerte wurden die Bohrkerne verformungsgesteuert ($v = 1\,mm/min$) belastet. Die Kraft und die Verformungen wurden während der Belastung von einer Vielstellenmeßanlage zyklisch abgefragt und die Ergebnisse in einer Kleinrechenanlage gespeichert. Der E-Modul wurde als Sekantenmodul bei einem Drittel der Bruchlast bestimmt; die Querdehnzahl (Verhältnis der Quer- zur Längsdehnung) errechnete sich bei derselben Laststufe.

5.3.4 Spaltzugprüfung

Die Spaltzugprüfung am Vollziegel mußte aus Gründen der Prüfplattengröße mit der 600 kN-Prüfmaschine durchgeführt werden. Die Belastung wurde dabei mit einer konstanten Geschwindigkeit von $v = 0,05\,N/mm^2s$ gesteigert. Besonders die alten Vollziegel bereiteten bei der Prüfung sehr große Schwierigkeiten, da die Lagerflächen mit den Lasteinleitungsstreifen stark verkrümmt waren. Dadurch konnte eine gleichmäßige Lasteinleitung nicht gewährleistet werden; es kam häufig zum vollständigen Anliegen der Prüfplatten an die Lagerfläche. Durch das Auflegen eines prismatischen Stahlstabes auf die Hartfilzstreifen konnte diesem Mißstand begegnet werden (brasilianische Methode).

Die Spaltzugprüfung an den Bohrkernen erwies sich dagegen als unproblematisch. Die Kerne wurden in der 50 kN-Prüfmaschine kontinuierlich mit einer Belastungsgeschwindigkeit von $v = 0,05\,N/mm^2s$ bis zum Bruch gefahren.

5.4 Auswertung

Alle gewonnenen Untersuchungsergebnisse wurden in einer Datenbank gespeichert und mit einem Statistikprogramm (SAS) ausgewertet. Die an den Vollziegeln ermittelten Ergebnisse wurden objektweise zu Mittelwerten zusammengefaßt und dabei als Maß für die Streuungen die Variationskoeffizienten bestimmt. Die an den Bohrkernen gefundenen Ergebnisse wurden zunächst steinweise entsprechend der jeweiligen Auswahlkriterien z. B. gleicher Durchmesser, gleiche Schlankheit, gleiche Richtung zu Mittelwerten zusammengefaßt. Die Werte wurden vorher auf ihre Normalverteilung hin überprüft und ggf. Ausreißer eliminiert (Shapiro-Wilks-Test). Nach dem „ziegelweisen" Zusammenfassen der Bohrkernergebnisse konnten die so errechneten „Ziegeldateien" mit den Prellwerten und den am Vollziegel bestimmten Festigkeitswerten ergänzt werden. Korrelationsanalysen und die graphische Aufbereitung des Datenmaterials erfolgte ebenfalls mit dem oben genannten Statistikpaket.

5.5 Ergebnisse

Aufgrund des umfangreichen Datenmaterials muß hier auf eine tabellarische Auflistung der Einzelergebnisse verzichtet werden. Es wurde eingangs erwähnt, daß die Serienuntersuchungen zur Zeit noch weitergeführt werden, so daß statistisch gesicherte Ergebnisse hier noch nicht dargestellt werden können. Dennoch sollen die bisher gefundenen Ergebnisse erste Hinweise auf das mechanische Verhalten alter Mauerziegel liefern und bereits bekannte Beziehungen bestätigen bzw. modifizieren.

Die meisten Zusammenhänge wurden zunächst so aufbereitet, daß eine objektweise graphische Darstellung der Einzelergebnisse erfolgte. Dabei wurden in allen Graphiken für die entsprechenden Objekte die gleichen Symbole benutzt; eine Zei-

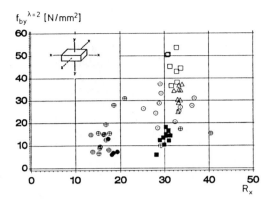

*5   Beziehung zwischen den Prellwerten an
der Binderseite (R_x) und den Druckfestigkeiten*

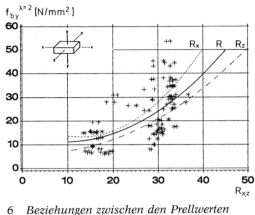

*6   Beziehungen zwischen den Prellwerten
(unterschieden nach Schlagrichtung) und den
Druckfestigkeiten*

chenerklärung hierfür findet sich in der
Tabelle 3 (Abschnitt 5.2). Es wurde dabei
darauf geachtet, daß die Ergebnisse von
Objekten, deren Ziegel im Handstrichver-
fahren geformt wurden, durch schwarz
ausgefüllte Symbole dargestellt wurden,
während für stranggepreßte Ziegel i. allg.
nicht ausgefüllte Symbole verwendet wurden. Für die Objekte, bei denen das Formgebungsverfahren nicht bekannt war, wurden teilausgefüllte Symbole benutzt.
Damit ließ sich der Einfluß des Form-
gebungsverfahrens mit in die Graphiken
einbeziehen. Nach der objektweisen Auf-
schlüsselung wurde dann das Datenmaterial für allgemeingültige Aussagen zusammengefaßt, wobei ggf. nach den
entsprechenden Prüfrichtungen unterschieden wurde.

5.5.1   Prellwerte

In Abb. 5 sind die Prellwerte objektweise
für Schläge auf die Binderseite (*x*-Rich-
tung) dargestellt und gegen die Druckfestigkeiten in Lastrichtung aufgetragen, die
an Bohrkernen der Schlankheit $\lambda = 2$ bestimmt wurden. Bei der Darstellung fällt
die große Streubreite des Objektes 02
(Brauerei) auf. Ferner ist zu erkennen,
daß bei handgestrichenen Ziegel i. allg. ab

Prellwerten über 20 die entsprechende
Druckfestigkeit deutlich unter der Druckfestigkeit der stranggepreßten Ziegel liegt.
Diese Tatsache liegt in den herstellungsbedingten Anisotropien begründet, die in
[12] ausführlich beschrieben sind. Da jedoch bei der Bauwerksuntersuchung mit
dem Rückprallhammer nur in Sonderfäl-
len das Formgebungsverfahren der Ziegel
bekannt ist, können für das Aufstellen einer Korrelationsbeziehung zwischen
Prellwert und Ziegeldruckfestigkeit die
Formgebungsverfahren nicht berücksichtigt werden; deshalb wurde dieser Parameter nicht gesondert betrachtet. Werden
die Prellwerte nur noch hinsichtlich ihrer
Schlagrichtung unterschieden, so ergibt
sich die in Abb. 6 dargestellte Graphik.
Die Ausgleichskurven zeigen, daß die
Prellwerte auf die Binderseiten (R_x) i. allg.
etwas größer sind als die an den Läuferseiten (R_z) gefundenen Ergebnisse. [9]
kam zu ähnlichen Resultaten und erklärte
diese mit dem Festigkeitsgefälle im Ziegelscherben und mit der Geometrie des Ver-
suchskörpers. Das Festigkeitsgefälle wirkt
sich bei der kleinen Binderfläche nicht
so stark aus wie bei der Läuferseite. Die
Dämpfung der Schlagenergie ist bei Schlä-
gen auf die Läuferseite höher und führt
dadurch zu geringeren Prellwerten. Die

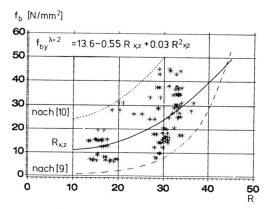

f_b [N/mm^2]

$f_{by}^{\lambda=2} = 13.6 - 0.55\, R_{xz} + 0.03\, R^2_{xz}$

nach [10]

R_{xz}

nach [9]

7 *Vergleich der Prellwertergebnisse verschiedener Autoren*

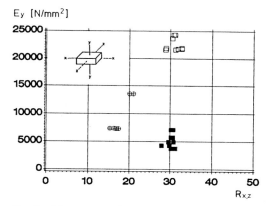

E_y [N/mm^2]

R_{xz}

8 *Beziehung zwischen den Prellwerten (R$_x$, R$_z$) und E-Moduln (E$_y$)*

Ausgleichskurven in Abb. 6 zeigen allerdings, daß im Rahmen der bei alten Bauwerken üblichen Ziegelfestigkeiten ($f_B < 30$ N/mm^2) die Richtungsunterschiede bei den Prellwerten im Rahmen der Streuungen liegen.

In Abb. 7 wurden die gefundenen Beziehungen mit den Ergebnissen anderer Autoren verglichen. Dieser Vergleich macht die generelle Problematik des Verfahrens deutlich. [9] stellte die Beziehung mit Hilfe eines Rückprallhammers mit einer höheren Schlagenergie auf. Dabei wurden die an den Läuferseiten bestimmten Prellwerte gegen die nach TGL 22821/01 bestimmten Ziegeldruckfestigkeiten aufgetragen. Die Ausgleichskurve nach [10] ergab sich aus einer Darstellung der an den Lagerflächen bestimmten Prellwerte und den nach DIN 105 bestimmten Ziegeldruckfestigkeiten. Während sowohl bei [9] als auch bei den eigenen Versuchen nur Ziegel bis zu einer Druckfestigkeit von ca. 50 N/mm^2 zur Untersuchung gelangten, bezog [10] hochfeste Klinker in die Ergebnisse mit ein. Die nach den eigenen Untersuchungen aufgestellte Korrelationsbeziehung liegt etwa zwischen den von [9] und [10] gefundenen Kurven. Obwohl das Bestimmtheitsmaß für die an der Binderseite ($B_x = 0,71$) gefundenen Werte

in etwa in dem Bereich von den bei [10] gefundenen Ergebnissen liegt, ist bei einer gleichzeitigen Betrachtung aller Prüfrichtungen das Bestimmtheitsmaß $B = 0,61$ als sehr unbefriedigend einzustufen.

Es wurde daher versucht, mit anderen mechanischen Eigenschaften besser bestimmte Korrelationsbeziehungen zu finden. Da die Vermutung nahe liegt, daß der Elastizitätsmodul den Prellwert maßgebend beeinflußt, wurde in Abb. 8 das Verhältnis der an allen Ansichtsflächen bestimmten Prellwerte zu den an Bohrkernen aus den Lagerflächen gemessenen E-Moduln dargestellt. Obwohl hierfür kein ausreichendes Datenmaterial zur Verfügung stand, zeigt die Graphik deutlich, daß sich zwar für die stranggepreßten Ziegel eine annähernd lineare Beziehung ergeben könnte, daß diese jedoch bei Berücksichtigung der handgestrichenen Ziegel wieder stark verfälscht wird. Es wird somit zwar der erwartete Zusammenhang zwischen dem E-Modul und den Prellwerten bestätigt, jedoch erscheint die Aufstellung von Korrelationen nur sinnvoll, wenn nach handgestrichenen und stranggepreßten Ziegeln unterschieden werden kann.

Das beste, wenn auch nur mäßige Bestimmtheitsmaß von $B = 0,67$ ergab die

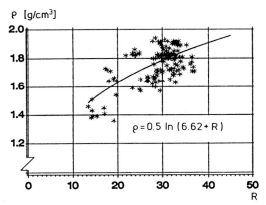

9 Beziehung zwischen den Prellwerten (R)
und den Trockenrohdichten (ρ)

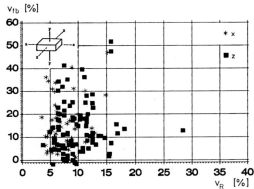

10 Beziehung zwischen den Streuungen der
Prellwerte (v_{Rx}, v_{Rz}) und den Streuungen der
entsprechenden Bohrkernfestigkeiten (v_{fb})

Beziehung der Prellwerte zur Rohdichte
(Abb. 9). Eine Unterscheidung nach unterschiedlichen Prüfrichtungen wurde bei
dieser Untersuchung nicht vorgenommen.
Es muß jedoch darauf hingewiesen werden, daß der Untersuchungsbereich von
$\rho = 1{,}3\text{--}2{,}0$ g/cm³ sehr eng ist und somit
das gefundene Ergebnis nicht überbewer-
tet werden darf, zumal die Bedeutung der
Rohdichte für die Tragfähigkeitsuntersu-
chungen eher untergeordnet ist.
Es wurde ferner untersucht, ob die Streuungen der Prellwerte mit den Streuungen
bestimmter mechanischer Eigenschaften
in Verbindung stehen. Auch hierfür
konnte keine befriedigende Beziehung gefunden werden. Stellvertretend sind
in Abb. 10 die nach Prüfrichtungen unterschiedenen Streuungen der Prellwerte gegen die bei den entsprechenden Bohrkernen gemessenen Streuungen der
Druckfestigkeiten aufgetragen.
Zusammenfassend kann gesagt werden,
daß der Einsatz des Rückprallhammers
zur nachträglichen Bestimmung mechanischer Ziegeleigenschaften wenig geeignet
erscheint, da bereits bei den Laboruntersuchungen sehr große Streuungen auftraten und damit gerechnet werden muß, daß
diese durch die unterschiedlichen Lagerungsbedingungen im Bauwerk noch ver-

stärkt werden. Am zuverlässigsten scheint
noch die Bestimmung des E-Moduls möglich zu sein. Dafür müßte jedoch der
Hammer an aus dem zu untersuchenden
Bauwerk entnommenen Proben geeicht
werden, eine Vorgehensweise, die bei zerstörungsfreien Prüfverfahren immer nötig
ist. Allerdings müssen die weiteren Forschungsarbeiten auf dem Gebiet der
zerstörungsfreien Prüfmethoden zeigen,
ob ein auf die Baupraxis abgestimmter
Einsatz von Laufzeitmessungen mit Ultra-
schall nicht zuverlässigere Verformungskennwerte liefert als der Rückprallhammer.

5.5.2 Einflüsse aus Inhomogenitäten

Das mechanische Verhalten von Mauerziegeln wird hauptsächlich von der
Rohstoffzusammensetzung, von dem
Formgebungsverfahren und von der
Brenntechnik beeinflußt. Diese drei Faktoren führen mehr oder weniger zu Inhomogenitäten, die sich bei der Werkstoffprüfung in Richtungsunterschieden und in
Streuungen äußern. Im folgenden wird
hauptsächlich auf die Streuungen eingegangen, die bei der Bestimmung der mechanischen Kennwerte auftreten. Die herstellungsbedingten Richtungsunterschiede

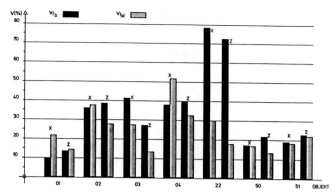

11 Vergleich der Variationskoeffizienten von Druck-(v_{fb}) und Spaltzugfestigkeit (v_{fst}), unterschieden nach den verschiedenen Objekten und Bohrrichtungen

der mechanischen Ziegeleigenschaften wurden bereits ausführlich im Jahrbuch des SFB 315 1988 behandelt [12].

Um einen Überblick über die Größe der auftretenden Streuungen zu gewinnen, wurden in Abb. 11 für die beiden wichtigsten Festigkeiten, nämlich die Druck-(f_b) und die Spaltzugfestigkeit (f_{st}), die nach den später am Bauwerk möglichen Bohrrichtungen unterschiedenen Variationskoeffizienten (v) gegenübergestellt. In die Berechnung der Variationskoeffizienten wurden nur die Werte einbezogen, die an Bohrkernen gleicher Prüfkörpergeometrie bestimmt wurden; dadurch konnten Form- und Gestalteinflüsse weitgehend eliminiert werden. Die fabrik- bzw. labormäßig hergestellten Ziegel (Objekt 01, 50,51) unterscheiden sich deutlich von den bei Abbrüchen gewonnenen Ziegel (02, 03, 04, 22). Eine Ursache wird darin liegen, daß die alten Ziegel neben den Bauwerkslasten auch außerplanmäßigen Belastungen während des Abbruches ausgesetzt waren, die zu nicht sichtbaren Gefügestörungen geführt haben können. Es muß jedoch davon ausgegangen werden, daß bei einer direkten Probenentnahme am Bauwerk geringere Streuungen auftreten als bei der nachträglichen Untersuchung von Abbruchmaterial; die darge-

stellten Variationskoeffizienten können somit eher als obere Grenzwerte der Streuungen angesehen werden. Die Festigkeitswerte des Pastorates (Objekt 22) streuen extrem, obwohl die Ziegel von Hand aus einer bestehenden Mauer gelöst wurden. Aufgrund der Datierung des Pastorats (1796) muß davon ausgegangen werden, daß die Ziegel noch im Feldbrand hergestellt wurden. Somit gelangten wahrscheinlich an einem Bauwerk sowohl hochfeste Ziegel als auch der von der Feuerstelle weiter entfernt liegende Schwachbrand zum Einbau. Mit einem Histogramm läßt sich zeigen, daß die Ziegel des Pastorats in zwei Festigkeitsklassen eingeteilt werden könnten ($f_{b1} = 8$ N/mm^2, $f_{b2} = 24$ N/mm^2). Die Ziegel der hohen Festigkeitsklasse unterscheiden sich von den niederfesten auch farblich. Sie sind dunkelrot bis violett, die niederfesten eher orangefarben. Bezüglich der Streuungen der Bohrkerndruckfestigkeiten läßt sich feststellen, daß die in z-Richtung ausgebohrten Kerne bei fünf von sieben untersuchten Objekten stärker streuen als die Bohrkerne aus den Binderseiten. Dies kann mit dem bereits in 5.5.1 erwähnten Festigkeitsgefälle des Ziegelscherbens zusammenhängen. Ein weiteres interessantes Ergebnis besteht darin, daß die Streu-

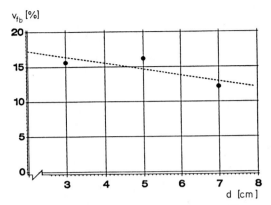

12 *Einfluß des Bohrkerndurchmessers (d)*
auf die Größe der Streuungen der Bohrkern-
druckfestigkeit (v_{fb})

ungen der Spaltzugfestigkeiten bis auf wenige Ausnahmen geringer sind als die
Streuungen der Druckfestigkeiten. Dies
zeigt die relativ hohe Zuverlässigkeit des
Prüfverfahrens. Bei den Streuungen der
Spaltzugfestigkeiten ergibt sich bezüglich
der Richtungsunterschiede ein anderes
Bild als bei den Druckfestigkeiten. Die aus
der z-Richtung gebohrten Kerne weisen
geringere Streuungen auf als die Kerne
aus den Binderseiten.
Auf die Darstellung der Streuungen der
Verformungskennwerte wurde aus Platz-
gründen verzichtet. Die Streuungen der E-
Moduln verhalten sich ähnlich wie die
Streuungen der Druckfestigkeiten, ein Variationskoeffizient über 40 % wurde nur
bei Objekt 22 erreicht. Der Einfluß der
Richtungsunterschiede ist dabei nicht so
signifikant wie bei den Druck- oder Spaltzugfestigkeiten. Durch die Ausreißertests
sind die Streuungen der Querdehnzahlen
geringer als die der E-Moduln. Allerdings
reicht das vorliegende Probenmaterial
nicht aus, um diesbezüglich eine gesicherte Aussage zu treffen.
Neben dem Vergleich der „objektweisen"
Streuungen wurde auch untersucht, wie
stark sich der Bohrkerndurchmesser auf
die Streuungen der Druckfestigkeit auswirkt, wenn die Bohrkernschlankheit

konstant gehalten wird. Hierzu wurden
zunächst die Ergebnisse der Druckfestigkeiten an Bohrkernen gleicher Schlankheit (Serie C, vgl. 5.1) entsprechend ihrer
Durchmesser gemittelt und die Streuungen bestimmt. Die so ermittelten Variationskoeffizienten für die einzelnen Objekte wurden wiederum entsprechend des
Kerndurchmessers zu einem Mittelwert
zusammengefaßt. Dieser Mittelwert wurde
in Abb. 12 gegen den Kerndurchmesser
aufgetragen. Der dabei gefundene Anstieg
der Streuungen mit abnehmendem Bohrkerndurchmesser kann im Rahmen der
sonst auftretenden Streuungen als gering
eingestuft werden. Der Einfluß des Bohrkerndurchmessers auf die Streuungen der
Druckfestigkeiten wird demnach von anderen Einflüssen überlagert und kann daher vernachlässigt werden. Es muß jedoch
darauf hingewiesen werden, daß ein Bohrkern mit einem Durchmesser von
$d = 7$ cm bei normalformatigen Ziegeln
($h = 7,1$ cm) nur unter Laborbedingungen
aus den Ansichtsflächen gebohrt werden
kann, während Bohrkerne von $d = 3$ cm i.
allg. aus jedem alten, auch dünnformati-
gen Ziegel gewonnen werden können.
Kleinere Bohrkerndurchmesser mit
$d = 3$ cm empfehlen sich aufgrund der
häufig vorhandenen größeren Einschlüsse
in Ziegeln nicht mehr.

5.5.3 Korrelationen

5.5.3.1 Beziehung zwischen der Druck-
und der Spaltzugfestigkeit

Auf die Bedeutung der Spaltzugfestigkeit
hinsichtlich der Druckfestigkeit von Ziegelmauerwerk wurde schon im dritten Abschnitt hingewiesen. Mit Hilfe der Serie B
(vgl. Tabelle 2) wurden die Beziehungen
zwischen den Kerndruck- und Spaltzugfestigkeiten hergestellt und dabei etwaige
Einflüsse des Herstellungsverfahrens studiert. In Abb. 13 sind die an Ziegelbohrkernen aus den Binderseiten (x-Richtung)
ermittelten Spaltzugfestigkeiten den an

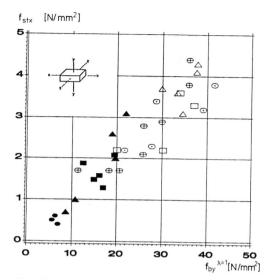

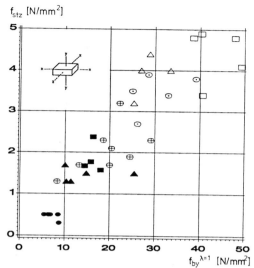

13 *Beziehung zwischen den Spaltzugfestig-keiten der Kerne aus den Läuferseiten (f_{stx}) und den Druckfestigkeiten der Kerne aus den Aufstandsflächen (f_{by})*

14 *Beziehung zwischen den Spaltzugfestig-keiten der Kerne aus den Binderseiten (f_{stz}) und den Druckfestigkeiten der Kerne aus den Aufstandsflächen (f_{by})*

Bohrkernen aus den Aufstandsflächen be-stimmten Druckfestigkeiten gegenüberge-stellt. Abb. 14 zeigt die gleiche Beziehung, allerdings sind hier die Spaltzugfestigkei-ten aufgetragen, die an Bohrkernen aus den Läuferseiten (z-Richtung) gewonnen wurden. Bei beiden Abbildungen wurden die Ergebnisse objektweise unterschieden. Dabei ist deutlich ablesbar, daß das Form-gebungsverfahren keinen signifikanten Einfluß auf die Festigkeitsbeziehungen hat, denn die im Handstrich hergestellten Ziegel (schwarz ausgefüllte Symbole) zei-gen deutlich dieselbe lineare Abhängigkeit wie die stranggepreßten Ziegel. Ferner ist festzustellen, daß etwa ab einer Bohrkern-druckfestigkeit von $f_{by} = 25$ N/mm² die Varianz der entsprechenden Spaltzug-festigkeiten bei den Kernen aus der z-Richtung größer ist als bei den Kernen aus der x-Richtung, d. h. die lineare Bezie-hung zwischen Druck- und Spaltzugfestig-keit ist bei Kernen aus den Binderflächen besser bestimmt als bei solchen aus den Läuferflächen. Abb. 15 zeigt, daß die

Überlagerung der Spaltzugergebnisse aus zwei Richtungen annähernd zu derselben Ausgleichsgerade führt. Bei gleicher Druckfestigkeit werden mit den Kernen aus den Binderseiten (x-Richtung) etwas höhere Spaltzugfestigkeiten erzielt als mit den Kernen aus den Läuferseiten (z-Rich-tung). Für eine Bauwerksuntersuchung kann jedoch dieser Unterschied vernach-lässigt werden, so daß schließlich eine ge-meinsame, sehr gut bestimmte Ausgleichs-gerade nach der Formel in Abb. 15 angegeben wurde. Der dabei gefundene Zusammenhang, daß die Höhe der Spalt-zugfestigkeit etwa bei 1/10 der Druckfe-stigkeit liegt, erscheint im Vergleich mit den in der Literatur gefundenen Werten etwas ungewöhnlich. In [13] wird bei-spielsweise das Verhältnis der Spaltzug- zur Druckfestigkeit für normale Vollziegel (Mz) mit 0,05 angegeben. Es muß jedoch immer berücksichtigt werden, an welcher Prüfkörpergeometrie und nach welchen Prüfverfahren die jeweiligen Werte be-stimmt wurden. So wird bei [13] die

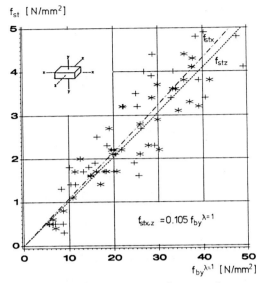

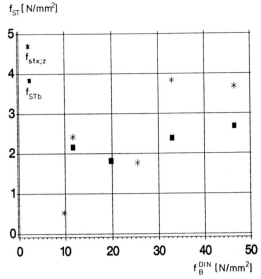

15 *Beziehung zwischen Spaltzug- und Druckfestigkeiten, unterschieden nach Entnahmerichtungen*

16 *Einfluß der Prüfkörpergeometrie auf die Beziehung zwischen Spaltzug- und Druckfestigkeit*

Druckfestigkeit (nach DIN 105) und die Spaltzugfestigkeit (in Längsrichtung) am Vollziegel ermittelt. Obwohl auch bei den eigenen Versuchen Vollziegel zur Normdruckprüfung und zur Spaltzugprüfung (in Querrichtung) gelangten, ist das bisherige Datenmaterial nicht ausreichend, um entsprechende zuverlässige Aussagen zu machen. So sind in Abb. 16 die an den Vollziegeln (in Querrichtung, f_{STb}) und an den Bohrkernen (Mittelwerte aus x- und z-Richtung, $f_{stx,z}$) bestimmten Spaltzugfestigkeiten gegen die Normdruckfestigkeiten (nach DIN 105) aufgetragen. Dabei zeigte sich bei den wenigen unmittelbar vergleichbaren Werten, daß bei gleicher Normdruckfestigkeit an den Bohrkernen eine höhere Spaltzugfestigkeit erzielt wurde als an den Vollziegeln. Dieses Ergebnis widerspricht den von [16] aufgestellten theoretischen Überlegungen zum Unterschied der Spaltzugfestigkeiten an der Kreis- und Rechteckscheibe; sie lassen bei der Rechteckscheibe geringfügig höhere Bruchlasten erwarten. Der Einfluß der un-

ebenen Lagerflächen bei den Vollziegeln (vgl. 5.3.4) dürfte hierfür keine Erklärung liefern; er dürfte sich vermutlich in der Größe der auftretenden Streuungen äußern. Es scheint hier jedoch eher der Einfluß von Eigenspannungen ursächlich zu sein, die aus dem Abkühlen des Ziegels nach dem Brennen herrühren. Während Eigenspannungen beim Ausbohren der Kerne gelöst werden können, können sie bei der Spaltzugprüfung von Vollziegeln zu ungewollten Spannungsüberlagerungen führen.

Zusammenfassend läßt sich sagen, daß die Bestimmung der Spaltzugfestigkeit aufgrund der einfachen Werkstoffprüfung, der relativ geringen und herstellungsunabhängigen Streuungen und aufgrund der weitgehend richtungsunabhängigen Ergebnisse eine der wichtigsten Untersuchungen zur nachträglichen Bestimmung der Tragfähigkeit von Ziegelmauerwerk darstellt. Wenn auch zur Zeit ein Vergleich mit den in der Literatur gefundenen Werten aus Gründen unterschiedlicher

Prüfkörpergeometrien und -verfahren nicht möglich ist, so besteht das Ziel weiterer Untersuchungen nicht darin, Umrechnungsfaktoren für die jeweilige Prüfart zu finden. Es soll vielmehr geklärt werden, in welcher Beziehung die am Bohrkern bestimmte Spaltzugfestigkeit zur Mauerwerksdruckfestigkeit steht (vgl. dazu [1]).

5.5.3.2 Beziehung zwischen der Druckfestigkeit und dem Elastizitätsmodul

Abb. 17 und Abb. 18 zeigen ähnliche Zusammenhänge wie bei den Beziehungen zwischen Druck- und Spaltzugfestigkeiten (Abb. 13, 14). So sind in Abb. 17 die Druckfestigkeiten (f_{bx}), die an Bohrkernen aus den Läuferseiten (x-Richtung) bestimmt wurden, gegen die E-Moduln (E_y) angetragen, die an Bohrkernen aus den Aufstandsflächen ermittelt wurden. Abb. 18 enthält die analoge Darstellung für die Bohrkerne aus den Binderseiten (z-Richtung). Bei beiden Abbildungen ist kein signifikanter Einfluß der Formgebungsverfahren auf die Beziehung zwischen Druckfestigkeit und E-Modul erkennbar.

Ebenso ergeben sich, ähnlich wie bei den Festigkeitsbeziehungen, für die Bohrkerne aus den Läuferseiten größere Varianzen, die wiederum mit dem Festigkeitsgefälle bei den Ziegelscherben zu erklären sind.

In Abb. 19 wurden die Abb. 17 und 18 überlagert und getrennt nach den Entnahmerichtungen Ausgleichsgeraden eingezeichnet. Auch hier ergeben die Druckfestigkeiten der Bohrkerne aus den Binderseiten geringfügig höhere E-Moduln als bei den Bohrkernen der Läuferseiten. Die Unterschiede sind im Rahmen der Streuungen so gering, daß die Ergebnisse beider Richtungen zu einer sehr gut bestimmten Ausgleichsgerade zusammengefaßt werden können. Auch hier ist ein Vergleich mit der in [17] dargestellten Beziehung ($E = 380 f_B$) aufgrund unterschiedlicher Prüfverfahren, Belastungsrichtungen und Prüfkörpergeometrien nicht möglich.

Der bisher bekannte lineare Zusammenhang zwischen Ziegeldruckfestigkeit und E-Modul wird durch die Formgebungsverfahren nicht beeinflußt. Soll aus den Druckfestigkeiten von Bohrkernen aus den Ansichtsflächen auf E-Moduln in Lastrichtung geschlossen werden, können

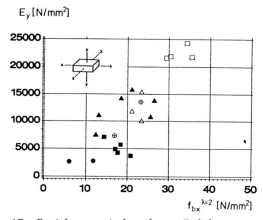

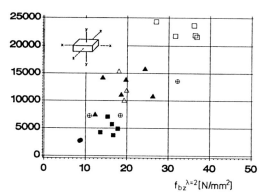

17 *Beziehung zwischen der an Bohrkernen aus den Binderseiten bestimmten Druckfestigkeiten (f_{bx}) und den E-Moduln in Richtung der Aufstandsfläche (E_y)*

18 *Beziehung zwischen der an Bohrkernen aus den Läuferseiten bestimmten Druckfestigkeiten (f_{bz}) und den E-Moduln in Richtung der Aufstandsfläche (E_y)*

Richtungseinflüsse bei Verwendung der
aufgestellten Korrelationsbeziehung vernachlässigt werden.

5.5.4   Einflüsse aus den Prüfkörpergeo-
metrien

5.5.4.1   Formfaktoren

In Abb. 20 wurde der Einfluß des Durchmessers auf die Bohrkerndruckfestigkeit
(bei gleicher Schlankheit) dargestellt.
Dazu wurden entsprechend den verschiedenen Bohrkerndurchmessern ($d = 3$, 5,
7 cm) und den verschiedenen Objekten
bzw. Lieferungen die Mittelwerte der
Druckfestigkeit errechnet. Diese Ergebnisse wurden dann zu einem Formfaktor
($f_{by}/f_{by}{}^{d=5}$) umgerechnet, indem die Mittelwerte jeweils auf den bei dem Bohrkerndurchmesser von $d = 5$ cm erhaltenen Mittelwert bezogen wurden. Dadurch ergab
sich zwangsläufig für den Kerndurchmesser $d = 5$ cm ein Formfaktor von 1. In
Abb. 20 wurden die Mittelwerte der Formfaktoren der verschiedenen Objekte durch
eine Gerade miteinander verbunden.
Wenn auch die Formfaktoren beim
Durchmesser $d = 3$ cm stark streuen, so
zeigt die Verbindungsgerade deutlich, daß
der Einfluß des Bohrkerndurchmessers

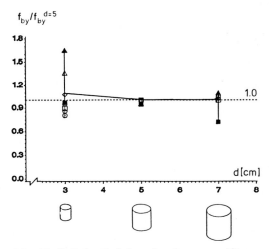

20   *Einfluß des Bohrkerndurchmessers* (d)
auf die Höhe der Bohrkerndruckfestigkeit (f$_{by}$)

auf die Druckfestigkeit vernachlässigt
werden kann bzw. im Rahmen der Streuungen liegt.
Der Einfluß der Bohrkernschlankheit (λ)
auf die Bohrkerndruckfestigkeit wurde
mit Hilfe der Serie D (vgl. Tabelle 2) bestimmt und die Ergebnisse objektweise in
Abb. 21 dargestellt. Dabei wurde die
Bohrkerndruckfestigkeit jeweils auf den
Mittelwert des entsprechenden Objektes
bezogen, der sich bei einer Schlankheit
von $\lambda = 1$ ergab. In die Darstellung wurden ergänzend die Kurven von [14] aufgenommen, der diese Untersuchungen an
hoch- und niederfestem Beton vorgenommen hat. Bei dieser Darstellung ist ein
deutlicher Einfluß der Herstellungsverfahren zu erkennen. Während die handgestrichenen Ziegeln (schwarz ausgefüllte
Symbole) deutliche Festigkeitsunterschiede bei verschiedenen Schlankheiten aufweisen, ist bei den stranggepreßten Ziegeln nur ein geringfügiger Einfluß
erkennbar. Abb. 21 zeigt, daß die Formfaktoren für die handgestrichenen Ziegel
sehr gut der Kurve von [14] für niederfeste
Betone folgen, während sich die stranggepreßten Ziegel gut an die Kurve für hoch-

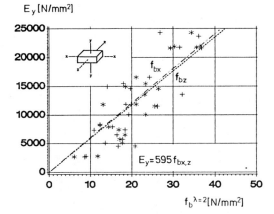

19   *Beziehung zwischen Bohrkerndruckfestig-*
keit (f$_b$) *und* E-*Modul* (E$_y$) *bei verschiedenen*
Entnahmerichtungen

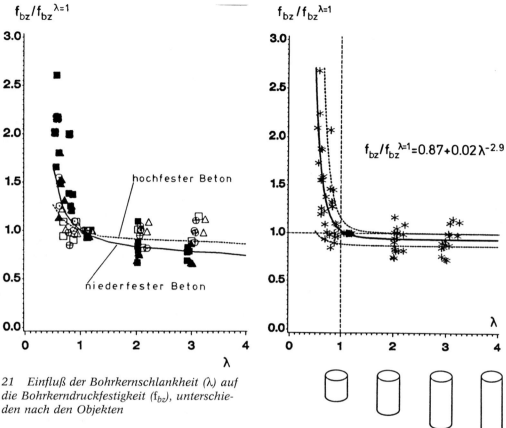

21   Einfluß der Bohrkernschlankheit (λ) auf
die Bohrkerndruckfestigkeit (f_bz), unterschieden nach den Objekten

22   Formfaktoren für Ziegelbohrkerne (incl.
Vertrauensbereich)

feste Betone anpassen. Die Ursache hierfür dürfte jedoch weniger die Höhe der
Festigkeiten, sondern vielmehr die Porosität der entsprechenden Werkstoffe sein.
Die Zunahme der Druckfestigkeit mit abnehmender Schlankheit liegt in der Art
der Lasteinleitung begründet; durch die
Reibung der Druckplatten wird die Querdehnung der Probe behindert. Diese
Zwängungen sind Ursache für Zusatz-
spannungen, die den aus der Prüfkraft
herrührenden Normalspannungen überlagert werden. Der sich daraus ergebende
räumliche Spannungszustand ist im Kon-
taktbereich der Prüfplatten am stärksten
ausgeprägt und klingt – entsprechend dem
Prinzip von Saint-Venant – mit zunehmendem Abstand von den Druckflächen

ab. Die Querdehnbehinderung wirkt sich
somit bei den handgestrichenen Ziegeln
wesentlich stärker auf die Druckfestigkeit
aus als bei den stranggepreßten Ziegeln.
Dennoch zeigt Abb. 21, daß der Unterschied im Rahmen der Streuungen liegt.
Es erschien daher sinnvoll, für alle Ziegel
eine gemeinsame Korrelationsbeziehung
aufzustellen. Sie ist in Abb. 22 dargestellt.
Zusätzlich wurde noch mit Hilfe der gestrichelten Kurven der Vertrauensbereich
(95 %) dargestellt. Demzufolge muß erst
ab einer kleineren Bohrkernschlankheit
als 1 mit Einflüssen auf die Druckfestig-

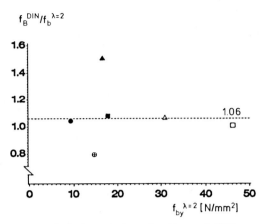

23 *Verhältnis zwischen den Norm-* (f_B^{DIN})
und den Bohrkernfestigkeiten (f_{by}) *in Abhän-*
gigkeit von der Ziegeldruckfestigkeit

keit gerechnet werden. Für baupraktische Belange kann somit die Empfehlung ausgesprochen werden, möglichst Bohrkerne mit einer größeren Schlankheit als eins zu prüfen, um den Gebrauch von Formfaktoren zu vermeiden.

5.5.4.2 Gestaltbeiwerte

Die wenigen Ergebnisse dieser Untersuchung sind in Abb. 23 dargestellt. Hierbei wurde untersucht, wie stark sich die am Bohrkern ($h = 6$ cm, $d = 3$ cm) bestimmten Druckfestigkeiten von den nach Norm (DIN 105) ermittelten Festigkeiten unterscheiden und ob dieser Unterschied festigkeitsabhängig ist. Bei den Ergebnissen war zu berücksichtigen, daß die Bohrkerne nicht aus den Ziegeln entnommen werden konnten, die zur Normprüfung gelangten, sondern die Bohrkernfestigkeiten konnten bei dieser Vergleichsuntersuchung nur zu Mittelwerten der entsprechenden Lieferungen zusammengefaßt werden. Dieser indirekte Vergleich ist dadurch zwangsläufig mit noch höheren Streuungen behaftet wie die anderen Prüfserien (vgl. dazu auch 5.5.2). Die Mittelwerte der Bohrkernfestigkeiten (in Rich-

tung der Aufstandsfläche) sind in Abb. 23 gegen den Verhältniswert aus der Norm- und der Bohrkernfestigkeit angetragen. Hierbei ist weder ein Einfluß der Formgebungsverfahren noch ein Einfluß der Ziegeldruckfestigkeit auf den Gestaltbeiwert zu erkennen. Die Normdruckfestigkeit liegt demnach nur 6 % über der am Bohrkern festgestellten Druckfestigkeit. Vernachlässigt man den Einfluß der Prüfkörpergestalt und betrachtet nur die Schlankheitsunterschiede der beiden Prüfkörper, so steht dem Normprüfkörper mit einer Schlankheit von nahezu 1 der Bohrkern mit einer Schlankheit von (hier) nahezu 2 gegenüber (vgl. Abb. 4); mit Hilfe der Abb. 22 läßt sich damit die geringfügig höhere Druckfestigkeit des Normprüfkörpers ebenfalls nachweisen. Solange noch keine weiteren Untersuchungsergebnisse vorliegen, empfiehlt es sich, die am Bohrkern ermittelten Ergebnisse mit einem Gestaltbeiwert von 1 auf den Normprüfkörper umzurechnen. Die so erzielten Ergebnisse liegen dadurch auf der sicheren Seite.

Zusammenfassung

Die Tragfähigkeit von Ziegelmauerwerk wird nachhaltig vom mechanischen Verhalten der Steine beeinflußt. Zur nachträglichen Bestimmung der Mauerwerksfestigkeit sind daher die Festigkeitseigenschaften der Mauerziegel möglichst zerstörungsarm zu gewinnen. Es wurde gezeigt, daß der Einsatz des Rückprallhammers für diese Art von Untersuchungen nicht geeignet ist. Mit Hilfe von Serienuntersuchungen an alten Mauerziegeln wurde die Möglichkeit entwickelt, Druck- und Spaltzugfestigkeiten und Verformungskennwerte mit Hilfe von aus den Ansichtsflächen gebohrten Ziegelkernen zu bestimmen. Dabei wurde auf die Ursachen und auf die Höhe der auftretenden Streuungen hingewiesen. Es wurden ferner Korrelationen für Bohrkerne aus den Ansichtsflächen bereitgestellt, mit denen

Festigkeits- und Verformungskennwerte in Richtung der nicht erbohrbaren Lagerflächen ermittelt werden können. Schließlich wurden die Einflüsse der Prüfkörpergeometrie behandelt und Möglichkeiten angegeben, Ergebnisse, die an Bohrkernen bestimmt wurden, mit entsprechenden Normwerten zu vergleichen.

Physikalische Größen

Δf_w	Zunahme der Mauerwerksdruckfestigkeit
Δf_c	Zunahme der Festigkeit der Komponenten (Stein und Mörtel)
Δf_B	Zunahme der Ziegeldruckfestigkeit
Δf_m	Zunahme der Mörteldruckfestigkeit
ρ	Rohdichte
R_i	Prellwert (i Richtungsindex x, y, z)
v	Variationskoeffizient
E_i	Elastizitätsmodul
ν	Querdehnzahl
$f_{bi}{}^{\lambda=n}$	Ziegeldruckfestigkeit (bestimmt am Bohrkern der Schlankheit n aus der Fläche i)
$f_B{}^{DIN}$	Ziegeldruckfestigkeit (bestimmt nach DIN 105 [8])
f_{sti}	am Ziegelbohrkern (aus der Richtung i) bestimmte Spaltzugfestigkeit
f_{STb}	am Vollziegel (in Richtung der Breite) bestimmte Spaltzugfestigkeit
λ	Schlankheit (h/d)
d	Bohrkerndurchmesser
h	Länge des Bohrkernes

Literatur

[1] EGERMANN, R.: Materialkennwerte, Trag- und Verformungsverhalten, in-situ-Prüfverfahren. In: Arbeitshefte des SFB 315, Bauwerksdiagnostik, Karlsruhe 1990, S. 33–41

[2] BERGER, F.; WENZEL, F.: Einsatzmöglichkeiten zerstörungsfreier Untersuchungsmethoden an Mauerwerk, insbesondere an historischen Bauten. In: Erhalten historisch bedeutsamer Bauwerke, SFB 315, Universität Karlsruhe, Jahrbuch 1988, Berlin 1989, S. 69–106

[3] BERGER, F.: Zur nachträglichen Bestimmung der Tragfähigkeit von zentrisch gedrücktem Ziegelmauerwerk. In: Erhalten historisch bedeutsamer Bauwerke, SFB 315, Universität Karlsruhe, Jahrbuch 1986, Berlin 1987, S. 231–248

[4] NÄGELE, T.: Die mechanischen Eigenschaften alter Mauerziegel. Universität Karlsruhe, Institut für Tragkonstruktionen, Diplomarbeit, 1990

[5] DIN 1053 Teil 1. Rezeptmauerwerk, Berechnung und Ausführung, Ausgabe Februar 1990

[6] Eurocode Nr. 6. Gemeinsame einheitliche Regeln für Mauerwerksbauten, Bericht EUR 9888 DE, Kommission der Europäischen Gemeinschaften, industrielle Verfahren Hoch- und Tiefbau, 1988

[7] HILSDORF, H. K.: Investigation into the failure mechanism of brick masonry loaded in axial compression. In: Designing, Engineering and Constructing with Masonry Products, hrsg. v. F. B. Jonson, Gulf, Houston, Texas, 1969, pp. 34–41

[8] DIN 105. Mauerziegel; Vollziegel und Hochlochziegel, Ausgabe November 1982

[9] HEIDEL, R.: Ermittlung der Materialkennwerte von Mauerwerk als Grundlage zur Beurteilung der Tragfähigkeit von Mauerwerkskonstruktionen. TH Leipzig, Fakultät für Technik und Naturwissenschaften des Wissenschaftlichen Rates, Diss. A, 1989

[10] BERGER, F.: Substanzschonende Bestimmung der Tragfähigkeit und Verformbarkeit historischen Ziegelmauerwerkes, Überblick und Vorschlag einer verbesserten Vorgehensweise. Universität Karlsruhe, Institut für Tragkonstruktionen, Diss. (in Vorbereitung)

182

[11] KASTEN, D.: Zur Frage der Homogenität von Mauersteinen. In: Ziegelindustrie International (1982), Heft 9, S. 520–524

[12] EGERMANN, R.; MAYER, K.: Die Entwicklung der Ziegelherstellung und ihr Einfluß auf die mechanischen Eigenschaften von Mauerziegeln. In: Erhalten historisch bedeutsamer Bauwerke, SFB 315, Universität Karlsruhe, Jahrbuch 1988, Berlin 1989, S. 107–130

[13] SCHUBERT, P.: Eigenschaftswerte von Mauerwerk, Mauersteinen und Mauermörtel. In: Mauerwerk-Kalender 1989, S. 115–123

[14] SCHICKERT, G.: Formfaktoren für die Betondruckfestigkeit. In: Die Bautechnik (1981) Heft 2, S. 52–57

[15] KIRTSCHIG, K.; KASTEN, D.: Formfaktoren für die Prüfung von Mauersteinen. In: Mauerwerk-Kalender 1981, S. 687–703

[16] SCHLEEH, W.: Zur Ermittlung der Spaltzugfestigkeit des Betons. In: Beton (1978) Heft 2, S. 57–62

[17] SCHUBERT, P.; GLITZA, H.: E-Modul-Werte, Querdehnungszahlen und Bruchdehnungswerte von Mauerwerk. In: Die Bautechnik (1981) Heft 6, S. 181–185

Summary

The load bearing capacitiy of brickwork is mostly influenced by the mechanical behaviour of the bricks. For a subsequent determination of the compressive strength of masonry the mechanical properties of bricks have to be found by low-destructive testing methods. It was shown that the results of the rebound hammer do not correlate to these properties. Serial tests on old bricks were done to develop methods for the use of drilling cores which are drawn out of the brick surfaces. By the use of these cores the compressive strength, the splitting tensile strength and the deformation values of the bricks are determined in the main load direction. The range of variations of the mechanical properties is given and some reasons for that are called. There were found correlations to transfer the tested properties from the possible drill direction to the main load direction which can't be tested in a building. The influence of the geometry of the specimen on the result of the material test is described as well. Therefore it becomes possible to transfer the results made on drilling cores to values which relate to the codes.

Résumé

A long terme, la force portante de la maçonnerie en briques est influencée par le comportement mécanique des briques. De ce fait, on aura recours à des méthodes les moins destructives possibles d'identification de leurs propriétés mécaniques afin de déterminer après un certain temps la résistance mécanique de la maçonnerie. Il a été démontré que l'utilisation de la boucharde ne convient pas à ce type d'études. On s'est rendu compte, avec des études menées en série sur des briques anciennes, qu'il était possible de déterminer la résistance à la pression et au fendage et les paramètres de déformation en utilisant des carottes de brique extraites des surfaces de projection. On a alors mis en lumière les causes et le degré d'altération. En outre, des corrélations relatives aux carottes extraites des surfaces de projection ont été établies, qui permettent de déterminer les paramètres de résistance mécanique et de déformation destinés aux surfaces portantes non carottables. Enfin, on a passé en revue les effets de la géométrie des échantillons et indiqué des possibilités de comparaison des résultats déterminés à l'aide de carottes aux valeurs normalisées correspondantes.

Abbildungsnachweis

Alle Abbildungen SFB 315, Teilprojekt C2

Eberhard Berndt, Ingolf Schöne

Tragverhalten von Natursteinmauerwerk aus Elbesandstein

Zielstellung und erste Untersuchungsergebnisse

Übersicht

Im sächsischen Raum sind in der Zeit vom 16. bis 19. Jahrhundert eine Vielzahl historisch bedeutsamer Bauwerke entstanden, deren statisch hoch beanspruchte Konstruktionen aus dem örtlich vorkommenden Sandstein errichtet worden sind. Die gute Bearbeitbarkeit kretazeischen Sandsteins, sein weit verbreitetes Vorkommen in der Elbtalzone, der tektonisch bedingte leichte Abbau und die Transportmöglichkeiten auf dem Wasserwege machten den Stein zu einem begehrten Baustoff.

Bedeutende profane Anlagen und Bauwerke in der Dresdner Region sowie zahlreiche Sakralbauten (Kloster Altenzella – Baubeginn 1170, Goldene Pforte am Freiberger Dom – um 1230 und die Nikolaikirche in Dippoldiswalde – um 1250) belegen, daß bereits im Mittelalter der Bedarf und die wirtschaftlichen Voraussetzungen geschaffen waren, gebrochenen und weiterverarbeiteten Sandstein als bevorzugtes Baumaterial einzusetzen.

Schon länger zurückliegende Sanierungen und Untersuchungen an verschiedenen Bauwerken machten Beurteilungen der Resttragfähigkeit der hauptbeanspruchten Tragwerkbereiche notwendig, wobei die zulässigen Mauerwerkspannungen nach [1] sehr oft deutlich überschritten wurden. Das traf vor allem für schlanke Wände (u. a. Bühnenhauswände der Dresdner Semperoper), für Pfeiler und Gewölbe-

konstruktionen in Quader- und Schichtenmauerwerk zu, insbesondere wenn entweder neue Nutzungen vorgesehen wurden oder in Ruinen noch sehr gut erhaltene alte Gewölbekonstruktionen überbaut werden sollten. Eine strikte Einhaltung der als zulässig definierten, hauptsächlich aus Sicherheitsüberlegungen relativ niedrig gehaltenen Spannungswerte für Natursteinmauerwerk und ihre vorbehaltlose Anwendung in historischer Bausubstanz hätten aufwendige Baumaßnahmen und Verstärkungen erforderlich gemacht. Sie wären aber zwangsläufig mit einem Verlust an Ursprünglichkeit und denkmalpflegerischem Wert verbunden gewesen.

Die noch heute vorhandenen relativ geringen Kenntnisse über die Tragfähigkeit von Natursteinmauerwerk und die wenigen Veröffentlichungen zu diesem Problem [2, 3, 4] veranlaßten den SFB 315, am Beispiel des Elbesandsteins entsprechende Untersuchungen innerhalb des C 2-Projektes in Dresden durchführen zu lassen [5].

Umfassende Untersuchungen über die Eigenschaften, die Gewinnung und Verwendung von Elbesandstein in Vergangenheit und Gegenwart liegen mit Arbeiten von Grunert [6] vor, die sowohl für den ausführenden Denkmalpfleger als auch für die Erstellung eines Versuchsprogrammes von grundlegender Bedeutung sind.

Heute wird im wesentlichen zwischen den Varietäten Postaer und Cottaer Stein unterschieden, deren Namen sich von den lokalen Aufschlüssen ableiten. Eine gewisse Mittelstellung nimmt der Reinhardtsdorfer Stein ein. Die Bindungsarten, die unterschiedlichen Korngrößen und der vorhandene Porenanteil stellen hierbei die drei wesentlichen Unterscheidungskriterien dar, die auch wesentlich die Festigkeit beeinflussen.

Der Postaer Stein weist eine grobkörnige, relativ porenreiche, quarzitische Struktur auf, der Cottaer Stein hingegen besitzt durch sein feinkörnigeres Gefüge und tonigen Bestandteile ein sehr geringes Porenvolumen. Trotz seiner ebenso quarzitischen Bindung führen die tonigen Bestandteile zu einer deutlich geringeren Druckfestigkeit und einer wesentlich schnelleren Verwitterung. Die unterschiedliche kristalline Struktur beider Varietäten ist vermutlich auch die Ursache für die verschiedenartigen Verhältnisse zwischen Druck- und Zugfestigkeit dieser Steine. Das Spektrum reicht hierbei vom harten und schwer bearbeitbaren Postaer Stein ($\beta_{D,St} \geq 50 \, N/mm^2$) – Abbaugebiet Herrenleite bei Lohmen – bis hin zum weichen Bildhauerstein ($\beta_{D,St} \leq 30 \, N/mm^2$), abgebaut in Cotta und Neuendorf.

Bei der Gesteinsfärbung kann zwischen braungelb bis grauweiß unterschieden werden, wobei sich die visuell erkennbare Sedimentationsfläche mehr oder weniger deutlich abzeichnet. Verschiedene Sedimentstrukturen, Eisenhydroxid-Bänderungen, Ton- und Kohleeinlagerungen sowie gehäufte tierische und pflanzliche Einschlüsse bestimmen die Qualität des Steines und seine Brauchbarkeit für bautechnische Zwecke. Insbesondere beim Cottaer Stein können horizontale Einschlüsse sowie Hohlräume größeren Ausmaßes angetroffen werden, die in der Regel eine Aussonderung erfordern.

Neben den unterschiedlichen Färbungen des Rohsteins nutzten gerade Architekten und Baumeister auch die unterschiedliche Patinierung der Varietäten als gestalterisches Element. Das Wechselspiel zwischen schwarz patinierendem Postaer und silbergrauem Cottaer Stein wurde von Chiaveri beispielsweise an der Dresdner Kathedrale [7] bewußt eingesetzt, führte hier aber gleichzeitig durch den Einsatz des weniger geeigneten Cottaer Steins an stark beanspruchten Außenwandflächen zu erheblichen Bauschäden infolge der Verwitterung.

Die über weite Gebiete des oberen Elbtals recht einheitliche, senkrechte Orientierung der Klüftung und ein dazu weitgehend orthogonaler Verlauf der Sedimentationsfläche ermöglichten schon frühzeitig, größere Quader aus dem Felsverband herauszulösen und diese maßhaltig zu Werksteinen weiterzuverarbeiten. Dies mag auch ein wesentlicher Grund dafür gewesen sein, daß Mauersteine, sogenannte „Grundstücke", schon frühzeitig eine Vereinheitlichung ihrer Abmessungen erfahren haben. Von GRUNERT [6] werden hierfür Angaben gemacht, daß ein „halbes Grundstück" nach der alten Vorschrift 1 Elle lang ist, Breite und Höhe je 12 Zoll betragen ($57,6 \times 28,8 \times 28,8$ cm). Seit ca. 1720 – Regierungszeit Augusts des Starken – ging man auf ein kleineres Format über, dessen Abmessungen sich nunmehr auf 18 bis 22 Zoll in der Länge und 9 bis 10 Zoll (ca. $40 \times 20 \times 20$ cm) reduzierten. Die Verwendung sehr regelmäßiger Steinformate für Wände, Pfeiler und Gewölbe findet in der Mehrzahl der in sächsischem Sandstein errichteten Bauwerke Bestätigung. Typisches Bruchsteinmauerwerk ist vergleichbar selten anzutreffen.

Die Steinauswahl für bautechnische Zwecke erfolgte neben der Bearbeitbarkeit auch in Kenntnis der Festigkeit und Verwitterungsbeständigkeit. Der festere, verwitterungs- und frostbeständigere Postaer Stein wurde sowohl für Bauteile mit entsprechender Tragfunktion im Hochbau als auch im Brücken- und Wasserwegebau genutzt, der weniger feste Cottaer Sandstein häufiger als Material für Bildhauerarbeiten im Gebäudeinneren.

Eigene umfangreiche Bestandsaufnahmen

an historischem Schichten- und Quader-
mauerwerk ließen aber auch erkennen,
daß die Zusammensetzungen und damit
die Festigkeiten der einzelnen Steine in einem Abschnitt oftmals erhebliche Unterschiede aufweisen. Die Gründe hierfür
können in der Verwendung von Roh-
blöcken aus unterschiedlichen – auch
minderwertigeren und weniger ergiebigen
– Bänken einer Aufschlußstelle und in der
Weiterverarbeitung von Abschlagstücken
gesehen werden. Auch muß davon ausgegangen werden, daß in Zeiten reger
Bautätigkeit und großer Nachfrage Steinmaterial aus verschiedenen Brüchen
gleichzeitig zur Anwendung kam.
Ausgehend vom historischen Befund ist
vorerst für eine nähere Betrachtung nur
Natursteinmauerwerk unter Verwendung
niederfester *Mörtel* von Interesse. Untersuchte Mörtelproben wiesen neben den
Zuschlagstoffen auch einen unterschiedlichen Bindemittelanteil auf. In der Regel
waren die Festigkeiten analog der Mörtelgruppe I nach [8] zuzuordnen.
Da der Branntkalk früher verbreitet auf
der Baustelle trocken gelöscht wurde und
dieser Prozeß relativ unkontrolliert ablief,
kann man neben dem mehlartigen Kalk-
hydrat auch größere Stückchen und teilweise ungelöschte Kalkreste finden. Die
Zuschlagstoffe zeichnen sich in der Regel
durch große Anteile mittleren und großen

*1   Durchgehend „ausgezwickte" Fugen an hi-
storischem Sandsteinmauerwerk, Innenhofbe-
reich Dresdner Schloß*

Kornes aus, dem oftmals auch Ziegelmehl
– und damit hydraulische Zusätze – sowie
kleinere Sandsteinabfälle von Steinmetz-
arbeiten beigefügt sind.
Es konnte öfters beobachtet werden, daß
sowohl Lagerfugen als auch Stoßfugen mit
Sandsteinscherben teilweise auch mit gut
spaltbaren metamorphen Steinen (Gneis,
Schiefer) „ausgezwickt" sind (Abb. 1).
Diese Verlegetechnik garantierte durch
Ausgleich größerer Fehlstellen den spar-
samsten Mörtelverbrauch und eine kontinuierliche Ausführung des Mauerwerks.
Der direkte Stein-Stein-Kontakt ermöglichte, die großformatigen und schwerge-
wichtigen Steine in einen Mörtel weicher
Konsistenz zu verlegen, den Wasserentzug
durch den Stein vergleichbar gering zu
halten und höhere Mörtelfestigkeiten zu
erzielen.

Zum Trag- und Verformungsverhalten

Die Drucktragfähigkeit von Mauerwerk
aus künstlichen Steinen hängt von den
Einzelkomponenten Stein und Mörtel ab,
die sich über ihr spezifisches Verformungsverhalten gegenseitig beeinflussen.
Einachsige Druckbeanspruchung im Bauwerk führt zu einem Zustand innerer
Zwängungsspannungen mit Querzug im
Stein, der in der Regel fester und steifer als
der Mörtel ist, und Querdruck im Mörtel.
Näherungsweise kann davon ausgegangen
werden, daß die sich aufbauenden Zwängungen und Zugspannungen im Stein
über die Steinbreite etwa konstant verteilt
sind und den Bruch verursachen.
Der gegenwärtige Erkenntnisstand zum
Natursteinmauerwerk mit den noch wenig
theoretisch und experimentell gestützten
Aussagen basiert vor allem auf den Untersuchungen an Bruchsteinmauerwerk von
MANN [2], RUSTMEIER [3] und STIGLAT [4]
und mit den dabei gewonnenen Verallge-
meinerungen. Diese punktuell durchgeführten Versuche an minderwertigerem
Natursteinmauerwerk – Bruchstein, Zy-
klopen-, hammergerechtes Schichtenmau-

erwerk – hatten zum Ergebnis, daß in Abhängigkeit von Stein und Mörtel und der Fugenform und -dicke in den meisten Fällen die Mörtelfestigkeit für die Druckfestigkeit des Mauerwerks maßgebend wird. Mauerwerksverbände mit großen Unregelmäßigkeiten der Steinformate, ungleicher Beschaffenheit der Steinoberflächen und dem damit entstehenden sehr differenzierten Fugenbild werden demnach nicht das Bruchversagen durch Zerreißen der Steine aufweisen.

Neuere Anhaltswerte für die stofflichen Eigenschaften gebräuchlichster Natursteine liegen darüber hinaus von SCHUBERT in [9] vor.

Experimentelle Untersuchungen

Unter Berücksichtigung der genannten Besonderheiten des Natursteinmauerwerks aus Elbesandstein konzentrieren sich die geplanten Untersuchungen vorerst auf die mittige und ausmittige statische Druckbelastung von Quader- und regel-/unregelmäßigem Schichtenmauerwerk aus neu gebrochenem aber auch aus über 300 Jahre im Bauwerk beanspruchtem Stein bis zum Bruch. Im theoretischen Ansatz wird davon ausgegangen, daß der vergleichbar weiche Elbesandstein aufgrund seiner stofflichen Eigenschaften und seines anzutreffenden Mauerwerksverbandes eine gewisse Sonderstellung einnimmt, wobei die Mauerwerksfestigkeit maßgeblich durch die Zugfestigkeit des Steins bestimmt wird und die Tragfähigkeit deutlich über den in [1] als zulässig anzusetzenden Spannungswerten liegt. Zur späteren Beurteilung der Mauerwerksfestigkeit an vorhandenen Bauwerken werden auch die bisher bekannten zerstörungsfreien bzw. -armen Prüfmethoden an den Prüfkörpern getestet und mit den gemessenen Prüflasten verglichen. Dazu wird in allen Fällen das verwendete Gestein, seine Schichtung im Einbauzustand und die eventuelle Vorschädigung erfaßt.

Zwischenergebnisse der bisherigen Untersuchungen

In einer ersten Arbeitsstufe wird dazu das Trag- und Verformungsverhalten eines aus einheitlichen oder geometrisch wenig verschiedenen Quadern gebildete Mauerwerk bei einachsiger Druckbeanspruchung untersucht. Die experimentell zu prüfenden Wandscheiben $700 \times 700 \times 200$ mm folgen in ihren Abmessungen den RILEM-Empfehlungen [10], die ein Prüfalter von 28 Tagen an einem Mauerwerksverband aus zwei Steinlängen und fünf Schichten bei einer Dicke gleich der Steinbreite ($h/b = 3 \ldots 5$) vorsehen (Abb. 2).

Die modular gesägten Quader aus Cottaer und Postaer Stein, deren Abbau aus einer Bank einer Aufschlußstelle garantiert sind, werden an ihren Lager- und Stoßflächen durchgehend ungleichmäßig überspitzt und senkrecht zur visuell er-

2   *Wandscheibe, unregelmäßiges Schichtenmauerwerk mit Meßanordnung (US/1/Co)*

	Steinfestigkeit [N/mm²]		Im Versuch ermittelte Bruchspannungen [N/mm²]	
	$\beta_{P,St}$	$\beta_{Z,St}$	Regelmäßiges Schichtenmauerwerk	Unregelmäßiges Schichtenmauerwerk
Cottaer Sandstein	~ 22,1	~ 3,25	8,4–10,7 *RS/1–3/Co*	9,5–11,2 *US/1–3/Co*
Postaer Sandstein	~ 43,4	~ 3,95	11,2–16,8 *RS/1–3/PS*	8,4–14,0 *US/1–3/PS*

Tabelle: Festigkeitsversuche an Mauerprüfkörpern aus Cottaer und Postaer Sandstein

kennbaren Sedimentationsfläche eingebaut. Die Ausführung erfolgt in niederfestem Mörtel der MG I, der zum Erreichen einer gesicherten Frühfestigkeit unter Verwendung eines schwach hydraulischen Kalks hergestellt wird und im Mischungsverhältnis von 1 : 6 RT eine 28-Tages-Festigkeit von 0,7...1,0 N/mm² nach [8] erbringt. Die Stoß- und Lagerfugen sind durchgehend in einer Fugendicke von 15 ... 25 mm ausgebildet.

Der Prüfvorgang sieht abweichend von DIN 18554 wesentlich kleinere, kontinuierliche Laststufen vor, um detailliertere Angaben über das tatsächliche Verformungsverhalten von Mauerwerk als auch von Stein zu erhalten. Darüber hinaus ist die Möglichkeit der Lastkonstanthalte zum Nachweis anteiliger elastischer und plastischer Formänderungen gegeben. Die Verformungen werden ausschließlich an den Außenflächen der einzelnen Steine und teilweise über Lager- und Stoßfugen hinweg gemessen, um einen Vergleich zu den Verformungen an den geprüften Gesteinsprismen und die Einschätzung des Stauchungsverhaltens von Mörtel zu ermöglichen.

An je drei bisherigen Prüfkörpern einer Versuchsreihe (insgesamt zwölf), deren Parameter Steinmaterial, -oberfläche und Mörtel entsprechen, werden folgende Bruchspannungen ermittelt (s. Tab.):

Innerhalb der einzelnen Gruppierungen werden trotz der Streubreite signifikante Merkmale im Trag- und Verformungsverhalten erkennbar. Dem „Ausbröckeln" der Randbereiche der Fugen bei Laststeigerungen über etwa 8 N/mm² und der Teilflächenbeanspruchung folgen nachweislich Umlagerungen, Spannungskonzentrationen und Rißbildungen bei gemessenen Querdehnungen von 0,3 bis 0,45 mm/m. Die Risse entwickeln sich dabei von den Lagerfugen ausgehend lotrecht sowohl auf der Wandscheiben-Längs- als auch der Querseite. Bei unregelmäßigem Schichtenmauerwerk werden darüber hinaus typische Risse über den durchgehenden Stoßfugen beobachtet. Hier verläuft die Rißentwicklung – vermutlich auch unter stärkerer Biegezugbeanspruchung der flachen Steine – insgesamt schneller. Sichtbare Anisotropien bei Cottaer Stein wie fossile Einschlüsse führen zu frühzeitigen Rissen, die sich innerhalb der Sedimentationsschicht auch teilweise horizontal fortsetzen (Abb. 3, 4). Um alle Einflüsse aus dem Mauerwerksverband gesondert beurteilen zu können, werden parallel sogenannte „3-Stein-Versuche" durchgeführt. Sie gestatten eine relativ zuverlässige meßtechnische Erfassung des räumlichen Verformungszu-

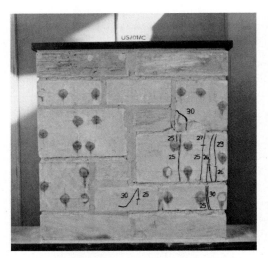

3 Wandscheibe im Bruchzustand, Rißbild und -verlauf lassen die oft unterschiedliche Beanspruchung und das konzentrierte Zerreißen der Steine erkennen (US/1/Co)

meßtechnisch auch im Mauerwerk nachgewiesen werden können und daß bei Erreichen der Zugfestigkeit des Steins infolge Querzug der Bruchzustand eingeleitet wird. Dabei spielt offensichtlich die Mörtelfestigkeit eine untergeordnete Rolle, was durch weitergehende Versuche mit Mörtelgruppe MG II–III nachgewiesen werden soll. Als weitere wichtige Einflußgrößen werden die Variationen der Oberflächenbeschaffenheit der Steine, die daraus resultierenden Teilflächenbeanspruchung und das Verhältnis Steinhöhe zu Fugendicke bzw. -neigung angesehen.

Außerdem werden die begonnenen Vergleichsmessungen der Ultraschall-Laufzeiten als zerstörungsfreie Prüfmethode, basierend auf den Erfahrungen nach [15], mit den Schwerpunkten fortgesetzt, die petrografischen und strukturellen

4 Fossile Einschlüsse und größere Störungsbereiche waren Ursache für ein vorzeitiges Versagen (US/2/Co)

standes und eine Gegenüberstellung der Bruchlasten mit denen der einzelnen Mauerwerkstrukturen (Abb. 5). Erste Versuchsauswertungen und theoretische Ansätze zur Bestimmung der Mauerwerksfestigkeiten stehen in [12] zur Verfügung.

Für beide Versuchskörperarten war typisch, daß sich auch nach dem Bruch der Lagerfugenmörtel mit Ausnahme der Randzonen – trotz der starken Säulenbildung des umgebenden Steins – in einem noch nicht zerstörten, ungerissenen Zustand befindet, der durchaus die Probeentnahme und Prüfung in Anlehnung an [13, 14] ermöglicht.

Schlußfolgerungen für weitere Arbeiten

Die bisherigen Untersuchungen an genormten Kleinprüfkörpern zur Ermittlung der stofflichen Parameter von Postaer und Cottaer Stein und verschiedensten Mörteln sowie die durchgeführten Wandscheiben- und „3-Stein-Versuche" in MG I haben zum Ergebnis, daß die an den Kleinprüfkörpern ermittelten σ-ε-Werte

Anisotropien zu erkennen und ihre Auswirkungen auf die Mauerwerksfestigkeit festzustellen.

Langzeitbeobachtungen zum zeitlichen Verlauf der Zwängungen sollen qualitative Aussagen zur Sicherheitsproblematik der durch Kurzzeitversuche ermittelten Festigkeitswerte liefern.

Literatur

[1] DIN 1053 Teil 1 – Mauerwerk, Berechnung und Ausführung. Ausgabe 1990

[2] MANN, W.: Zum Tragverhalten von Mauerwerk aus Natursteinen. Mauerwerk-Kalender 1983, S. 675

[3] RUSTMEIER, G.: Untersuchungen über Einflüsse auf die Drucktragfähigkeit von Bruchsteinmauerwerk. Dissertation, Darmstadt 1982

[4] STIGLAT, K.: Zur Tragfähigkeit von Mauerwerk aus Sandstein. Bautechnik 61 (1984), H. 2, S. 51; H. 3, S. 94

[5] Sonderforschungsbereich 315, Universität Karlsruhe – Erhalten historisch bedeutsamer Bauwerke. Antrag für die Jahre 1991–1993, Teilprojekt C 2

[6] GRUNERT, S.: Der Sandstein der Sächsischen Schweiz als Naturressource, seine Eigenschaften, seine Gewinnung und Verwendung in Vergangenheit und Gegenwart. Dissertation B, Dresden 1983

[7] SARRAZIN, O.; SCHULTZE, F.: Die Instandsetzungsarbeiten am Turme der katholischen Hofkirche in Dresden. Zentralblatt der Bauverwaltung 24 (1904), Berlin, S. 297

[8] DIN 18555 Teil 1–6 – Prüfung von Mörtel mit mineralischen Bindemitteln. Ausgabe 1982

[9] SCHUBERT, P.: Eigenschaftswerte von Mauerwerk, Mauersteinen und Mauermörtel. Mauerwerk-Kalender 1990, S. 121

[10] ISO-Entwurf TC 179/SC 3/N 19; Ausgabe 1988

[11] DIN 18554 – Mauerwerk, Prüfung.

[12] BERNDT, E.; SCHÖNE, I.: Tragfähigkeitsversuche an Natursteinmauerwerk aus sächsischem Sandstein zur Beurteilung historischer Konstruktionen. Eingereichter

5 Tiefes „Ausbröckeln" des Lagerfugenmörtels und säulenförmiges Bruchbild (3-Stein-Versuch)

Beitrag zur 9. Internationalen Mauerwerks-Konferenz 1991

[13] Vorläufige Richtlinie zur Ergänzung der Eignungsprüfung von Mauermörtel. DGfM – Mauerwerksbau aktuell, Bonn 1990

[14] WÖHNL, U.; RIECHERS, H. J.: Die Druckfestigkeit von Mauermörtel in der Lagerfuge – Einflüsse und Prüfverfahren. Bautenschutz und Bausanierung 13 (1990), H. 4, S. 56

[15] BERGER, F.; WENZEL, F.: Einsatzmöglichkeiten zerstörungsfreier Untersuchungsmethoden an Mauerwerk, insbesondere an historischen Bauten. In: Erhalten historisch bedeutsamer Bauwerke, SFB 315, Universität Karlsruhe, Jahrbuch 1988, Berlin 1989, S. 69

Summary

Proceeding from the geologic and petrographic characteristics of the Elbe sandstone occurring mainly in two varieties, first experimental findings on the bearing and deformation behaviour of the respective walling are represented. To determine compressive strength, plates of coursed rubble walling and ashlar walling are used which were walled-up by lime mortar in the first test series. The programme for the determination of the principal compressive and deformation characteristic features is completed by additional tests of small test samples made from stone, mortar and walling, and later on non-destructive testing methods will be included for comparative considerations.

Résumé

Les premiers résultats d'expériences relatives au comportement sous différentes sollicitations et à la déformabilité d'un ouvrage de maçonnerie en grès de l'Elbe sont présentés ici sur la base des caractéristiques géologiques et pétrographiques particulières à ce grès dans ses deux variétés les plus courantes. Des galettes extraites d'ouvrages de maçonnerie en assises ou en pierres de taille, murées dans la première série d'expériences avec du mortier de chaux, sont utilisées afin de déterminer la résistance à la pression. Des expériences complémentaires effectuées sur de petits échantillons de pierre, mortier et maçonnerie complètent le travail d'identification de toutes les principales propriétés mécaniques et caractéristiques de déformation; par la suite, des méthodes d'étude non destructives seront également utilisées à des fins de comparaison.

Abbildungsnachweis

Alle Abbildungen SFB 315, Teilprojekt C 2 Dresden

MARTIN KAHLE, BERNHARD ILLICH UND BERNHARD SEREXHE

Erkundung des Untergrundes der Kathedrale von Autun mit dem Radarverfahren

Vorbemerkungen

Zur Jahreswende 1990/91 begann im Chorbereich der Kathedrale Saint-Lazare in Autun in Burgund (Frankreich) eine Grabungskampagne mit dem Ziel, im Untergrund verborgene Strukturen, Fundamentreste und Ausstattungsteile freizulegen um hierdurch Hinweise auf frühere Bau- und Nutzungsphasen zu erhalten. Im Mittelpunkt des Grabungsinteresses standen die Wiederauffindung der Reste sowie die genauere Rekonstruktion des berühmten, 1767 zerstörten, Lazarusgrabes.

Noch vor Beginn der Grabung wurden im Dezember 1990 Radarmessungen durchgeführt, die in Erwartung der seltenen Gelegenheit einer exakten Kontrolle der Ergebnisse durch die nachfolgende Grabung vor allem als Test der Untersuchungsmethode konzipiert waren.* Darüber hinaus konnte die zerstörungsfreie, indirekte Voruntersuchung aber auch die archäologische Grabung günstig beeinflussen. Hierdurch sollte die Leistungsfähigkeit der angewendeten Erkundungsmethode, auch im Hinblick auf zukünftige Kampagnen mit ähnlichen Rahmenbedingungen, beurteilt werden.

Seit Anfang 1989 führt eine Gruppe am Institut für Tragkonstruktionen in Verbund mit dem SFB 315 ein vom Bundesminister für Forschung und Technologie gefördertes Forschungs- und Entwicklungsprogramm durch, das die Einsatzmöglichkeiten zerstörungsfreier Untersuchungsmethoden an historischem Mauerwerk bewerten und verbessern soll [1]. Eine umfassende Darstellung dieser Tätigkeit in einem Sonderheft der Schriftenreihe „Arbeitshefte des SFB 315" ist in Vorbereitung.

Die Kathedrale Saint-Lazare

Baugeschichtlicher Überblick

Auf einer Erhebung im mittelalterlichen Stadtkern von Autun wurde um 1120, in unmittelbarer Nachbarschaft zur Kathedrale Saint-Nazaire, auf einem durch Herzog Hugo II. von Burgund zur Verfügung gestellten Gelände mit dem Bau einer Pilgerkirche für die Reliquien des Hl. Lazarus begonnen. Nachdem die Apsiden errichtet waren, erfolgte eine den Wandaufriß von Cluny III adoptierende Planänderung. Die Arbeiten waren etwa bis zum großen Seitenportal am Nordquerhaus fortgeschritten, als die noch im Bau be-

* Maßgeblichen Anteil am Zustandekommen und der Durchführung der Untersuchungen hatten Dietrich Elger und Gerhard Kopf. Die Autoren danken für die Koordination und die Mitarbeit. Parallel zur Radarmessung wurden vom Centre de Recherches Géophysiques in Garchy (CNRS) unter der Leitung von Albert Hesse geoelektrische Messungen durchgeführt, deren Ergebnisse in einer künftigen Veröffentlichung mit den Ergebnissen des Radarverfahrens verglichen werden sollen.

1 Die Kathedrale Saint-Lazare über der Altstadt von Autun. Ansicht von Osten

findliche Kirche im Jahre 1130 durch Papst Innozenz II. geweiht wurde (Abb.1). Schon 1146 konnten die Lazarusreliquien aus der Kathedrale Saint-Nazaire in die weitgehend fertiggestellte neue Pilgerkirche übertragen werden. In einer zweiten Bauphase wurde ab 1178 vor dem prächtigen Portal der Westfassade ein Vorbau mit zwei Türmen errichtet, und ab 1195 teilte Saint-Lazare den Kathedraltitel mit der älteren Kathedrale Saint-Nazaire.

Zunehmend starke, durch den Schub der Tonnengewölbe verursachte Verformungen und Schiefstellungen der Mittelschiffspfeiler und -wände erforderten um 1292 den Anbau von Strebepfeilern und von die Seitenschiffsdächer überspannenden Strebebögen.

Im Jahre 1468 wurde ein großer Teil der Kirche von einem durch Blitzschlag verursachten Brand zerstört. Beim Wiederaufbau des Vierungsturms und der Dächer wurde eine umfassende Gotisierung im flamboyanten Stil vorgenommen. Die Apsiden wurden durch Aufsetzen gotischer Laternen mit hohen Lanzettfenstern überhöht und die Seitenschiffe durch Anfügen von Seitenschiffskapellen zwischen den Mauermassiven der Strebepfeiler sowie einer einheitlich flamboyanten Seitenfassade umgestaltet.

Noch vor den Plünderungen während der Französischen Revolution kam es durch umfangreiche „Verschönerungsmaßnahmen" im Geiste der Aufklärung zur Zerstörung aller Grabdenkmäler sowie der anderen romanischen und gotischen Einbauten. Diesen Veränderungen fiel 1767 auch das in der Apsis stehende, berühmte „Lazarusgrab" aus der 2. Hälfte des 12. Jahrhunderts zum Opfer. An seine Stelle trat eine prunkvolle Marmorverkleidung der Hauptapsis und des gesamten Chorbereichs sowie ein barocker Hauptaltar (Abb. 2).

Größere und bedenkliche Bauschäden im Vierungsbereich machten im 19. Jahrhundert umfangreiche Sicherungsarbeiten erforderlich. Hauptursache der Schäden war die Überlastung der Vierungspfeiler, der benachbarten Pfeiler und ihrer Fundamente durch die Last des schweren gotischen Turmes. Diese Bauteile wurden gegen 1860 erneuert und verstärkt, wobei das Belassen der aufgehenden Konstruktion (Turm, Gewölbe etc.) umfangreiche Abstützungsmaßnahmen voraussetzte.

Weitere Restaurierungsmaßnahmen – unter der Leitung Viollet-le-Ducs – zielten auf eine „Reromanisierung" des durch seine drei Türme und die hohen gotischen Dachstühle beherrschten Außenbaus. Während die Dächer und Giebel der Seitenschiffe, des Mittelschiffs und des Querhauses in romanisierende Formen zurückgeführt wurden, mußte das Dach des Chors wegen der überhöhten Apsis in seiner gotischen Form belassen werden. Die beiden Türme des Vorbaus wurden weitgehend abgetragen und durch neue Aufbauten ersetzt.

Hatte schon die Verstärkung der romanischen Vierungspfeiler den teilweisen Abbau der Chorverkleidung notwendig gemacht, so erfolgte im Jahre 1939 die endgültige Entfernung aller barocken Ausstattungteile mit dem Neubau eines modernen Hauptaltars, der seinerseits erst vor wenigen Jahren abgerissen wurde. Der seitdem nur provisorisch eingerichtete Sakralbereich soll bis Ende 1992 vollständig neu ausgestattet werden.

Auch heute zeigen sich große Teile der Kathedrale in einem sehr schadhaften Zustand. Vor allem an den Dächern sind umfangreiche Arbeiten erforderlich, was erneut die Frage nach der richtigen Dachform aufwerfen wird.

Das Lazarusgrab und andere Einbauten im Chorbereich

Das erst nach Vollendung der Kirche im 3. Viertel des 12. Jahrhunderts errichtete, monumentale Grabdenkmal des Lazarus ist erstmals 1936 anhand von im 19. Jahrhundert gefundenen Skulpturteilen sowie zweier historischer Quellen aus der Zeit vor seiner Zerstörung (1767) durch den deutschen Kunsthistoriker Richard Hamann [2] beschrieben und rekonstruiert worden. Nach dem Auffinden weiterer Skulpturteile waren vor allen die zeitliche Einordnung sowie die stilistische Herkunft seines reichen marmornen Skulpturenschmucks Gegenstand breiten kunsthistorischen Interesses. Die auf einem internationalen Kolloquium 1985 in Autun [3] kontrovers diskutierten Standpunkte ließen deutlich die Notwendigkeit einer archäologischen Grabung erkennen, ohne die entscheidende Fragen vorerst nicht geklärt werden konnten.

Die erste überlieferte Beschreibung des Lazarusgrabes ist in einer Untersuchung aus dem Jahre 1482 zu Protokoll gebracht, in der versucht wurde, die Authentizität der Reliquien zu belegen.[1] Die offenbar monumentale Bauweise hatte den Streit um die Authentizität nicht beizulegen vermocht, wurden doch auch in Marseille, in

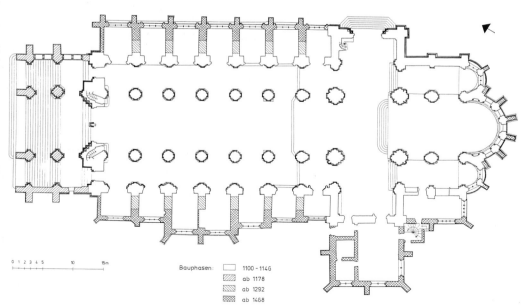

Bauphasen: ☐ 1100 - 1146 ▨ ab 1178 ▨ ab 1292 ▨ ab 1468

0 1 2 3 4 5   10   15m

2   Die historischen Bauphasen der Kathedrale Saint-Lazare nach der Bauaufnahme von B. Serexhe, O. Juffard und P. Desamais aus dem Jahr 1990

Andlau im Elsaß und in unmittelbarer Nähe von Autun, in Avallon, Reliquien des Lazarus verehrt. In dem Protokoll heißt es:

„Danach führten uns jene Ehrwürdigen zu einer Art von Tabernakel hinter dem Hochaltar der genannten Kirche; es ist wie eine Kirche aufgestellt und aus schwarzem und weißem, ja sogar porphyrfarbenem Marmor aufgebaut. Im Inneren dieses Tabernakels wird ein Grab sichtbar, das innen die Gestalt eines in ein Leichentuch eingewickelten und so begrabenen Menschen enthält, des Lazarus nämlich, den Christus von den Toten erweckte ... Unter dem genannten Tabernakel, nahe neben dem Hochaltar, dort, wo der Leichnam des seligen Lazarus in dem schon erwähnten Grabe ruhen soll, hat man kunstvoll eine Art unterirdischen Gang gemacht, durch den das Volk, das ständig, um der Verehrung willen, zur Kirche des Hl. Lazarus herbeiströmt, hindurchzugehen pflegt. Auf der einen Seite geht es drei Stufen hinab – man muß mit gebeugten Knien gehen – auf der anderen Seite wieder 3 Stufen hinan. Dieser Gang ist auf den Stufen sowohl wie im unteren Teil derart abgeschliffen und dadurch, daß das ständig sich wiederholende Hindurchgehen so zur Gewohnheit geworden ist, ausgetreten und ausgehöhlt, daß die Spuren der Schritte und des Hindurchgehens selbst in dem ganz harten Stein offensichtlich sind."[2]

Die zweite Beschreibung des Lazarusgrabs ist aus dem 18. Jahrhundert überliefert[3]:

„Das Grab ist eingeschlossen in ein Mausoleum von verschiedenfarbigem Marmor von ungefähr 6,5 m Höhe. Es gibt im kleinen die Kathedrale wieder. Die Ausführung ist sehr schön, dem Geschmack der Zeit entsprechend, in der es errichtet wurde. Es ist außen mit Pilastern, Pfosten, Säulen und figürlichen Kapitellen geschmückt, die die Mysterien unserer Erlösung darstellen ... Über dem Dach, das mit Schuppen verschiedener Art und

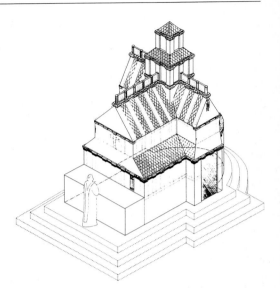

3   Rekonstruktionszeichnung des Lazarusgrabes (Rollier, Gilles [4])

Farbe bedeckt ist, ist ein Glockenturm, auf dessen Spitze ein Gotteslamm aus weißem Marmor steht, und an den vier Ecken die vier Tiere der Evangelisten aus gleichem Marmor ... Unter diesem Mausoleum ist ein flaches, ziemlich enges, durchgehendes Gewölbe; man steigt dort 4 oder 5 Stufen hinab, darunter kann man nur gebückt gehen, und der Boden, obwohl aus sehr hartem Marmor, ist infolge der Menge der Gläubigen, die dorthin kommen, um Heilung von ihrer Krankheit zu empfangen, ausgehöhlt. Man betritt das Mausoleum durch zwei kleine Holztüren in denselben architektonischen Formen wie die übrige Arbeit."[4]

Nach beiden vorliegenden Beschreibungen stand das Lazarusgrab seiner Bedeutung angemessen an zentraler Stelle im Chorbereich, etwa zwischen der Mitte des zweiten Chorjochs und der Apsismitte. Eine genauere Angabe seines Standorts sowie seiner Ausbreitung war bis zur Grabung nicht möglich. Zwischen dem Mausoleum und dem Apsisscheitel muß jedoch noch ziemlich viel freier Raum gewesen sein, da die Beschreibung des

18. Jahrhunderts dort noch einen Johannesaltar und eine Grablege überliefert. Weiter ist anzunehmen, daß der Bau in seinem Aufbau der Form einer Kirche entsprach. Zu diesem Ergebnis kommen auch die Rekonstruktionsbemühungen von Hamann (op. cit) und Rollier ([4], Abb. 3)

Übereinstimmend berichten beide Beschreibungen, daß ein schmaler, flach überwölbter Gang durch das Mausoleum hindurchführte, der von außen her über einige hinabführende Stufen erreichbar war. Von diesem Gang aus konnte man unter einem Gewölbe eine figürliche Inszenierung der Wiedererweckung des Lazarus durch Christus sehen. Drei der etwa 1,30 Meter hohen Begleitfiguren werden heute im Musée Rolin in Autun aufbewahrt.

Der sich in westlicher Richtung an das Mausoleum anschließende romanische Hauptaltar (Abb. 3) war 1727 derart schadhaft, daß er erneuert werden mußte. Die gleichzeitige Restaurierung des Grabmals umfaßte auch die Erneuerung verlorener Teile durch Stuckarbeiten.

Ein Menschenalter später entsprach der steinerne Ernst der Chorarchitektur und des Grabmals nicht mehr dem neuen Geschmack der Aufklärung. Man empfand sie als *architecture et sculpture primitive et barbare* und beschloß 1765 den Abriß des berühmten Mausoleums und die Umgestaltung des Chors durch eine prachtvolle Marmorverkleidung sowie den Einbau eines barocken Hauptaltars.

Die vorliegenden Beschreibungen berichten über weitere Einbauten im Chorbereich, die im Laufe der Jahrhunderte gestiftet worden waren und nun ebenfalls den neuen Choreinbauten ihren privilegierten Platz räumen mußten. Unter diesen Einbauten sind insbesondere das Grabmal aus dem 12. Jahrhundert der Grafen von Bar und Montbéliard, vermutlich Stifter während der Erbauungszeit der Kirche, ferner ein steinerner, im 15. Jahrhundert von Kardinal Rolin gestifteter Re-

liquienschrein, ein Johannesaltar im Apsisscheitel und, zwischen diesem und dem Mausoleum, eine Grablege zu nennen.

Das Verfahren der elektromagnetischen Reflexion

Zerstörungsfreie Untersuchungsverfahren

Zerstörungsfreie Untersuchungsverfahren sind indirekte physikalische Meßmethoden; sie liefern nicht unmittelbar die gewünschten Befunde, sondern physikalische Kenngrößen, welche mehr oder weniger eng mit den gesuchten Eigenschaften korreliert sind. Elektrische Verfahren z. B. können ausschließlich elektrische Materialkenngrößen bestimmen. Aufgrund dieses Charakteristikums ist es verständlich, daß die Auswertung und Interpretation der Meßwerte aufwendig ist und häufig nicht eindeutig sein kann. Die Aussagefähigkeit der Untersuchung läßt sich verbessern, wenn durch Probenentnahme oder Sondierung stichprobenhaft die Daten kalibriert oder überprüft werden können. Eine Untersuchungskampagne ist dann jedoch allenfalls zerstörungsarm. Auch können die Erfolgsaussichten durch den Einsatz mehrerer zerstörungsfreier Untersuchungsverfahren und die Korrelation der Meßgrößen erhöht werden.

Physikalische Grundlagen

Elektromagnetische Wellen im Mikro- und Radiowellenbereich haben die Fähig-

---

1 Procés verbal touchant le chef de Saint Lazare, 24 juin 1482, Autun, Archives de l'évêché, 1 cahier in f°.

2 ibid., 1482, zitiert nach HAMANN, op. cit., S. 191 ff.

3 Essay de l'histoire de la cité des Eduens, appelée par les Latins Aedua et à présent Autun. Rouen, Bibliothèque municipale, MS 2020.

4 ibid., zitiert nach HAMANN, op. cit., S. 196 ff.

keit, mineralische Baustoffe zu durchdringen. Leitet man einen in einer Apparatur generierten Impuls elektromagnetischer Wellen über eine auf der Oberfläche plazierte Sendeantenne in einen Körper, so durchlaufen die Wellen das entsprechende Medium mit einer stoffspezifischen Ausbreitungsgeschwindigkeit v. Für nichtmagnetische mineralische Stoffe gilt näherungsweise: $v = c/\sqrt{\varepsilon}$, wobei c die Geschwindigkeit der elektromagnetischen Wellen im Vakuum (die Lichtgeschwindigkeit) mit $3 \sqrt{10^8}$ m/s und ε die Dielektrizitätszahl ist. Beim Fortschreiten der Wellen wird ihre Amplitude durch Divergenz (die z. B. kugelförmige räumliche Ausbreitung), Reflexion, Streuung und Absorption geschwächt.

Beim Übergang von einem Medium in ein anderes mit abweichenden elektrischen Eigenschaften wird ein Teil der einfallenden Wellen gebrochen, während der verbleibende Anteil an der Grenzfläche reflektiert wird. Dies gilt nicht für metallische Körper (z. B. Bewehrungsstahl), an deren Oberfläche eine Totalreflexion eintritt. Der Kontrast der Dielektrizitätszahlen der benachbarten Materialien bestimmt das Reflexionsvermögen der Trennfläche, das näherungsweise durch den Fresnel'schen Reflexionskoeffizienten beschrieben wird, der für nichtmagnetische Stoffe mit $R = (\sqrt{\varepsilon_1} - \sqrt{\varepsilon_2})/(\sqrt{\varepsilon_1} + \sqrt{\varepsilon_2})$ angegeben werden kann [5]. Die Amplitude der reflektierten Wellen wird im weiteren durch die Größe, Form (eben oder gekrümmt), Lage (parallel zur Oberfläche oder geneigt) und Beschaffenheit (glatt oder rauh) der Grenzfläche bestimmt. Gelangen die Reflexionen eines Impulses an die Bauteiloberfläche zurück, so können sie dort von einer Empfangsantenne aufgenommen und in der Geräteeinheit verarbeitet werden.

Die Absorption der elektromagnetischen Wellen wird durch Umwandlung der Energie in Wärme verursacht, da die polarisierbaren Bausteine der Materie zum Mitschwingen angeregt werden. Sie wird durch den Absorptionskoeffizienten α im Exponenten der e-Funktion der Radargleichung, die die Leistungsabnahme mit dem Laufweg beschreibt, quantifiziert. Dabei ist α abhängig von dem spezifischen elektrischen Materialwiderstand, der Dielektrizitätszahl und der Frequenz der elektromagnetischen Wellen.

Die genannten elektrischen Kennwerte, die Dielektrizitätszahl und der spezifische elektrische Widerstand, die das Verhalten der elektromagnetischen Wellen bestimmen, sind keine Konstanten, sondern sind abhängig vom Material, der Porenstruktur, der Temperatur, dem Spannungszustand, dem Feuchtegehalt, dem Salzgehalt, der Meßfrequenz u. a. m. [6]. Unter den vorliegenden Bedingungen (Frequenz zwischen 100 und 1 000 MHz, Temperatur annähernd konstant, Druck gering) sind die wichtigsten Einflußfaktoren die Materialzusammensetzung und -struktur sowie der Gehalt und die Verteilung von Feuchte und Salzen.

So ist die Dielektrizitätszahl ε von Luft bzw. Vakuum 1, von trockenen mineralischen Stoffen ca. 4 bis 8 und von Wasser etwa 80. Der Wassergehalt beeinflußt dementsprechend die Dielektrizitätszahl maßgeblich und dominiert damit das Verhalten der elektromagnetischen Wellen, siehe z. B. den oben angegebenen Reflexionskoeffizienten [5]. Der spezifische elektrische Widerstand des Materials ist vor allem von den Poreninhalten – Luft, Wasser mit elektrolytischen Leitfähigkeitsanteilen durch die gelösten Salze – und der Meßfrequenz abhängig. Eine starke Belastung durch Feuchte und Salze und die Wahl einer hohen Frequenz bedingen eine hohe Absorption und damit eine geringe Reichweite der elektromagnetischen Wellen.

Das Auflösungsvermögen des Untersuchungsverfahrens, d. h. die Fähigkeit, geometrisch kleine Anomalien zu orten, ist ebenfalls frequenzabhängig. Kriterium hierbei ist bei Anwendung der Reflexionsmethode die Dauer des abgestrahlten Signals.

Das Radarverfahren

Bei den Untersuchungen im Chor der Kathedrale von Autun wurde ein Radargerät eingesetzt, das von einem amerikanischen Hersteller für Erkundungen des geologischen Nahbereiches (z. B. Baugrund, Dämme und Deponien) sowie für die archäologische Prospektion entwickelt wurde. Das verwendete Aufzeichnungs- und Datenverarbeitungssystem wurde von dem Gerätebetreiber speziell für das Bodenradarverfahren aufgebaut. Das Meßprinzip entspricht dem zu Ortungszwecken im Flugverkehr und in der Schiffahrt angewendeten Luftradarverfahren, das ebenfalls eine Anwendung der Reflexionsmethode mit kontinuierlicher Abtastung ist.

Die Untersuchungsmethode basiert auf dem Prinzip der Reflexion elektromagnetischer Wellen. Eine Sendeantenne strahlt einen auf wenige Milliwatt Leistung begrenzten Impuls elektromagnetischer Wellen ab, die zum Teil durch Reflexion an Materialgrenzflächen zurück zur Bauteiloberfläche gelangen und dort von der Empfangsantenne aufgenommen werden. Die Signale werden in der Steuereinheit verstärkt und danach analog auf Papier in einem Radargramm aufgezeichnet oder in einem angeschlossenen Kleinrechner digital abgespeichert. Im Computer sind zahlreiche Formen der Datenverarbeitung und -darstellung möglich, wobei die wichtigste Darstellungsform stets das Radargramm ist.

Das Radarverfahren arbeitet im Prinzip berührungslos, so daß die bei anderen Untersuchungsverfahren notwendige feste Ankopplung an die Bauteiloberfläche entfällt. Dieser Vorteil führt in Verbindung mit der hohen Laufgeschwindigkeit der elektromagnetischen Wellen zu einem ausgezeichneten Meßfortschritt. Werden Sende- und Empfangsantenne, die dicht nebeneinander in einem Gehäuse angeordnet sind, gleichmäßig auf einer Meßlinie verschoben (ca. 30 cm/s), so kann ein Meßpunktabstand von ca. 3 cm erreicht werden.

Ein Radargramm stellt die auf dieser Meßlinie aus den Impulsfolgen gewonnenen Daten in außerordentlich komprimierter Form dar. An jedem Punkt der Meßlinie (nach rechts aufgetragen) wird die nach einer Laufzeit t empfangene reflektierte Signalamplitude entsprechend einer voreingestellten Farb- oder Graustufenzuordnung aufgetragen. Bei den in den Abbildungen (z. B. 8–11) wiedergegebenen Radargrammen bedeuten helle bzw. dunkle Stellen Bereiche geringer bzw. großer reflektierter Leistung. Dabei wurden die Signalamplituden in der Kontrolleinheit zuvor mit einer laufzeitabhängigen Funktion verstärkt, um die Schwächung der Signale z. B. durch Absorption zu kompensieren. Die Lot-Zeit-Darstellung im Radargramm ist ein Zeit-Ereignis-Profilschnitt, der bei Kenntnis der materialabhängigen Wellenfortpflanzungsgeschwindigkeit und der physikalischen Grundprinzipien in einen geometrischen Querschnitt (Tiefenschnitt) mit Ereigniszonen umgewandelt werden kann.

Mit einem Untersuchungsverfahren, das auf dem Einsatz elektromagnetischer Wellen basiert, können ausschließlich elektrische Materialeigenschaften oder Gradienten, d. h. Unterschiede elektrischer Größen, bestimmt bzw. geortet werden. Diese Eigenschaften korrelieren mit der Struktur und dem Zustand des untersuchten Bereiches. Abbildung 4 erläutert den Einfluß der Erkundungsziele ‚Schichtgrenzen‘, ‚Eingebettete Strukturen‘ und ‚Lokale Anomalien‘ auf das Verhalten der elektromagnetischen Wellen und die Datendarstellung im Radargramm.

Für jede Erkundungsaufgabe ist die geeignete Radarantenne zu wählen, da die Arbeitsfrequenz sowohl die Reichweite beeinflußt, die größer für tieffrequente elektromagnetische Wellen ist, als auch die Auflösung, die bei hochfrequenten Signalen günstiger wird. Ein gerätetechni-

ERKUNDUNGSZIEL

SCHICHTGRENZEN   EINGEBETTETE   LOKALE ANOMALIEN
                              STRUKTUREN

STRUKTURMODELL

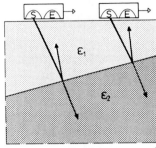
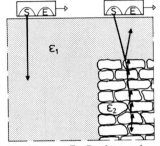
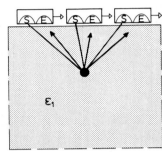

S ... Sendeantenne   E ... Empfangsantenne $\varepsilon_1, \varepsilon_2$ ... Dielektrizitätszahl von
                                                          Material 1, 2

EMPFÄNGERSIGNAL   (laufzeitabhängig verstärkt)
                     − − − Druckerschwelle
                     — · — Laufzeitkurve
                     t ... Zweiwegelaufzeit zwischen Impulsgabe und Signalempfang

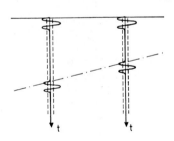
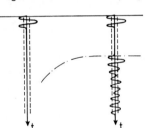
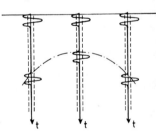

RADARGRAMM   (Hinweis: Das zuerst empfangene Signal ist das Primärsignal aus
                     geräteinterner Reflexion und Oberflächenreflexion)

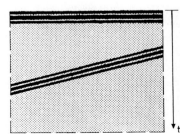
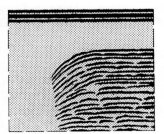
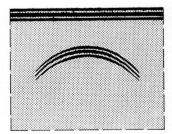

*4   Erläuterungen zum Radarverfahren. Signalaufzeichnung und graphische Datendarstellung in
Abhängigkeit von den Erkundungszielen*

sches Kriterium für das Auflösungsvermögen ist die Dauer des Impulses. Durch Verwendung eines Pulsgenerators und einer Dipolantenne mit gutem Abklingverhalten ist es gelungen, einen sehr kurzen Impuls von drei Halbwellen zu realisieren. Die Impulsdauer bei der verwendeten 500 MHz-Antenne beträgt etwa 3 ns (1 Nanosekunde = 10^{-9} Sekunden).

Die verwendeten Dipolantennen weisen eine charakteristische Richtungsabhängigkeit auf. Dies führt zu einer besseren Erkennbarkeit von länglichen, parallel zum Dipol bzw. quer zum Profil liegenden Strukturen (z. B. Leitungen oder Bewehrungsstählen). Zudem wird in der Profilrichtung eine dichte, kontinuierliche Datenaufnahme vollzogen, während senkrecht dazu Lücken entsprechend dem Profilabstand bestehen. Somit hat die gewählte Profilrichtung Einfluß auf die Auflösung bestimmter geometrischer Strukturen, weshalb das Meßgebiet zweckmäßig in jeweils zwei orthogonalen Richtungen überfahren wird.

Radarmessungen

Erkundungsziele, Meßprogramm

Wie bei jeder Untersuchungskampagne erforderlich, wurden vor Beginn der Messungen Untersuchungsbereich, Erkundungsziele sowie die gewünschte Meßdichte festgelegt und entsprechend den Anforderungen ein Meßprogramm erstellt. Ziel der Untersuchung war die Ortung und Darstellung verborgener Strukturen im Untergrund des Chorbereichs, vor allem von Resten oder Fundamenten früherer Einbauten, etwa des Lazarusgrabes, des Hauptaltars, oder von Grablegen; im weiteren die Auffindung von Schichten und Bereichen, in denen in der Vergangenheit Bau- oder Grabungsmaßnahmen durchgeführt wurden; daneben die Detektion lokal begrenzter Anomalien und Materialeinlagerungen wie Leitungen, Kanäle, diverse Fundstücke (metallische

Massen, Skulpturteile). Angestrebt wurde eine maximale Untersuchungstiefe von ca. 2,5 m, wobei das Interesse vor allem dem Tiefenbereich bis 1,5 m galt.

Die Anforderungen an die Auflösung des Untersuchungsverfahrens, an die Datendarstellung und Meßwertinterpretation waren relativ hoch, so daß neben einer großen Meßdichte ein erhöhter Aufwand bei der Auswertung erforderlich wurde. Aufgrund der gerätebedingten Richtungsabhängigkeit des Auflösungsvermögens wurden die Messungen auf einem orthogonalen Meßraster durchgeführt. Eingesetzt wurden zwei Antennentypen: eine 500 MHz-Antenne mit hoher Auflösung und eine 300 MHz-Antenne mit geringerer Auflösung, aber größerer Eindringtiefe.

Meßeinsatz

Im Chorbereich der Kathedrale von Autun wurde ein Meßraster mit 50 cm Rasterweite eingemessen und markiert. Auf diesem Raster wurden mit der 500 MHz-Antenne die in Abb. 5 dargestellten Profile mit je 25 cm Abstand in x- und y-Achsenrichtung aufgenommen. Mit der 300 MHz-Antenne wurden Profile mit 50 cm Abstand aufgenommen.

Die 500 MHz-Antenne wurde auf einem kleinen Wagen entlang der Meßlinie fortbewegt (Abb. 6). Durch einen elektronischen Wegzähler wurde die Impulsgabe gesteuert und die geometrische Zuordnung registriert. Da variierende Meßgeschwindigkeiten ohne Relevanz blieben, wurde eine äquidistante Meßfolge und eine genaue geometrische Zuordnung des aufgenommenen Datenmaterials erzielt. Der erfaßte Tiefenbereich lag bei etwa 0 bis 2,0 m.

Die weit größere 300 MHz-Antenne wurde mit möglichst gleichbleibender Geschwindigkeit direkt über die relativ glatte Oberfläche des Steinbodens geschleift. Mit einem elektrischen Marker wurde die Lage der Rasterlinien beim Überfahren festgehalten. Durch einen späteren rech-

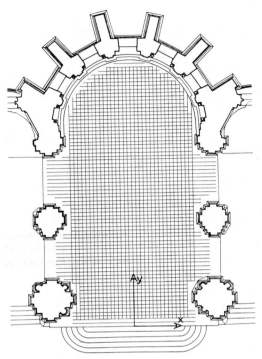

5   *Grundriß des Chorbereichs mit dem ver-*
wendeten Koordinatensystem und den mit der
500 MHz-Antenne aufgenommenen Profilen.
Profilabstand ist 25 cm

nerischen Verarbeitungsschritt konnte die Meßfolge annähernd abstandsgleich gemacht werden. Die Untersuchungstiefe reichte bis ca. 2,5 m.

Zur Meßwertaufnahme wurde die EMR-Steuereinheit kombiniert mit einem rechnergestützten digitalen EMR-Aufzeichnungssystem mit hohem Dynamikumfang.[5]

Im Verhältnis zur aufgenommenen Datenmenge war der Meßfortschritt sehr gut. Der zeitliche Aufwand kann mit zehn Stunden für den Aufbau der Meßeinrichtung, den Auftrag des Meßrasters, für Geräteeinstellungen und Probemessungen und die eigentliche Meßwertaufnahme mit den beiden Antennen sowie zuletzt die Komprimierung und Sicherung der Daten abgeschätzt werden. Demhingegen ist der

Aufwand für die Datenbearbeitung und -auswertung weit höher anzusetzen (etwa fünfmal so hoch).

Meßwertverarbeitung und Datendarstellung

Ziel der Datenbearbeitung ist die Beseitigung verfahrensbedingter Mängel, die eine Unschärfe oder Artefakte verursachen können, sowie die Herausstellung und Verstärkung der erwünschten Meßwerte. Ziel der Datendarstellung ist eine Konzentration der entscheidenden Meßwerte in eine übersichtliche, komprimierte Form.

Durch die digitale Meßwertspeicherung können umfangreiche rechnergestützte Datenverarbeitungsschritte durchgeführt werden, und zwar direkt vor Ort im Anschluß an die Meßwertaufnahme oder später im Büro. Möglich sind Modifikationen bei der Datenauswahl und -zuordnung. Außerdem kann das Datenmaterial durch aufwendige Verarbeitungsprozeduren wie vor allem Filterroutinen z. B. zur Beseitigung von Rauschen, von geräteinternen Reflexionen, von Multiplen (Wiederholung bestimmter Reflexionen, vor allem des Primärsignals) oder von horizontalen Strukturen (zur Herausstellung von lokal begrenzten Anomalien) verbessert werden.

Die Darstellung der mehr oder weniger stark bearbeiteten Daten erfolgt entweder in Radargrammen (Tiefenprofilen) oder in Zeitscheiben (Tiefenhorizonten). Sie geben die Signalamplituden der aufgenommenen Reflexionen entsprechend der voreingestellten Farb- und Graustufenkodierung in Abhängigkeit der Ortsvariablen und der Laufzeit der Wellen dar. Bei Kenntnis der Fortpflanzungsgeschwindigkeit der elektromagnetischen Wellen kann die Laufzeit in den zurückgelegten Weg übersetzt werden und so die Tiefenlage des Reflektors bestimmt werden.

5   EMR ... Elektromagnetische Reflexion

6 Blick in den Chor der Kathedrale während der Radarmessungen

Als Beispiel für die Bearbeitung der Radargramme ist in Abb. 10 ein unbearbeitetes (mittlere Abb.) und ein bearbeitetes Radargramm (untere Abb.) dargestellt (die Originale sind farbkodiert und haben eine weit höhere Auflösung). Dazu wurde die verfahrensbedingte Vorlaufzeit subtrahiert, so daß der Zeitpunkt $t = 0$ der Oberkante des Bodenbelags entspricht (statische Korrektur). Des weiteren wurde der Laufzeitbereich von > 40 ns ausgeklammert, da aus Tiefen von mehr als 2 m keine prägnanten Signale aufgenommen wurden. Die Daten wurden einer Frequenz-Wellenzahl-Filterung (*f-k*-Filter) unterzogen mit dem Ziel, unerwünschte Frequenzen (Rauschen) sowie horizontale Strukturen wie das Primärsignal, horizontale Schichtgrenzen und Multiplen zu eliminieren bzw. abzuschwächen. Dadurch wurden insbesondere kleinräumige Erscheinungen verstärkt.

Die Gesamtheit der auf den verschiedenen Meßlinien gewonnenen Radargramme läßt sich mit einer recht aufwendigen rechnergestützten Datenverarbeitung in sogenannte Zeitscheiben umrechnen. Dabei werden die in einem bestimmten Laufzeitintervall empfangenen Signalreflexionen zusammengefaßt und über der Meßfläche, wiederum entsprechend einer voreingestellten Farb- oder Graustufenzuordnung, dargestellt. Abb. 7 zeigt zwei Zeitscheiben, die jeweils die Daten aus einem Tiefenhorizont von ca. 10 cm Stärke präsentieren.

Datenauswertung

Bei den weiteren Bearbeitungsschritten ist zu unterscheiden zwischen der Auswertung und der Interpretation der Daten. Die Auswertung wird durchgeführt, um die in den Radargrammen oder Zeitscheiben erkennbaren Erscheinungen in geometrische, potentiell vorhandene Strukturen mit einheitlichen physikalischen (hier: elektrischen) Eigenschaften zu übertragen. Dazu ist die Kenntnis der physikalischen und gerätetechnischen Zusammenhänge unbedingte Voraussetzung. Üblicherweise übernimmt der Betreiber des Radargerätes die Auswertung, da er die erforderlichen Erfahrungen einbringt. Auf der Basis dieser Kenntnisse ist das Datenmaterial zu prüfen und zu bearbeiten, wobei keine speziellen projektbezogenen Informationen oder Interpretationen den Vorgang beeinflussen sollen. Die Vorgehensweise sollte möglichst objektiv sein. In Abhängigkeit von den Anforderungen (Erkundungsziele, Informationsbedarf, erforderliche Genauigkeit) wird die Auswertung entweder an den Zeitscheiben vorgenommen, wobei die Radargramme nur ergänzend studiert werden, oder sie stützt sich vor allem auf die Radargramme. Der Arbeitsaufwand der letztgenannten Methodik, die im vorliegenden Fall zur Verbesserung der Informationsdichte und Genauigkeit angewendet wurde, ist entsprechend höher. Die Zeitscheiben dienen dann der Übersicht und der Kontrolle. Mögliche Analysen der im Radargramm gespeicherten Daten betreffen die Form der Reflexionen, ihre Laufzeit, die Amplituden und Vorzeichen der Signale,

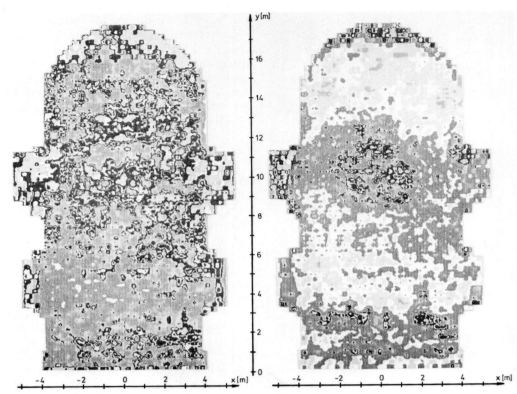

7   *Zeitscheiben der bearbeiteten Daten der x- und y-Radargramme*
links: Zusammenfassung der Reflexionen aus den Zeitbereichen 6–8 ns entsprechend einem
Tiefenbereich von 30–40 cm
rechts: Zusammenfassung der Reflexionen aus den Zeitbereichen 18–20 ns entsprechend einem
Tiefenbereich von 90–100 cm
Starke Reflexionen sind dunkel dargestellt, schwache Reflexionen hell.
Hinweis: Die Originale sind farbig.

das Frequenzspektrum und die Signalschwächung durch Absorption.

Der erste Schritt ist für jedes Radargramm die Übertragung der Reflexionserscheinungen in geometrische Strukturen, wobei verfahrensbedingt auftretende Erscheinungen oder Lücken (Multiplen, Artefakte, Überdeckungen) erkannt und berücksichtigt werden müssen. In den Abbildungen 8–10 ist diese Vorgehensweise angedeutet.

Der folgende Schritt ist die Kontrolle der Plausibilität durch Vergleich benachbarter parallel und senkrecht dazu aufgenommener Radargramme und Bewertung der georteten räumlichen Strukturen.

Parameter wie Wellenausbreitungsgeschwindigkeit und Absorption werden aus dem Datenmaterial oder durch gesonderte Messungen mit speziellen Antennenkonfigurationen bestimmt. Im vorliegenden Fall folgen die Geschwindigkeiten aus der Auswertung von Diffraktionshyperbeln, die einen mittleren Wert von einem Drittel der Lichtgeschwindigkeit ergaben. Die Dielektrizitätszahl beträgt etwa 9, was auf einen relativ trockenen Untergrund schließen läßt.

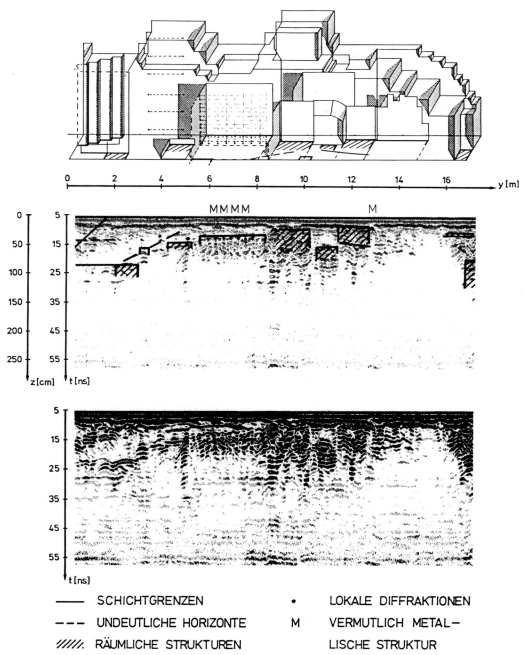

8 unten: 500 MHz-Radargramm x = 0 (auf der Mittelachse der Kathedrale) der unbearbeiteten Daten
darüber: 1. Schritt der Auswertung des Radargramms
darüber: Isometrie des Strukturmodells mit Schnitt bei x = 0
Hinweis: Die Originalradargramme sind farbig.

Die Ergebnisse des Auswertungsprozesses werden in Querschnitten, Ansichten oder Isometrien dargestellt, die geometrische Strukturen und mögliche Informationen über Material- und Zustandskennwerte enthalten.

Die Tiefenskala wird aus der Laufzeitachse übertragen (1 ns entspricht etwa 5 cm) unter Annahme der oben erwähnten mittleren Ausbreitungsgeschwindigkeit der elektromagnetischen Wellen.

Am Ende der Auswertung steht ein physikalisch erklärbares und in seinen Aussagen fundiertes Modell des untersuchten Raumes. Da mit dem eingesetzten Untersuchungsverfahren elektrische Eigenschaften bestimmt wurden, beschreibt das Modell räumliche Bereiche mit einheitlichen elektrischen Kenngrößen.

Interpretation der Befunde

Die mit dem indirekten physikalischen Untersuchungsverfahren ermittelten Bereiche mit bestimmten elektrischen Eigenschaften müssen bei der Interpretation des Modells als Strukturen identifiziert werden, die potentiell im Untersuchungsgebiet angetroffen werden können. Das angewendete Verfahren der elektromagnetischen Reflexion liefert vor allem Informationen über Oberflächen von Strukturen – in dieser Hinsicht mit dem menschlichen Auge vergleichbar. Beide Erkundungsmethoden bedürfen der Auswertung und Interpretation der Informationen. Der Erfolg dieses Vorgangs ist abhängig von der untersuchten Struktur und der Güte der empfangenen Informationen, aber im besonderen auch von den weiteren Kenntnissen über diese Struktur sowie von der allgemeinen Erfahrung mit dem Untersuchungsprozeß.

Häufig sind die mit dem Radarverfahren ermittelten Daten und die in die Interpretation mit eingehenden fach- und objektspezifischen Kenntnisse nicht ausreichend für eine eindeutige und zweifelsfreie Aussage.

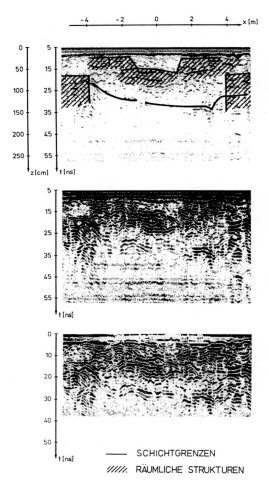

9   unten: 500 MHz-Radargramm x = 3,0 m der unbearbeiteten Daten
darüber: 1. Schritt der Auswertung des Radargramms
darüber: Isometrie des Strukturmodells mit Schnitt bei x = 3,0 m
Hinweis: Die Originalradargramme sind farbig.

10   unten: 500 MHz-Radargramm y = 11,0 m der bearbeiteten Daten
darüber: Radargramm der unbearbeiteten Daten
darüber: 1. Schritt der Auswertung des Radargramms
Hinweis: Die Originalradargramme sind farbig

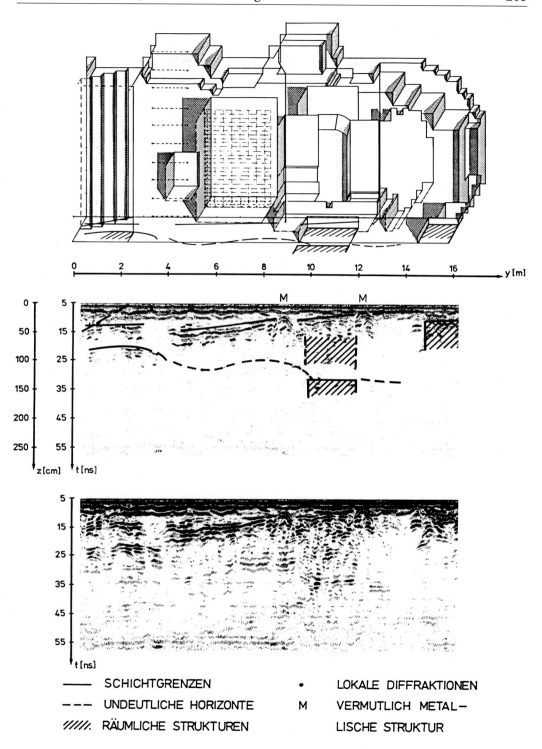

——	SCHICHTGRENZEN	•	LOKALE DIFFRAKTIONEN
- - -	UNDEUTLICHE HORIZONTE	M	VERMUTLICH METAL-
/////	RÄUMLICHE STRUKTUREN		LISCHE STRUKTUR

Im folgenden sollen bereichsweise die für die durchgeführte Erkundungsaufgabe relevanten Interpretationen erläutert werden.

Lokale Anomalien unmittelbar unter dem Bodenbelag

Neben einigen lokal sehr begrenzt auftretenden Anomalien, die als kleine, u. U. metallische Gegenstände oder Bruchstücke von Skulpturen oder sonstige Materialien interpretiert werden können, treten zwei längliche Strukturen hervor, die in den meisten Radargrammen als Diffraktionen erkennbar sind. Sie liegen direkt unter dem Plattenbelag ca. 10 bis 20 cm unter der Oberfläche bei $y = 9,0$ m und $y = 13,0$ m parallel zur x-Achse über fast die gesamte Breite des Chors. Es handelt sich vermutlich um in neuerer Zeit eingebaute Leitungen bzw. Kanäle aus metallischen Werkstoffen.

Weniger deutlich treten lineare Unstetigkeiten in Erscheinung, die in y-Achsenrichtung im Bereich zwischen $y = 3,0$ m und $5,0$ m in regelmäßigen Abständen von ca. 40 cm unmittelbar unter dem Plattenbelag liegen. Es könnte sich um metallische Körper, etwa Bewehrungsstähle handeln.

Erstes Chorjoch

Die Strukturen zwischen den Vierungspfeilern stellen vermutlich die Treppensituation früherer Zeiten dar, die heute von der in die Vierung hinein verschobenen Treppe zwischen Hauptschiff und Chor überdeckt wird. Die einzelnen Stufen lassen sich recht deutlich aus dem Datenmaterial ablesen. Dies folgt aus den sukzessive ansteigenden Reflexionshorizonten der y-Profile sowie der in den x-Profilen auftretenden Rampe, welche durch Diffraktionen unterbrochen ist.

Ein in den verschiedenen Radargrammen gut zu korrelierender Horizont liegt unter dieser Treppe etwa auf Hauptschiffniveau

(ca. 90 cm Tiefe). Unterhalb dieses Bereiches erstreckt sich vermutlich ein Volumen von regelmäßiger Struktur, möglicherweise ein gemauerter Körper, dessen Oberkante in den Horizont übergeht. Die genannten Befunde könnten ebenfalls Überreste einer ehemaligen Bau- oder Nutzungsphase mit anderen Übergangsbedingungen zwischen Vierung und Chor sein. Undeutlicher tritt in wenigen Radargrammen über dem ersten Horizont eine weitere Schichtgrenze in Erscheinung, deren Zuordnung und Interpretation unklar ist.

In der Nähe des heutigen Altarstandortes (bei etwa $y = 7$ m) sind weitere Schichtgrenzen in verschiedener Höhenlage und in unterschiedlicher Neigung geortet worden. Sie könnten Geländeniveaus repräsentieren, die in früherer Zeit während einer Bau- oder Umbauphase auftraten. Die später darüber angeordnete Schicht liefert einen Kontrast durch abweichendes Material oder geringere Verdichtung. Ein Horizont liegt relativ stark geneigt etwa 20–60 cm tief im nordöstlichen Bereich. Darunter treten weitere etwa horizontal liegende Schichtgrenzen auf. Im mittleren Abschnitt liegen flachere Schichtgrenzen, die zum Teil kompaktere Strukturen bedecken. Im südwestlichen Chorbereich liegt ein Horizont, der vom Hauptschiffniveau flach bis knapp unter den Bodenbelag im Apsisbereich ansteigt.

Der Altarbereich

Am heutigen Altarstandort besteht im Gegensatz zu dem sonstigen Belag mit Steinplatten ein Betonboden bzw. eine Stahlbetonplatte mit visuell nicht erkennbarer Konstruktion und Stärke. Aus den mit den Radarmessungen ermittelten Strukturen ist deutlich ein Bewehrungsnetz mit 40 cm Stababstand in x- und y-Richtung in etwa 40 cm Tiefe zu interpretieren, das leicht versetzt gegenüber der sichtbaren Betonoberfläche liegt. Daraus ist zu schließen, daß das sichtbare oder ein weiteres Fundament bis über diese Tiefe hinaus reicht. Darunter sind partiell auch in über 1 m Tiefe geometrische Strukturen zu erkennen. Das relativ weitmaschige Bewehrungsnetz führt somit nicht zu einer „Verschattung" tiefer liegender Objekte.

Der Standort des Lazarusgrabes

Im Bereich zwischen dem heutigen Altarstandort und der Apsis wird die Lage des einstigen Lazarusgrabes und des Hochaltars vermutet. In den Radargrammen und sehr deutlich in den Zeitscheiben sind zahlreiche Strukturen in dem entsprechenden Bereich erkennbar, die regelmäßige und symmetrische Formen aufweisen. Aufgrund des starken Reflexionsvermögens ist von einer kleinräumigen, sehr heterogenen Verteilung der elektrischen Eigenschaften auszugehen. Insgesamt deutet einiges auf ein gemauertes Volumen hin, das sich aus einzelnen Massiven zusammensetzt. Die Oberfläche der Körper befindet sich allgemein dicht unter dem Plattenbelag (ca. 20 cm Tiefe), abgesehen von einer klar abgegrenzten, in den jeweiligen Radargrammen deutlich ablesbaren Mulde, die von homogenem Material überdeckt ist. Die Zusammenhänge sprechen dafür, daß es sich hierbei um den in den Textquellen (siehe oben) erwähnten Gang handelt, den man durch Hinabgehen einiger Treppenstufen erreichen konnte. Die vermutete Lage der Stufen stimmt mit dem in Abb. 10 erkennbaren geneigten Muldenrand überein, wie auch generell die erfaßten geometrischen Formen gut mit den Quellenangaben korrespondieren. Die Körper um diese Vertiefung lassen sich als gemauerte Sockel und Fundamente des Lazarusgrabs und des davor angeordneten Hochaltars interpretieren. Daraus kann geschlossen werden, daß bei der Zerstörung des Mausoleums nur die aufgehenden Bauteile abgetragen, die unter dem Chorniveau liegenden Fundamente jedoch belassen wurden. Teile der Sockelkonstruktion im Bereich des Hochaltars wurden wohl später entfernt, um Raum für das Betonfundament des neuen Altars zu schaffen.

Der unregelmäßig geformte Körper im Apsisbereich grenzt sich durch abweichende Struktur von den anderen Zonen ab, seine Form ist allgemein unübersichtlicher. In den betreffenden Radargrammen zeichnen sich verschiedene Teilbereiche ab, die jedoch kaum korreliert und interpretiert werden können. Zu vermuten ist, daß einige Teilbereiche mit dem Lazarusgrab in Zusammenhang stehen.

Unterhalb der beschriebenen Strukturen treten in etwa 1 m Tiefe weitere Horizonte sowie Zonen auf, die aufgrund ihrer Reflexionseigenschaften als räumlich ausgedehnte Körper angesehen werden können. Möglicherweise handelt es sich hier wiederum um gemauerte Konstruktionen.

Der Apsisbereich

Eine klare Abgrenzung der Konstruktion des Lazarusgrabes zum Apsisscheitel hin kann, wie oben geschildert, nicht erkannt werden. Auch ist die Bedeutung der verschiedenen georteten Strukturen unklar.

Im Apsisbogen liegt eine Zone, aus der bei den Radarmessungen nur sehr schwache Signale empfangen wurden. Dies kann mit dem Fehlen von Reflexionshorizonten, aber auch mit der Dämpfung der Wellen durch starke Absorption aufgrund von Feuchte und Salzen im Boden erklärt werden.

Im Scheitel des Apsisbogens sind Strukturen erkennbar, deren Abgrenzung von den Fundamenten der Chorwände schwierig ist. Die Strukturen lassen sich zu einem Block zusammenfassen, der den Apsisbogen segmentartig ausfüllt, und die als Fundament und Sockel eines früheren Altars identifiziert werden können.

Randbereiche

Am Rand des Meßgebietes entlang der Pfeiler und Chorwände wurden verschie-

dene Strukturen mit horizontaler Oberfläche in einer Tiefe von etwa 1 m geortet.
Es liegt nahe, daß es sich hierbei um die
mit größerer Tiefe stufenförmig breiter
ausgeführten, gemauerten Fundamente
der Kathedrale handelt.

Geoelektrikmessungen

Zu einem Zeitpunkt, an dem die Radarauswertung komplett und die Grabung weitgehend abgeschlossen war, wurden im Chorbereich Untersuchungen mit
einer geoelektrischen Gleichstromme-
thode durchgeführt.
Aus der Stromstärke im Stromkreis der
Apparatur, der das elektrische Feld im Boden aufbaut, der Spannung zwischen den
Sonden, die den Potentialunterschied an
der Oberfläche abgreifen, und einem Faktor, der sich aus der verwendeten Konfigu-

ration ergibt, wurde der spezifische elektrische Widerstand des erfaßten Raumes
ermittelt [1,5]. Eingesetzt wurde eine
Wenner-Anordnung, bei der die Abstände
Elektrode-Sonde-Sonde-Elektrode gleich
sind. Durch sukzessive Vergrößerung der
Abstände wurde der erfaßte Tiefenbereich
erweitert.
Die ermittelten spezifischen elektrischen
Widerstände des Untergrundes des Chor-
bereiches waren allgemein auf mittlerem
Niveau (etwa 1 000 Ωm) und nahmen vom
ersten Chorjoch zur Apsis hin und mit
größerer Eindringtiefe ab.
Die Kenntnis der vorliegenden Verteilung
der spezifischen elektrischen Widerstände
unterstützt die Interpretation der Radardaten, da hochabsorptive Bereiche geortet und bei der Auswertung berücksichtigt werden können. Der Einsatz der
geoelektrischen Untersuchungsmethode,

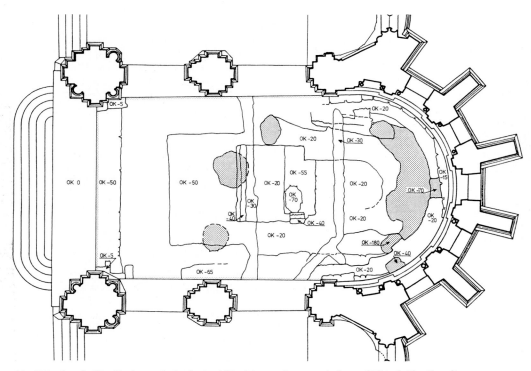

*11   Die durch die Grabung freigelegten Strukturen (grau: wiederverfüllte frühe Sondierungs-
löcher)*

die ein sehr viel geringeres Auflösungsvermögen hat und eine weit geringere Datendichte liefert, ist somit in Kombination mit dem Radarverfahren sinnvoll.

Die Grabung im Chor

Die im Jahre 1990 einsetzenden Vorbereitungen für eine Neugestaltung des Chorbereichs legten die Durchführung einer archäologischen Grabung nahe, mit der Aufschluß über die verschiedenen Bauphasen sowie über frühere Choreinbauten gewonnen werden sollte und die zur Klärung offener Fragen bezüglich Standort und Aufbau des berühmten Lazarusgrabes beitragen kann [9]. Die Grabung erfolgte von Januar bis März 1991. Sie erfaßte die gesamte Fläche des Chors mit Ausnahme eines kleinen Bereichs zwischen den Vierungspfeilern. Nach Entfernen des Plattenbelages und der Betonkörper am letzten Altarstandort wurden die verschiedenen Schichten sorgfältig freigelegt, vermessen und dokumentiert. Fundstücke wurden zur späteren Bearbeitung und Bewertung gesichert. Als Bezugsraster für die Grabung wurde das bei den Radarmessungen verwendete gewählt. Das Bezugsniveau war die Oberkante des Steinbelags.

Die Grabung erreichte im März 1991 ein Niveau zwischen 20 cm und über 2 m unterhalb des Bodenbelags. Freigelegt wurden zahlreiche gemauerte Strukturen, die den größten Teil des Untergrundes im Chorbereich ausfüllten.

Die wichtigsten Strukturen sind in Abb. 11 dargestellt. Sie sollen im folgenden erläutert und den Radarergebnissen gegenübergestellt werden.

Vergleich der Grabungsbefunde mit den Ergebnissen der Radaruntersuchung

Leitungen

Unmittelbar unter dem Steinboden wurden zwei Leitungssysteme freigelegt, die jeweils in x-Richtung senkrecht zur Kirchenachse angeordnet waren. Bei $y = 9$ m stieß man auf zwei nebeneinander liegende metallische Schutzrohre mit ca. 2 cm Durchmesser und innenliegenden Kabeln. Bei $y = 13$ m lag ein aus Mauerziegeln zusammengesetzter Kanal von etwa 24×24 cm Querschnitt, in dessen Hohlraum sich ein gedrehtes, metallisches Kabel befand.

Die genannten Leitungen waren zuvor mit dem Radarverfahren geortet worden.

Unklar blieben die oben erwähnten, u. U. metallischen Unstetigkeiten, die im Bereich zwischen $y = 3,0$ und $y = 5,0$ m in y-Richtung orientiert in den Radargrammen ablesbar waren. Es ist nicht bekannt, daß bei der Grabung derartige Strukturen unter dem Plattenbelag aufgefunden wurden, und es kann keine Erklärung für das Zustandekommen der Erscheinungen in den Radargrammen gegeben werden.

Erstes Chorjoch

Der Grabungsbereich reichte nur bis zur Achse zwischen den Vierungspfeilern, also der exakten Jochgrenze, so daß keine Kontrolle der durch die Radaruntersuchung aufgefundenen alten Treppensituation möglich war.

Freigelegt wurde in der genannten Achse ein Massiv aus Bruchsteinmauerwerk, das von einem Sockel aus großen Sandsteinblöcken (Oberkante bei –50 cm) bis unter den Steinbelag des Bodens reicht. Unter den 45 cm starken Quadern liegen weitere Mauerschichten.

Die Radaruntersuchung eines Raumes mit derart vielen Strukturen stellte hohe Anforderungen an das Auflösungsvermögen des Verfahrens. Die verschiedenen Schichtgrenzen bilden sich in den Radargrammen ab, jedoch wurden die Quader nicht als solche interpretiert, da nicht mit so großen, homogenen Blöcken gerechnet wurde. Die darunterliegenden Mauerschichten wurden erkannt.

Im mittleren Jochbereich wurden ver-

schiedene Schichten lockeren, teils bindigen Materials freigelegt. Ein Niveau in
etwa 50 cm Tiefe entspricht der Geländeoberkante während der Bauzeit. Darauf
wurde als Auffüllung eine Schicht Kalksteinsplitter, vermutlich Material aus der
Bildhauerwerkstatt, eingebracht.
Die beiden Schichtgrenzen sind in den
Radargrammen erkennbar und wurden als
solche interpretiert.

Der Altarbereich

Der sichtbare Betonboden unter dem
letzten Altarstandort wurde entfernt. Darunter kam eine weitere Betonplatte zum
Vorschein, die komplett bis zur Unterkante bei –50 cm abgetragen wurde. Wie
aus den Radargrammen abzuleiten war,
lag in etwa 40 cm Tiefe ein Bewehrungsnetz aus Einzelstäben mit 40 cm Maschenweite.

Das Lazarusgrab und der Hochaltar

Die Sockel- und Gründungskonstruktion
von Lazarusgrab und Hochaltar wurden
freigelegt. Sie sind durch Fugen von einer
Ummauerung mit etwa 50 cm Stärke abgegrenzt, die das Fundament der um das
Lazarusgrab angeordneten Stufen (Abb. 3)
darstellen. Außerdem befindet sich eine
Fuge zwischen dem Hochaltar, der vermutlich bereits vor dem Lazarusgrab bestand, und der Grabkammer.
Die genannten gemauerten Körper wurden mit dem Radarverfahren im großen
und ganzen geortet und korrekt interpretiert. Die Übereinstimmung zwischen der
Datenauswertung und den freigelegten
Strukturen ist sehr deutlich bei den im
2. Chorjoch liegenden Kernbereichen von
Lazarusgrab und Hochaltar, wobei Abmessungen und räumliche Zuordnung
maximal um wenige Zentimeter differieren. Nur bei der Ummauerung, die relativ
unregelmäßig und partiell von geringer
Dicke ist, stellten sich Abweichungen heraus.

Der Apsisbereich

Die in der Apsis georteten Strukturen
gehören, wie die Grabung ergab, zum Lazarusgrab bzw. zu dessen Ummauerung.
Die Zonen, aus denen nur sehr geringe
Reflexionen empfangen wurden, korrespondieren weitgehend mit den bei früheren Sondierungen freigelegten und mit
kleinteiligem Material wiederverfüllten
Bereichen.
Die den Apsisbogen segmentartig ausfüllende Ausmauerung entspricht der aus der
Radarauswertung hervorgehenden Struktur. Die geortete Vertiefung wurde ebenfalls bestätigt, sie entstand bei einer früheren Sondierung.

Randbereiche

Die Fundamente der Apsismauern und
der Pfeiler wurden nicht ergraben, so daß
hier keine Kontrolle der Radaruntersuchung möglich ist.
Zu erwähnen ist die innen vorgemauerte
Verstärkung des Apsisbogens und seiner
Fundamente aus dem 15. Jahrhundert, die
später als Auflager der schweren Chorverkleidung des 18. Jahrhunderts diente. Sie
ist aus den Radargrammen, wenn auch
nicht in der exakten Form, ablesbar.

Zusammenfassung

Zur Erkundung des Untergrundes im Bereich des Chors der Kathedrale Saint-Lazare in Autun/Burgund kam ein Radarverfahren zur Anwendung. Ziel der
Untersuchungen war eine Kontrolle der
Leistungsfähigkeit des Verfahrens, da im
Gegensatz zu den bisherigen Messungen
an historischem Mauerwerk bei diesem
Objekt die Möglichkeit der Verifikation
der zerstörungsfrei ermittelten Befunde
durch eine archäologische Grabung bestand.
Das eingesetzte Radarsystem wendet das
Prinzip der elektromagnetischen Reflexion an. Eine Antenne sendet kurze Im

pulse in das zu untersuchende Medium und empfängt die an Schichtgrenzen reflektierten Wellen. Die Signale werden in digitaler Form bearbeitet und gespeichert, ihre Darstellung erfolgt in Radargrammen und Zeitscheiben. Durch die Datenauswertung wird ein physikalisches Modell geschaffen, in dem Bereiche mit unterschiedlichen elektrischen Eigenschaften abgegrenzt werden.

Die im Anschluß an die Untersuchung einsetzende Grabung legte Strukturen frei, denen im großen und ganzen das auf der Grundlage der Radardaten angefertigte Modell entsprach. Die Interpretation der Meßergebnisse konnte weitgehend bestätigt werden.

Die Untersuchung an der Kathedrale in Autun belegt, daß das Radarverfahren mit dem beschriebenen Datenerfassungs- und Meßwertverarbeitungssystem bei sorgfältiger Datenauswertung ein sehr wirksames Instrument zur Erkundung von im Boden verborgenen Strukturen ist. Durch eine Voruntersuchung kann der Bedarf an einer archäologischen Freilegung unterstri-

chen werden, die Grabung kann bezüglich des personellen, materiellen und zeitlichen Einsatzes fundiert projektiert werden, und sie kann zielgerichtet, differenziert, kosten- und substanzschonend durchgeführt werden. Bei fehlender Grabungsmöglichkeit kann das Radarverfahren wertvolle Kenntnisse über unterirdische Strukturen liefern, die mit bestehenden archäologischen Hypothesen verglichen werden können.

Diese Erfahrungen lassen sich aufgrund der Vergleichbarkeit der Materialien, Strukturen und Erkundungsziele auch auf den Einsatz des Radarverfahrens an historischem Mauerwerk projizieren.

Der Schwerpunkt der künftigen Forschungs- und Entwicklungtätigkeit zum Radarverfahren muß auf Parameterstudien im Labor liegen, um die Interpretierbarkeit der ermittelten elektrischen Kennwerte zu verbessern, sowie auf der Bereitstellung und Erprobung spezieller Antennenkonfigurationen, um diese Eigenschaften gezielter bestimmen zu können.

Literatur

[1] BERGER, F.; WENZEL, F.: Einsatzmöglichkeiten zerstörungsfreier Untersuchungsmethoden an Mauerwerk, insbesondere an historischen Bauten. In: Erhalten historisch bedeutsamer Bauwerke, SFB 315 , Universität Karlsruhe, Jahrbuch 1988, Berlin 1989, S. 69–106

[2] HAMANN, R.: Das Lazarusgrab in Autun. In: Marburger Jahrbuch für Kunstwissenschaft, Marburg 1936, S. 182–328

[3] Ausstellungskatalog Musée Rolin: Le Tombeau de Saint Lazare et la sculpture romane à Autun après Gislebertus, Autun 1985

[4] ROLLIER, G.: Essai de reconstitution du Tombeau: résultats et limites. In: Le Tombeau de Saint-Lazare et la sculpture romane à Autun après Gislebertus. Ausstellungskatalog Musée Rolin, Autun 1985

[5] MILITZER, H.; WEBER, F. (Hrsg.): Angewandte Geophysik Bd. 2., Berlin 1985

[6] SCHÖN, J.: Physikalische Eigenschaften von Gesteinen und Mineralen. Stuttgart 1983

[7] HASTED, J. B.; SHAH, M. A.: Microwave Absorption in Building Materials. In: British Journal of Applied Physics, 1964, Bd. 15, S. 825–836

[8] KAHLE, M.; ILLICH, B. und SEREXHE, B.: Messungen mit dem Verfahren der elektromagnetischen Reflexion zur Erkundung des Untergrundes im Bereich des Chors in der Kathedrale Saint-Lazare in Autun/ Burgund. Untersuchungsbericht, 1991, unveröffentlicht

[9] BERRY, W.; ROLLIER, G.; SEREXHE, B.: La fouille de l'abside et du chœur de la cathédrale Saint-Lazare d'Autun 1991. Grabungsbericht, 1991, unveröffentlicht

[10] SEREXHE, B.: L'architecture de la cathédrale Saint-Lazare d'Autun. In: Mémoires de la Société Eduenne, ns, Bd. 55, Autun 1987–1990

Summary

A pulse radar system was employed to explore the subsurface of the choir in the cathedral of Saint-Lazare in Autun in Burgundy/France. The investigation was carried out in order to control the efficiency of the method since the subsequent archaeological excavation with its accurate clearing and documentation offered a unique chance to compare the radar data with the findings.

The control unit of the used radar system generates a short electromagnetic pulse, the transmitter directs it into the subsoil, where the waves are reflected at interfaces in the medium and are picked up by the receiver on the surface. The signals are digitally processed and stored and they are finally presented in radar profiles and so-called timeslices. In evaluating the data a physical model in which areas of different electrical properties are separated is created. Experience concerning the investigated object is involved in the interpretation of the model.

Several buried structures in the subsurface of Saint-Lazare were detected by the non-destructive exploration. Some were interpreted as construction parts of previous building or utilization phases like the foundations and base of the Saint-Lazare mausoleum.

The excavation revealed structures that were by and large correspondent to the model having been created on the basis of the radar data and matched the interpretation to a good degree.

Résumé

Un procédé par radar a été utilisé pour explorer le sous-sol de la zone du chœur de la cathédrale Saint-Lazare d'Autun. L'objectif de ces recherches consistait à vérifier l'efficience de ce procédé, puisque dans le cas de cet objet d'étude il était possible, par des fouilles archéologiques faisant suite aux mesures et assorties d'une mise à découvert aussi minutieuse que nécessaire, avec documents, de vérifier les résultats obtenus par des méthodes non destructives – ce qui n'était pas le cas pour les mesures effectuées jusqu'alors sur des ouvrages de maçonnerie historiques.

Le système radar utilisé applique le principe de la réflexion électromagnétique. Une antenne envoie de brèves impulsions dans le milieu à étudier et reçoit les ondes réfléchies par les bords des assises. Les signaux sont traités et enregistrés numériquement. Ils sont représentés par des images radar et des séquences. L'exploitation des données permet de créer un modèle physique dans lequel des zones aux caractéristiques électriques différentes sont délimitées. L'interprétation de ce modèle apporte des connaissances spécifiques à ce type d'étude et à l'objet d'étude.

De nombreuses structures ont été découvertes dans le sous-sol de la zone du chœur lors des recherches menées dans la cathédrale d'Autun. Certaines, comme notamment les fondements et le socle du tombeau de Saint Lazare, ont été désignées comme éléments de construction de phases antérieures d'édification et d'utilisation.

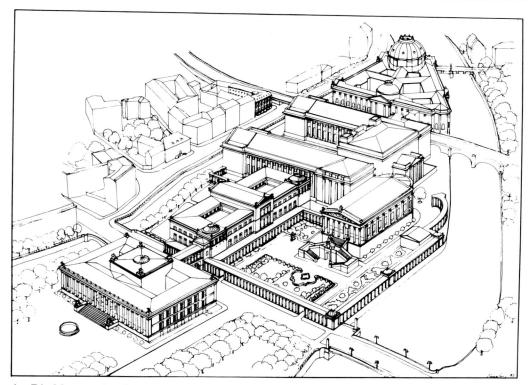

1 *Die Museumsinsel mit dem Neuen Museum. Zustand um 1940.*

Dorothea Scholten, Ekkehard Karotke und Egon Althaus

Das Neue Museum auf der Museumsinsel in Berlin. Mineralogische Untersuchungen im Vorfeld der Restaurierung einer Kriegsruine

Das Neue Museum

Auf der durch die Spree im Osten, den Kupfergraben im Westen und den Lustgarten im Süden begrenzten Berliner Museumsinsel befindet sich ein – in seiner Art einmaliger – Museumskomplex. Der Reiz des aus fünf Museumsbauten bestehenden Ensembles liegt außer in seiner Bedeutung als Ausstellungsstätte vor allem in der Vielfalt der Baustile, in der sich die hundertjährige Baugeschichte widerspiegelt.

Die Bebauung der Museumsinsel begann 1823 mit dem an der Nordseite des Lustgartens gelegenen Alten Museum. Das Neue Museum (1841–1859), die Nationalgalerie (1866–1876), das Kaiser-Fried-

2   Das Neue Museum. Ostfassade mit Treppenhausrisalit und Nordkuppel. Zustand vor dem Zweiten Weltkrieg.

rich-Museum (1898–1904; heute: Bode Museum) und das Pergamon-Museum (1910–1930) folgten (Abb. 1) [1].*
Beauftragt durch König Friedrich IV. entwarf Hofbaurat Friedrich August Stüler ab 1841 das „Neue" Museum (im Unterschied zum „Alten", dem Schinkelschen). Dieser dreigeschossige Bau wurde als Zweiflügelanlage mit einer über alle Geschosse reichenden Treppenhalle im Zentrum konzipiert. Die Seitenflügel umschließen jeweils einen Innenhof. Die Außenfront ist durch den das Treppenhaus enthaltenden Mittelrisalit und durch zwei Kuppelbauten an der Nord- und Südseite gegliedert (Abb. 1, 2). Bis 1920 erfolgten größere Umbaumaßnahmen, bei denen einer der Innenhöfe, der „Griechi-

sche Hof", überbaut, das Dachgeschoß ausgebaut, die Dachkonstruktion geändert sowie Teile des südlichen Kellerbereiches in die Nutzung einbezogen wurden.

Der konstruktive Aufbau

Stüler fand für die bauliche Umsetzung der neuartigen Museumsidee technisch-konstruktive Lösungen, die wegweisend für das Bauwesen ihrer Zeit wurden. Die bedeutendste technische Neuerung stellten wohl die Deckenkonstruktionen dar. Das Gebäude wurde *„in allen Geschossen massiv und feuersicher mit gewölbten Decken, deren Wölbungen entweder auf Säulen ruhen, oder mit Hülfe von Eisen-Constructionen und Töpfen oder anderen leichten Wölbsteinen über grössere Weiten gespannt sind, entworfen und ausgeführt"* [2]. Die zylindrischen Töpfe wurden in Größen zwischen 4 und 10 Zoll aus Rathenower Ton gebrannt; sie sind an der Mantel- und Bodenfläche rauh gehalten – hierzu bediente sich der Töpfer eines

*   Die Verfasser danken Herrn Dr. Ing. J. Schechert für das Zugänglichmachen des Arbeitsheftes [1] sowie für die Genehmigung zur Veröffentlichung der Abb. 1, 2, 5 und 6.

gezähnten Brettchens – die Deckelfläche hingegen glatt aufgesetzt. Gemauert wurden die Decken aus der Hand, also ohne Schalung (Abb. 3). Als Bindematerial für die Topfgewölbe diente vorzugsweise Halberstädter Gips, *„nur die beiden größeren Kuppeln, deren Oberfläche einigermaßen den Einflüssen der Witterung ausgesetzt bleibt, sind in Roman-Cement gewölbt"* [3]. Durch diese Bauweise war Stabilität gewährleistet [3].

Für die Fußböden der beiden unteren Stockwerke wurde venezianischer Estrich verwendet, das oberste Stockwerk mit Parkett ausgelegt. Die Estrichböden wurden durch ein musivisches Pflaster mit $^3/_4$–1 Zoll großen hochgebrannten „Thonsteinen" [2] verziert. Dieses Pflaster fand auch noch als Frieseinfassung und für Türschwellen Anwendung. Die Wände wurden größtenteils mit einem geglätteten, verschiedenartig gefärbten Überzug aus Kalk und Marmorstaub (Marmorino) versehen; für die Türfassungen und andere *„dem Abstossen ausgesetzte Gliederungen ist der sehr harte und dem Marmor nicht unähnliche Marble-Cement von Keen in Anwendung gekommen"* [2]. Die inneren Säulen des unteren Geschosses bestanden aus mit Stucco überzogenen Sandsteinen. Die Säulen der 2. Etage bestanden aus italienischem, französischem und böhmischem Marmor, die des 3. Ge-

4 *Außenmauer mit Fundament, Westseite (Front zum Kupfergraben). Zwei Sperrschichten (Pfeile).*

schosses aus Gußeisen mit Gußzink-Ornamentik. Die Treppenstufen und Geländerpostamente waren in grauem schlesischem (Groß-Kunzendorfer) Marmor gehalten. Die Vielfalt der am Neuen Museum verwendeten Baumaterialien erfordert eine sorgfältige Abstimmung zwischen diesen und jenen Materialien, die für eine Restaurierung vorgesehen sind.

Die Museen auf der Spree-Insel wurden auf äußerst schwierigem Baugrund errichtet. Schon für das Alte Museum wurde ein Seitenkanal der Spree zugeschüttet und das Gebäude mit 3053 Holzpfählen im sumpfigen Untergrund gegründet [4]. Beim Neuen Museum liegen tragfähige Bodenschichten in Tiefen zwischen 6 m unter der Südkuppel und 28 m unter der nordwestlichen Gebäudeecke, da ein eiszeitlicher Kolkgraben das Gelände durchzieht, der mit nicht tragfähigen, wasserrei-

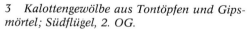

3 *Kalottengewölbe aus Tontöpfen und Gipsmörtel; Südflügel, 2. OG.*

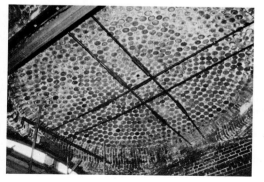

chen Sedimenten gefüllt ist. Weil Pfähle von maximal 18 bis 20 m Länge verwendet wurden, ist nur ein Teil des Gebäudes in tragfähigen Schichten gegründet. Die „schwimmende Gründung" der anderen Bereiche führte schon kurz nach Fertigstellung des Museums, d. h. noch in den fünfziger Jahren des 19. Jahrhunderts, zu Setzungen, die im Laufe der Zeit 45 cm erreichten [1]. Um Rißbildungen entgegenzuwirken, wurden wiederholt Sanierungsmaßnahmen bis hin zur horizontalen Verankerung der gefährdeten Gebäudeteile durchgeführt. Durch die Sanierungsmaßnahmen wurden Baumaterialien unterschiedlicher Art und Qualität in das Gebäude eingebracht, die zum Teil vom originalen Bestand der Errichtungszeit deutlich abweichen.

Die Außenfundamente des Neuen Museums bestehen (bis auf den nordöstlichen Teil im Bereich der Nordkuppel) aus massivem durchgemauertem Kalkstein. Der nordöstliche Teil der Nordkuppel steht auf Fundamenten, die als zweischaliges Kalksteinmauerwerk mit Füllmaterial ausgebildet sind. Die Innenbereiche werden von einem gewölbten Kellergeschoß getragen. Dessen Gewölbepfeiler bestehen zum Großteil aus Ziegelmauerwerk als Kern,

ummantelt mit Kalksteinmauerwerk. Kern und Kalksteinmantel sind nicht im Verbund miteinander vermauert. Das aufgehende Ziegelmauerwerk ist mit einem Kalkmörtel in Quadermauerwerk-Imitation verputzt. Die Fensterleibungen und Gesimse wurden in Sandstein ausgeführt. Wegen des hohen Grundwasserstandes wurde offenbar bei der Planung des Gebäudes mit aufsteigender Feuchte in den Mauern gerechnet. Zum Schutz wurde im Sockelbereich durchgehend eine (stellenweise sogar zwei) Asphalt-Sperrschicht von ca. 1 cm Stärke eingebaut, die bis heute weitgehend intakt und funktionsfähig ist (Abb. 4).

Der Bauzustand von 1943 bis 1985

Von allen Bauten der Museumsinsel erlitt das Neue Museum im 2. Weltkrieg die schwersten Zerstörungen. Im November 1943 wurde das Haupttreppenhaus von Bomben getroffen und brannte vollständig aus. Nachfolgende Bombenangriffe zerstörten den Nordwestflügel bis auf die Grundmauern. Die Südostkuppel sowie die Verbindungsgalerie zum Alten Museum erlitten Anfang 1945 durch Luftminentreffer Totalschäden. Durch Artille-

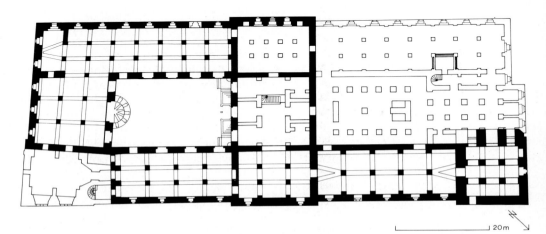

20m

6   Neues Museum: Kellergeschoß, Grundriß. Schwarz: Erhalten gebliebene Bauteile. Weiß: Zerstörte bzw. rekonstruierte Bauteile.

5   Südflügel mit Westfassade des Treppenhauses. Zustand 1985.

riebeschuß wurden noch im Mai 1945 Teile des Südwestflügels zerstört und ganze Raumfolgen stürzten in sich zusammen (Abb. 5, 6).

Die Ruine des Neuen Museums blieb allen Witterungsunbilden 40 Jahre lang ausgesetzt. Nur einige Bereiche der Ostseite, die durch teilweise erhalten gebliebene Dächer und Fenster geschützt waren, befinden sich in einem einigermaßen guten Zustand. Ab 1985 wurde der Wiederaufbau geplant und erste Sicherungsmaßnahmen durchgeführt. Der Direktor der Aufbauleitung, Dr. Ing. J. Schechert, veranlaßte die Durchführung mineralogischer Untersuchungen, um einerseits zu klären, wieviel vom erhalten gebliebenen Baubestand hinsichtlich der Materialeigenschaften noch hinreichend intakt war, um gehalten werden zu können, und um andererseits für die notwendigen umfangreichen Ergänzungs- und Rekonstruktionsmaßnahmen Baumaterialien zu definieren, die nicht zu schädlichen, auf Unverträglichkeiten beruhenden Reaktionen zwischen alt und neu führen.

Mineralogische Untersuchungen

Die Bausubstanz der Museums-Ruine befindet sich in einem unterschiedlich guten Zustand:

1) total zerstört:
   Dach und Geschoßdecken fehlen seit Kriegsende, nur die Außenwände und Kellerdecken waren noch vorhanden (z. B. Haupttreppenhaus),
2) teilweise zerstört:
   Dach fehlt, Geschoßdecken sind noch vorhanden (z. B. Kalottensaal),
3) weitgehend unzerstört:
   Dach noch vorhanden, einige Räume wurden seit 1985 genutzt (z. B. Blauer Saal).

Der noch erhaltene Bestand dieser Bereiche wird mineralogisch bearbeitet. Im Blickfeld der Untersuchungen standen bisher die Fundamente und das Kellergeschoß, während beim aufgehenden Mauerwerk vor allem Untersuchungen zur Sicherung der noch vorhandenen Bausubstanz durchgeführt werden.

Bereits die ersten Untersuchungsergebnisse aus dem Bereich der Grundmauern und des Kellergeschosses deuteten darauf hin, daß das Bauwerk durch aufsteigendes Grundwasser beeinflußt wird. Von der Aufbauleitung des Neuen Museums wurden uns Ergebnisse von einigen Grundwasseranalysen zur Verfügung gestellt. Aus diesen geht hervor, daß offenbar mit dem Vorkommen von Sulfat in beachtlichen Mengen und von organischen Säuren („Huminsäuren") gerechnet werden muß; auch die Kohlensäuregehalte sind relativ hoch. Diese Komponenten reagieren mit dem Bindemittel und lösen dies entweder auf oder wandeln es um, z. B. in Gips. Da über die Zusammensetzung des Grundwassers über die erwähnten Daten hinaus wenig bekannt ist, wurde hierfür ein eigenes Untersuchungsprogramm in Angriff genommen (z. B. Niederbringen einer Pegelbohrung im ungestörten Baugrund). Auch die Funktionsfähigkeit der Sperrschicht wurde in die Untersuchung einbezogen, da sie für die spätere Nutzung des Kellerbereichs von Bedeutung ist.

Das Mauerwerk der Ruine wird insbesondere durch zirkulierende Lösungen beeinflußt, die einerseits aus Niederschlägen stammen und in die tieferliegenden Gebäudeteile aus den oberen Stockwerken eindringen („absteigende Feuchte"), andererseits aber aus dem Grundwasser in die tieferliegenden Bereiche kapillar aufsteigen („aufsteigende Feuchte"). Beide Vor-

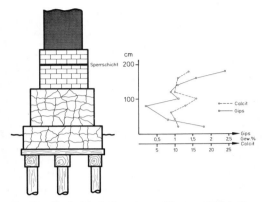

8   Vertikale Verteilung von Gips und Calcit in einem auf Holzpfähle gegründeten Gewölbepfeiler.

gänge haben unterschiedliche Einflußzonen; diejenige der aufsteigenden Wässer überschreitet die ca. 2 m oberhalb des jetzigen Kellerbodenniveaus liegende Sperrschicht in der Regel nicht.

Während die Gründung nahezu des gesamten Gebäudes unterhalb des Grundwasserspiegels liegt, ist dies im Bereich der Nordkuppel, die keine Gründung besitzt, nicht der Fall. Eine Beeinflussung durch aufsteigendes Grundwasser in Holzpfählen und dessen Übergang ins Mauerwerk ist hier nicht möglich. Das Mauerwerk des Kellergeschosses der Nordkuppel diente daher als Bezugsmaterial zur Abschätzung der Einflüsse durch aufsteigende Feuchte in den übrigen Gebäudeteilen.

Das ursprüngliche Außenmauerwerk des Kellerbereichs enthält Sulfate entweder gar nicht oder nur in geringfügigen Mengen. Das Auftreten von Gipsgehalten von mehr als 1 Gew.-% im Mörtel ist ein Indikator für Reaktionen mit eindringendem sulfathaltigen Grundwasser. Oberhalb der Sperrschicht liegen die Gipsgehalte in der Tat nur um 1 Gew.-%, unterhalb aber bedeutend höher (Abb. 7). Auch im Querprofil zeigen sich Variationen (Abb. 7): Es gibt offensichtlich Bereiche – im dargestellten Beispiel in einer von außen ge-

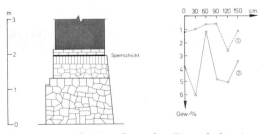

7   Horizontale Verteilung des Gipsgehaltes in einem Profil der westlichen Außenmauer im Kellerbereich (oberhalb der Pfahlgründung) Horizontalschnitte 1 oberhalb, 2 unterhalb der Sperrschicht.

messenen Tiefe von 60 cm – in denen die Durchflutung mit aufsteigenden Lösungen gering war.

Aus der Bestimmung des Gehaltes an carbonatischem Bindemittel ergibt sich, daß wie vermutet eine Reaktion zwischen Grundwasser und Mörtel stattgefunden hat: Oberhalb der Sperrschicht liegen die Calcitgehalte im Mittel bei 13 Gew.-%, unterhalb jedoch, wo auch die hohen Gipsgehalte festgestellt wurden, lediglich bei 8 Gew.-%. Besonders niedrig sind die Bindemittelgehalte natürlich beim Kontakt mit dem Baugrund, weil dort die Reaktion am intensivsten war.

Ein ähnliches Bild wie bei den Außenmauern ergibt sich in den Gewölben und ihren zugehörigen Pfeilern im Kellerbereich. Das Vertikalprofil (Abb. 8) zeigt die Einwirkung des aufsteigenden Grundwassers: Höhere Gipsgehalte (2–3 Gew.-%) werden an der Fundamentunterkante sowie unmittelbar unterhalb der Sperrschicht beobachtet, während die Calcitgehalte zwischen 10 und 15 Gew.-% liegen. Die Calcitgehalte sind dort relativ niedrig, wo die Gipsgehalte hoch sind. In Zonen, in denen sowohl die Gips- als auch die Calcitkonzentrationen niedrig sind, ist mit einer stärkeren allgemeinen Auslaugung – z. B. durch Huminsäuren

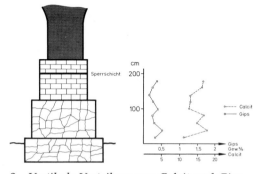

9 Vertikale Verteilung von Calcit und Gips in einem nicht auf Pfähle gegründeten Pfeiler des Kellerbereichs. Oberhalb der Sperrschicht liegt Gipsmörtel vor, daher sind keine Daten eingetragen.

oder CO_2-Gehalt im Grundwasser – zu rechnen. Die Mauerbereiche im nicht auf Pfählen gegründeten Bereich der Nordkuppel haben unterhalb der Sperrschicht lediglich Gipsgehalte von ca. 0,5 Gew.-%, aber durchschnittliche Calcitgehalte um 14,5 Gew.-% (Abb. 9). Hier hat offensichtlich nur eine sehr geringe Beeinflussung durch das Grundwasser stattgefunden.

Interpretation der mineralogischen Daten und Folgerungen für die Sanierung

Die Wechselwirkung zwischen Mauerwerk und Grundwasser ist keine Folge der Kriegsschäden; sie hätte auch bei einem völlig intakten Bauwerk stattgefunden und hätte vermutlich zu den gleichen Auswirkungen geführt. Durch diese Reaktionen, insbesondere durch den Bindemittelabbau, ist die Stabilität des Mauerwerks nicht unbeeinflußt geblieben. Stabilisierende Maßnahmen müssen auf den jetzt vorliegenden, gegenüber dem ursprünglichen Zustand deutlich geänderten Materialbestand im Mauerwerk Rücksicht nehmen. Wegen der Sulfatgehalte sowohl im Mörtel als auch im Grundwasser sind für stabilisierende Maßnahmen die Baustoffe so auszuwählen, daß insbesondere eine Sulfatwechselwirkung vermieden wird.

Durch Einflüsse infolge der Kriegsschäden, insbesondere durch die mehr als vier Jahrzehnte anhaltende Durchfeuchtung, sind vor allem die Mauerwerkspartien oberhalb der Asphalt-Isolierschicht und die offen liegenden Decken und Gewölbe betroffen. Die originalen Baustoffe dürften weitgehend denjenigen im Kellergeschoß vergleichbar sein – mit einer Ausnahme: Die Topfgewölbe wurden mit reinem Gipsmörtel aufgemauert; aus ihnen können infolge der ständigen Durchfeuchtung große Mengen an Gips mobilisiert worden sein, die das Mauerwerk der Wände mit sekundären Gipsablagerungen imprägnierten. In der Tat finden sich Gipsanreicherungen in vielen Wandpartien. Auch Auslaugung von Bindemittelanteilen wurde beobachtet. Die bis jetzt ermittelten Daten sind jedoch noch nicht hinreichend, um ein vollständiges Bild zu entwerfen. Diese Frage wird zur Zeit untersucht, sie wird Gegenstand einer späteren Studie sein.

Zusammenfassung

Der erhalten gebliebene Baubestand der Kriegsruine des Neuen Museums wirft einige Probleme auf, die mit mineralogischen Methoden untersucht werden. Diese betreffen vor allem Fragen des Bindemittelgehalts im Mauerwerk und die Umlagerung bzw. Neubildung von Salzen,

insbesondere Gips. Im Bereich der Fundamente besteht ein Zusammenhang zwischen Beeinflussung des Mauerwerks und der Art der Gründung. In den Bereichen, in denen eine Gründung auf Holzpfählen vorliegt, erleichtern diese offenbar das Eindringen von saurem, sulfatbelastetem Grundwasser in das Mauerwerk sowie die Sulfatbildung und Bindemittelreduktion im Mauerwerk. Sowohl in Vertikal- als auch Horizontalprofilen sind Gradienten im Sulfatgehalt erkennbar, die auf Transport- und Reaktionsprozesse zurückzuführen sind. Bei Sanierungsarbeiten muß daher die Materialverträglichkeit sorgfältig geprüft werden.

Literatur

[1] KALUSCHE, F. und SCHECHERT, J.: Der Wiederaufbau des Neuen Museums. Dokumentation zur Entwurfsplanung. Unveröfftl. Arbeitsheft, Stiftung Preußischer Kulturbesitz – Staatliche Museen zu Berlin. Berlin 1990

[2] STÜLER, A.: Das Neue Museum zu Berlin. Unveröfftl. Notizen des Autors, Stiftung

Preußischer Kulturbesitz – Staatliche Museen zu Berlin

[3] HOFFMANN, C. W.: Die feuerfesten Decken des Neuen Museum hierselbst. Notizblatt des Architektenvereins zu Berlin, Jg. 1846, S. 167 ff.

[4] OHFF, H.: Karl Friedrich Schinkel. Berlin 1981, S. 89

Summary

The Museumsinsel in Central Berlin is a unique complex of five cultural institutions which have been erected between 1823 and 1930. The second oldest building, the so-called "Neues Museum", was designed by F. A. Stüler in 1841 by order of King Friedrich IV of Prussia. During World War II it suffered badly both from air attack and ground warfare and stood as a ruin from 1943 to 1985. The building has some structural peculiarities that deserve being mentioned: Because it was erected on very difficult ground in a fossil river valley of Pleistocene age a pile foundation was necessary. This did not, however, reach safe and solid ground below all parts of the building. Early subsidence made repair measures necessary shortly after recompletion of the building. Another special feature is the construction of ceilings: some of the rooms had calotte-shaped vaulted ceilings constructed of terracotta pots and gypsum mortar.
Both structural properties have influenced mineralogical processes within the masonry: Ground water containing sulfates and organic acids as well as CO_2 ascended into the basement walls and partly convented the original lime mortar into gypsum. Descending water that had leaked through the ceilings into the upper walls impregnated these with dissolved and redeposited gypsum.
The movement of sulfate and dissolution of lime and the deposition of gypsum have to be considered if restauration measures are being taken. Repair materials have to be well matched with the remaining historical components.

Résumé

Les parties toujours existantes du Nouveau Musée à Berlin réduit à l'état de ruine au cours de la guerre posent quelques problèmes que l'on tente de résoudre par des méthodes minéralogiques. Elles portent avant tout sur le pourcentage de liant de la maçonnerie et le déplacement ou l'apparition de sels, et plus particulièrement de gypse. Dans la zone des fondements, un rapport existe entre l'exposition de la maçonnerie et la nature des fondations. Dans les zones où les fondations reposent sur des pilots en bois, ceux-ci facilitent apparemment la pénétration dans la maçonnerie d'eaux souterraines acides chargées de sulfates ainsi que la constitution de sulfates et la réduction du liant à cet endroit également. Aussi bien pour les profilés verticaux que pour les profilés horizontaux, on observe des gradients de la teneur en sulfate dus aux processus de transport et de réaction. Il est de ce fait nécessaire, en cas de travaux d'assainissement, de vérifier avec soin la compatibilité du matériau.

Abbildungsnachweis

1, 2, 5	Stiftung Preußischer Kulturbesitz – Staatliche Museen zu Berlin
3	Dr. K. Schröder, Berlin
4, 7, 8, 9	Mineralogisches Institut, Universität Karlsruhe
6	Mineralogisches Institut, Universität Karlsruhe, unter Verwendung eines Grundrisses des Preußischen Kulturbesitzes – Staatliche Museen zu Berlin

Historische Eisenkonstruktionen

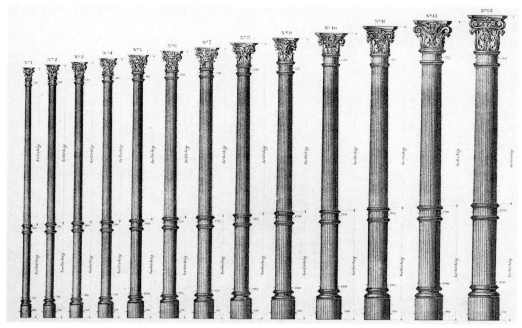

1 *Gußeisensäulen nach dem Musterbuch der von Rollschen Eisenwerke (1902). Die Längenangaben für die einzelnen, sich verjüngenden Schaftabschnitte lauten: „beliebig".*

STEFAN W. KRIEG

Der Guß eiserner Stützen im 19. Jahrhundert

Technologie und Material

Bei den Untersuchungen gußeiserner Rundstützen vor allem des 19. Jahrhunderts im Rahmen des Sonderforschungsbereiches 315 hat sich herausgestellt, daß Materialkennwerte und Festigkeitseigenschaften auch bei Stützen desselben Herstellers stark differieren.[1] Zur Erklärung dieses Phänomens soll daher im folgenden anhand der zeitgenössischen Literatur der Herstellungsprozeß dargestellt und untersucht werden, welche Kenntnisse zu chemischer Zusammensetzung und Gefügeaufbau, zu Festigkeit und Verarbeitbarkeit

des Gußeisens im 19. Jahrhundert vorlagen.*

Zur Verwendung gußeiserner Stützen in Deutschland

Die Verwendung gußeiserner Stützen im Hochbau hat von England ihren Ausgang genommen. Zwischen 1790 und 1800 versuchte man dort, die Feuergefahr in den Spinnereien durch eine feuerfeste Konstruktion zu mindern, und ersetzte zunächst die hölzernen Deckenstützen und

Tragbalken durch Gußeisenteile, um dann in einem zweiten Schritt das Holz ganz aus dem Fabrikbau zu verdrängen und an seiner Stelle Gußeisen und Stein bzw. Ziegel zu verwenden.[2] Bei den ersten, von den Zeitgenossen ‚feuerfest‘ genannten Fabrikbauten wiesen die Stützen einen massiven Kreuzquerschnitt auf; erst mit dem Spinnereigebäude in Salford bei Manchester (errichtet um 1800) können sich runde Hohlstützen durchsetzen, die in der Folgezeit der gängige Typ werden.[3] In die höhere Baukunst fanden gußeiserne Bauteile ebenfalls schnell Eingang; schon 1831 findet sich ein Lob für die *„Schlankheit und Nützlichkeit der leichten und eleganten Metallschäfte“*, die in den Kirchen an die Stelle der sichtbehindernden Steinsäulen getreten seien.[4] Während sich im Bereich der Nutzbauten das Gußeisen auch auf dem Festland recht schnell durchsetzen konnte, dauerte dies für die Repräsentationsarchitektur länger, obwohl sich beispielsweise Karl Friedrich Schinkel (1781–1841) nach seiner Englandreise 1826 darum bemühte.[5]

Erst in der zweiten Jahrhunderthälfte sind Gußstützen in Deutschland in der Architektur weit verbreitet. Wie ursprünglich in England sind schlichte Rundstützen im Bau von Lager- und Fabrikhallen üblich; sie sind zumeist als einfache Rohre mit verstärkten Fuß- und Kopfplatten ausgebildet; bei mehrgeschossigen Bauten sind die Stützen durch Deckenöffnungen ineinandergesteckt, um einen gleichmäßigen Lastabtrag zu gewährleisten. Auch bei repräsentativeren Bauten sind Gußstützen als platzsparend und tragfähig beliebt; sie sind hier freilich meist in den Formen der klassischen Säulenordnungen gebildet und fügen sich damit in die üblichen historistischen Bauformen ein. Obwohl der Guß nach individuellem Entwurf des Architekten möglich war, war es aus Kostengründen üblich, in den Musterbüchern der Gießereien das stilistisch passende Modell auszuwählen und bei der Bestellung den gewünschten Durchmesser und die notwendigen Längenmaße als Abstände zwischen den einzelnen Zierformen anzugeben. In den Musterbüchern lautet daher die Maßangabe für die glatten oder kannelierten Schaftstücke zwischen den Zierelementen „beliebig“ (Abb. 1). Daneben war es üblich, den Zierat separat (auch aus Schmiedeeisen oder anderen Metallen) herzustellen und mit kleinen Nägeln oder Schrauben anzuheften.[6] Große Verbreitung hatten Gußstützen schließlich bei der Gestaltung von Ladenfronten; zur Verwendung kamen hier freilich meist nicht Rundstützen, sondern Stützen mit Kastenquerschnitt oder Zwillingsstützen, da sie die nötige Tragfähigkeit mit der geringsten Einschränkung der Schaufensterbreite verbanden.

Der Rückgang der Verwendung von Gußstützen kündigt sich in den Handbüchern der Baustatik ebenso an wie in den Musterbüchern der Hersteller von Ersatzstoffen für gußeiserne Säulen. 1890 nennt ein Handbuch der Baukonstruktionslehre die Verwendung gußeiserner Stützen in den meisten Fällen *„unwirtschaftlich und nicht mehr zeitgemäß“*. Vielmehr empfehle sich der Einsatz schmiedeeiserner Stützen (gemeint ist nach dem Zusammenhang offenbar Puddeleisen), da sie fast ein Fünftel billiger seien, auf Lasten, die von der Berechnung abweichen, elastischer reagierten, ihr Versagen durch größere Formveränderung ankündigten und nicht umständlich einzeln auf ihre Haltbarkeit geprüft werden müßten. Gußstützen seien nur dann zu rechtfertigen, *„wenn eine in Schmiedeeisen nicht leicht darstellbare Form gefordert wird“*.[7] Während die aus Winkelprofilen zusammengenieteten Stützen allenfalls in reinen Zweckbauten unverkleidet bleiben konnten, im übrigen aber durch Verputz versteckt wurden, wenn dies nicht bereits aus Brandschutzgründen erforderlich war, gab es für Stützen aus gewalzten Quadranteisen gegossene Verkleidungsgarnituren, die die Anschlüsse an Boden und Decke zu Architekturformen umdeuteten (Abb. 2).[8]

Ähnlich lieferten die Mannesmannröhren-Werke, aber auch Gießereien, die Säulen in ihrem Programm hatten, Gußteile, mit denen beispielsweise nahtlose Rohre aus Flußstahl zu Kandelabern und Laternenmasten, aber auch Säulen in den aus der Gußtechnik bekannten und reich verzierten Formen umgestaltet werden konnten.[9] Daneben ist auf die Konkurrenz hinzuweisen, die den Gußstützen in besonders geformten Walzprofilen erwuchs, die zur Verkleidung von Walzstahlstützen oder auch als Stützen selbst dienen konnten (Abb. 3a und b). Nach Ausweis der Handbücher sowie dem in Musterbüchern dokumentierten Umfang des Lieferprogramms hat die Firma Mannstaedt in Köln hier von etwa 1900 bis nach 1920 eine

führende, wenn nicht sogar eine monopolartige Rolle gespielt.[10]

Der Herstellungsprozeß

Der Guß eiserner Stützen hat von den Fortschritten des Eisenhüttenwesens im 19. Jahrhundert profitieren können, stellte aber die Industrie offenbar nicht vor so schwierige Aufgaben, daß er zu diesen Fortschritten nennenswert beigetragen hätte. Das Interesse galt vielmehr dem Guß von Hartwalzen für den Maschinenbau (etwa für Papiermaschinen) oder druckfesten Rohren für die aufkommende Gas- und Wasserversorgung, um nur Produkte zu nennen, für die eine ähnliche Gußtechnologie benötigt wurde. Die hier

1 Vgl. die Arbeiten von RUDOLF KÄPPLEIN in der Literaturliste und den Beitrag von BERNHARD HOHLWEGLER und EGON ALTHAUS.
2 PAULINYI 1979, 94–97.
3 PAULINYI 1979, 98–102.
4 LARDNER 1831, 67: „Among the architectural purposes to which cast iron has already been most successfully applied, may be mentioned pillars, as well fluted and plain, for the support of galleries in our places of worship. Those who have paid any attention to the cumbrous, unsightly columns which occupy so much space, and so obstruct the view in most old churches, must perceive at once the beauty and utility of the light and elegant metal shafts which have so generally superseded them."
5 Er dachte beispielsweise an die Verwendung gußeiserner Säulen in der Bauakademie, vgl. MARTIN SPERLICH: Frühe industrielle Bauformen in Berlin; Eisenguß, Zinkguß, Terrakotta. In: Eisen Architektur 1979, 18–22, hier 20 f. (nach GOERD PESCHKEN: Schinkels Bauakademie in Berlin. Ein Aufruf zu ihrer Rettung. Berlin 1961). In Schinkels Reisetagebuch ist der Besuch mehrerer „feuerfester" Fabriken in England erwähnt, vgl. KARL FRIEDRICH SCHINKEL: Reise nach England, Schottland und Paris im Jahre 1826. Hrsg. v. GOTTFRIED RIEMANN. Berlin 1986, 244 und 262; und [KARL

FRIEDRICH SCHINKEL]: Die Reise nach Frankreich und England im Jahre 1826. Bearb. von REINHARD WEGNER. München–Berlin 1990 (Karl Friedrich Schinkel Lebenswerk), 77, 83 f., 159, 167 f.
6 BREYMANN-KÖNIGER 1890, Taf. 15.
7 BREYMANN-KÖNIGER 1890, 79 f. Ähnlich, aber knapper GOTTGETREU 1885, 149. Auch 1909 war der Verdrängungsprozeß noch nicht abgeschlossen: GEUSEN 1909, 93. Und 1931 heißt es bei SCHÜTZ (73): „Wenngleich die gußeiserne Säule vielfach durch diejenige aus Schmiedeeisen verdrängt worden ist, so werden doch in den Gießereien immer noch beträchtliche Mengen hergestellt."
8 [Musterbuch der] Gesellschaft der L.[udwig] von Roll'schen Eisenwerke. Clus 1902, Taf. 121 f.
9 Mannesmannröhren-Werke Düsseldorf: Hauptpreisliste 1, o.O. o.J. [Düsseldorf 1912], Tafeln 107, 119 ff. Musterbuch der von Roll'schen Eisenwerke 1902, Taf. 120.
10 Musterbuch I–III Façoneisen-Walzwerk L. Mannstaedt & Cie Act.-Ges. Kalk bei Köln a. Rh. 1905. Dem Exemplar der Eisenbibliothek ist eine undatierte Ergänzung (beim Vorbesitzer 1926 eingegangen) mit Profilen nach Entwurf des Architekten und Industriedesigners Peter Behrens beigefügt. Die Verwendung der Erzeugnisse dieser Firma empfiehlt beispielsweise SCHÖLER 1901.

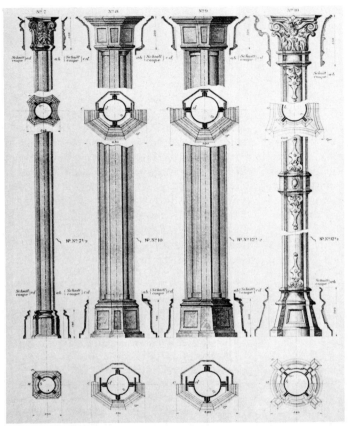

2   *Verkleidungsgarnituren aus Gußeisen für Säulen aus Quadranteisen im Musterbuch der von Rollschen Eisenwerke (1902).*

erzielten Fortschritte vereinfachten auch die Herstellung der Stützen, und ihre Verbreitung wurde sicher durch die Kostensenkungen gefördert, die sich aus verbesserten Verfahren mit deutlich geringerem Rohstoffeinsatz und teilweisem Ersatz der Handarbeit qualifizierter Arbeiter durch angelernte Kräfte an Maschinen ergaben.

Roheisenerzeugung und Eisensorten

Material des Eisengusses ist das Roheisen. Seinen Namen erhielt es vermutlich, weil es als Hochofenprodukt im Gegensatz zu den im Rennfeuer gewonnenen Luppen nicht schmiedbar war und erst mit einer weiteren Behandlung, dem sogenannten Frischen, in schmiedbares Eisen (nach heutiger Terminologie: Stahl) umgewandelt werden konnte. Zu Beginn des 19. Jahrhunderts erkannte man, daß die unterschiedlichen Eigenschaften des Schmiedeeisens (schlechte Vergießbarkeit, Elastizität, gute Schmiedbarkeit) und des Roheisens (gute Vergießbarkeit, Sprödigkeit und damit verbunden fehlende Schmiedbarkeit), sowie auch der einzelnen Roheisensorten mit dem unterschiedlichen Kohlenstoffgehalt zusammenhängen. Roheisen mit guten Gießeigenschaften hat etwa 2–5 % Kohlenstoffgehalt, Stahl dagegen unter 2 %.

Der Frischprozeß ließ sich damit als eine Verminderung des im Eisen enthaltenen Kohlenstoffs erklären.

Zu Beginn des 19. Jahrhunderts wurde das Roheisen in Deutschland zumeist noch mit Holzkohle erschmolzen. Obwohl Abraham Darby (1676–1717) das erste Koksroheisen bereits 1709 in Coalbrookdale hergestellt hatte, hatte sich der Prozeß in England erst um die Mitte des 18. Jahrhunderts allmählich ausbreiten und um die Wende zum 19. Jahrhundert das Holzkohlenroheisen verdrängen können. Denn als mit dem Puddelverfahren erstmals ein leistungsfähiges Frischverfahren zur Umwandlung des Roheisens in schmiedbares Eisen zur Verfügung stand, stieg der Roheisenbedarf sprunghaft an und war – auch wegen der schon weit fortgeschrittenen Entwaldung Englands – nicht mehr mit dem Holzkohleverfahren allein zu decken (Abb. 4).[11] In Deutschland waren anders als in England die Erzlagerstätten als Standorte der Hüttenindustrie zumeist nicht mit nennenswerten Kohlelagerstätten verbunden; für die Verwendung von Koks ergaben sich also wegen des Fehlens eines leistungsfähigen Verkehrsnetzes Transportkosten, die es in der Regel wirtschaftlicher machten, weiterhin Holzkohle zu verwenden. Nur in Oberschlesien fielen Stätten alter Eisengewinnung und beträchtliche Steinkohlenvorräte zusammen und wurden am Ausgang des 18. Jahrhunderts zur Grundlage der Eisenindustrie Preußens. Das erste Koksroheisen Preußens wurde 1789 in Malapane erschmolzen, wirtschaftliche Ergebnisse lieferten freilich erst die für den Koksbetrieb neuerrichteten Hochöfen in Gleiwitz (1796) und Königshütte.[12] Damit wiederholte sich in Preußen ein schon in England zu beobachtendes Phänomen: Die Kokshochöfen belieferten zunächst Gießereien, da der aus der Kohle stammende höhere Schwefelgehalt des Koksroheisens es zum Gießen besser geeignet erscheinen ließ als zum Frischen, also der Weiterverarbeitung zu schmiedbarem Eisen.

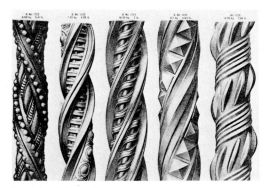

3a Ansichten der gewalzten Flußeisenstützen der Firma Mannstaedt (1905).

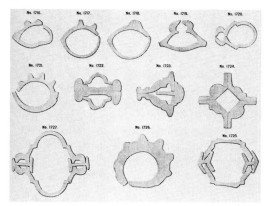

3b Querschnitte der gewalzten Flußeisenstützen der Firma Mannstaedt (1905).

Die Königlich Württembergischen Hüttenwerke in Wasseralfingen (Kreis Aalen) erschmolzen ihr Roheisen in der ersten Jahrhunderthälfte mit zwei Holzkohlehochöfen, zu denen 1844/45 noch ein dritter hinzukam; der Bau eines Kokshochofens begann erst 1861, doch verzögerte sich sein regelmäßiger Betrieb bis 1870 durch Probleme mit der Winderhitzung.[13] Doch ist Wasseralfingen mit den

11 Paulinyi 1989, 116 f.
12 Johannsen 1953, 348–50.
13 Schall 1896, 52 f., 63, 86.

Verbesserungen berühmt geworden, die
der Hüttenverwalter Wilhelm Faber du
Faur zur Nutzung der Abwärme und des
Brennwertes des Gichtgases einführte. James Beaumont Neilson hatte 1828 ein Pa-
tent auf die Winderhitzung für Hochöfen
angemeldet, durch den Widerstand der
Hüttenbesitzer aber erst 1830 mit praktischen Versuchen die Richtigkeit seiner
Anschauungen beweisen können.[14] Schon
1831 erprobte Faber du Faur die Winderhitzung mit Rostfeuerung nach Neilsons
Vorbild an einem Kupolofen, bevor er
1832 auf der Gichtbühne des einen Hochofens einen Winderhitzer errichtete, der
die Gichtgase ausnutzte. Die Betriebsergebnisse sprachen mit einer Steigerung
der Erzeugung um ein Drittel auf 80 000
Zentner bei gleichzeitiger Senkung des
Kohlenverbrauchs um rund ein Viertel für
sich; 1833 wurde auch der zweite Hochofen mit einem Gichtgaswinderhitzer versehen.[15] Die so erreichten Kostensenkungen betrugen rund ein Viertel des
Verkaufspreises, so daß sich der Einbau
der Winderhitzer bereits nach zwei Monaten amortisiert hatte.[16] Wasseralfinger Ap-
parate waren schnell bei den deutschen
und österreichischen Hüttenbetrieben anzutreffen, so beispielsweise 1834 bei der
Sayner Hütte.[17] Weitere Versuche Faber
du Faurs zur Nutzung des Gichtgases für
den Betrieb eines Flammofens zum Umschmelzen von Gußabfällen sowie eines
Puddelofens verliefen ebenfalls erfolgreich
und führten zur grundsätzlichen Untersuchung der Gasfeuerung für Flamm- und
Puddelöfen, steigerten aber zugleich wieder den Kohleverbrauch der Hochöfen.[18]
Langfristig konnte sich freilich die Roheisenerzeugung in Wasseralfingen nicht gegen die aufkommende Konkurrenz in Lo-
thringen und im Ruhrgebiet behaupten,
daher war seit 1882 nur noch der Koks-
hochofen in Betrieb,[19] um 1925 endgültig
stillgelegt zu werden.[20]
In Baden war aus Mangel geeigneter Erz-
vorkommen die Roheisenerzeugung geringer; in den dreißiger Jahren des

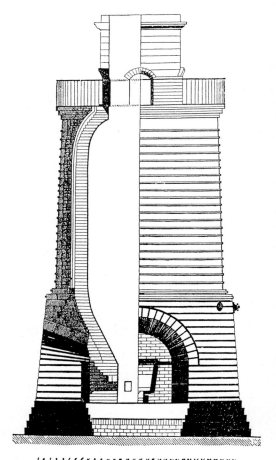

*4   Der Heißwind-Hochofen in Coltness
(Schottland), Schnitt und Ansicht.*

19. Jahrhunderts lieferte das staatliche Ei-
senwerk in Hausen im Wiesenthal (Kreis
Lörrach) etwa 25 000 bis 30 000 Zentner
pro Jahr, und in einem ähnlichen Bereich
dürfte die Produktion der staatlichen Eisenhütte in Albbruck (bei Waldshut) gelegen haben, doch kam durch sinkende
Preise und fehlende Konkurrenzfähigkeit
die badische Eisenerzeugung schon in den
1860er Jahren zum Erliegen.[21]
Mit dem Aufkommen von Gießereien
ohne eigene Eisenerzeugung und der Verwendung von Eisen aus unterschiedlichen

Hochöfen stellte man erhebliche Unterschiede zwischen den einzelnen Eisensorten fest. Zudem lieferten die Eisenhütten in der Regel mehrere verschiedene Sorten, die uneinheitlich mit I–IV gekennzeichnet waren oder zusätzlich durch die Angabe des Herstellungsverfahrens unterschieden waren. Da geeignete Analyseverfahren noch fehlten oder im Hüttenbetrieb nicht praktikabel waren, versuchte man die gewünschte Eisenqualität durch die sogenannte Gattierung, also die Mischung unterschiedlicher Sorten nach Erfahrungswerten, zu erreichen, wobei beispielsweise auch die Menge der wiederverwendeten Gußabfälle eine Rolle spielte. Erst gegen Ende des 19. Jahrhunderts wurde es vor allem durch die von Ernst Friedrich Dürre und Adolf Ledebur veröffentlichten Analysewerte möglich, durch rechnerische Bestimmung der Anteile der verschiedenen Eisensorten Roheisen mit den gewünschten Gehalten an weiteren Eisenbegleitern wie Silizium und Mangan, aber auch weniger erwünschten an Phosphor und Schwefel recht präzise herzustellen.[22] Die von Dürre vorgelegten Vergleichstafeln zeigen deutlich, daß sowohl die Produkte einer Eisenhütte wie auch Roheisenproben derselben Sorte aus verschiedenen Hütten erhebliche Unterschiede in den Gehalten an Eisenbegleitern aufwiesen;[23] daher lassen sich keine Mindest- oder Höchstmengen angeben, die Voraussagen über zu erwartende Materialkennwerte zuließen.

Guß erster und zweiter Schmelzung

Während man im 18. Jahrhundert Eisengußwaren zumeist unmittelbar aus dem Hochofenabstich herstellte, setzte sich im 19. Jahrhundert der Guß zweiter Schmelzung allmählich durch. Dabei wird das Roheisen beim Abstich aus dem Hochofen zuerst in Blöcke, sogenannte Masseln, gegossen, und diese werden dann in einem erneuten Schmelzvorgang für den Formguß erhitzt. Durch den erneuten Einsatz von Brennmaterial – Holzkohle, Kohle, Koks, bisweilen auch Holz[24] – und den mit dem Schmelzprozeß verbundenen Abbrand ist dieses Verfahren zwar teurer, bietet aber erhebliche praktische Vorteile: Mit der Vergrößerung der Hochöfen und der Steigerung des Winddrucks für den Koksbetrieb stieg die Menge der im flüssigen Eisen gelösten Gase, die einen blasenfreien Guß aus dem Hochofen erschwerten oder unmöglich machten. Sodann ist der unmittelbare Guß vom Gang des Hochofens abhängig. Dies bedeutet neben Störungen und Verzögerungen im Gießbetrieb vor allem, daß je nach dem Gang des Hochofens das Roheisen an verschiedenen Tagen sehr unterschiedlich ausfällt[25] und daß auch der Gang des Hochofens durch die plötzliche Entnahme größerer Roheisenmengen und den damit verbundenen Hitzeabfall gestört

14 PAULINYI 1989, 119–123.
15 SCHALL 1896, 56. PLUMPE 1982, 111 nennt freilich andere Zahlen. Da beim ersten Hochofen der Einbau des Winderhitzers mit einer Erhöhung des Hochofens verbunden war, läßt sich die Verbesserung des Wirkungsgrades besser am zweiten umgerüsteten Ofen erkennen. Hier ließ sich der Kohleverbrauch um 21,9 % senken, die Schmelzleistung innerhalb von 24 Stunden um 37,8 % und die Ausbringung, also die Ausnutzung des Erzes, um 2,9 % steigern.
16 PLUMPE 1982, 113 f.
17 PLUMPE 1982, 108.
18 SCHALL 1896, 59–61.
19 SCHALL 1896, 90 f., 122.
20 BOELCKE 1987, 386.
21 BOELCKE 1987, 180 f. Vgl. auch: Die Industrie in Baden im Jahr 1925 auf Grund amtlichen Materials. Bearb. u. hrsg. v. Badischen Statistischen Landesamt. Karlsruhe 1926, 67 f.
22 OSANN 1913, 146–52 gibt Beispiele für derartige Berechnungen.
23 DÜRRE 1890, 37–41.
24 LOHSE 1910, 94–96.
25 LEDEBUR 1901, 79 f.

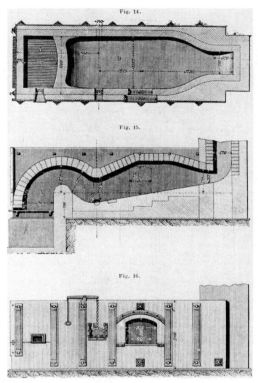

5 *Grundriß, Schnitt und Ansicht eines
Flammofens. Von links nach rechts sind Feu-
eröffnung, Abstichöffnung und Füllöffnung für
das Schmelzgut zu erkennen.*

wird,[26] wie sie für größere Gußstücke
benötigt werden. Zum andern konnte
man die Qualität des Roheisens nur durch
die Rohmaterialien, also ein Gattieren der
Erze,[27] und den eigentlichen Schmelzprozeß steuern, ein angesichts der damaligen
Eisenhüttentechnologie und der möglichen Analysen recht unsicheres Verfahren.
Dagegen konnte man beim Guß zweiter
Schmelzung die Eigenschaften des Roheisens wesentlich genauer durch die Wahl
des Ofens, die Schmelzdauer und die sogenannte Gattierung bestimmen, also die
Auswahl und Zusammenstellung des Ein-
satzeisens. Dabei half auch die Tatsache,
daß das Gußeisen, das man einschmolz,
nach seinem Bruchaussehen oder sogar

nach chemischen Analysen ausgewählt
und gemischt werden konnte. Zudem
ließen sich nur auf diese Weise Gußbruch
und Abfälle der Gießerei wie Eingüsse
und verlorene Köpfe (s. u.) verwenden, die
bis zu 50 % des Gußgewichtes größerer
Stücke ausmachen konnten. Erst durch
die Durchsetzung des Gusses zweiter
Schmelzung und durch den sich damit entwickelnden Roheisenhandel und
-transport wurde es möglich, Gießereien
dort einzurichten, wo der Bedarf für ihre
Erzeugnisse lag, also in den größeren In-
dustriestädten, und damit fern von den
Erzlagerstätten.
Die bei der Roheisenerzeugung schon erwähnte Knappheit an Kohle hat auf dem
Festland und besonders in Deutschland
die Einführung des Gusses zweiter
Schmelzung länger hinausgezögert, als
es die praktischen Vorteile des Verfahrens eigentlich erwarten ließen. In
Württemberg standen 1847/48 73 000
Zentnern Gußwaren erster Schmelzung
nur 22 000 Zentner Gußwaren zweiter
Schmelzung (also rund 30 %) gegenüber;
1856/57 hatte sich das Verhältnis zu
104 000 gegenüber 44 000 Zentnern (rund
42 %) verbessert.[28] 1911 schließlich umfaßte im deutschen Zollgebiet der Guß erster Schmelzung nur noch 97 000 t und
damit 3 % der gesamten Produktion
gegenüber 2,8 Millionen t Guß zweiter
Schmelzung.[29]

Flamm- und Kupolöfen

Das Umschmelzen des Roheisens erfolgte
zunächst überwiegend in Flammöfen
(Abb. 5), doch konnte sich schon in der
ersten Hälfte des 19. Jahrhunderts der Kupolofen (Abb. 7) durchsetzen; für diesen
Ofentyp gab es zahlreiche Neuentwick-
lungen, mit denen sich der Kohlebedarf je
geschmolzener Tonne Roheisen vor allem
in der zweiten Jahrhunderthälfte stetig
senken ließ. In Meyers Darstellung der Eisengießerei 1834 nehmen die Flammöfen
erheblich breiteren Raum als die Kupol-

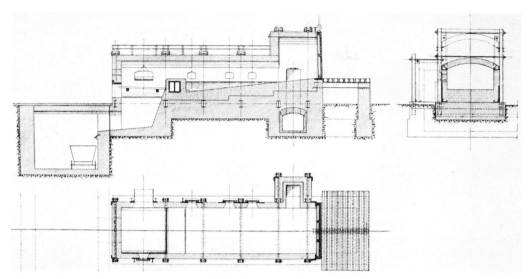

6   *Amerikanischer Flammofen (um 1900) für bis zu 15 t Einsatz. Die Esse ist aus der Achse gerückt, um in der Schmalseite eine Füllöffnung auch für größte Gußbruchstücke freizugeben.*

öfen ein;[30] aus seinen Erörterungen wird die bis dahin größere Bedeutung der Flammöfen deutlich, freilich auch ihre schwierigere Betriebsführung. Die beinahe narrensichere Ofenführung und die bedeutend bessere Ausnutzung des Brennstoffes ließen freilich den Kupolofen vorteilhafter erscheinen, so daß er allmählich den Flammofen verdrängte. Daß der Kupolofen nur langsam an Boden gewann, mag auch damit zusammenhängen, daß man anfangs versuchte, die praktischen Erfahrungen beim Bau von Hochöfen auf ihn anzuwenden, wodurch zunächst sehr ungünstige Betriebsergebnisse erzielt wurden.[31] Für den Flammofen lagen dagegen u. a. durch die Ausbreitung des Puddelverfahrens größere Erfahrungen mit der richtigen Ofenführung vor.[32] Zu Beginn des 20. Jahrhunderts konnte der Flammofen im Gießereiwesen vor allem der USA nochmals an Bedeutung gewinnen, als durch die gestiegenen Arbeitslöhne die Lohnersparnis durch das mechanische Einbringen auch größter Gußstücke, das nur bei dieser Ofenform möglich war, die höheren Brennstoffkosten gegenüber dem Kupolofen ausgleichen konnte, für den das Schmelzgut erst aufwendig zerkleinert werden mußte (Abb. 6).[33]

26 MEYER 1834, 78. Auf einen weiteren Störfaktor für den Gang des Hochofens weist PLUMPE 1982, 116 f. hin: Die bis etwa 1830 übliche Form des Hochofens „mit offener Brust" bedingte, daß bei der Roheisenentnahme das Gebläse ganz abgestellt oder langsamer gestellt wurde, um die Hitzeentwicklung für die Gießer erträglich zu halten. Abhilfe schufen hier erst die Stich- und Schöpfherde, deren frühester 1828 in Malapane eingerichtet wurde.

27 Dies berichtet MEYER 1834, 79 aus Schweden.

28 BILFINGER 1859, 50–82, hier 51 und 75.

29 OSANN 1913, 26 nach den Mitteilungen des Vereins der Eisengießereien, August 1912.

30 MEYER 1834, 88–101 gegenüber der Darstellung der Kupolöfen 84–88.

31 LOHSE 1910, 94. Vgl. die Bemerkungen zur konservativen Einstellung der Eisenhüttenleute bei PAULINYI 1989, 115.

32 Zum Puddeln vgl. PAULINYI 1989, 125–131 und PAULINYI 1987.

33 OSANN 1913, 34 f.

In Württemberg erzeugten die staatlichen Hüttenwerke 1847/48 15 500 Zentner Gußwaren zweiter Schmelzung aus zwei Flamm- und drei Kupolöfen, während die drei Kupolöfen der privaten Hüttenwerke 6 500 Zentner erzeugten; 1856/57 hatten die staatlichen Werke ihre Produktion mit zwei Flamm- und zwei Kupolöfen nur auf 18 000 Zentner steigern können, während die privaten mit ihren inzwischen vier Kupolöfen fast 26 000 Zentner erzeugten.[34]

Der Flammofen (Abb. 5–6) besteht aus einem rechteckigen Gehäuse, in dem ein feuerfestes Gewölbe einen Rost für das Brennmaterial und den Herd für das Roheisen überdeckt. Unter dem Rost befindet sich ein oft recht tiefer Aschenraum; Meyer empfiehlt, ihn bis in einen Keller hinabzuziehen, um einen guten Zug des Ofens und ein leichtes Entfernen der Asche zu gewährleisten.[35] Zwischen dem Rost und dem Herd befindet sich eine besonders feste und niedrige Mauer, die sogenannte Feuerbrücke. Der Herd selbst liegt etwas höher als der Rost und kann waagerecht oder geneigt ausgebildet sein; Meyer empfiehlt die waagerechte Ausbildung für Holzkohlenroheisen und Geschützgießereien, während die geneigte Stellung zu einer stärkeren Entkohlung führe und damit besser für Koksroheisen geeignet sei.[36] Der Herd hat an der Feuerbrücke die gleiche Breite wie der Rost, wird aber zum Rauchabzug, dem sogenannten Fuchs, hin etwas schmaler, um die Flammen und Rauchgase zu konzentrieren.[37] An der Längsseite befinden sich in der Nähe der Feuerbrücke eine Abstichöffnung und/oder eine Klappe zum Schöpfen des Roheisens mit der Kelle.
Der Kupolofen (Abb. 7) ist demgegenüber wie ein Hochofen (vgl. Abb. 4) im Kleinen gebildet.[38] Er besteht im wesentlichen aus einem Schacht mit einer Gichtöffnung oben, durch die das Brennmaterial und das Roheisen schichtenweise aufgegeben werden, und einer Abstichöffnung unten. Die Bauform ist offenbar schon in antiken

Bronzegießereien verwendet worden und bis in die Neuzeit nie in Vergessenheit geraten; die ersten Kupolöfen des Eisenhüttenwesens stellte man durch die Auskleidung unbrauchbar gewordener Zylinder mit feuerfesten Steinen her;[39] 1828 hatten die Königlich Bayerischen Eisenhüttenwerke auch einen Kupolofen im Lieferprogramm.[40]
Im Gegensatz zum Flammofen benötigt er ein Gebläse, das freilich – anders als beim Hochofen – einen geringeren Druck, aber ein höheres Luftvolumen liefern sollte.[41] Um die Schmelztemperatur zügig zu erreichen und Brennmaterial zu sparen, sollte die Gebläseöffnung, die sogenannte Form, zu Beginn des Schmelzprozesses möglichst niedrig liegen, war dort aber hinderlich, sobald sich das flüssige Eisen im unteren Teil des Ofens sammelte. Man half sich, indem man mehrere Windformen übereinander anordnete und den Luftzutritt durch Lederschläuche desto höher erfolgen ließ, je mehr Eisen sich im Ofen sammelte.[42] Als bei den Hochöfen das Heißwindblasen eingeführt wurde, versuchte man diese Einrichtung auch auf die Kupolöfen zu übertragen, benutzte jedoch Vorwärmvorrichtungen, die die Luft mit zu hohem Druck und in zu geringer Menge einbliesen, so daß der Brennstoffverbrauch anstieg, statt zu sinken. Erst mit dem Ireland-Ofen (1860) gelang eine einfache Konstruktion, bei der die Gebläseluft in einem um die Schmelzzone gelegten Kanal vorgewärmt wurde, doch war die zur Temperaturerhöhung vorgenommene starke Verengung der Schmelzzone für das gleichmäßige Absacken der Gichten hinderlich. Der seit 1865 gebräuchliche Krigar-Ofen (Abb. 7) war daher wieder wie ein Zylinder geformt; seine Besonderheit war ein beheizter Vorherd, in den Roheisen und Schlacke kontinuierlich abfließen konnten und so einen gleichmäßigen Gang des Ofens und die Voraussetzung zum Guß großer Stücke gewährleisteten. Die zahlreichen einzelnen Verbesserungen, die den Brennstoff-

verbrauch senkten und die Leistung erhöhten, können hier freilich nicht im einzelnen nachvollzogen werden.

Die Unterschiede in der Art, wie das Eisen dem Feuer ausgesetzt ist, bedingen unterschiedliche Veränderungen des Eisens durch das Umschmelzen in den beiden Ofenarten. In den Flammöfen kommt das Eisen nicht in unmittelbare Berührung mit dem Brennmaterial, sondern nur mit den Verbrennungsgasen und eventuell auch mit den Flammen; daher ist hier ein Oxidieren und damit Verschlacken verschiedener Bestandteile wie auch eine Senkung des Kohlenstoffgehaltes zu erwarten. Dagegen findet im Kupolofen eine innige Vermischung des Brennmaterials mit dem Roheisen statt, die den Kohlenstoffgehalt unverändert läßt oder eine Aufkohlung begünstigt, während andererseits der geringere Luftkontakt kaum ein Verschlacken wichtiger Eisenbegleiter erwarten läßt. Abgesehen vom Abbrand, also dem Verlust an Roheisen, ist daher beim Flammofen mit Verlusten an Silizium von 25–50 %, an Mangan von 33–66 % und an Kohlenstoff von 10–15 % zu rechnen, während Phosphor- und Schwefelgehalt etwa gleichbleiben. Dagegen muß man im Kupolofen mit rund 10 % Siliziumverlust und rund 15 % Manganverlust rechnen, während die Gehalte an Kohlenstoff und Phosphor unverändert bleiben, freilich auch der Schwefelgehalt um 50 % zunimmt.[43]

Formenherstellung

Zu Beginn des 18. Jahrhunderts wurden für den Eisenguß Lehmformen verwendet, wie sie aus dem Bronzeguß bekannt waren. Da ihre Herstellung jedoch äußerst aufwendig war, suchte schon Abraham Darby nach einem preiswerteren Formverfahren für seine Gußeisentöpfe und experimentierte 1707 erfolgreich mit Sandformen. 1816 unterschied dann Karsten in seinem Handbuch nach dem verwendeten

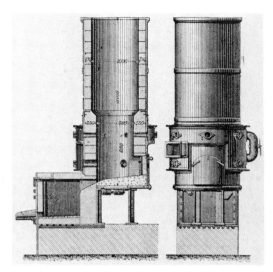

7 *Kupolofen des von Heinrich Krigar entwickelten Typs (um 1870). An der Oberseite schloß meist eine Esse mit seitlicher Beschickungsöffnung an, die von einer Plattform aus oder mit einem Materialaufzug beschickt wurde.*

34 Bilfinger 1859, 51, 75.
35 Meyer 1834, 90.
36 Meyer 1834, 94.
37 Meyer 1834, 92. Dies gilt freilich nicht für die von Osann 1913, 34f. und 44 beschriebenen amerikanischen Flammöfen, da bei ihnen die Esse seitlich angefügt ist, um in der Hauptachse des Ofens Platz für die Einrichtung einer großen, durch eine Klappe verschlossenen Füllöffnung zu lassen, durch die die großen Gußbruchstücke mit einem Kran eingebracht werden konnten.
38 Über die Entstehung des Namens herrscht keine Einigkeit. Vgl. Dickmann 1963.
39 Dickmann 1963, 495 u. 497.
40 Abbildung der vorzüglichen Eisenwaaren, welche auf den Königl. Bayer. Eisenhüttenwerken gegossen werden. o. O. 1828, Tafeln 9–10; In der „Erklaerung der Abbildungen" heißt es: „*Zwey solche Oefen sind an der Maximilians-Hütte zu Bergen, und zwey zu Bodenwöhr aufgestellt.*"
41 Meyer 1834, 86.
42 Meyer 1834, 86; Lohse 1910, 94f.
43 Osann 1913, 145.

Formmaterial vier Arten der Formerei: *„Magere Sandförmerei; Fette Sandförmerei, oder sogenannte Massenförmerei; Lehmförmerei; Kunstförmerei".*[44] Unter diesen Verfahren ist die *„Kunstförmerei",* worunter er das Wachsausschmelzverfahren versteht, nur anzuwenden für *„sehr künstliche Verzierungen, Büsten, Statuen u. s. f., zu denen sich das Modell nicht so theilen lassen würde, daß es eingeformt werden kann, und deren Anfertigung in Lehm eine geschicktere Künstlerhand voraussetzt, als man von gewöhnlichen Förmern erwarten kann".*[45] Auch die *„Lehmförmerei"* spielt in der Herstellung der Gußformen für Stützen keine Rolle, da sie einzelnen Gußstücken besonders großen Umfangs vorbehalten ist, für die sich die Anfertigung eines Modells oder eines Formkastens nicht lohnen würde; sie blieb als *„die langsamste, und deshalb die theuerste"* Art der Formerei derartigen Fällen vorbehalten,[46] begegnet uns aber bei der Kernherstellung wieder. Die Wahl zwischen den beiden übrigen Verfahren hing beim Stützenguß von der Stellung der Gußform – liegend oder stehend – ab. Bei der mageren Sandformerei unterscheidet Karsten wiederum die Herd- und die Kastenformerei, wobei für den Stützenguß wohl die Kastenformerei üblich war. Denn bei der Herdformerei blieb die in den Werkstattboden eingetiefte Form oben offen und ließ so eine nicht zur Ansicht bestimmte Oberfläche entstehen; im Herdguß entstanden daher beispielsweise Ofenplatten und schwerer Maschinenguß. Setzte man einen Kasten auf die Gießform, sprach man vom verdeckten Herdguß, einer Zwischenstufe zur Kastenformerei. Bei der Kastenformerei übernahm einer der Kästen die Aufgabe, die bei der Herdformerei die Gießgrube hatte, nämlich einen Teil des Gußstücks aufzunehmen, für den sich das Modell ausheben ließ, ohne die Form zu zerstören. Für den Rest des Gußstücks wurde ein Kasten (oder bei Bedarf auch mehrere) aufgesetzt, in den die übrigen Teile des Modells abge-

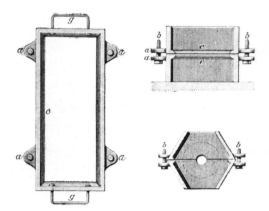

8   *Formkästen: Draufsicht und Querschnitte. Der sechseckige Querschnitt ist besonders für runde Gußstücke gedacht.*

formt waren. Beim Einformen legte man den entsprechenden Teil des Modells auf eine glatte Fläche und setzte den Kasten darüber, einen Rahmen aus Holz oder Metall mit Stiften und Ösen an der Außenseite, um ein paßgenaues Aufsetzen des nächsten Kastens zu ermöglichen (Abb. 8). Das Modell wurde dann mit feinem Sand bestreut und anschließend mit gröberem Sand eingestampft. Da dies eine langwierige Arbeit war, die nur von den hochbezahlten Formern auszuführen war, war es sinnvoll, einen möglichst kleinen Kasten um das Modell herumzulegen. Für unterschiedlich große Gußstücke benötigte man daher verschieden große Formkästen, die ebenfalls einen beträchtlichen Kostenfaktor darstellten und daher in der ersten Jahrhunderthälfte nach Möglichkeit durch die Anwendung von Herdguß vermieden wurden. In der zweiten Jahrhunderthälfte hatte sich die Kastenformerei dann durchgesetzt, und nun gingen die Bestrebungen dahin, die Lohnkosten durch eine weitgehende Mechanisierung zu senken. Es entstanden eine Vielzahl von Kastenformmaschinen, die freilich für den Stützenguß wegen der notwendigen Größe der Kästen und vermutlich auch der Art der Modelle wohl nicht zur Anwendung kamen und daher hier nicht im Einzelnen beschrieben werden sollen. Führend bei ihrer Entwicklung war die Badische Maschinenfabrik Durlach.[47]

Die Massenformerei bildet eine Zwischenstufe zwischen der Lehmformerei und der Sandformerei, indem als Formmaterial ein mehr oder weniger fettes Lehm-Sand-Gemisch verwendet wurde. Es bot gegenüber der Lehmformerei den Vorteil, daß der fette Sand eingestampft werden konnte, so daß sich die Lohnkosten reduzierten, schuf aber gleichzeitig eine in ihrer Festigkeit der Lehmform vergleichbare Form. Nachteilig war freilich auch hier, daß die Form vor dem Guß sorgfältig getrocknet werden mußte, um Gasbildung während des Gusses zu vermeiden, die zu Blasenbildung und damit Mißlingen des Gußstückes führte. Für diese Trocknung waren besondere Trockenkammern erforderlich, die beheizt werden mußten und so zusätzliche Kosten verursachten. Daneben brachte die Trocknung auch einen höheren Zeitaufwand mit sich. Diese Nachteile wurden bei der mageren Sandformerei vermieden, bei der der Formsand durch seine Feuchtigkeit zusammengehalten wird. Dies bedingte freilich, daß der Guß recht bald nach der Herstellung der Form zu erfolgen hatte. Nachteilig war ferner die geringere Festigkeit der Form; namentlich bei größerer Fallhöhe des Gußeisenstrahls war mit Auswaschungen der Form und damit Mißlingen des Gußstücks zu rechnen.

Aus diesen Eigenheiten der verschiedenen Formmethoden ergibt sich, daß für stehenden Guß, also die vertikale Stellung der Gußform beim Gießen nur Massen- und Lehmformen in Frage kamen, während bei liegendem Guß auch Sandformen benutzt werden konnten. Diese hatten abgesehen von ihrer leichteren und kostengünstigeren Herstellung auch den Vorteil, daß sie durch den Kühleffekt die Ausscheidung des Graphits verhindern, also die Festigkeit der Gußstützen leicht erhöhen.[48]

Die Art der Modelle hatte vermutlich keinen Einfluß auf die Entscheidung für Massen- oder Sandformerei. Modelle wurden üblicherweise aus Holz oder Metall (für häufiger verwendete Modelle) gefertigt; in der zweiten Jahrhunderthälfte kamen Gipsmodelle für die Anwendung in Formmaschinen hinzu. Normalerweise umfaßte das Modell das ganze Gußstück; oft war es aber zerlegbar, um das Einformen zu erleichtern. Dies galt freilich nur für kleinere Gußstücke, da beispielsweise für große Maschinenrahmen die Form ohne Verwendung eines Modells direkt in der Gießgrube hergestellt wurde.

Modelle für ganze Säulen wären recht sperrig ausgefallen; daher beschränkte man sich hier vermutlich auf Teilmodelle für die besonders geformten Teile, während die glatt oder kanneliert durchlaufenden Schaftstücke wohl im Formkasten selbst mit einfachen Hilfsmitteln oder einer Schabloniervorrichtung (Abb. 9) dargestellt wurden. Karsten betont 1816, in welchem Umfang sich Modellkosten durch einen geschickten Former einsparen lassen.[49] Für dieses Vorgehen spricht

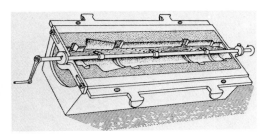

9   Schabloniervorrichtung für Formkästen

44 KARSTEN 1816, 288f.
45 KARSTEN 1816, 285.
46 KARSTEN 1816, 285.
47 Dies lassen die Handbücher vermuten, indem sie fast ausschließlich Maschinen dieser Firma abbilden. Vgl. auch BOELCKE 1987, 388.
48 MEYER 1834, 76.
49 KARSTEN 1816, 296.

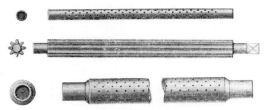

10   *Kernspindeln für verschiedene Kerndurch-*
messer

freilich auch, daß in den Musterbüchern
nicht nur die Gesamthöhe der Stützen,
sondern auch die Abstände der einzelnen
Profilierungen „beliebig" waren (Abb. 1)
und es schlechterdings undenkbar ist, daß
Modelle für zahlreiche Schaftlängen
vorrätig gehalten wurden. Diese wären
aber nötig gewesen, da sich die einzelnen
Schaftteile in der Regel nach oben ver-
jüngten.

Kernherstellung

Dort, wo Gußstücke hohl bleiben sollen,
müssen in die Form nach Herausnahme
des Modells Formteile eingelegt werden,
die das Einfließen des flüssigen Metalls an
dieser Stelle verhindern. Diese sogenannten Kerne wurden in aller Regel separat
gefertigt und erst vor dem Guß in die
Form eingelegt. Den größten Anteil im Eisenguß des 19. Jahrhunderts stellten wohl
die Achslager im Maschinenguß, denn für
die Herstellung dieser relativ kleinen Zylinder aus Formsand wurden verschiedene
Maschinen entwickelt, die das Einformen
von Hand in kleinen Buchsen durch immer produktivere mechanische Verfahren
ersetzten.
Für die Herstellung der Gußstützen war
dieses Verfahren freilich nicht verwend-
bar, da gepreßter Formsand allein keine
genügende Festigkeit aufwies, um den mechanischen Anforderungen an einen Kern
beträchtlicher Länge während des Gusses
zu genügen. Zudem mußte durch eine entsprechende Ausbildung des Kerns auch

für die ungestörte Ableitung der beim Guß
entstehenden Gase gesorgt werden, wollte man nicht ein Mißlingen des Gusses
durch Blasen im Gußstück riskieren. Wenigstens auf diesem Gebiet hat der Stützenguß von der Entwicklung des Rohrgus-
ses profitieren können und die jeweils
neuesten Verfahren zur Kernherstellung
von dort übernommen, bis dort die Kernherstellung durch die Einführung des
Schleudergusses überflüssig wurde.
Das vermutlich übliche Verfahren zur
Kernherstellung für den Stützenguß baute
auf dem seit Jahrhunderten in der Ge-
schützherstellung gebräuchlichen auf. Um
eine schmiedeeiserne Spindel, die ähnlich
den Formkästen immer wieder verwendet
werden konnte und die bei größeren
Durchmessern als gelochter Hohlzylinder
runden oder polygonalen Querschnitts gebildet war (Abb. 10), wickelte man auf
einer Art Drehbank (Abb. 11) nach einer
Schablone Strohseile, die mit dafür
spezialisierten Maschinen (Abb. 12) in
Stücken von etwa 60 Fuß Länge angefertigt wurden. Nach Anfeuchtung mit
Lehmwasser wurde Lehm in dünnen
Schichten aufgetragen, bis er mit der
Schablone gleichmäßig glatt abgezogen
werden konnte. Bei der nachfolgenden
Trocknung entstehende Risse im Lehm
mußten von Hand verstrichen werden.
Für die Verwendung der Strohseile werden mehrere Gründe genannt: Durch sie
konnte der Lehm zum Haften auf der

11   *Kerndrehbank mit Rollenlager und Kurbel*

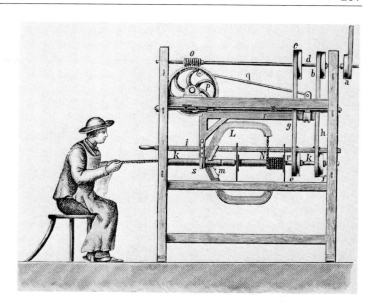

*12 Strohseilspinnmaschine
(um 1870)*

Spindel gebracht werden; zudem verkürzten sich Bearbeitungs- und Trocknungsdauer durch die geringere Lehmmenge erheblich.[50] Sodann boten die Strohseile den beim Guß in der Form entstehenden Gasen nur geringen Widerstand und sorgten so für blasenfreien Guß, wie er mit einer dickeren Lehmform nicht zu erzielen gewesen wäre. Schließlich verkohlten die Strohseile durch die Hitze des Roheisens und erleichterten damit das Herausnehmen des Kerns und verhinderten die Sprengung des beim Erkalten schwindenden Gußstücks durch den Kern.[51] Gegen Ende des Jahrhunderts ließen sich die Herstellungskosten weiter senken, indem man die Strohseile durch Holzwollseile ersetzte, für die die Gießereien eigene Hobelmaschinen anschafften.

Der Guß

Beschreibungen der bei der Herstellung von Stützen angewandten Gußtechnik sind meist nicht in den Handbüchern zu finden, da sie keine besonderen Probleme bot. Nur Ledebur geht kurz darauf ein: *„Säulen, bei denen es allerdings nicht ganz in dem gleichen Masse wie bei den anderen genannten Gegenständen auf vollkommene Dichtigkeit ankommt, pflegt man wenigstens, wenn nicht ausdrücklich stehender Guss vorgeschrieben ist, mit geneigter Achse (10 bis 20 Grad gegen den Horizont) zu giessen; man befördert dadurch wenigstens einigermassen die Erzielung einer reinen Oberfläche, ohne die Möglichkeit preiszugeben, grünen Sand statt getrockneter Formen zu verwenden.“[52]*

Ledebur nennt damit sehr deutlich die Vorteile des liegenden Gusses, die im wesentlichen in der Verwendung der preisgünstigeren Formen aus feuchtem Sand lagen. Stehender Guß bedingte die Verwendung von Masse- oder Lehmformen, deren langwierigere Herstellung und Trocknung größere Kosten mit sich brachte. Gußeiserne Formen, wie sie im Wal-

---

50 LEDEBUR 1901, 308.
51 LEDEBUR 1901, 307.
52 LEDEBUR 1883, 277. In der 3. Auflage, LEDEBUR 1901, 315 nennt er nur noch 20 Grad für die Neigung der Gußform.

zen- und Röhrenguß verwendet wurden, kamen aufgrund der sehr unterschiedlichen Längenmaße der Gußstützen nicht in Frage; sie hätten auch eine unerwünschte Härtung des Gußeisens zur Folge gehabt. Doch ergaben sich beim stehenden Guß vermutlich auch weitere praktische Probleme (Abb. 13): Namentlich bei Säulen mit ihrem oft sehr differenzierten Umriß bedingte fallender Guß, also Einguß des Roheisens von oben, wohl die Gefahr einer Beschädigung der Form sowie eines sehr unruhigen Einfließens, das zu Blasenbildung führen konnte. Wollte man dies durch steigenden Guß, also ein Einfließen des Roheisens in die Form von unten her, vermeiden, bestand die Gefahr, daß aufgrund der geringen Wanddicke der Gußstützen das Eisen bereits während des Einfließens in die Form erkaltete und damit entweder Kaltschweißstellen erzeugte (die die Tragfähigkeit drastisch reduzierten) oder sogar ein vollständiges Ausfüllen der Form verhinderte. Wollte man dies durch mehrere Eingußöffnungen auf verschiedenen Höhen verhindern, wurde das Formen weiter verteuert. Zudem bedingte ein solcher steigender Guß einen erheblichen Eisenverbrauch für die Auffüllung des Eingußrohres, das zur Erzielung eines zü-

gigen Gusses nicht zu dünn dimensioniert werden durfte. Zusammen mit dem sogenannten verlorenen Kopf, einer Verlängerung des Gußstückes nach oben, in der sich Blasen und Schlackenreste sammeln konnten und die zugleich als Materialreserve für das Nachsaugen des Eisens durch das Schwinden während der Abkühlung diente, entstand so Gußabfall, der leicht das Gewicht einer dünnwandigen schlanken Säule übersteigen konnte; sein erneutes Einschmelzen bedeutete einen weiteren Kostenfaktor. Schließlich dürfte die bedeutende Höhe der Gußstücke, die sich aus den großzügigen Geschoßhöhen des 19. Jahrhunderts, der Tatsache, daß die Säulen oft durch die Geschoßdecken hindurch ineinandergriffen, und der Anordnung des verlorenen Kopfes ergab, namentlich kleinere Gießereien vor erhebliche praktische Probleme gestellt haben, da sie wohl kaum über genügend tiefe Gießgruben oder Kraneinrichtungen zum Heben der Gußpfannen verfügten. Demgegenüber dürfte der an einer Stelle genannte Vorteil, daß beim stehenden Guß weniger Platz in der Gießerei benötigt werde, kaum ins Gewicht gefallen sein.[53]

Wie beträchtlich die finanziellen Vorteile des liegenden Gusses gewesen sein müssen, ergibt sich auch aus den Nachteilen, die man dafür in Kauf zu nehmen bereit war. Zum einen sammelten sich beim liegenden Guß in einem schmalen Streifen auf der vollen Länge der Stütze Blasen, Schlackenreste und sonstige Unreinheiten und verminderten hier die Tragfähigkeit beträchtlich. Während sich dies durch die von Ledebur genannte leichte Neigung der Gußform auf einen kleineren Bereich der Stütze reduzieren ließ, sind die Gefahren nicht zu vermeiden, die sich aus dem Auftrieb des Kerns im flüssigen Roheisen ergaben. Wenn die Verankerung der Kernachse in der Form nicht genügend stabil erfolgte oder der Kern in sich keine ausreichende Stabilität aufwies, bestand die Gefahr von Exzentrizitäten, die

13 Stehender Guß: Fallender und steigender Guß

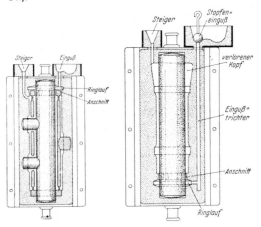

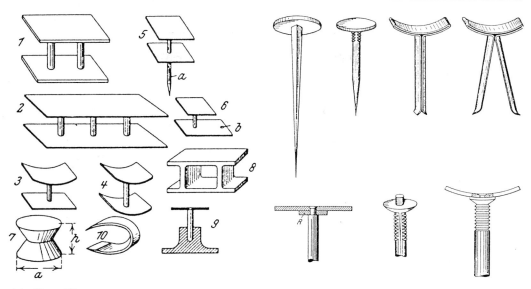

14 *Kernstützen*

durch erhebliche Unterschiede der Wanddicke die Tragfähigkeit der Stütze ein-
schränkten oder gar aufhoben.[54] Man
bemühte sich um eine Lösung dieses Problems, indem man den Kern durch sogenannte Kernstützen (Abb. 14) am Aufschwimmen zu hindern suchte. Dies
waren kleine runde oder rechteckige
Blechstücke, die mit einem Nagel in die
äußere Form verankert wurden und dem
Kern den nötigen Halt geben sollten. Vielfach erfüllten die Kernstützen nicht ihren
Zweck, weil sie beispielsweise zu lose in
der äußeren Form befestigt waren und daher vom Kern in die Form gedrückt wurden oder weil sich die Verbindung zwischen Blech und Nagel löste. In der
zweiten Jahrhunderthälfte wurden daher
eine Vielzahl von Formen entwickelt, die
dies etwa durch Herstellung von Blech
und Nagel aus einem Stück zu verhindern
suchten. Zudem konnte schon eine leichte Oxidation der Oberfläche zu einer erheblichen Gasbildung und damit Blasenbildung im Gußstück führen (Abb. 15);
daher empfehlen die Handbücher eine
Verzinkung der Kernstützen. Die Handbücher gingen von einer Verschweißung

des flüssigen Roheisens mit der Kernstütze aus, doch fand eine solche oft gerade in
den Fällen, wo die Kernstütze dem Druck
des Kerns nachgab, nicht statt; hier
bedeutete die nicht verschweißte Einlage-
rung der Kernstütze in den durch die Exzentrizität geschwächten Stützenquerschnitt eine weitere Minderung der
Tragfähigkeit.[55] Weil sich dieses Problem
nicht lösen ließ, schied man durch eine
Qualitätsprüfung der fertigen Stützen Exemplare mit größeren Fehlern aus.
Nach dem Erkalten wurde die Stütze aus
ihrer Gußform genommen, Eingüsse und
Steiger abgeschlagen, die Kernspindel herausgezogen und die Reste des Kerns entfernt. Anschließend wurden die Grate und
andere kleine Gußfehler mit Hammer und
Meißel vorsichtig entfernt. Dieser Vorgang wird Putzen genannt und war
wiederum so zeitaufwendig, daß im 19.
Jahrhundert zahlreiche Versuche unternommen wurden, ihn zu mechanisieren.

53 OSANN 1913, 315.
54 KÄPPLEIN 1986, 174–179.
55 KÄPPLEIN 1991, 59.

15   Blasenbildung an einer Kernstütze: Berlin, Neues Museum, Stütze im zweiten Obergeschoß.

Für kleinere Gußstücke geschah dies durch die Sandstrahltechnik, bei der Sand mit Druckluft gegen das Gußstück geschleudert wird. Dies kann durch Sandstrahlpistolen oder in Sandstrahlmaschinen erfolgen, die sich freilich nur für kleinere Massenartikel (z. B. Fittings für den Rohrleitungsbau) eigneten. Für Gußstücke vom Umfang der Stützen dürften Preßlufthammer (Abb. 16) und Sandstrahlpistolen die üblichen Putzwerkzeuge gegen Ende des Jahrhunderts gewesen sein.

Qualitätsprüfung

Beim Guß erster Schmelzung hatte die Qualitätsprüfung während der Arbeit größere Bedeutung als beim Umschmelzen, bei dem sich ja die Eigenschaften des Roheisens vorab genauer bestimmen ließen. Meyer berichtet 1834 davon, daß mit jedem Geschütz oder jeder Walze ein Probestab von festgelegten Dimensionen in eine feuchte Sandform gegossen und nach dem Erkalten einer einfachen Biegeprobe unterzogen wurde. Bruchlast und Bruchaussehen gaben dann bereits die nötigen Hinweise auf Festigkeit und Gefügeeigenschaften, während das Gußstück selbst noch erkaltete.[56]

Dagegen konnte beim Guß zweiter Schmelzung ein Teil der Qualitätsprüfung bereits am Material vor dem Schmelzen erfolgen, so daß am fertigen Stück nur

noch die Qualität des Gusses kontrolliert werden mußte.[57] Dies geschah vor allem durch eine sorgfältige optische Prüfung, bei der oberflächliche Fehler entdeckt werden konnten, wenn die Gießereiarbeiter keine Gelegenheit gefunden hatten, sie zu vertuschen. Auch eine akustische Probe durch sorgfältiges Abklopfen des gesamten Gußkörpers wird empfohlen; deren Wert ist freilich bei Hohlkörpern eher zweifelhaft.[58] Schließlich wurden die Stützen auf dem Hof der Gießerei einer Probebelastung unterzogen (Abb. 17), bei der sie üblicherweise die doppelte Gebrauchslast aushalten mußten.[59]

Materialkennwerte und Metallographie

Welche Kenntnisse über die chemische Zusammensetzung und die damit zusammenhängenden Eigenschaften des Gußeisens zu Beginn des 19. Jahrhunderts bestanden, verdeutlicht am besten Karstens Übersetzung des „Versuchs einer Geschichte des Eisens" von Sven Rinman. Rinmans Werk war 1782 als Frucht mehrjähriger Forschungen auf der Grundlage einer lebenslangen Tätigkeit auf allen Gebieten des Eisenhüttenwesens erschienen.[60] Eine staunenswerte Fülle von unterschiedlichsten Beobachtungen über das Eisen ist hier zusammengetragen, um eine solide Grundlage für die Bildung von Gesetzmäßigkeiten zu erhalten und zugleich anderen auf diesem Gebiet Tätigen eine Wiederholung der Experimente zu ersparen. Die gezogenen Schlüsse sind freilich dadurch beeinträchtigt, daß sich Rinman zur Deutung der damals noch nicht überwundenen Phlogiston-Theorie bedient, die zur Erklärung der Oxidationsprozesse vor der Entdeckung der Rolle des Sauerstoffs (durch Lavoisier 1777) aufgestellt worden war. Karsten hält sich streng an Rinmans Beschreibung des Roheisens, ergänzt sie aber mit einer mehrseitigen Anmerkung, in der er seine eigene Deutung der Befunde Rinmans gibt und nachweist, daß der von Rinman angegebene unterschiedliche

Phlogiston-Gehalt der Eisensorten nichts anderes als der Kohlenstoffgehalt sei, der teilweise durch seine innige Verbindung mit dem Eisen im Bruch unsichtbar bleibe.

Karsten folgt darin Lampadius, der als erster eine durch entsprechende Versuche bestätigte Theorie des Frischprozesses vorgelegt und eine Scheidung der verschiedenen Eisen- und Stahlsorten nach ihrem Kohlenstoff- und Sauerstoffgehalt vorgenommen hatte, die zur Grundlage der modernen Auffassung werden sollte.[61]

Daß die Härte der Gußstücke durch die Abkühlungsgeschwindigkeit zu steuern ist, erwähnt bereits Rinman 1782; um einer Fläche des Gußstücks eine große Härte zu geben, rät er zur Einlage eines Stücks Roheisen in die Sandform.[62] Die gefügekundliche Erklärung dieses Phänomens gelang erst hundert Jahre später; davor begnügte man sich mit der Beschreibung des Bruchaussehens, in dem sich die unterschiedliche Härte an der Helligkeit ablesen ließ.

Die geringe Rolle, die chemische Analysen in Hüttenwerken und Gießereien spielten, erklärt sich neben der immer wieder zu beobachtenden konservativen Haltung der Hüttenleute auch aus der Umständlichkeit der damals bekannten Verfahren. So dauerte um 1860 die Bestimmung des Kohlenstoffgehalts mindestens zwölf Stunden, die des Mangangehalts sogar zwei Tage; beide Verfahren waren also für den Betrieb der Gießerei ungeeignet.[63]

16 Putzen mit Preßlufthammer (ab etwa 1870). Die linke Hand des Putzers mußte freilich den Schaft und nicht den Meißel halten.

Die neben den chemischen Analysen heute üblichen Gefügeuntersuchungen durch mikroskopische Beurteilung geätzter Schnitte beruhen auf Erkenntnissen, die nur allmählich während des 19. Jahrhunderts gewonnen wurden. Wesentliche Bedeutung hatten dabei Drucke, die man von geätzten Schliffen gewann und mit denen erstmals die Kristallstruktur von Meteoriten verdeutlicht und vervielfältigt werden konnte; in diesen Zusammenhang gehört Widmannstättens Entdeckung der nach ihm benannten Kristallstrukturen. Derartige Verfahren entstanden vor allem

56 MEYER 1834, 80.
57 MEYER 1834, 82.
58 Mitteilung von Dr.-Ing. R. Käpplein.
59 OSANN 1913, 215f.; GOTTGETREU 1885, 57; BREYMANN-KÖNIGER 1890, 6.
60 RINMAN 1782. Eine erste deutsche Übersetzung erschien 1785: RINMANN-GEORGI 1785. Die spröde Sprache und die Hinzufügung der schwedischen Begriffe in Klammern kennzeichnen die noch wenig entwickelte Terminologie des Eisenhüttenwesens zu diesem Zeitpunkt. Sehr viel

flüssiger liest sich: RINMAN-KARSTEN 1815. Vgl. auch ERNST HERMANN SCHULZ: Sven Rinman und das Gußeisen. In: Gießerei 47, 1960, 501–505.
61 LAMPADIUS 1799, 1–46.
62 RINMAN-KARSTEN 1815, II, 705. Ähnlich KARSTEN 1816, 298.
63 HANS KALLEN: Der Werkstoff Stahl in der technischen Entwicklung der letzten hundert Jahre. In: 100 Jahre Verein Deutscher Eisenhüttenleute 1860–1960. Düsseldorf 1960, 36–49, hier 37.a

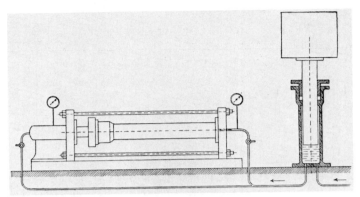

17   Probebelastung eines liegenden Rohres. Säulen wurden ebenso eingespannt, freilich nicht im Innern mit Druckwasser gefüllt.

in Österreich gleichzeitig mit dem sogenannten Naturselbstdruck, mit dessen Hilfe Strukturen von Pflanzen, also Blätter oder Baumquerschnitte mit ihren Jahresringen, aber auch von Tierhäuten naturgetreu wiedergegeben werden konnten; vor der Nutzbarmachung der Fotografie zur Druckreproduktion war dazu stets die Hilfe eines Zeichners und eines Stechers nötig, die den sichtbaren Befund unwillentlich veränderten.[64] Auch Dürre mußte noch 1868 seine mikroskopischen Beobachtungen in Zeichnungen wiedergeben, weil geeignete fotografische Verfahren damals fehlten (Abb. 18).[65] Auf breiter Front konnten sich mikroskopische Untersuchungen freilich erst nach entsprechenden Verbesserungen und Preissenkungen bei den Mikroskopen langsam durchsetzen; dies mag auch an der Schwierigkeit der Erstellung brauchbarer Schliffe und Ätzungen liegen.[66]
Wesentliche Erkenntnisse zum Verhältnis der Zusammensetzung des Roheisens zu den gewünschten Eigenschaften sind in der zweiten Jahrhunderthälfte Adolf Ledebur und Ernst Friedrich Dürre zu verdanken. Ledebur hat auf die Bedeutung des Siliziums hingewiesen, während Dürre sich vor allem um die Strukturuntersuchung und um die vergleichende Betrachtung der Roheisensorten aus den ver-

schiedenen Ländern und ihren Eisenhüttenwerken verdient gemacht hat. Ledebur hat außerdem, nachdem er als Werksleiter der Gießerei in Lauchhammer praktische Erfahrungen hatte sammeln können, als Professor in Freiberg und als Verfasser einer Vielzahl von Aufsätzen und Handbüchern die wissenschaftlichen Erkenntnisse verbreitet und ihnen Eingang in die Praxis des Eisenhüttenwesens verschafft.[67]

Bauvorschriften und Brandgefahr

Welchen Belastungen man gußeiserne Stützen aussetzen konnte, ließ sich zunächst nicht mit Formeln oder Kennwerten bestimmen. Spektakuläre Einstürze von Eisenbahnbrücken aus Gußeisen waren freilich der Anlaß zu ausgedehnteren Forschungen über die Festigkeit und Belastbarkeit von Gußeisen, als deren Ergebnis es im Brückenbau weitgehend durch Schweißeisen (und später Flußstahl) ersetzt wurde.
Schon Charles Bage, der Erbauer der ersten feuerfesten Fabrik in England, hat offenbar Versuche und Berechnungen angestellt, um die gußeisernen Stützen und Balken richtig zu bemessen.[68] Festigkeitsuntersuchungen für Gußeisen wurden vor allem durch einige spektakuläre Eisenbahnunfälle in Gang gebracht; unabhän-

gig von ihnen befaßte sich Tredgold 1831 mit dieser Frage auch im Hinblick auf das Bauwesen. Die zweite Jahrhunderthälfte ist dadurch gekennzeichnet, daß zum einen eine ausführliche theoretische Diskussion in Gang kam, zum andern für die praktische Bauplanung Tabellen entwickelt wurden, aus denen sich leicht die nötigen Querschnittsmaße bei gegebener Auflast und Höhe entnehmen ließen. (Vgl. auch den folgenden Beitrag von Rudolf Käpplein.)

In Berlin verbot ab 1884 eine Bekanntmachung des Polizeipräsidiums die Verwendung gußeiserner Säulen, *„welche gegen die unmittelbare Einwirkung des Feuers nicht geschützt sind, unter den Tragewänden des Hauses"*; als Ersatz waren erlaubt: *„a) Säulen aus Schmiedeeisen; b) Säulen aus Gußeisen, sobald dieselben mit einem durch eine Luftschicht von der Säule isolirten, unentfernbaren Mantel von Schmiedeeisen umgeben sind; c) Pfeiler aus Klinkern in Cementmörtel."*[69] Wie wenig sinnvoll diese Verordnung war, konnte bereits 1887 der Brand eines Lagerhauses in Berlin zeigen. Denn hier waren es die schmiedeeisernen Unterzüge, die *„in erster Linie den Anstoß zur Zerstörung der gußeisernen Säulen und Mauern, mit denen sie durch eine kräftige Ankerung verbunden waren, gegeben haben, daß dagegen die Säulen, wo nicht Stöße und drehende Kräfte auf sie eingewirkt haben, im allgemeinen auch da noch einen Theil ihres Tragvermögens behielten, wo bereits Verbiegungen, Verrenkungen und Aufblähungen des Säulenschaftes eingetreten waren."*[70] Dies bestätigt auch das dem Bericht beigegebene Foto der Ruine (Abb. 19). Gleichzeitig unternahm J. Bauschinger, der Leiter des mechanisch-technischen Laboratoriums der Technischen Hochschule München ausgedehnte Versuche über das Verhalten schmiedeeiserner und gußeiserner Stützen im Feuer. Sie ergaben, daß schmiedeeiserne Stützen schon bei 600 °C ihre Tragfähigkeit einbüßten und sich mehr und mehr durchbogen, während Gußstützen eine Resttragfähigkeit selbst dann behalten, wenn sie auf der ganzen Länge glühen und durch das Anspritzen mit Löschwasser bereits Risse zeigen.[71] Zu ähnlichen Ergebnissen kam auch eine kürzlich im Scientific Services Branch des Greater London Council vorgenommene Untersuchung.[72]

Bauvorschriften im eigentlichen Sinne wurden freilich erst seit 1906 erlassen; in ihnen ist erstmals auch die Einhaltung von Festigkeitskennwerten gefordert.

64 CYRIL STANLEY SMITH: A History of Metallography. The development of ideas on the structure of metals before 1890. Chicago 1960, 150–157 mit weiterer Literatur. Zu den Naturselbstdrucken vgl. PETER HEILMANN: Die Natur als Drucker. Naturselbstdrucke der k.u.k. Hof- und Staatsdruckerei, Wien. Dortmund 1982.

65 Seine Zeichnungen sind noch 1890 publiziert in: DÜRRE 1890, Tafel nach S. 64.

66 PREUSS 1921, III, 1f.

67 Eine Biographie nebst Würdigung seiner Bedeutung und eine Bibliographie bietet: ENGELBERT LEBER: Adolf Ledebur, der Eisenhüttenmann. Sein Leben, Wesen und seine Werke. Düsseldorf 1912.

68 PAULINYI 1979, 97.

69 Ueber die Verwendung gußeiserner Säulen bei Neu- und Umbauten in Berlin. In: Centralblatt der Bauverwaltung 4, 1884, 152.

70 LAUNER: Der Brand des Lagerhauses in der Kaiserstraße in Berlin. In: Centralblatt der Bauverwaltung 7, 1887, 417–420, hier 418. Vgl. das ganz ähnliche Schadensbild im Gebäude der Baumwollspinnerei Speyer nach dem Brand 1904, KÄPPLEIN, BOEYNG 1986, 170, Abb. 7–8.

71 Versuche über das Verhalten gußeiserner, schmiedeeiserner und steinerner Säulen im Feuer. In: Centralblatt der Bauverwaltung 5, 1885, 371f. Vgl. auch BAUSCHINGERS eigenen Beitrag ebda 6, 1886, 351–354, hier 353.

72 Mitgeteilt von John Fidler (English Heritage) in seinem Vortrag an der Universität Karlsruhe am 14. 2. 1991.

Zusammenfassung

Der Guß eiserner Stützen ist im 19. Jahrhundert vermutlich in zahlreichen Gießereien neben anderen Arbeiten betrieben worden; der Hersteller läßt sich im Einzelfall zumeist nur aus eventuell überlieferten Bauakten ermitteln, da der Anguß eines Firmenschildes eher selten erfolgte. Da vor allem seit Beginn des 20. Jahrhunderts die Verwendung von Gußstützen zugunsten von Stützen aus Flußstahlprofilen bzw. der Verwendung von Stahlbeton zum Erliegen kam, kann uns keine lebendige Überlieferung bei der Bestimmung der Technologie helfen. Auch die schriftlichen Quellen fließen sehr spärlich, da der Stützenguß zu den Fortschritten des Eisenhüttenwesens im 19. Jahrhundert nicht nennenswert beigetragen hat.

Während auf den verwandten Gebieten der Herstellung von Maschinenwalzen und Gußrohren stehender Guß selbstverständlich war, um fehlerfreie Stücke hoher Festigkeit zu erzielen, ist stehender Guß für Stützen zumeist nur die theoretische Forderung der Baustatiker geblieben, die praktische Ausführung aber liegend oder leicht geneigt erfolgt. Ohne daß dies deutlich ausgesprochen wurde, sind die Ursachen dafür in praktischen Erwägungen und einem Kostenvorteil zu suchen. Die Nachteile des liegenden Gusses – Aufschwimmen des Kerns mit Herabsetzung der Tragfähigkeit durch asymmetrischen Stützenquerschnitt, Gefahr der Lunker- und Blasenbildung im Säulenschaft – versuchte man, nicht immer erfolgreich, durch Kernstützen und eine rudimentäre Qualitätskontrolle auszugleichen. Diese bestand aus einer optischen Prüfung der Oberfläche, einer Klangprüfung durch Hammerschlag und Probebelastungen. Obwohl Gußstützen sich erst im Industriezeitalter durchsetzen, sind sie durch die zu ihrer Herstellung benutzte Technologie mit hohem Anteil an Handarbeit und Erfahrungswissen handwerklich geprägte Einzelstücke und bedürfen folglich einer entsprechend sorgfältigen Einzeluntersuchung.

Literatur

ROLF BAEHRE, RUDOLF KÄPPLEIN: Untersuchungsmethoden für historische Eisenkonstruktionen. In: Erhalten historisch bedeutsamer Bauwerke. Jahrbuch 1986 des SFB 315, 150–162

LUDWIG BECK: Die Geschichte des Eisens in technischer und kulturgeschichtlicher Beziehung. 4. Abt.: Das XIX. Jahrhundert von 1801 bis 1860. Braunschweig 1899. 5. Abt. Braunschweig 1903

ERICH BECKER: Die Gieß- und Putztechnik in der Metallgießerei. Halle 1931 (Die Betriebspraxis der Eisen-, Stahl- und Metallgießerei. H. 13)

BILFINGER: Produktion der Bergwerke, Salinen und Hüttenwerke in Württemberg von den zehn Jahren vom 1. Juli 1847 bis 30. Juni 1857 nach amtlichen Erhebungen in Centnern à 100 Pfd. köln. In: Württembergische Jahrbücher für vaterländische Geschichte, Geographie, Statistik und Topographie. Hrsg. v. d. königl. statistisch-topographischen Bureau. Jahrgang 1857, H. 2, Stuttgart 1859, 50–82

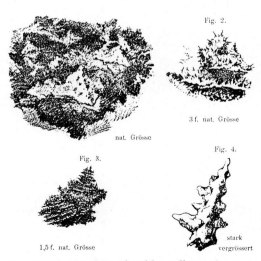

18 Zeichnerische Befunddarstellung einer mikroskopischen Eisenuntersuchung durch E. Dürre.

19   Blick in die Ruine des durch Brand am 2. 10. 1887 zerstörten Lagerhauses in Berlin.

WILLI A. BOELCKE: Wirtschaftsgeschichte Baden-Württembergs von den Römern bis heute. Stuttgart 1987

G. A. BREYMANN: Allgemeine Bau-Konstruktions-Lehre mit besonderer Beziehung auf das Hochbauwesen. III. Konstruktionen in Eisen. 5., v. Otto KÖNIGER bearb. Aufl. Leipzig 1890

HERBERT DICKMANN: Der Name Kupolofen. In: Gießerei 50, 1963, 494–498

ERNST FRIEDRICH DÜRRE: Handbuch des Eisengiessereibetriebes. Unter Berücksichtigung verwandter Zweige. I. Bd. 1. Hälfte. 3., gänzl. umgearb. Aufl. Leipzig 1890

HANS DWORZAK, HANS KORZINSKY: Lehr- und Hilfsbuch der Eisen- und Stahlgiesserei nebst einem kurzen Abriß über die Giesserei der Nichteisenmetalle (Metallgiesserei). Zum Gebrauche an technischen Lehranstalten und zum Selbststudium. o. O. [Wien?] 1927

Eisen Architektur. Die Rolle des Eisens in der historischen Architektur der ersten Hälfte des 19. Jahrhunderts (ICOMOS-Kolloquium Bad Ems 1978) Mainz, Hannover 1979

WILLIAM FAIRBAIRN: Iron. Its history, properties, and processes of manufacture. Edinburgh 1861

C. GEIGER: Handbuch der Eisen- und Stahlgießerei. 1. Bd. Grundlagen. Berlin 1911. 2. Bd. Betriebstechnik. Berlin 1916

Gemeinfassliche Darstellung des Eisenhüttenwesens. Hrsg. v. Verein Deutscher Eisenhüttenleute in Düsseldorf. Düsseldorf 9. Aufl. 1915

L. GEUSEN: Die Eisenkonstruktionen. Ein Lehrbuch für bau- und maschinentechnische Fachschulen, zum Selbststudium und zum praktischen Gebrauch. Berlin 1909

Giesserei-Handbuch. Hrsg. v. Verein deutscher Eisengiessereien Giessereiverband in Düsseldorf. München, Berlin 1922

AUGUST GÖBEL: Grundzüge des Eisenhochbaues (Eisenkonstruktion) Kurzgefaßtes Lehr- und Nachschlagebuch für in der Praxis stehende Techniker und angehende Ingenieure in zwei Teilen [1. Aufl. u. d. T. Leitfaden für Eisenkonstruktion] 3. neubearb. Aufl. v. O. HENKEL Leipzig, Berlin 1915

RUDOLPH GOTTGETREU: Lehrbuch der Hochbau-Konstruktionen. III. Eisen-Konstruktionen. Berlin 1885

OTTO JOHANNSEN: Geschichte des Eisens. 3. Aufl. Düsseldorf 1953

RUDOLF KÄPPLEIN, ULRICH BOEYNG: Tragfähigkeit gußeiserner Stützen: Materialuntersuchungen und denkmalpflegerische Überlegungen. In: Erhalten historisch bedeutsamer Bauwerke. Jahrbuch 1986 des SFB 315, 163–173

RUDOLF KÄPPLEIN: Formabweichungen bei gußeisernen Hohlstützen. In: Erhalten historisch bedeutsamer Bauwerke. Jahrbuch 1986 des SFB 315, 174–179

RUDOLF KÄPPLEIN: Die gußeisernen Säulen der ‚Klosterkaserne' in Konstanz. In: Erhalten historisch bedeutsamer Bauwerke. Jahrbuch 1988 des SFB 315, 247–255

RUDOLF KÄPPLEIN: Zur Beurteilung des Tragverhaltens alter gußeiserner Hohlsäulen. Karlsruhe 1991 (Berichte der Versuchsanstalt für Stahl, Holz und Steine der Universität Fridericiana in Karlsruhe. 4. Folge, H. 23)

KARL KARMARSCH: Handbuch der mechanischen Technologie. 5. Aufl. hrsg. v. Ernst HARTIG. Hannover 1875

C[ARL] J[OHANN] B[ERNHARD] KARSTEN: Handbuch der Eisenhüttenkunde. Halle 1816

DAVID KIRKALDY: Results of an experimental inquiry into the Comparative Tensile Strength and other properties of various kinds of wrought iron and steel. Glasgow 1862

LUDWIG KLASEN: Handbuch der Hochbau-Constructionen in Eisen und anderen Metallen für Architekten, Ingenieure, Contructeure, Bau-Handwerker und technische Lehranstalten. Leipzig 1876 (Reprint Hannover 1981)

WILHELM AUGUST LAMPADIUS: Abhandlung über den Unterschied zwischen dem Roheisen und Frischeisen. In: Drei Abhandlungen über die Preisfrage: Worin besteht der Unterschied zwischen Roheisen aus Hohenöfen und geschmeidigem Eisen aus Frischheerden? und nach welcher Methode läßt sich das letztere am besten und vortheilhaftesten aus dem erstern bereiten? deren Verfasser Herr Prof. LAMPADIUS, Herr Hofrath [Benedikt Franz Johann] HERMANN, und Herr Eisenverweser [Karl] SCHINDLER, von der Königl. Böhmischen Gesellschaft der Wissenschaften, den für das Jahr 1795 und 1796 ausgesetzten Preis erhalten haben. Leipzig 1799, 1–46

DIONYSIUS LARDNER: A Treatise on the progressive improvements and present state of the Manufactures in Metal. Bd. 1 Iron and Steel. London 1831 (The Cabinet Cyclopædia. Useful Arts, 24)

ADOLF LEDEBUR: Vollständiges Handbuch der Eisengiesserei, eine Darstellung des gesamten Betriebes, Regeln für die Anlage der Eisengiessereien und eine Anleitung zur Buchführung und Kalkulation bei dem Eisengiessereibetriebe enthaltend. Auf theoretisch-praktischer Grundlage bearbeitet und für den Gebrauch in der Praxis bestimmt. Nebst einem Atlas. Weimar 1883

ADOLF LEDEBUR: Eisen und Stahl in ihrer Anwendung für bauliche und gewerbliche Zwecke. Ein Lehr- und Handbüchlein für Alle, die sich des Eisens bedienen. Berlin 1890

ADOLF LEDEBUR: Lehrbuch der mechanisch-metallurgischen Technologie (Verarbeitung der Metalle auf mechanischem Wege) Braunschweig 2. Aufl. 1897

ADOLF LEDEBUR: Handbuch der Eisen- und Stahlgiesserei umfassend die Darstellung des gesamten Giessereibetriebes, Regeln für die Anlage von Giessereien sowie eine Anleitung zur Buchführung und Selbstkostenberechnung. Auf wissenschaftlicher Grundlage für den Gebrauch im Betriebe. 3. Aufl. Leipzig 1901

U. LOHSE: Die geschichtliche Entwicklung der Eisengießerei seit Beginn des 19. Jahrhunderts. In: Beiträge zur Geschichte der Technik und Industrie 2, 1910, 90–147

JAMES W. MACFARLANE: Practical Notes on Pipe Founding. London, New York 1888

MORITZ MEYER: Eisengießerei. In: JOHANN JOSEPH PRECHTL (Hrsg.): Technologische Encyklopädie oder alphabetisches Handbuch der Technologie, der technischen Chemie und des Maschinenwesens. Zum Gebrauche für Kameralisten, Ökonomen, Künstler, Fabrikanten und Gewerbetreibende jeder Art. 5. Bd. Eisen-Feuerschwamm. Stuttgart 1834, 70–121

WILHELM MÜLLER, MAX DORNAUER: Das Buch der Eisenkunde. Handbuch der gesamten Grobeisenbranche (Eisen, Röhren, Bleche, Metalle). Essen 1925

BERNHARD OSANN: Lehrbuch der Eisen- und Stahlgiesserei für den Gebrauch beim Unterricht, beim Selbststudium und in der Praxis. Leipzig 2. Aufl. 1913

BERNHARD OSANN: Die Entwicklung des deutschen Giessereiwesens im Laufe der letzten sechzig Jahre. In: Die Giesserei, 1929, 809–817

AKOS PAULINYI: Die ersten ‚feuerfesten' Fabrikbauten in England. Ein Beitrag zur Frühgeschichte des Gusseisens im Hochbau. In: Eisen Architektur 1979, 93–103

AKOS PAULINYI: Das Puddeln. Ein Kapitel aus der Geschichte des Eisens in der Industriellen Revolution. München 1987 (Deutsches Museum. Abhandlungen und Berichte. NF 4)

AKOS PAULINYI: Industrielle Revolution. Vom Ursprung der modernen Technik. Reinbek 1989

GOTTFRIED PLUMPE: Die württembergische Eisenindustrie im 19. Jahrhundert. Eine Fallstudie zur Geschichte der industriellen Revolution in Deutschland. Wiesbaden 1982 (Zeitschrift für Unternehmensgeschichte. Beih. 26)

E[RNST] PREUSS: Die praktische Nutzanwendung der Prüfung des Eisens durch Ätzverfahren und mit Hilfe des Mikroskopes. 2. Aufl. bearb. v. G. BERNDT u. A. COCHIUS Berlin 1921

SVEN RINMAN: Försöck till Järnets Historia ned tillampning för Slögder och Handtwerk. Stockholm 1782

SVEN RINMANN: Versuch einer Geschichte des Eisens mit Anwendung für Gewerbe und Handwerker. Dt. v. Johann Gottlieb GEORGI. Berlin 1785

SVEN RINMAN: Geschichte des Eisens mit Anwendung für Künstler und Handwerker. A. d. Schwedischen übers. u. m. Anmerkungen und Zusätzen versehen v. C[arl] J[ohann] B[ernhard] KARSTEN. Liegnitz 1815

JULIUS SCHALL: Geschichte des Königl. Württ. Hüttenwerkes Wasseralfingen. Stuttgart 1896

C. SCHAROWSKY: Musterbuch für Eisenkonstruktionen. 4. Aufl. bearb. v. Richard KOHNKE Leipzig 1908

R. SCHÖLER: Die Eisenkonstruktionen des Hochbaues umfassend die Berechnung und Anordnung der Konstruktionselemente, der Verbindungen und Stöße der Walzeisen, der Träger und deren Lager, der Decken, Säulen, Wände, Balkone und Erker, der Treppen, Dächer und Oberlichter für den Schulgebrauch und die Baupraxis. Leipzig 1901 (HANS ISSEL (Hrsg.): Das Handbuch des Bautechnikers. 9)

EDWIN SCHÜTZ: Praktische Berechnungen des Gießereimannes. Halle 1931 (Die Betriebspraxis der Eisen-, Stahl- und Metallgießerei. H. 15)

RICHARD SHEPPARD: Cast Iron in Building. London 1945

Taschenbuch mit Zeichnungen und Angaben über die Verwendung von Eisen im Hochbau. Hrsg. v. Stahlwerks-Verband A.-G. Düsseldorf 1910

THOMAS TREDGOLD: Practical Essay on the Strength of Cast Iron and other metals: containing practical rules, tables, and examples, founded on a series of experiments; with an extensive table of the properties of materials. 4. Aufl. ergänzt v. Eaton HODGKINSON London 1842

KARL H. WITTEK: Untersuchungen über den Entwicklungsgang des Stahlhochbaus von den Anfängen (1800) bis zum Dreigelenkbogen (1870). Diss. TU München 1963

* Für großzügige Gastfreundschaft und Erlaubnis zur Benutzung der reichen Bestände danke ich Frau Annette Bouheiry, der Leiterin der Eisenbibliothek in Langwiesen-Alt-Paradies (Schweiz), von Herzen. Gespräche mit Prof. Dr. Akos Paulinyi, Dr. Hans Peter Münzenmayer und Dr.-Ing. Paul-Georg Custodis gaben mir wertvolle Anregungen.

Abbildungsnachweis

1, 2	Musterbuch der L. von Roll'schen Eisenwerke, Clus 1902
3	Musterbuch der L. Mannstaedt & Cie, Kalk bei Köln 1905
4	FAIRBAIRN 1861
5, 7, 8, 10, 12, 17	LEDEBUR 1901
6, 11, 18	OSANN 1913
9, 13	Gemeinfassliche Darstellung des Eisenhüttenwesens 1915
14, 15	GEIGER 1916
16	Verfasser
19	DÜRRE 1890

Summary

The casting of iron columns was presumably one part of the wider working range of several foundries; the foundry responsible for a particular column or columns series normally has to be traced from surviving documents, as the Hall-mark was only seldom included in the casting. Since the turn of the century, the employment of cast-iron columns was superseded by rolled steel sections and by development of reinforced concrete, and there remains no living tradition or complementary process to help us identify the former technology. Written sources of information are also scarce as the ‚knowhow' for columns casting in the period was not deemed worthy of mention.

Within the related field of production of rollers and cast pipes, casting in the vertical position was natural in order to achieve fault free elements of high strength. Casting columns upright was largely a theoretical ideal. For practical and financial reasons columns were cast horizontally, or slightly tilted. The drawbacks of this method consisted merely in the formation of gas bubbles and inclusion of slag in the column shaft, and danger of asymmetry in the column section with a resulting decrease in load capacity. Little support pins for anchoring the core were of little help or caused new problems. A rudimentary quality control consisted of optical testing, sound testing by hammer, and load bearing tests. Because of the technology used, cast iron columns classify as handmade individual pieces rather than typical mass products of the Industrial Age. In consequence they need to be carefully tested in any single instance.

Résumé

Au 19ème siècle, il semble que le coulage de colonnes métalliques se soit fait dans de nombreuses fonderies, parallèlement à d'autres travaux; les divers fabricants ne peuvent généralement être identifiés qu'à partir des archives de construction dont on dispose parfois aujourd'hui, car il était plutôt rare que des plaques de firmes soient coulées. L'abandon, depuis le début du 20ème siècle surtout, de l'utilisation de colonnes en fonte au profit de colonnes en profilés en acier doux ou du béton armé a conduit à ce qu'aucun témoignage actuel ne puisse nous aider à déterminer exactement la technologie utilisée. Les sources d'information écrites sont elles aussi très rares, car le coulage de colonnes n'a pas contribué de façon notable aux progrès de la sidérurgie lourde au 19ème siècle.

Alors que dans les domaines voisins de la fabrication de rouleaux pour machines et de tuyaux en fonte le coulage vertical était une évidence pour qui voulait fabriquer des pièces très résistantes exemptes de défauts, il n'est généralement resté, en ce qui concerne les colonnes, que le souhait théorique des spécialistes de la statique des constructions; dans la pratique, le coulage se fait horizontalement ou légèrement en pente. Sans que cela n'ait jamais été dit clairement, l'explication doit ici être recherchée du côté des considérations pratiques et de l'avantage en matière de prix. On a tenté, sans toujours y parvenir, de pallier les inconvénients du coulage horizontal – surnage du noyau, réduction de la force portante résultant de l'asymétrie de la section transversale, risque de formation de retassures et de bulles dans le fût de colonne – par le recours à des supports du noyau et à un contrôle de qualité rudimentaire. Celui-ci consistait en un examen visuel de la surface et une vérification de la sonorité au marteau, assortis d'essais de charge. Même si les colonnes en fonte ne se sont imposées qu'au cours de l'ère industrielle, elles sont, de par la technologie servant à leur fabrication, fondée en grande partie sur le travail manuel et l'expérience, des pièces uniques à caractère artisanal et doivent par conséquent être étudiées au cas par cas avec une grande minutie.

Rudolf Käpplein

Rechnerische Tragfähigkeitsnachweise für gußeiserne Säulen

1   Vorbemerkung

Gußeisen ist einer der ältesten Eisenwerkstoffe des Bauwesens. In der Anfangszeit diente er vorwiegend als Ersatz für Holz und Steine. Die über Jahrhunderte entwickelten, auf diese herkömmlichen Materialien abgestimmten Bauformen, blieben zunächst weitgehend erhalten.

Die Erkenntnis, daß die Vorteile des neuen Baustoffes nur in Verbindung mit werkstoffgerechten Konstruktionsformen nutzbar waren, sorgte – in der zweiten Hälfte des 18. Jahrhunderts beginnend – für sehr vielfältige Anstrengungen. Sie richteten sich sowohl auf die Erkundung der Eigenschaften der neuen Werkstoffe (Festigkeitskennwerte, Verformungsvermögen, Korrosionsverhalten etc.) als auch auf die Schaffung der theoretischen Grundlagen für die ‚rechnerische Behandlung‘ der damit erstellten Konstruktionen. Über viele Jahre hinweg gab es beispielsweise immer wieder Bemühungen, der mangelnden Zugfestigkeit des Gußeisens, die sich besonders bei biegebeanspruchten Teilen negativ auswirkte, durch entsprechende Querschnittsgestaltung zu begegnen – letztlich immer ohne Erfolg.

Sehr bald zeichnete sich eine allmähliche Einengung des anfänglich sehr breiten Anwendungsspektrums von Gußeisen auf die beiden Bereiche ab, in denen seine hohe Druckfestigkeit nutzbar war. Dabei handelte es sich zum einen um die dem Steinbau entliehenen Bogenkonstruktionen, bei denen es – zum Beispiel beim Bau von Dachstühlen – relativ lange gebräuchlich war. Demgegenüber konnte sich diese Bauform im Brückenbau nicht lange halten; die Empfindlichkeit der gußeisernen Bauglieder gegen stoßartige Beanspruchung sorgte hier bald für deren Verdrängung.

Als zweite Gruppe von Bauteilen verblieben die Stützen. Sie fanden gegen Ende des 18. Jahrhunderts bereits Verwendung und zählen somit zu den ältesten gußeisernen Baugliedern überhaupt. Ihr Querschnitt – anfangs in Anlehnung an den Holz- und Steinbau noch voll ausgeführt – wurde bald in Kreuzform aufgelöst, kurz nach Beginn des 19. Jahrhunderts wurden bereits die ersten Hohlsäulen ausgeführt (vgl. hierzu den Beitrag von Stefan W. Krieg). Ihre Blütezeit erlebten diese Bauteile in der zweiten Hälfte des 19. Jahrhunderts. Sie sind die einzigen gußeisernen Bauteile, die auch noch Verwendung fanden, als längst Puddeleisen, mit ausgehendem 19. Jahrhundert sogar Flußstahl, gebräuchlich waren.

Heute beinhaltet die Frage nach der Tragfähigkeit gußeiserner Säulen im allgemeinen eine gewisse Problematik: Gußeisen, insbesondere lamellarer Grauguß, um den es sich bei alten Gußsäulen prinzipiell handelt, stellt einen im heutigen Bauwesen weitgehend fremden, im bautechnischen Regelwerk nicht erfaßten Werkstoff dar. Der Rückgriff auf alte Tabellenwerke – vor dem geschilderten Hintergrund in Ermangelung anderer Berechnungsgrundlagen zuweilen zu beobachten – ist kri-

tisch zu beurteilen. Dies gilt einerseits mit
Blick auf die oft sehr allgemein gehaltenen
Annahmen bezüglich der traglastrelevanten Bauteilparameter, die den tatsächlichen, individuell stark variierenden Verhältnissen absolut nicht gerecht werden,
andererseits aber auch hinsichtlich der
zum Teil falschen rechnerischen Voraussetzungen der einzelnen Theorien. Die
nachfolgenden Ausführungen sollen nach
einem Überblick über die wichtigsten
früheren Nachweismöglichkeiten für gußeiserne Säulen eine Gegenüberstellung
mit den heute gegebenen rechnerischen
Grundlagen ermöglichen. In diesem Zusammenhang sei vorab ganz kurz der Wis-
sensstand umrissen, wie er zeitgleich zu
den hier schwerpunktmäßig betrachteten
theoretischen Grundlagen in einigen andern Bereichen bestand.

2 Frühe werkstoffkundliche Kennt-
nisse

Die vielfältige Verwendung von Gußeisen
im 19. Jahrhundert darf nicht darüber hinwegtäuschen, daß es in dieser Zeit praktisch keine Konstruktions- bzw. Dimen-
sionierungshilfen im Sinne des heutigen
Regelwerkes gab, wie z. B. definierte
Werkstoffqualitäten und -eigenschaften.
Ebenso gelang es erst später, die Voraussetzungen für metallurgische Untersuchungen – Mikroskopie, Analysetechnik
etc. – zu schaffen (vgl. [15]). Bei der Herstellung der hier betrachteten Säulen
konnte darauf, z. B. zur gezielten Steuerung von Legierungszusammensetzungen
oder von Erstarrungsabläufen und damit
Gefügeausbildungen, noch nicht zurückgegriffen werden.
Schon relativ früh sind allerdings Bemühungen zu verzeichnen, mechanisch-
technologische Kennwerte von Gußeisen
zu ermitteln. Dies ist zweifelsohne als ein
Zeichen anfänglicher Unsicherheit beim
Umgang mit diesem neuen Werkstoff zu
werten. So sind beispielsweise in der ersten Hälfte des 19. Jahrhunderts bereits

umfangreiche Tabellen mit Ergebnissen aus Versuchen von E. Hodgkinson
zur Ermittlung der „Widerstandsfähigkeit von Gußeisen gegen Zerreißen und
Zerdrücken" bekannt. Ähnliche Untersuchungen stellten eine Reihe weiterer For-
scher an, so z. B. M. Stirling, R. Stephen-
son, W. Fairbairns etc. Die von MORIN
etwa zur Mitte des 19. Jahrhunderts ver-
faßte sehr umfangreiche Arbeit über „Die
Widerstandsfähigkeit der Baumaterialien"
vermittelt einen Überblick über die bis dahin geschaffenen Grundlagen [9].
Den meisten derartigen Untersuchungen
ist gemein, daß sie sich auf eine Vielzahl
von Eisensorten beziehen, deren Festigkeitskennwerte teilweise erhebliche Unterschiede aufweisen. Unübersehbar ist aber
auch die Uneinigkeit hinsichtlich der angewandten Prüfverfahren. Weitere Varia-
tionsmöglichkeiten boten sich bei den Abmessungen der Prüfkörper. Deren Form
und Abmessungen üben – z. B. bei Druck-
versuchen – großen Einfluß auf die Versuchsergebnisse aus, wie HODGKINSON erkannte.
Konsequenterweise führen diese uneinheitlichen Versuchsbedingungen dazu,
daß die einzelnen Versuchsergebnisse sowohl untereinander als auch mit nach
heutigen Methoden unter reproduzier-
baren Vorgaben ermittelten Werten kaum
vergleichbar sind. Für den mit der Dimensionierung derartiger Gußbauteile be-
trauten Ingenieur konnte die Vielzahl der
unterschiedlichen Gußeisensorten eher
Verunsicherung denn wirkliche Hilfestellung bewirken, boten sich ihm doch kaum
Anhaltspunkte, welcher der in den Versuchen ermittelten Werte er sich zur Lösung
seiner Aufgaben bedienen sollte.
Die große Schwankungsbreite der alten
Versuchsergebnisse ist jedoch nicht ausschließlich auf die uneinheitlichen Prüfmethoden zurückzuführen. Sie ist vielmehr auch Indiz dafür, daß sich hinter
dem Begriff ‚Gußeisen' in der besagten
Zeit eine sehr breite Palette mehr oder
weniger unterschiedlicher Werkstoffe ver-

barg. Weitere Bemerkungen erübrigen sich angesichts des Rates, mit dem MORIN die von ihm in Tabellenform wiedergegebenen Ergebnisse in einem Fall kommentierte: *„Diese Tabelle zeigt, welche Verschiedenheit die Widerstandsfähigkeit des Gußeisens theils gegen Ausdehnung, theils gegen Kompression, zuläßt, und wie wichtig es bei größeren Bauten sein kann, sich erst der Beschaffenheit der Mischung und der Qualität des Gußeisens zu versichern, ehe man es anwendet"* [9]. Demgemäß ist beim Umgang mit alten Konstruktionen stets mit entsprechend großen Unterschieden hinsichtlich der Werkstoffeigenschaften zu rechnen.

3 Fertigung gußeiserner Säulen

Die Verwendung gußeiserner Säulen zur Abtragung hoher Lasten setzte nur kurz nach der Einführung des Gußeisens in das Bauwesen ein. Die im Rahmen der beginnenden Industrialisierung aufkommenden, teilweise ganz neuen Anforderungen an Baulichkeiten, angefangen von Raumteilung über Beständigkeit und Feuerwiderstandsfähigkeit bis hin zu neuen Vorstellungen über Montagezeiten und -möglichkeiten ließen sich mit gußeisernen Stützen im allgemeinen sehr gut verwirklichen. Dank der im Gießereiwesen schon sehr früh vorhandenen ausgeprägten handwerklichen Fähigkeiten konnten die Stützen darüber hinaus gegebenenfalls auch so gestaltet werden, daß sie selbst hohe repräsentative Ansprüche zu erfüllen vermochten. Bezüglich des Herstellungsprozesses gußeiserner Säulen sei auf den Beitrag von Stefan W. Krieg sowie auf frühere Darstellungen verwiesen [6].

Über den Themenbereich ‚Bearbeitung und Prüfung von Gußsäulen' gibt es nur spärliche Informationen. Diesbezügliche Untersuchungen [5] belegen, daß eine sorgfältige, zerstörungsfreie Untersuchung auch bei zunächst positivem Eindruck, den eine Säule von ihrem äußeren Erscheinungsbild her vermittelt, unerläßlich

ist, wenn ergründet werden soll, was sich hinter diesem Äußeren verbirgt. Keinesfalls ist davon auszugehen, daß bei bzw. nach der Herstellung der Säulen bereits eine Auslese im Sinne heutiger Qualitätskontrollen stattfand, so daß heute nur Säulen mit einem gewissen Höchstmaß an tragfähigkeitsmindernden Einflüssen vorzufinden wären. Bei der Erwägung von Lasterhöhungen bei Gußsäulen ist dies besonders zu berücksichtigen.

4 Rechnerische Tragfähigkeitsnachweise für Gußsäulen

Neben den rein rechnerischen, im Zuge einer Dimensionierung ermittelten Vorgaben für die Mindest- oder Sollwerte von Säulenabmessungen, beeinflußten auch gießereitechnische Gesichtspunkte die Gestaltung der Säulen. Rechnerische Grundlagen waren nicht von Anfang an in ausreichendem Maße verfügbar. So finden sich in der alten Literatur immer wieder Hinweise auf die zweckmäßige Ausführung von Gußsäulen, z. B. in [8]. Theoretische Arbeiten auf diesem Gebiet entstanden erst mit dem beginnenden 19. Jahrhundert.

4.1 Die wichtigsten Arbeiten bis zum Beginn des 20. Jahrhunderts

Für die Praxis standen bis zum Jahre 1826 im Grunde zwei Bemessungskonzepte zur Verfügung:

a) Das Bemessungskonzept nach Rondelet, bei dem die Beziehung

$$\sigma_{kr} = f(\lambda)$$

aus Knickversuchen mit Eisenstäben quadratischen Querschnittes abgeleitet wurde. Sie galt demzufolge nur, solange die zugrundeliegenden Parameter, wie z. B. Werkstoff oder Querschnittsform, sich nicht veränderten.

b) Bei dem Bemessungskonzept nach Navier entstammte die o. g. Beziehung

theoretischen Betrachtungen, in die
alle wesentlichen Parameter eingingen.
Die Theorie wurde durch Versuche bestätigt.
Ausführliche experimentelle Untersuchungen wurden in der Folgezeit auch
von HODGKINSON durchgeführt [4]. Bei
den Knickversuchen mit vorwiegend
runden Gußsäulen mit massivem Querschnitt unterschied er zwischen gerunde-
ten Enden, die eine weitgehend gelenkige
Lagerung gewährleisten sollten (Ausführung a), und flachen, rechtwinklig zur
Stabachse liegenden Endflächen, bei denen es zu einer zumindest teilweisen
Einspannwirkung kam (Ausführung b).
Die Versuche führten zu folgenden empirischen Knickformeln für gußeiserne
Druckstäbe:

Ausführung a: $N_{ki} = 33\,379 \cdot d^{3,76}/l^{1,7}$ (1)
Ausführung b: $N_{ki} = 98\,922 \cdot d^{3,55}/l^{1,7}$ (2)
(N in lbs, d in inches, l in Fuß).

Wie bei dem Konzept Rondelets gelten die
Gleichungen auch in diesem Falle nur für
Stützen, deren Abmessungen mit denen
der Versuchsstützen übereinstimmen. Anhand der empirisch ermittelten, zum Teil
zufällig gewählten analytischen Funktionen wird scheinbar eine Alternative zur
Eulergleichung aufgezeigt. Für den plastischen Bereich erweist sie sich jedoch
ebenfalls nicht als tauglich.
Ein mehrmals festzustellender Fehler in
der Zeit bis etwa Ende der 80er Jahre des
19. Jahrhunderts bestand darin, daß das
Knicken als Biege- und damit als Spannungsproblem betrachtet wurde. So sah
SCHWARZ [16] die Eulerlast als Beschrei-
bungsgröße für die Durchbiegung infolge
Normalkraft an, wie sie sich im Versuch
kurz vor dem Bruch einstellt. Mit
$E = \sigma_B/\varepsilon_B$ leitet er aus der Eulergleichung
eine geschlossene Formel für den Biege-
spannungsanteil ab:

$$\sigma_B = \frac{N \cdot \varepsilon_B \cdot l^2}{\pi^2 \cdot I} \qquad (3)$$

Überlagert mit dem Normalspannungs-
anteil ergibt sich

$$\sigma_{grenz} = \frac{N}{A} + \frac{N \cdot \varepsilon_B \cdot l^2}{\pi^2 \cdot I} \qquad (4)$$

bzw.

$$\sigma_{kr} = \frac{\sigma_{grenz}}{1 + \varepsilon_B/\pi^2 \cdot \lambda^2} \qquad (5)$$

Als Traglastgrenze wird bei Bemessung
nach dieser Formel der „zusammengesetzten Festigkeit" das Erreichen der
Elastizitätsgrenze am Biegedruckrand de-
finiert ($\varepsilon_B = \varepsilon_{el,\,grenz}$; $\sigma_{grenz} = \sigma_{el,\,grenz}$). Durch
die Betrachtung der Randspannung σ_{grenz}
und der Biegedehnung ε_B als einander zu-
geordnetes Wertepaar beging SCHWARZ in
seinen Herleitungen den zweiten Fehler.
Die zulässige Spannung wird mit Sicherheitsbeiwerten zwischen 2 und 3 festgelegt, so daß gilt:

$$\text{zul } \sigma_{kr} = \frac{1/\gamma \cdot \sigma_{el,grenz}}{1 + \dfrac{\varepsilon_{el,grenz}}{/\pi^2} \cdot \lambda^2} = \frac{\text{zul } \sigma_D}{1 + c \cdot \lambda^2} \quad (6)$$

Für Gußeisen gibt SCHWARZ folgende
Zahlenwerte an:

$\varepsilon_{el,\,grenz}$ = 1/1200
E = 95750 N/mm²
zul σ_D = 143,6 N/mm²
c = (1/1200) · (1/π^2) = 1/11844
γ = 2,0

Im Grunde ähnliche Fehler wie SCHWARZ
beging bereits TREDGOLD in seiner 1822
entstandenen Arbeit [18]. Ausgehend von
einem Rechenansatz mit exzentrischem
Lastangriff kam er unter Annahme einer
kreisbogenförmigen Biegelinie sowie einer
ungewollten Ausmitte gleich der halben
Querschnittshöhe des Stabes ebenfalls auf
eine Gleichung des o. g. Typs, wobei hier
für Gußeisen folgende Zahlenwerte genannt werden:

$\varepsilon_{el, grenz}$ = 1/1204
E = 129 600 N/mm^2
zul σ_D = 107,6 N/mm^2 für $e = 0$
= 26,9 N/mm^2 für $e = 0,5d$
c = $(1/1204) \cdot (1/\pi^2) = 1/11844$
γ = 2,2

In beiden Fällen wird für Bemessungszwecke ein nahezu identischer Wert für $\varepsilon_B = \varepsilon_{el, grenz}$ eingesetzt, die angegebenen E-Moduli für Gußeisen unterscheiden sich dagegen deutlich.
RANKINE [11] geht wie SCHWARZ von der Gleichung

$$\sigma_R = \sigma_N + \sigma_B = \frac{N}{A} + \frac{N \cdot f}{W} \qquad (7)$$

aus, benutzt für die Formulierung des Biegespannungsanteiles jedoch das Biegemoment nach Theorie II. Ordnung. Wie stets, wenn bei der Ermittlung der Grenzlasten von Knickstäben die Beanspruchungen infolge Normalkraft $\sigma_N = P/A$ und Biegemoment $\sigma_B = M/W$ zusammen berücksichtigt werden, ergibt sich auch hier eine Gleichung des Typs

$$\sigma_{kr} = \frac{\sigma_{grenz}}{1 + c \cdot \lambda^2} \qquad (8)$$

Es erweist sich in diesem Zusammenhang als unerheblich, ob beide Spannungsanteile mechanisch sinnvoll abgeleitet wurden oder sich auf unzutreffende Annahmen gründen, wie beispielsweise bei SCHWARZ. Im Schrifttum wird diese unter der Bezeichnung Schwarz-Rankine-Formel bekannte Beziehung auch zusammen mit dem Namen Gordon und Navier zitiert. Erstmals angegeben wurde sie allerdings von TREDGOLD. Sie fand trotz grundlegender Fehler, die sie enthielt, nicht zuletzt aufgrund ihrer ,Anwendungsfreundlichkeit' relativ lange Verwendung, hat sich also in der Praxis bewährt. Angesichts der durch die beiden Parameter σ_{grenz} und c gegebenen ,Anpassungsfähigkeit' ist dies allerdings nicht erstaunlich.

Den endgültigen Nachweis der Unzulänglichkeit der Schwarz-Rankine-Gleichung führte TETMAJER. Er zeigte anhand zahlreicher systematischer Knickversuche [17], daß c im Nenner dieser Gleichung weder als konstant vorausgesetzt noch als Funktion von λ dargestellt werden konnte, wenn rechnerische und experimentelle Ergebnisse in Einklang gebracht werden sollten. Darüber hinaus wurde mit diesen Arbeiten verdeutlicht, daß die Eulergleichung nur innerhalb klar umrissener Grenzen gültig ist und insofern als spezieller Fall im Rahmen einer umfassenden Theorie zu betrachten ist. Damit wurde ein in der vorausgegangenen Zeit immer wieder zu beobachtendes Mißverständnis dieser Gleichung als uneingeschränkte mechanische Aussage ausgeräumt. TETMAJER gibt für verschiedene Werkstoffe die Grenzschlankheiten λ_{el} an, bis zu denen die Eulergleichung uneingeschränkt gilt, z.B. für Flußeisen $\lambda_{el} = 105$, für Schweißeisen $\lambda_{el} = 112,5$. Im plastischen Bereich, also für $\lambda \leq \lambda_{el}$, wird die bestehende Lücke in der Theorie durch Versuche geschlossen. Für Stahl wird die Beziehung $\sigma_{kr} = f(\lambda)$ in diesem Bereich durch eine Gerade angenähert:

$$\sigma_{kr} = a - b \cdot \lambda \qquad (9)$$

Bei Gußeisen hält TETMAJER eine Parabel für besser geeignet, um die Funktion $\sigma_{kr}(\lambda)$ im plastischen Bereich zu beschreiben. Er gibt folgende Beziehung an:

$8 \leq \lambda \leq 80 : \sigma_{kr} = 0,053\lambda^2 - 12,0\lambda + 776$ (10)
$\lambda \geq 80 \qquad : \sigma_{kr} = 987\,000/\lambda^2$ (11)
(σ_{kr} in N/mm^2)

Die Koeffizienten a, b und c dieser Gleichungen sind reine Rechenwerte, keine Werkstoffkennwerte. Der sich für $\lambda = 0$ einstellende Wert 776 N/mm^2 für σ_{kr} verkörpert also nicht die Druckfestigkeit des Gußeisens. Er ist nach Angaben TETMAJERS allerdings der Druckfestigkeit verwandt und kann zu Vergleichszwecken als „eine Art von Druckfestigkeit" angesehen werden.

Die von TETMAJER angegebenen Gleichungen stellen Näherungen dar, die aus der statistischen Auswertung einer großen Zahl von Versuchen abgeleitet wurden. In Verbindung mit der Eulergleichung beschreiben sie die Beziehung $\sigma_{kr} = f(\lambda)$ lückenlos. Sie sind darüber hinaus sehr einfach formuliert und daher bequem handhabbar – ein wesentlicher Grund dafür, daß diese Beziehungen Eingang in viele Regelwerke fanden.

4.2 Neuere Grundlagen der Knickstabtheorie

Die auf TETMAJER folgenden Arbeiten sind gekennzeichnet durch zunehmende Bemühungen um eine theoretische Aufarbeitung des Knickstabproblems. An die Stelle von empirischen Beziehungen treten mehr und mehr allgemeingültige, wissenschaftlich fundierte Grundlagen. Das heißt aber auch, daß keine speziellen, werkstoffabhängigen Erfahrungswerte mehr in die Bemessung eingehen, sondern nur noch klar definierte Werkstoffkennwerte. Für die Bemessung gußeiserner Säulen fanden diese neuen Theorien allerdings kaum noch Verwendung; die Anfänge ihrer Entwicklung fielen in die beginnende Blütezeit des Flußstahles, auf den sie daher auch überwiegend abgestimmt waren. Eine der jüngsten Bemessungsvorschriften für das Bauwesen, in der gußeiserne Bauteile noch erwähnt sind, ist die DIN 1051 aus dem Jahre 1937 (mittlerweile zurückgezogen). Dort finden sich in aller Kürze einige Berechnungsgrundlagen für gußeiserne Säulen, die sich im wesentlichen an entsprechenden Vorschriften des Stahlbaus orientieren. Wegen der hier geforderten Werkstoffeigenschaften

- Mindestzugfestigkeit 140 N/mm² (GG 14),
- Mindestbiegefestigkeit 280 N/mm²,
- Mindestdurchbiegung 7 mm,

gemessen am Biegestab von 600 mm Stützweite gemäß DIN 1691, konnte diese Vorschrift im Grunde nur für neue Gußsäulen Anwendung finden. Ein Nachweis der geforderten Eigenschaften an bestehenden Bauteilen bedingte sehr schwerwiegende Eingriffe. Insofern bieten die in DIN 1051 gegebenen Hinweise keine Hilfestellung bei der angestrebten Tragfähigkeitsbeurteilung alter Gußsäulen.

Erfolgversprechender ist im Vergleich dazu der Rückgriff auf die mit der Theorie von ENGESSER und v. KÁRMÁN geschaffenen und später von anderen ergänzten Grundlagen der Knickstabtheorie. Sie markieren den Übergang von empirischen Beziehungen zu allgemeingültigen, wissenschaftlich fundierten Bemessungsgrundlagen.

4.2.1 Theorie nach ENGESSER und v. KÁRMÁN

Der entscheidende Impuls zur Berücksichtigung der für das Abweichen der experimentellen von den theoretischen Knicklasten bei unelastischem Werkstoffverhalten verantwortlichen mechanischen Ursachen kam von ENGESSER [2]. Er zeigt [3], daß die Eulergleichung auch im plastischen Bereich gültig bleibt, wenn anstatt des Elastizitätsmoduls der Knickmodul T_k berücksichtigt wird:

$$N_{kr} = \frac{\pi^2 \cdot T_k \cdot I}{l^2} \tag{12}$$

Genau dieselben Gedankengänge entwickelt v. KÁRMÁN in seiner 1910 veröffentlichten Arbeit [7] unabhängig von ENGESSER.

Für sehr kleine Dehnungen ε_1 auf der Stabinnenseite nähert sich das Stück der σ-ε-Linie, das den oberen Abschluß des Zugspannungskörpers bildet, immer mehr einer Geraden an. Im Falle des Grenzüberganges $\varepsilon_1 \rightarrow 0$ darf das Kurvenstück durch die Tangente an die σ-ε-Linie ersetzt werden, so daß sich auf der Biege-

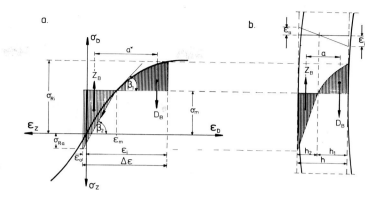

1 Spannungs-Dehnungs-Diagramm (a), verkrümmter Stababschnitt (b)

druckseite der Tangentenmodul

$$\tan \beta_1 = T \qquad (13\,a)$$

und auf der Biegezugseite der Elastizitätsmodul

$$\tan \beta_2 = E \qquad (13\,b)$$

als maßgeblich erweist.
Aus der Betrachtung des in Abb. 1 dargestellten verformten Stababschnittes sowie den beiden Gleichgewichtsbedingungen

$$\Sigma V = 0 \quad \text{und} \quad \Sigma M = 0$$

ergibt sich für den Knickmodul nach einigen Zwischenrechnungen

$$T_K = T \cdot \frac{I_1}{I} + E \cdot \frac{I_2}{I} \qquad (14)$$

mit $I_1, I_2 =$ Flächenträgheitsmomente der Biegedruck- (I_1) bzw. Biegezugfläche (I_2) bezüglich der Biegespannungsnullinie.
Für einen Rechteckquerschnitt ergibt sich der Knickmodul relativ einfach zu

$$T_K = \frac{4E}{(1 + \sqrt{E/T})^2} \qquad (15)$$

Erheblich umfangreicher werden die entsprechenden Beziehungen dagegen für den hier vorrangig zu betrachtenden

Kreisringquerschnitt. Mit den Bezeichnungen gemäß Abb. 2 gilt für den Knickmodul des mittig belasteten Kreisringquerschnittes

$$T_K = T \cdot \left(1 + \frac{4 y_s^2}{r_a^2 + r_i^2}\right) + \frac{4(E - T)}{(r_a^4 - r_i^4)}$$
$$\cdot \left[r_a^2 \left(\frac{1}{4} r_a^2 + y_s^2\right) \arccos\left(\frac{y_s}{r_a}\right) \right.$$
$$- \frac{1}{12} y_s (13 r_a^2 + 2 y_s^2) \sqrt{r_a^2 - y_s^2}$$
$$- r_i^2 \left(\frac{1}{4} r_i^2 + y_s^2\right) \arccos\left(\frac{y_s}{r_i}\right)$$
$$\left. + \frac{1}{12} y_s (13 r_i^2 + 2 y_s^2) \sqrt{r_i^2 - y_s^2} \right] \qquad (16)$$

Hierbei wird unterstellt, daß

$$r_i \geq y_s \geq 0$$

gilt.

4.2.2 Theorie nach Roš und BRUNNER

Das Problem des exzentrisch gedrückten Stabes wurde in vielen Arbeiten als gewöhnliches Spannungsproblem betrachtet. Als Versagenskriterium galt das Erreichen einer bestimmten maximalen Randspannung. Demgegenüber wurde von Roš/BRUNNER [13] auch für exzentri-

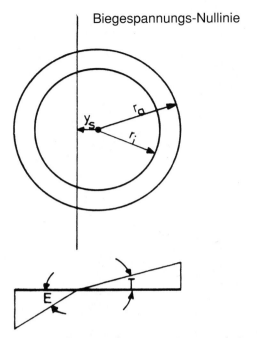

Biegespannungs-Nullinie

2 Bezeichnungen beim Kreisringquerschnitt

schen Kraftangriff – den zuvor geschilderten Ansätzen ENGESSERS und v. KÁRMÁNS folgend – die ‚abgewandelte Eulersche Knickformel' (Gleichung 12) zum Ausgangspunkt ihrer Herleitungen gemacht. Der exzentrische Druckstab wird hier also als Gleichgewichtsproblem behandelt. Dabei kann das zwischen äußerem und innerem oder aufrichtendem Moment bestehende Gleichgewicht bei Kenntnis des Arbeitsgesetzes des Werkstoffes ziffernmäßig erfaßt werden. Durch dieses Gesetz ist auch der bei einer kritischen Belastung eintretende Gleichgewichtswechsel festgelegt.

Im einzelnen gelten bei der Ableitung von ROŠ/BRUNNER folgende Voraussetzungen:

1. Infolge der Belastung tritt keine Veränderung der Querschnittsform ein.
2. Gemäß der Bernoulli'schen Hypothese bleiben die Querschnitte eben und senkrecht zur Stabachse.

3. Solange die spezifischen Längenänderungen monoton wachsen, ergeben sich die Spannungen in den einzelnen Stabfasern nach dem vorausgesetzten Formänderungsgesetz (aus einachsigem Zug- bzw. Druckversuch). Sobald sich die spezifischen Längenänderungen nach Erreichen eines endlichen Höchstwertes wieder verringern, erfolgt der Spannungsabbau gemäß einem linearen Formänderungsgesetz der Entlastung.
4. Die Beeinflussung der Gleichgewichtsfigur durch Schubverformungen ist vernachlässigbar.
5. Die gesuchte Grenze des Tragvermögens wird bereits bei kleinen Ausbiegungen erreicht. Daher wird die Differentialgleichung der Biegelinie in linearisierter Form zugrunde gelegt und die Normalkraft des ausgebogenen Stabes in allen Querschnitten gleich der äußeren Druckkraft gesetzt.
6. Die Form der Biegelinie des beidseitig gelenkig gelagerten Stabes entspricht annähernd einer Sinushalbwelle.

Für die Biegelinie des durch die Kraft N in der Mitte um den Pfeil f seitlich ausgebogenen Stabes gilt bei beidseitiger gelenkiger Lagerung

$$y = f \cdot \sin \frac{\pi \cdot x}{l} \qquad (17)$$

Der Krümmungsradius in Stabmitte ergibt sich zu

$$p = \frac{\left[1 + \left(\frac{dy}{dx}\right)^2\right]^{\frac{3}{2}}}{\frac{d^2y}{dx^2}} = \frac{l^2}{\pi^2} \cdot \frac{1}{f} \qquad (18)$$

Damit gilt für das aufrichtende (innere) Moment in Stabmitte (Abb. 3)

$$M_i = M_a = N \cdot f \qquad (19)$$

Der Grenzzustand, in dem gerade noch ein Gleichgewicht zwischen dem inneren

Moment und dem äußeren Moment besteht, ist erreicht, wenn die äußere Last den Grenzwert N_{kr}, also die Knicklast, erreicht. In diesem Falle beträgt die Schwerpunkt-Knickspannung

$$\sigma_{kr} = N_{kr}/A \qquad (20)$$

Die praktische Anwendung des Rechenkonzeptes für den gedrückten Stab nach ROŠ/BRUNNER ist in [13] dargestellt. Im Gegensatz zu den dort behandelten geradlinig begrenzten Querschnitten ergeben sich beim Kreisringquerschnitt bei der Ermittlung des inneren Momentes Spannungskörper, die keine geradlinigen Begrenzungen mehr aufweisen (Abb. 4). Die Resultierenden sind hier nur noch durch umfangreichere Integration zu ermitteln. Da die Funktion der Spannungs-Dehnungslinien (Abb. 8) nicht integrierbar ist, werden die beiden Spannungskörper in kleine Teilabschnitte unterteilt und durch geradlinig begrenzte Körper angenähert. Deren Volumina werden aufsummiert und als Näherung für D_B und Z_B betrachtet.
Gemäß Abb. 1 ist das Spannungsbild über der gegebenen Querschnittshöhe affin abbildbar, wobei lediglich die Abszissen im Verhältnis $h/\Delta\varepsilon$ zu verkleinern sind, die Ordinaten jedoch unverändert bleiben. M_i ergibt sich aus der Beziehung

$$M_i = Z_B \cdot a = D_B \cdot a \qquad (21)$$

wobei D_B, Z_B = Resultierende der Spannungsanteile infolge Biegung (Abb. 1)

und $a = a^* \cdot h/\Delta\varepsilon$ $\qquad (22)$

Die so ermittelten inneren Momente werden für verschiedene Grundspannungen in Abhängigkeit von $\Delta\varepsilon$ im sogenannten M_i-$\Delta\varepsilon$-Diagramm aufgetragen. Bei den nachfolgend wiedergegebenen Berechnungen der inneren Momente in Abhängigkeit von der Summe der Randfaserdehnungen werden die Grundspannungen jeweils in Schritten von $25\,\mathrm{N/mm^2}$ ver-

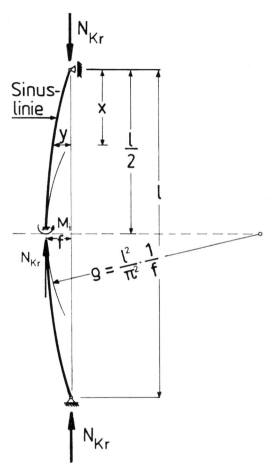

3   *Beziehungen am gekrümmten Stab*

ändert. Danach wird die maximale Exzentrizität w_0 bestimmt, für die bei gegebener Grundspannung und Schlankheit gerade noch ein Gleichgewicht zwischen äußerem und innerem Moment möglich ist. Das Gleichgewicht geht verloren, wenn das stützende innere Moment nicht mehr so schnell wachsen kann wie das äußere Moment.
Für die Summe der Randdehnungen folgt

$$\varepsilon_1 + \varepsilon_2 = (h_1 + h_2)/\rho \qquad (23)$$

bzw.

$$\rho = h / \Delta\varepsilon \qquad (24)$$

Damit ergibt sich gemäß Gleichung (16) für die Durchbiegung in Stabmitte

$$f = \frac{l^2}{\pi^2} \cdot \frac{\Delta\varepsilon}{h} \qquad (25)$$

Für jede Grundspannung kann nun bei gegebenem $\Delta\varepsilon$ ein linearer Zusammenhang zwischen M_a und $\Delta\varepsilon$ hergestellt werden, d.h. es ergibt sich ein M_a-$\Delta\varepsilon$-Strahlenbüschel. Mit den Bezeichnungen gemäß Abb. 5 folgt

$$M_a = N \cdot (f + w_0) = \sigma_m \cdot A \cdot (f + w_0)$$

$$M_a = \sigma_m \cdot A \left(\frac{l^2 + \varepsilon}{\pi^2 \cdot h} + w_0 \right) \qquad (26)$$

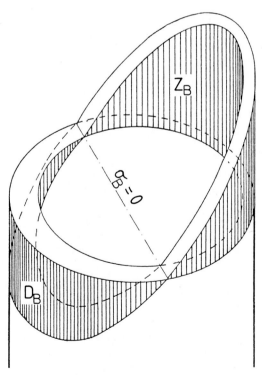

wobei w_0 den Hebelarm der Last N an den Stabenden darstellt.

Werden an die zuvor ermittelten M_i-$\Delta\varepsilon$-Kurven Tangenten mit parallelem Verlauf zu diesen Strahlenbüscheln gezogen, so beschreiben die damit bestimmten Berührungspunkte die Zustände, bei denen gerade noch ein Gleichgewicht zwischen dem Moment aus äußerer, exzentrisch angreifender Last und innerem Moment möglich ist. Führt man mit Hilfe der Kernweite k das dimensionslose Exzentrizitätsmaß m ein, mit

$$m = w_0 / k \qquad (27)$$

wobei für den Kreisringquerschnitt

$$k = \frac{r_a^2 + r_i^2}{4 r_a} \qquad (28)$$

gilt, so können aus der Gleichgewichtsbedingung

$$M_1 = M_a$$

anhand Abb. 5 zu bestimmten Werten für λ und σ_m die gerade noch möglichen Exzentrizitätsmaße ermittelt werden. Eingetragen im Koordinatensystem σ_{kr}-λ werden die Punkte gleichen Exzentrizitätsmaßes verbunden, was schließlich zum σ_{kr}-λ -Diagramm führt. Die zuvor mit σ_m bezeichnete Grundspannung wird hierbei in Knickspannung σ_{kr} umbenannt.

In den nach diesem Verfahren ermittelten Diagrammen für gußeiserne Knickstäbe werden, wie die folgenden Beispiele zeigen, die einzelnen Knickspannungslinien erst ab einem Schlankheitsgrad von 25 dargestellt. Dies hat seine Ursache in der äußerst geringen Duktilität der betrachteten Werkstoffe. Sie birgt die Gefahr, daß Bauteile mit geringerer Schlankheit – insbesondere bei Behinderung der Querdehnung bzw. durch Ausbildung mehraxialer Spannungszustände – die Grenze ihrer Tragfähigkeit nicht infolge Stabilitätsversagen, sondern durch Zerstörung

4   Verteilung der Biegespannungsanteile über den Säulenquerschnitt

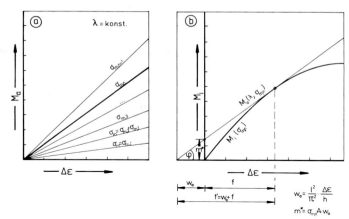

5 *Exzentrischer Druck: M_a-Linien (a), M_a-Tangente an die M_i-Kurve (b)*

der Lasteinleitungsbereiche überschreiten. Derartige Phänomene werden von den nachfolgenden Betrachtungen ausgenommen.

Von KOLLBRUNNER [8] durchgeführte Vergleichsrechnungen bescheinigten den nach ROŠ/BRUNNER bestimmten Ergebnissen eine für die Praxis vollkommen genügende Genauigkeit. Gemessen an den genaueren Resultaten Chwallas weichen die Näherungswerte maximal um ±5% ab. Daneben wurde diese Methode von BAEHRE im Rahmen von Untersuchungen des Tragverhaltens von Druckstäben aus Aluminium angewendet [1]. Angesichts der im Vergleich dazu grundlegend anderen Eigenschaften des Gußeisens können nur geeignete Versuche über die Eignung dieser Theorie zur Ermittlung von σ_{kr}-λ-Diagrammen für gußeiserne Säulen Aufschluß geben.

Die Eignung dieser Theorie auch für die Ermittlung von Knickspannungslinien für gußeiserne Säulen – trotz grundlegend anderer Werkstoffeigenschaften des Gußeisens – wird durch umfangreiche experimentelle Untersuchungen belegt [5]. Ohne auf Einzelheiten einzugehen, sind in Abb. 6 als Beispiel die Ergebnisse einer Versuchsserie mit gußeisernen Rechteckstäben in das σ_{kr}-λ-Diagramm für den entsprechenden Werkstoff eingetragen.

Der direkte Vergleich von Ergebnissen, die nach diesem Verfahren ermittelt wurden, mit Nachweisen nach den alten Grundlagen (Gleichungen 6, 8, 10) ist nur bedingt möglich – für den Fall ideal mittiger Belastung. Dazu sind in Abb. 7 – zunächst ohne Berücksichtigung von Sicherheitsbeiwerten – die nach SCHWARZ (Linie A), RANKINE (Linie B), TREDGOLD (Linie C) und TETMAJER ermittelten σ_k-λ-Kurven dargestellt. Zusätzlich wurden für drei verschiedene Graugußlegierungen die nach ENGESSER (Gleichung 12) ermittelten σ_k-λ-Kurven für Kreisringquerschnitt angegeben, wobei folgende Werkstoffkennwerte berücksichtigt wurden:

Linie E1: $E_0 = 130\,000$ N/mm², $R_D = 756$ N/mm²

Linie E2: $E_0 = 95\,000$ N/mm², $R_D = 413$ N/mm²

Linie E3: $E_0 = 108\,800$ N/mm², $R_D = 567$ N/mm²

Diese drei Werkstoffe wurden aus der Gesamtmenge der bislang untersuchten alten Gußwerkstoffe herausgegriffen. Die mechanischen Kennwerte der den Linien E1 und E2 zugrunde liegenden Legierungen grenzen in etwa den Bereich ab, innerhalb

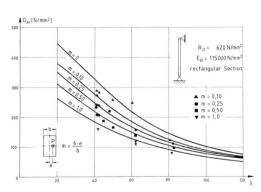

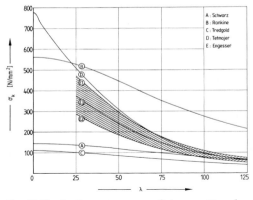

6   Vergleich experimentell und rechnerisch er-
mittelter Traglasten für gußeiserne Stäbe mit
Rechteckquerschnitt

7   Kritische Spannungen gußeiserner Druckstäbe in Abhängigkeit von der Schlankheit

dessen die Mehrzahl der bislang ermittelten Ergebnisse lagen. Linie E3 – von
einer im Traglastversuch geprüften Gußsäule – fügt sich dazwischen ungefähr
als Mittelwertkurve ein. Ausgangspunkt
dieser Kurven sind jeweils die aktuellen,
d. h. aus kleinen Werkstoffproben der jeweiligen Bauteile ermittelten σ-ε-Linien.
Hinweise zur Vorgehensweise bei deren
Ermittlung und mathematischen Aufbereitung finden sich in [5]. Für die drei den
Kurven E1–E3 zugrunde liegenden Werkstoffe sind die Arbeitslinien in Abb. 8
wiedergegeben. Sie verdeutlichen einmal
mehr, daß zwischen den einzelnen Graugußlegierungen beträchtliche Unterschiede auftreten können.
Abb. 7 läßt im einzelnen folgendes erkennen:

– wie aufgrund der jeweils getroffenen
  Annahmen bezüglich zul σ_D und $\varepsilon_{el,grenz}$
  nicht anders zu erwarten, zeigen die
  Kurven nach SCHWARZ und TREDGOLD
  einen sehr ähnlichen Verlauf in Abhängigkeit von λ;
– die RANKINE'sche Kurve liegt im Vergleich dazu deutlich höher, was eine unmittelbare Folge des sehr viel höher an-
  gesetzten Wertes für σ_{grenz} ist;
– ähnlich sieht es im Falle der – für λ ≤ 80

parabelförmigen – Kurve nach TETMAJER
aus, die für λ → 0 dem vergleichsweise
hohen, als „eine Art von Druckfestigkeit" zu betrachtenden Grenzwert [17]
von 776 N/mm² zustrebt;
– die nach ENGESSER berechneten Kurven E1 und E2 verdeutlichen den sich
  in Abhängigkeit von den maßgebenden
  mechanischen Werkstoffkennwerten
  (E_0-Modul, Druckfestigkeit) einstellenden Variationsbereich der σ_K-λ-Kurven
  für die alten Graugußlegierungen.
Die in Abb. 7 dargestellten σ_K-λ-Kurven
finden sich auch in Abb. 9, wobei in diesem Fall verschiedene Sicherheitsfaktoren
berücksichtigt wurden. Diese sind bei den
Kurven A, B und C die von den jeweiligen
Erstellern zugrunde gelegten Sicherheits-
beiwerte, d. h. bei SCHWARZ (A) 2,0, bei
RANKINE (B) der Bereich von 4,0 ≤ γ ≤ 6,0
und bei TREDGOLD (C) 2,2. TETMAJER (D)
gibt für gußeiserne Druckstäbe keine entsprechenden Empfehlungen [17], daher
wurde auf die von SCHAROWSKY in seinem
„Musterbuch für Eisenkonstruktionen"
gemachten Angaben zurückgegriffen [14].
Er vertritt in früheren Auflagen für den
Nachweis von Druckstäben zwar noch die
SCHWARZ'sche Theorie, stützt sich in der
4. Auflage (1908) aber ganz auf die Resul-
tate TETMAJERS, wobei für den Nachweis

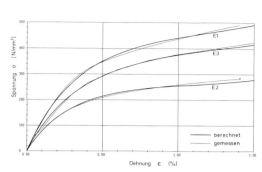

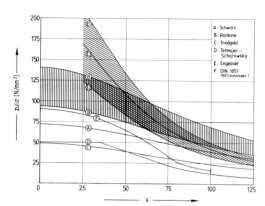

8   Arbeitslinien von drei Gußwerkstoffen, er-
mittelt an zylindrischen Druckproben

9   Zulässige Spannungen gußeiserner Druck-
stäbe in Abhängigkeit von der Schlankheit

von Gußsäulen folgende Hinweise gegeben werden:

$$0 \leq \lambda \leq 35 : \text{zul } \sigma = 50 \text{ N/mm}^2 \qquad (29a)$$

$$\lambda \geq 70 : \qquad \text{zul } \sigma = \frac{1}{\gamma} \cdot \frac{\pi^2 \cdot E}{\lambda^2} \qquad (29b)$$

wobei $\gamma = 8{,}0$
        $E = 100\,000 \text{ N/mm}^2$
d. h. für $\lambda = 70 : \text{zul } \sigma \approx 25{,}2 \text{ N/mm}^2$

$$35 \leq \lambda \leq 70 : \text{zul } \sigma = 74{,}8 - 0{,}7086\lambda \qquad (29c)$$
(lineare Interpolation zwischen 50 und
25,2 N/mm², d. h. $\gamma \approx 8$)

Bei den nach ENGESSER berechneten Kurven E1–E3 erfolgte die Ermittlung der
zulässigen aus den kritischen Spannungen
in Anlehnung an die in [5] gemachten
Vorschläge. Die beiden dort genannten
Teilsicherheitsbeiwerte γ_1 (Berücksichtigung verfahrensbedingter Streuungen bei
der Ermittlung und Aufbereitung der für
die Rechnung erforderlichen Grundlagen)
und γ_2 (Berücksichtigung von Einschlüs-
sen im Säulenschaft) wurden mit 1,85
bzw. 1,20 angesetzt. Bezüglich γ_2 ist dabei
anzumerken, daß dieser Beiwert stets nur
bauteilbezogen, d. h. nach entsprechender
Bauteilerkundung abgeschätzt werden

kann und hier nur zur Vereinfachung einheitlich gewählt wurde. Als Sicherheits-
beiwert ergibt sich damit

$$\gamma = \gamma_1 \cdot \gamma_2 = 2{,}22 \, .$$

Zum Vergleich ist in Abb. 9 auch die entsprechende Kurve gemäß DIN 1051
(1937; zurückgezogen) dargestellt. Wie in
den vorausgegangenen Ausführungen dar-
gelegt, ist bzw. war diese Vorschrift zwar
für den Tragfähigkeitsnachweis bestehender Gußsäulen nicht geeignet. Dennoch
wird sie bei entsprechenden Fragestellungen zuweilen zur Diskussion gestellt. Wie
Abb. 9 zeigt, verläuft Linie F annähernd
ähnlich wie E2, allerdings auf niedrigerem
Niveau.
Der direkte Vergleich zwischen den zulässigen Druckspannungen gemäß der EN-
GESSER'schen Theorie und den anderen in
Abb. 9 zugrunde gelegten Arbeiten gestaltet sich schwierig. Während den Linien E1
bis E3 jeweils genaue Vorgaben hinsichtlich Druckfestigkeit und E_0-Modul eines
bestimmten Werkstoffes zugrunde liegen,
beruhen alle anderen Kurven diesbezüglich auf pauschalen Voraussetzungen. Angesichts der Tatsache, daß alle Kurven der
Abb. 9 für exakt mittige Belastung gelten –
eine Annahme, die insbesondere bei

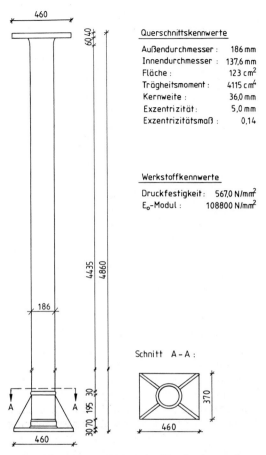

Querschnittskennwerte

Außendurchmesser :   186 mm
Innendurchmesser :   137,6 mm
Fläche :   123 cm²
Trägheitsmoment :   4115 cm⁴
Kernweite :   36,0 mm
Exzentrizität: 5,0 mm
Exzentrizitätsmaß :   0,14

Werkstoffkennwerte

Druckfestigkeit: 567,0 N/mm²
E_0-Modul :   108800 N/mm²

Schnitt A - A :

10   Abmessungen einer im Traglastversuch geprüften Gußsäule

gußeisernen Hohlsäulen nicht zu erfüllen ist – soll auf die einzelnen Verläufe an dieser Stelle nicht weiter eingegangen werden.

4.2.3 Beispiel

Nach diesen weitgehend theoretischen Betrachtungen sollen die Unterschiede zwischen den einzelnen Berechnungsmethoden anhand eines konkreten Beispiels verdeutlicht werden. Als Grundlage dient hierfür die in Abb. 10 wiedergegebene Gußsäule. Die für den Werkstoff dieses

Bauteils ermittelte Arbeitslinie ist in Abb. 8 dargestellt (Linie 3), die für zentrische Belastung gültigen Kurven für $\sigma_K(\lambda)$ bzw. zul $\sigma_D(\lambda)$ in den Abb. 7 und 9 (Linie E3). Unter Berücksichtigung der Lagerungsbedingungen der Säule während des Traglastversuches ergibt sich eine Schlankheit von 42. Mit den in Abb. 10 enthaltenen Säulenabmessungen führt dies auf die in Tabelle 1 zusammengestellten kritischen bzw. zulässigen Spannungen nach den einzelnen Ansätzen.

Die im Versuch erreichte Traglast des Bauteiles lag bei 2325 kN, dies entspricht einer mittleren Spannung von 189 N/mm². Damit ergibt sich zunächst auch eine beträchtliche Abweichung gegenüber der speziell für dieses Bauteil ermittelten $\sigma_K(\lambda)$-Kurve in Abb. 7 (Linie E3). Deren Ursache ist allerdings sehr schnell zu erkennen: Linie E3 gilt – wie alle anderen der Abb. 7 – nur für exakt mittig belastete Säulen. Zahlreiche Untersuchungen zeigen indessen, daß dies speziell bei alten Gußsäulen eine absolut unrealistische Randbedingung darstellt; herstellungsbedingt [6] treten prinzipiell mehr oder minder stark ausgeprägte Abweichungen von der idealen Kreisringform der Querschnitte auf (Abb. 11). Im vorliegenden Fall erfuhr der Querschnittsschwerpunkt eine Verschiebung infolge Kernversatzes von ca. 5 mm. Bezogen auf die Kernweite des Querschnittes entspricht dies einem Exzentrizitätsmaß von 0,14. Gemäß Abb. 12, die für die betrachtete Säule die σ_{kr}-λ-Linien für verschiedene Exzentrizitätsmaße zeigt, ergibt sich damit eine Reduzierung der kritischen Spannung von 281,5 N/mm² ($m = 0$) auf 220,0 N/mm² ($m = 0,14$) bzw. um 22 %. Die zulässige Spannung sinkt auf 99,1 N/mm², das Verhältnis max σ_v/zul σ_D erhöht sich auf 1,91.
Derartige Einflüsse werden bei den anderen Nachweisformeln i. allg. nicht explizit berücksichtigt, sondern durch entsprechende Absenkung der zulässigen Span-

Ansatz nach	σ_K [N/mm²]	zul σ [N/mm²]	$\dfrac{\max \sigma_v}{\sigma_K}$	$\dfrac{\max \sigma_v}{\text{zul } \sigma_D}$
SCHWARZ	125,0	62,5	1,51	3,02
RANKINE	475,2	118,8 ($\gamma = 4$) 79,2 ($\gamma = 6$)	0,40	1,59 ($\gamma = 4$) 2,39 ($\gamma = 6$)
TREDGOLD	89,2	40,5	2,12	4,70
TETMAJER	365,5	45,0	0,52	4,20
ENGESSER	281,5	126,3	0,67	1,50
DIN 1051	–	72,3	–	2,61

Tabelle 1 Vergleich der bei der in Abb. 10 dargestellten Säule gemessenen Tragspannung mit den kritischen bzw. zulässigen Spannungen nach verschiedenen Rechenansätzen

nungen global abgedeckt. Dies muß zwar nicht zwangsläufig mit der Gefahr unzureichender Bauteilsicherheit einhergehen, bedeutet aber andererseits, daß die vorhandene Tragfähigkeit eventuell unterschätzt wird.

Die in Abb. 12 mit eingetragene Eulerhyperbel repräsentiert mit der ihr zugrunde liegenden Annahme ideal elastischen Werkstoffverhaltens die obere theoretische Begrenzung der kritischen Spannungen. Sie verdeutlicht beim Vergleich mit der Knickspannungslinie für $m = 0$ insbesondere, in welchem Maße sich die kritischen Spannungen aufgrund der plastischen Verformungen des Gußeisens – gegenüber der bei Euler geltenden Voraussetzung – verringern.

5 Folgerungen

Nicht zuletzt mit Blick auf das gezeigte Beispiel wird deutlich, daß bei konkreten Fragestellungen im Zusammenhang mit der Beurteilung der Tragfähigkeit alter Gußsäulen ein Rückgriff auf die alten Nachweisformen nicht ratsam ist. Im Gegensatz zu diesen erlauben die Ansätze

auf der Grundlage einer Traglastberechnung die Einbeziehung aller traglastrelevanten bauteilspezifischen Parameter: Werkstoffkennlinie, strukturelle Imperfektionen und Bauteilgeometrie. Dies ist in mehrfacher Hinsicht ein äußerst wichtiger Aspekt:

1. Hinter dem Begriff Gußeisen verbergen sich eine Vielzahl von Werkstoffen, die sich – wenngleich sie in vielen wesentlichen Punkten prinzipiell ähnliche Eigenschaften aufweisen – in einzelnen mechanisch-technologischen Kennwerten beträchtlich unterscheiden können.
2. Die weitgehend handwerklich geprägte Arbeitsweise bei der Herstellung der Säulen (vgl. Beitrag Stefan W. Krieg) führt dazu, daß von Bauteil zu Bauteil – auch wenn dies optisch nicht wahrnehmbar ist – sehr unterschiedliche strukturelle Imperfektionen auftreten können – mit entsprechenden Auswirkungen auf das Tragverhalten.
3. Bei der Bauteilgeometrie schießlich ist stets davon auszugehen, daß – ebenfalls eine Folge des Herstellungsprozesses – a) ungewollte Querschnittsexzentrizi-

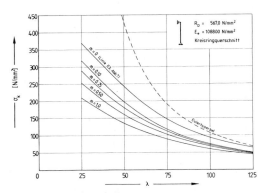

*12   Knickspannungslinien der in Abb. 10
dargestellten Gußsäule*

täten infolge Kernversatzes auftreten
(vgl. [6]),

b) mehr oder minder starke Abweichungen von den planmäßig vorgesehenen Wanddicken – sofern diese
noch aus alten bautechnischen Unterlagen zu entnehmen sind – auftreten.

Die genannten Einflüsse sind dank der
verfügbaren technischen Voraussetzungen
erfaßbar – sie zu ignorieren bzw. den erforderlichen Arbeitsaufwand umgehen zu
wollen, hieße auf prinzipiell zugängliche
Daten zu verzichten. Dem wäre nur durch
vorsichtigere Abschätzung der Tragfähigkeit bzw. durch höhere Sicherheitsbeiwer-
te Rechnung zu tragen. Die Effizienz der
zuvor gezeigten rechnerischen Grundla-

gen würde damit erheblich beschnitten
werden.

Andererseits ist durch Beispiele belegt,
daß bei Ausnutzung der gegebenen Möglichkeiten bei vielen Säulen bzw. Konstruktionen der Nachweis ausreichender
Standsicherheit beispielsweise auch unter
erhöhten Lasten zu erbringen ist – auch
wenn nach den alten Nachweisformen die
Tragfähigkeit bereits erschöpft ist.

Zusammenfassung

Gezeigt wird eine Gegenüberstellung alter
und heute üblicher rechnerischer Nachweise für die Tragfähigkeit gußeiserner
Hohlsäulen. Die alten Formeln sind im
allgemeinen gekennzeichnet durch auf
Empirik gegründete Annahmen bzw. pau-
schalierende Voraussetzungen bezüglich
Werkstoffverhalten und Bauteilgeometrie.
Im Gegensatz dazu können in die neueren, auf Traglastberechnungen beruhenden Nachweise alle tragfähigkeitsrele-
vanten   bauteilspezifischen   Parameter
eingebunden werden. Dies führt oft zu
höheren zulässigen Lasten für die Säulen,
stets jedoch zu fundierteren Aussagen
über deren Tragverhalten. Hinsichtlich
der Bauteilerkundung verlangen diese
Nachweise zweifelsfrei einen gewissen Arbeitsaufwand. Dieser findet im allgemeinen jedoch seine Rechtfertigung sowohl
unter wirtschaftlichen – die Erhaltung der
alten Bauteile ist billiger als deren oft
sehr aufwendiger Austausch gegen neue
Stützen oder der Abriß der gesamten Konstruktion – als auch unter denkmalpflegerischen Gesichtspunkten, wenn Gußsäulen als Zeugnisse aus der Anfangzeit des
Eisen- und Stahlbaues erhalten werden
können.

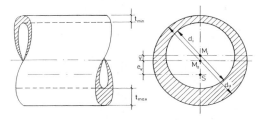

*11   Herstellungsbedingte Abweichungen von
der idealen Kreisringform bei gußeisernen
Hohlsäulen*

Literatur

[1] BAEHRE, R.: Vergleichende Untersuchungen zum Tragverhalten von Druckstäben aus elastoplastischem und ideal-elastisch-plastischem Material. Techn. Mitt. Nr. 16, Tekn. dr Arne Johnson Ingenjörsbyrå, Stockholm 1966

[2] ENGESSER, F.: Über die Knickfestigkeit gerader Stäbe. Zeitung des Ingenieur-Vereins zu Hannover (XXXV) 1889

[3] ENGESSER, F.: Über Knickfragen. Schweiz. Bauzeitung 1895, Band 26

[4] HODGKINSON, E.: Exponential researches on the strength of pillars of cast iron, and other materials. Phil. Trans. of the Royal Soc. of London, 1840, Part 2

[5] KÄPPLEIN, R.: Zur Beurteilung des Tragverhaltens alter gußeiserner Hohlsäulen. Berichte der Versuchsanstalt für Stahl, Holz und Steine der Universität Fridericiana in Karlsruhe. 4. Folge – Heft 23. Karlsruhe, 1991.

[6] KÄPPLEIN, R.: Formabweichungen bei gußeisernen Hohlstützen. In: Erhalten historisch bedeutsamer Bauwerke, SFB 315, Universität Karlsruhe, Jahrbuch 1986, Berlin 1987

[7] KÁRMÁN, TH. V.: Untersuchungen über Knickfestigkeit. Mitteilungen über Forschungsarbeiten auf dem Gebiete des Ing.-Wesens. VDI, Heft 81, 1910

[8] KOLLBRUNNER, C. F.: Zentrischer und exzentrischer Druck von an beiden Enden gelenkig gelagerten Rechteckstäben aus Avional M und Baustahl. Der Stahlbau 11 (1938) Heft 4, S. 25–30; Heft 5, S. 39 bis 40; Heft 6, S. 46–48

[9] MORIN, A.: Die Widerstandsfähigkeit der Baumaterialien. Allgemeine Bauzeitung 18 (1853) S. 196–264; 19 (1854) S. 194–343

[10] N. N.: Verwendung des Gußeisens im landwirthschaftlichen Bauwesen. Zeitschrift für praktische Baukunst 24 (1864) S. 21–24

[11] RANKINE, W. J. M.: A manual of applied mechanics. London 1858

[12] RANKINE, W. J. M.: Handbuch der Bauingenieurkunst (deutsch von F. Kreutter). Wien 1880

[13] ROŠ, M., BRUNNER, J.: Die Knicksicherheit von an beiden Enden gelenkig gelagerten Stäben aus Konstruktionsstahl. Bericht Nr. 13 der EMPA, Zürich 1926

[14] SCHAROWSKY, C.: Musterbuch für Eisenkonstruktionen. 2. Auflage. Leipzig, Berlin 1892

[15] SCHMIDT, H.: 100 Jahre Metallographie. Gießerei 51 (1964) Heft 21, S. 662–668

[16] SCHWARZ: Von der rückwirkenden Festigkeit der Körper. Zeitschrift für Bauwesen 4 (1854) S. 517–530

[17] TETMAJER, L.: Die Gesetze der Knickungs- und der zusammengesetzten Druckfestigkeit der technisch wichtigsten Baustoffe. 2. Auflage, Zürich 1901

[18] TREDGOLD, TH.: Practical Essay on the Strength of Cast Iron and other Metals. 4. Ed., London 1842

Summary

A comparison between old and current mathematical proofs for the load bearing capacity of cast iron hollow columns is shown. In general, old formulae are characterized by assumptions empirically based upon or by allocated prerequisites regarding material behaviour of structural member geometry. In contrast to this, all load bearing relevant parameters specific for structural members can be included into modern proofs, which are based on calculations of the load bearing capacity. This often results in higher allowable loads for the columns, but always in more sound statements about their load bearing behaviour. With regard to the investigation of structural members, these proofs require a certain expenditure of work. It is justified, however, from the economic point of view – the preservation of old structural members is cheaper compared to their time-consuming exchange for new supports or the demolition of the complete structure–as well as from the point of view regarding the preservation of historical monuments, if cast columns can be preserved as evidence from the beginning of iron and steel construction.

Résumé

Il s'agit ici d'une comparaison entre les méthodes anciennes et celles aujourd'hui courantes de démonstration par calcul de la force portante des piliers creux en fonte. Les formules anciennes se caractérisent généralement par des suppositions empiriques ou des propositions généralisatrices concernant le comportement des matériaux et la géométrie des éléments de construction. Les formules plus récentes, fondées sur des calculs de charge, permettent au contraire de tenir compte de tous les paramètres importants en matière de force portante spécifiques aux éléments de construction. Cela entraîne souvent une augmentation des charges admissibles par les piliers, et permet, quoiqu'il en soit, de formuler des jugements fondés quant à leur comportement sous différentes sollicitations. Il est certain que lorsqu'on veut étudier les éléments de construction, ces démonstrations exigent beaucoup de travail. Mais d'une façon générale, celui-ci se justifie autant du point de vue économique – il est moins coûteux de conserver les anciens éléments de construction que les remplacer par de nouveaux piliers, opération qui sollicite généralement de grands moyens, ou de démolir toute la construction – que du point de vue de la préservation des monuments historiques, lorsqu'il est possible de conserver des piliers en fonte témoignant des débuts de la construction métallique.

Abbildungsnachweis

Alle Abbildungen SFB 315, Teilprojekt C 2

BERNHARD HOHLWEGLER, EGON ALTHAUS

Gefüge und Zusammensetzung gußeiserner Werkstoffe des 19. Jahrhunderts

Materialunterschiede bei historischen Eisenwerkstoffen

Im 19. Jahrhundert wurden Architekturteile erstmals in größeren Stückzahlen aus Gußeisen hergestellt. Die seinerzeit üblichen metallurgischen Verfahren unterscheiden sich relativ stark von den heute gebräuchlichen, so daß auch die Werkstoffeigenschaften historischer Bauteile signifikant von denen moderner abweichen. Die historischen Metallwerkstoffe zeigen trotz vieler prinzipieller Ähnlichkeiten im Herstellungsverfahren eine überraschende Vielfalt in Ausprägung und Eigenschaften. Unterschiedliche Zusammensetzungen der vergossenen Schmelzen (insbesondere ihre Kohlenstoff-, Silicium- und Phosphorgehalte) und verschiedene Abkühlungsgeschwindigkeiten der erkaltenden Werkstücke aufgrund von Variationen in Gußformen und Wandstärken führten trotz der relativ kleinen Zahl von Grundwerkstoffen zu einer beachtlichen Variabilität im Gefügeaufbau und in den physikalischen Eigenschaften.

Die grundsätzlichen Zusammenhänge zwischen Zusammensetzung, Gefüge und mechanischen Eigenschaften (z. B. Härte, Elastizitätsmodul, Ausbreitungsgeschwindigkeit von Schallwellen u. a.) sind schon seit langem bekannt; Einzelfragen in speziellen Fällen bedürfen jedoch weiterer Untersuchungen.

Es ist allgemein bekannt (z. B. [1]), daß bei einem gußeisernen Werkstück ein unmittelbarer Zusammenhang zwischen dem Gehalt an Perlit[1] und der Härte besteht. Weiter ist bekannt, daß eine Beziehung zwischen der mittleren Länge der Graphitpartikel und der Geschwindigkeit von Schallwellen im Ultraschall-Frequenzbereich [2] oder zwischen dem Elastizitätsmodul E_0 und dem Graphitgehalt [3] besteht. Je nach Herstellungsverfahren können jedoch individuelle Unterschiede z. B. in Größe und Anordnung der Graphitpartikel im Grau-Gußeisen entstehen, die zu Variationen im Werkstoffverhalten führen. Besonders bei historischen Werkstücken kann diese Variabilität zu stark wechselndem Stabilitätsverhalten führen, so daß es notwendig ist, die individuelle Ausprägung von Gefügemerkmalen zu kennen, um Fragen nach Haltbarkeit und Tragfähigkeit beantworten zu können.

Untersuchungen an ausgewählten Materialproben

Materialproben aus gußeisernen Säulen unterschiedlicher Herkunft (s. Tab.), die vermutlich von verschiedenen Manufakturen nach offenbar nicht identischen Verfahren hergestellt worden waren, wurden auf Zusammensetzung und Gefüge untersucht. Besonderes Augenmerk wurde auf das metallische Korngefüge sowie auf die texturelle Anordnung der in allen Proben vorhandenen Graphitpartikel gerich-

---

1 Perlit: Gemenge aus Lamellen von Ferrit (α-Eisen) und Zementit (Fe_3C).

tet. Anschliffpräparate wurden mit dem Auflichtmikroskop auf das Metallgefüge und mit dem Rasterelektronenmikroskop (REM), das mit einer energiedispersiven Röntgenstrahlungs-Analysenvorrichtung versehen war, auf die chemische Zusammensetzung untersucht. Ein elektronisches Bildanalysesystem am REM diente der Ermittlung und Klassifizierung von Größe und Verteilung der Graphitpartikel. Es ergaben sich signifikante Unterschiede, die auf ein wenig standardisiertes Herstellungsverfahren für die diversen Werkstücke schließen lassen.[2]

Untersuchungsergebnisse

Die untersuchten Proben zeigen deutliche Unterschiede sowohl in ihrer chemischen Zusammensetzung als auch im Gefüge. Die Phosphor-, Silicium- und Graphitgehalte sind bei den Proben aus Konstanz deutlich höher als bei den anderen, das Material aus Ludwigsburg enthält dagegen relativ wenig Graphit, Silicium und Phosphor. Da die Proben G und LB außer Graphit noch Zementit enthalten, ist deren Gesamtgehalt an Kohlenstoff höher als der Graphitgehalt.
Die Graphitpartikel sind durchweg lamellar ausgebildet, unterscheiden sich aber in Länge und Aggregatform. Insbesondere bei der letzteren Eigenschaft sind die Unterschiede stark ausgeprägt: In einem Teil der Proben sind die Graphitlamellen ro-

settenartig angeordnet (Abb. 1), bei anderen jedoch ungeregelt-gleichförmig über das gesamte Volumen verteilt (Abb. 2).
Das metallische Grundgefüge ist entweder perlitisch-ferritisch (Abb. 1) oder perlitisch (Abb. 2) ausgebildet. Je nach Phosphorgehalt durchziehen Aggregate von Steadit[3] das Gefüge (Abb. 2).

Diskussion der Ergebnisse

Die unterschiedliche Ausbildung von Erstarrungsgefügen ist eine Folge verschiedener Bedingungen beim Gießen; insbesondere Abkühlungsgeschwindigkeit und chemische Zusammensetzung einer vergossenen Schmelze spielen eine Rolle. Die Wandstärke der Gußformen und die Masse des darin eingefüllten Materials (bei Säulen also deren Wandstärke) sind neben der chemischen Zusammensetzung von ausschlaggebender Bedeutung.
Bei relativ rascher Abkühlung bildet sich ein ferritisch-perlitisches Grundgefüge, in welchem rosettenförmig angeordnete Graphitlamellen häufig von einem Ferrithof umgeben sind (Abb. 1).
Bei langsamer Abkühlung kann nahezu das gesamte Grundgefüge aus Ferrit bestehen, in welchem relativ lange und grobe Graphitaggregate sowie Steaditkomplexe nahezu homogen verteilt sind (Abb. 2). Zementit tritt dann nicht auf, was zu höheren Graphitgehalten führt (Tab., Proben KN).

Probe Nr.	Herkunft (Bauwerk)	Anteile (Gew.-%)		
		Graphit	Silicium	Phosphor
G: C 1–2 P	Herkunft unbekannt	2,29	2,17	0,78
KN: M 8–2	Klosterkaserne Konstanz	3,28	2,45	1,53
KN: M 5–3	Klosterkaserne Konstanz	3,80	2,28	1,76
LB: O 2–2 P	Schloß Ludwigsburg	2,32	1,46	0,96

Tabelle: Ergebnisse der Untersuchungen an Bohrkernen aus gußeisernen Säulen mit der Röntgenstrahlungs- und Bildanalyse am REM.

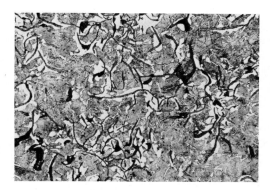 

1 Probe einer gußeisernen Säule mit perli-tisch-ferritischem Grundgefüge (Schloß Lud-wigsburg). Die rosettenförmig angeordneten, dunkel gefärbten Graphitpartikel werden von hell gefärbten Ferritkristallen umsäumt. Bei den grau gefärbten Partien handelt es sich um die perlitische Grundmasse (α-Fe+Fe$_3$C). Bild-breite: ca. 2 mm.

2 Probe einer gußeisernen Säule mit rein ferritischem Gefüge aus der Klosterkaserne Konstanz (Ferrit = hell gefärbt). Neben den Ferritkristallen ist ein Netz von Steadit (Fe$_3$P+Fe$_3$C+α-Fe) zu erkennen. Die Graphit-partikel sind im Gefüge homogen angeordnet und verteilt. Bildbreite: ca. 2 mm.

Neben der Abkühlungsgeschwindigkeit spielt jedoch auch die chemische Zusammensetzung der vergossenen Schmelzen eine große Rolle. Nach dem Phasendiagramm des Systems Eisen-Kohlenstoff (Abb. 3) beginnt bei untereutektischen Kohlenstoffgehalten (< 4,3 % C) die Kristallisation mit der Abscheidung von kohlenstoffhaltigem Austenit[4], gefolgt von der eutektischen Kristallisation von Austenit plus Graphit. Bei langsamerer Abkühlung scheidet sich aus der Austenitphase im festen Zustand Zementit aus; bei der Umwandlung in Ferrit erreicht dessen Menge ein Maximum. Primärer Graphit (= Garschaumgraphit) bildet sich stabil nur aus Schmelzen mit übereutektischen Kohlenstoffgehalten (> 4,3 %).

Bei Anwesenheit von Silicium und Phosphor erniedrigt sich allerdings dieser Grenzwert, d. h. der zur eutektoiden Graphitabscheidung notwendige Kohlenstoffgehalt nimmt ab [1] bei einer gleichzeitigen Stabilisierung von Ferrit anstelle von Austenit. Bei einem P-Gehalt einer Eisenschmelze von 1–1,5 Gew. % bildet sich in C-freien Systemen kein Austenit (s. Tab., Konstanzer Proben), sondern Ferrit; die-

ser kann jedoch nur wenig Kohlenstoff in sein Gitter einbauen. So kommt es zur eutektischen Kristallisation von Ferrit plus Graphit ohne primäre Austenitbildung. Der bei weiterer Abkühlung sich ausscheidende Kohlenstoff kristallisiert an schon vorhandenen Graphitkristallen an. Dieses Verhalten trifft aber für die von uns untersuchten Werkstücke so nicht ganz zu. Vielmehr zeigen die mikroskopischen Befunde, daß sich aus deren Schmelzen auch etwas Graphit primär abgeschieden hat.

Bei der Erstarrung unter eutektischen Bedingungen kristallisiert der Graphit neben Ferrit gleichmäßig über die gesamte Masse verteilt aus. Diese Graphitpartikel wachsen auf Grund der dargelegten Zusammenhänge weiter zu den in Abb. 2 dargestellten groben Aggregaten (Konstanzer Proben).

Beginnt dagegen die Kristallisation mit kohlenstoffhaltigem Austenit, dann erfolgt

2   Vgl. hierzu den Beitrag von Stefan W. Krieg.
3   Steadit: Ternäres eutektoides Gemenge aus Fe$_3$P, Fe$_3$C und α-Fe.
4   Austenit: γ-Eisen, die Hochtemperaturmodifikation des Fe.

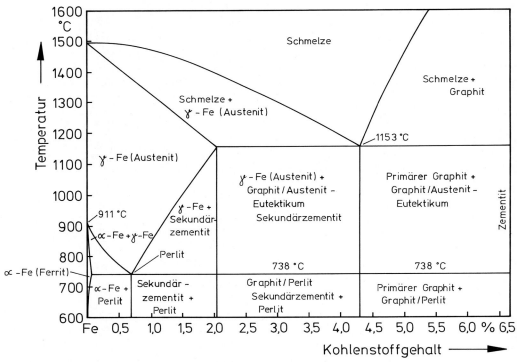

3 *Schmelzdiagramm Eisen – Kohlenstoff für stabile Kristallisation von Graphit.*
(Vereinfacht nach [4]).

die Graphitkristallisation in eutektischen Zellen gemeinsam mit weiterem Austenit. Hieraus bilden sich die Graphitrosetten der Abb. 1, während aus dem Austenit schließlich ein Gemenge aus Ferrit und Zementit entsteht.

In den Proben aus Konstanz findet sich wegen der hohen P-Gehalte stets auch Steadit. Da die Schmelztemperatur dieses Gemenges im Vergleich zur Temperatur der Hauptkristallisation niedrig liegt (950 °C), sind die Steaditkomplexe in typischer Weise zu einem Netz von Lunkern angeordnet.

Die Wandstärken der untersuchten Säulen sind nahezu gleich; die Masse des erstarrenden Materials kann daher keine großen Unterschiede in den Abkühlungsgeschwindigkeiten bedingen. Die beobachteten Gefügeunterschiede müssen so-

mit in erster Linie auf Variationen in der chemischen Zusammensetzung zurückgeführt werden. Allerdings kann damit nicht die Ausbildung von groben Graphitlamellen in den Proben mit der Bezeichnung KN erklärt werden. Diese Werkstücke sind offenbar doch etwas langsamer abgekühlt als die anderen, möglicherweise, weil sie in Gußformen hergestellt wurden, die die Wärme langsamer ableiteten. Die unterschiedlichen Gefügeausprägungen der Gußeisenproben spiegeln Schwankungen im Herstellungsprozeß wider, die auf einer noch kaum ausgebildeten Steuerung des Gießprozesses beruhen.[5] Die vom Gefüge abhängigen Materialeigenschaften folgen diesem Muster.

5 Vgl. hierzu den Beitrag von Stefan W. Krieg.

Zusammenfassung

In Gußeisenwerkstücken aus dem 19. Jahrhundert wurden Unterschiede in Gefüge und Phasenbestand beobachtet, welche auf Variationen im Herstellungsprozeß schließen lassen. Insbesondere Art und Anordnung von Graphitausscheidungen zeigen so unterschiedliche Ausprägung, daß sie als Maß für Varianz in der chemischen Zusammensetzung und Verschiedenheit der Abkühlungsvorgänge dienen können.

Summary

Cast-iron articles from the 19th century exhibit conspicuous differences both in phase content and texture which can be used as indicators of variations in the fabrication process. Especially type and arrangement of graphite particles are so different that they reflect particularities both of chemical composition and cooling history.

Résumé

L'étude de pièces en fonte datant du 19ème siècle a permis d'observer des différences de microstructure et de phases qui laissent deviner certaines variations dans le processus de production. Ce sont surtout le type et la configuration des précipitations de graphite qui diffèrent à un point tel qu'ils peuvent servir de mesure de la variance de la composition chimique et de la diversité des procédés de refroidissement.

Literatur

[1] Jähnig, W.: Metallographie der Gußlegierungen. Leipzig 1971
[2] Ziegler, R., Gerstner, R.: Die Schallgeschwindigkeit als kennzeichnende Größe für die Beurteilung von Gußeisen. In: Gießerei 45 (1958), Heft 8, S. 185–193
[3] Grundig, W.: Über den Elastizitätsmodul E_0 der graphithaltigen Eisenwerkstoffe. In: Gießerei, Techn. wissensch. Beihefte 10 (1956), S. 809–814
[4] Bargel, M.J., Schulze, G.: Werkstoffkunde. Düsseldorf 1988

Abbildungsnachweis

Alle Abbildungen SFB 315, Teilprojekt B4

Historische Holzkonstruktionen

Rainer Görlacher, Ronnie Hättich, Martin Kromer und Jürgen Ehlbeck

Tragfähigkeit und Verformungsverhalten von zugbeanspruchten Blattverbindungen in historischen Holzkonstruktionen

1 Einleitung

Historische Holzkonstruktionen wurden von den Zimmerleuten in der Regel so konzipiert, daß in den Verbindungen der Holzbauteile überwiegend Druckkräfte über Kontaktflächen von einem Bauteil auf das andere weitergeleitet werden. Dies trifft in besonderem Maße für Verbindungen zu, die hohe Kräfte zu übertragen haben. In den historischen Holzkonstruktionen konnte jedoch nicht immer auf Zugverbindungen verzichtet werden. Sie treten z. B. beim Anschluß von Aussteifungsbauteilen an die Tragkonstruktion auf. Obwohl Zugverbindungen nicht in gleichem Maße wie Druckverbindungen belastbar sind, erfüllen sie wichtige Funktionen im Holztragwerk. Sie tragen wesentlich zur Standsicherheit und zur Gebrauchstauglichkeit der Gesamtkonstruktion bei. Für die Übertragung der Zugkräfte mit zimmermannsmäßigen Verbindungsmitteln kommen zwei Möglichkeiten in Betracht:
Bei einer einfachen Blatt- oder Zapfenverbindung wird durch ein Verbindungsmittel die kraftschlüssige Verbindung der Bauteile hergestellt. Ein in historischen Holzkonstruktionen gängiges Verbindungsmittel für diesen Zweck ist der Holznagel. Die Tragfähigkeit und das Verformungsverhalten von Holznagelverbindungen wurden in [1] ausführlich erläutert. Eine weitere Möglichkeit zur Übertragung von Zugkräften stellt eine geeignete Bearbeitung der Stäbe dar. Dabei wird das Ende des einen Holzes im Querschnitt reduziert (Blatt) und zur Verbindung mit einem anderen Holz in dessen Negativform (Blattsasse) eingelegt. Die Bauteile werden dabei so miteinander verbunden, daß die Zugkräfte direkt über Kontaktflächen von Bauteil zu Bauteil weitergegeben werden können. Das Schwalbenschwanzblatt ist eine Form dieser Verbindung, die in zahlreichen Varianten vorkommt. Eine weitere Form dieser Zugverbindung ist durch die hakenförmige Ausbildung des Blattes gegeben. Nachfolgend werden Versuche mit unterschiedlichen Typen dieser Blattverbindungen beschrieben, die Aufschluß über die Tragfähigkeit, das Verformungs- sowie das Bruchverhalten dieser Anschlüsse geben sollen.

2 Versuche

2.1 Umfang der Versuche

Insgesamt wurden 82 Versuche mit Blattverbindungen unterschiedlicher Formen durchgeführt (Abb. 1). Dabei wurden jeweils 10 Verbindungen der Formen 1, 2 und 3 hergestellt, wobei je 5 Verbindungen paßgenau waren und je 5 Verbindungen Klaffungen zwischen den Flanken des Blattes und der Blattsasse aufwiesen. Die Klaffungen ergaben sich durch Herstellung der Prüfkörper mit Holz bei einer Feuchte von etwa 30 %. Vor der Prüfung wurden die Prüfkörper durch Lagerung in

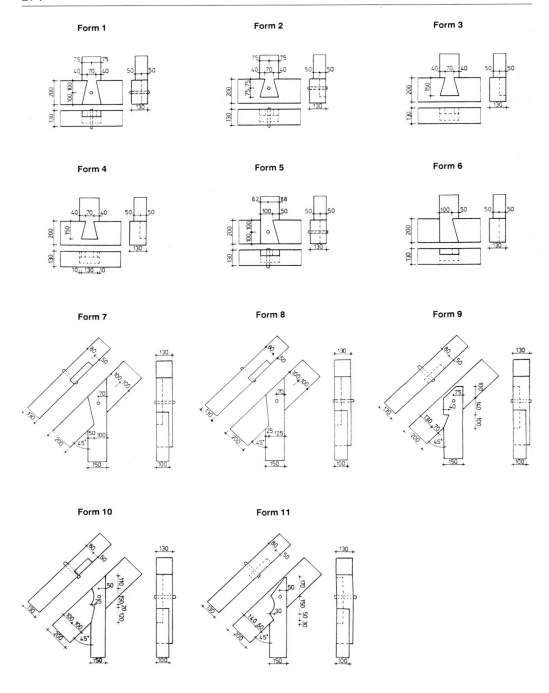

1   *Untersuchte Blattverbindungen (Maße in mm)*

entsprechendem Klima auf etwa 15 % getrocknet.

Von den Formen 4 bis 11 wurden je 5 Versuchskörper paßgenau hergestellt und geprüft. Zusätzlich wurden je 4 Körper der Form 7, 8 und 10 bis zu 100 Tagen einer konstanten Belastung unter wechselndem Klima ausgesetzt, bevor sie anschließend in einem Kurzzeitversuch geprüft wurden.

2.2 Versuchsmaterial

Die Untersuchung dieser Blattverbindungen wurde an Versuchskörpern aus neuem Holz durchgeführt. Die Verwendung von neuem Bauschnittholz ermöglicht Untersuchungen in Versuchsserien, die jeweils aus gleichartigen Prüfkörpern bestehen und bei gleichen Randbedingungen geprüft werden können. Nur so ist eine wegen der streuenden Einflußparameter notwendige statistische Auswertung der Versuchsergebnisse möglich. Versuche mit Knotenpunkten aus altem Bauholz oder mit originalen Knotenpunkten sind im Hinblick auf eine statistische Auswertung hingegen für Versuchsserien wenig geeignet, da sie nicht in genügender Anzahl mit etwa gleichen Materialeigenschaften vorhanden sind [2].

Untersuchungen an altem Konstruktionsholz [3] und an Blatt- und Zapfenverbindungen [1] haben gezeigt, daß Druck-, Biege- und Scherfestigkeiten von altem Holz mit denen von neuem Holz vergleichbar sind. Daher lassen sich die Versuchsergebnisse und die vorgeschlagene Bemessung von zugbeanspruchten Blattverbindungen unmittelbar auf alte Verbindungen übertragen, wobei selbstverständlich Zustand und geometrische Verhältnisse durch eine sorgfältige Untersuchung vor Ort zu überprüfen sind.

Die Rohdichte des für die Versuchskörper verwendeten Holzes lag zwischen 0,38 g/cm³ und 0,55 g/cm³. Für die Hauptträger, in denen die Blattsassen eingearbeitet waren, wurden Ganz- oder Halbhölzer, für die Nebenträger, also die Bauteile mit den unterschiedlich ausgeformten Blättern, wurden Halb- oder Viertelhölzer verwendet. Die Holznägel wurden aus neuem Eichenholz mit einer Rohdichte zwischen 0,6 g/cm³ und 0,8 g/cm³ hergestellt. Die Herstellung der Holznägel erfolgte aus im Querschnitt quadratischen Eichenholzrohlingen, indem durch Abspalten der Kanten eine möglichst gleichmäßige achteckige, in Holznagellängsrichtung leicht konisch zulaufende Form erzeugt wurde. Die Kantenlänge des quadratischen Eichenholzrohlings betrug 19 mm. Der Bohrlochdurchmesser betrug 20 mm. Dies entspricht der in [1] beschriebenen Art und Weise der Herstellung einer Holznagelverbindung.

2.3 Versuchsaufbau und Durchführung

Für die oben beschriebenen Versuchskörper waren unterschiedliche Versuchsaufbauten notwendig.

Rechtwinklige Anschlüsse wurden mit einer Versuchseinrichtung nach Abb. 2 geprüft. Der Nebenträger wurde gelenkig gelagert, die Krafteinleitung erfolgte in den

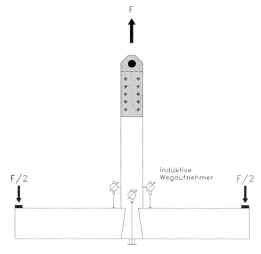

2 Versuchsanordnung für zugbeanspruchte Blattverbindungen unter 90°

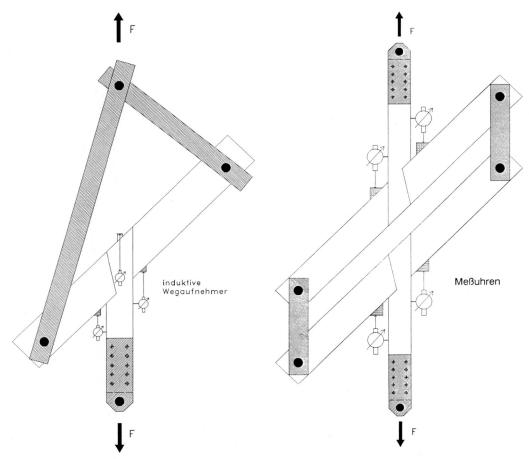

3   *Versuchsanordnung für zugbeanspruchte*
Blattverbindungen unter 45°

4   *Versuchsanordnung für zugbeanspruchte*
Blattverbindungen unter Langzeitbelastung

Hauptträger durch zwei symmetrisch zur
Nebenträgerachse angreifende Prüfkolben
mit gleicher Steuerung.

Anschlüsse unter 45° wurden mit einer
Versuchseinrichtung nach Abb. 3 geprüft.
Die Aufhängung des Hauptträgers wurde so gewählt, daß im Anschluß nur
Zugkräfte und keine planmäßigen Momente übertragen wurden. Für die Langzeitversuche, die in einer Klimakammer
aufgebaut wurden, mußte eine Prüfvor-
richtung nach Abb. 4 konstruiert werden,
die es erlaubte, je zwei Prüfkörper gleich-

zeitig zu belasten. Die Belastung wurde
mittels Gewichten über Hebelarme aufgebracht.

Bei den Versuchseinrichtungen für die
Kurzzeitversuche wurde die Belastung
über eine in der Prüfmaschine integrierte
Kraftmeßdose gemessen, die Wegmessung
erfolgte über induktive Wegaufnehmer an
den in Abb. 2 und 3 gekennzeichneten
Stellen. Die Verformungen bei den Lang-
zeitversuchen wurden auf Präzisionsmeß-
uhren mit 1/100 mm Anzeigegenauigkeit
abgelesen.

3 Ergebnisse

3.1 Verformungsverhalten

Das Last-Verformungsverhalten der untersuchten Verbindungen läßt sich anhand eines idealisierten Last-Verformungsdiagramms beschreiben (Abb. 5). Dieses Diagramm kann schematisch in drei Bereiche unterteilt werden, die bei den einzelnen Versuchsreihen unterschiedlich ausgeprägt waren.

Bereich I: In diesem, bei Verbindungen mit Klaffungen sehr ausgeprägten Bereich, treten zunächst große Verformungen auf, wobei die aufgenommene Kraft nur langsam zunimmt. Wird die Belastung weiter gesteigert, schließen sich die Klaffungen, indem sich die Flanken des Blattes an die Blattsasse anlegen. Dadurch steigt die Last-Verformungskurve zunächst überproportional an, bis sie schließlich in Bereich II übergeht, in dem ein nahezu lineares Last-Verformungsverhalten vorliegt.

Bereich II: Die Last-Verformungskurven der untersuchten Verbindungen waren in diesem Bereich nahezu linear. Während bei Verbindungen mit Klaffungen dieser Bereich erst nach erheblichen Anfangsverformungen auftritt, konnte bei paßgenau hergestellten Verbindungen, insbesondere bei Verbindungen der Form 9 bis 11, dieses lineare Verhalten von Beginn an beobachtet werden. Bei Verbindungen mit einem Holznagel war in einigen Fällen das lineare Tragverhalten durch eine vorübergehende Abnahme der Belastung unterbrochen: an dieser Stelle kam es zu einem Versagen des Holznagels.

Bereich III: Dieser Bereich, der sich ohne scharfe Begrenzung an Bereich II anschließt, ist durch einen ständigen Wechsel zwischen einem relativen Minimum und einem Maximum gekennzeichnet, wobei im Mittel ein weiterer, nicht mehr linearer, Anstieg der Last-Verformungskurven auftritt. Dieser sägezahnförmige

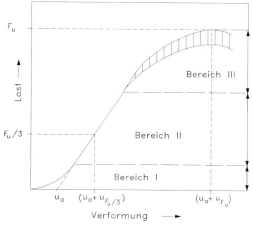

5 Idealisiertes Last-Verformungsdiagramm einer zugbeanspruchten Blattverbindung

Verlauf weist auf den Wechsel zwischen Haft- und Gleitreibung hin. Blattverbindungen der Form 9 bis 11 zeigten dieses Verhalten nicht.

In Tabelle 1 bis 3 sind charakteristische Werte der Last-Verformungsdiagramme für jeden Versuch zusammengestellt. Im einzelnen sind angegeben:

F_u: Höchstlast in kN
u_a: bleibende Anfangsverformung nach Schließen der Klaffungen (Abb. 5)
$u_{(F_u/3)}$: Verformung bei einem Drittel der Höchstlast, ohne Berücksichtigung der Anfangsverformung u_a
$u_{(F_u)}$: Verformung bei Erreichen der Höchstlast, ohne Berücksichtigung der Anfangsverformung u_a

Wurde vor Erreichen der Höchstlast eine Verformung von 15 mm ermittelt, wobei die bleibende Anfangsverformung nicht berücksichtigt wird, so wurde die Last bei 15 mm Verformung als Höchstlast definiert. Dies entspricht einer im Ingenieurholzbau allgemein anerkannten Vorgehensweise in Anlehnung an eine Prüfung nach ISO 6891 (1983).

Form (s. Abb. 1)	Versuch Nr.	Besonderheit	F_u [kN]	u_a [mm]	$u_{F_u/3}$ [mm]	u_{F_u} [mm]
1	1	Klaffung durch	37,0	5,5	3,7	15,0
	2	Herstellung bei $u = 30\%$	26,0	3,6	6,4	15,0
	3	und Prüfung bei $u = 15\%$	47,0	1,5	3,2	13,5
	4		48,0	4,5	4,4	15,0
	5		35,8	2,0	4,2	15,0
1	6	Paßgenau durch	46,0	0	2,1	11,0
	7	Herstellung und Prüfung	45,0	0	3,4	13,0
	8	bei $u = 15\%$	38,0	0	3,2	15,0
	9		45,0	0	2,8	15,0
	10		44,0	2,2	3,5	14,8
2	1	Klaffung durch	28,0	2,3	2,8	10,7
	2	Herstellung bei $u = 30\%$	33,0	1,5	3,2	11,5
	3	und Prüfung bei $u = 15\%$	31,6	1,5	2,4	11,5
	4		29,0	0	2,1	9,0
	5		28,0	1,7	3,1	10,8
2	6	Paßgenau durch	36,0	0	1,2	10,0
	7	Herstellung und Prüfung	32,5	0	1,4	10,0
	8	bei $u = 15\%$	35,4	0	0,8	9,0
	9		29,0	0	1,0	11,0
	10		30,0	0	1,0	14,0
3	1	Klaffung durch	24,5	0	1,8	10,0
	2	Herstellung bei $u = 30\%$	26,6	0	1,8	10,0
	3	und Prüfung bei $u = 15\%$	29,0	0,5	2,2	9,5
	4		28,0	0	2,5	15,0
	5		27,0	0	1,5	11,0
3	6	Paßgenau durch	31,6	0	1,0	7,0
	7	Herstellung und Prüfung	29,0	0	1,5	9,0
	8	bei $u = 15\%$	32,0	0	1,5	12,0
	9		23,6	0	1,0	12,0
	10		26,0	0	1,9	15,0
4	1	Paßgenau durch	25,8	0	1,8	14,0
	2	Herstellung und Prüfung	25,0	0	2,0	12,0
	3	bei $u = 15\%$	24,0	0	1,5	15,0
	4		23,0	0	2,1	14,0
	5		27,6	0	1,5	12,0
5	1	Paßgenau durch	42,0	0	2,2	15,0
	2	Herstellung und Prüfung	42,4	0	1,9	15,0
	3	bei $u = 15\%$	40,0	0	2,3	15,0
	4		44,0	0	1,8	15,0
	5		39,7	0	2,1	15,0
6	1	Paßgenau durch	30,0	0	4,0	15,0
	2	Herstellung und Prüfung	35,0	0	4,9	15,0
	3	bei $u = 15\%$	36,2	0	2,5	15,0
	4		35,5	0	5,0	15,0
	5		37,5	0	3,5	15,0

Tabelle 1 Zusammenstellung der Versuchsergebnisse von zugbeanspruchten Blattverbindungen; Anschlüsse unter 90°

Form (s. Abb. 1)	Versuch Nr.	Besonderheit	F_u [kN]	u_a [mm]	$u_{F_u/3}$ [mm]	u_{F_u} [mm]
7	1	Paßgenau durch	22,0	0	2,5	15,0
	2	Herstellung und Prüfung	23,0	0	4,0	15,0
	3	bei $u = 15\%$	23,6	0	3,2	15,0
	4		25,6	0	3,1	15,0
	5		20,0	0	3,0	15,0
8	1	Paßgenau durch	19,6	0	2,1	15,0
	2	Herstellung und Prüfung	19,8	0	3,1	15,0
	3	bei $u = 15\%$	19,5	0	1,5	15,0
	4		18,9	0	1,7	15,0
	5		19,7	0	2,4	15,0
9	1	Paßgenau durch	26,2	0	0,5	4,7
	2	Herstellung und Prüfung	30,4	0	0,9	8,3
	3	bei $u = 15\%$	31,6	0	0,6	8,5
	4		19,4	0	0,2	5,8
	5		35,6	0	0,6	8,5
10	1	Paßgenau durch	29,9	0	1,1	5,0
	2	Herstellung und Prüfung	38,0	0	0,9	6,5
	3	bei $u = 15\%$	27,0	0	0,7	5,8
	4		30,4	0	0,8	5,0
	5		29,8	0	0,4	6,8
11	1	Paßgenau durch	49,0	0	1,7	10,0
	2	Herstellung und Prüfung	49,6	0	2,9	15,0
	3	bei $u = 15\%$	39,6	0	0,8	5,5
	4		48,3	0	2,1	9,0
	5		35,4	0	1,4	11,0

Tabelle 2 Zusammenstellung der Versuchsergebnisse von zugbeanspruchten Blattverbindungen; Anschlüsse unter 45°

Form (s. Abb. 1)	Versuch Nr.	Besonderheit bei Kurzzeitversuchen	F_u [kN]	u_a [mm]	$u_{F_u/3}$ [mm]	u_{F_u} [mm]
7	6	geprüft wie vorhanden	23,0	0	0,7	13,0
	7	geprüft wie vorhanden	27,4	0	0,2	15,0
	8	mit Blech, ohne Holznagel	9,0	0	0,2	7,9
	9	mit Blech, ohne Holznagel	10,5	0	5,5	15,0
8	6	geprüft wie vorhanden	8,5	0	0,2	15,0
	7	geprüft wie vorhanden	12,6	0	0,2	12,0
	8	mit Blech, ohne Holznagel	3,2	0	5,8	15,0
	9	mit Blech, ohne Holznagel	4,5	0	5,3	15,0
10	6	geprüft wie vorhanden	44,3	0	0,6	4,9
	7	geprüft wie vorhanden	36,8	0	1,1	5,8
	8	geprüft wie vorhanden	42,9	0	0,3	5,5
	9	geprüft wie vorhanden	33,9	0	1,3	8,3

Tabelle 3 Zusammenstellung der Versuchsergebnisse von zugbeanspruchten Blattverbindungen; Kurzzeitversuche nach vorausgegangener Langzeitbelastung

6   Prüfkörper der Form 1 nach Erreichen der Höchstlast

3.2   Tragverhalten

Die untersuchten zugbeanspruchten Blattverbindungen versagten in der Regel
durch ein Aufreißen des Hauptträgers
rechtwinklig zur Faserrichtung (Abb. 6).
Dabei entstanden die Risse an einer oder
mehreren Stellen im Anschlußbereich und
breiteten sich in Längsrichtung des
Hauptträgers aus. Diese Risse reichten jedoch nicht über die gesamte Trägerbreite,
sondern lediglich bis zur Tiefe des Ein-
schnittes der Blattsasse. Von dort verliefen die Risse in Richtung des belasteten
Randes (Abb. 7). Das bedeutet, daß das
Versagen nicht allein durch die Querzug-
festigkeit des Holzes, sondern ebenso
durch dessen Scherfestigkeit bestimmt
wird.
Bei Blattverbindungen der Formen 10 und
11 kam es in einigen Fällen zum Abscheren eines Hakens, wodurch sich die Last
auf den zweiten, noch intakten Haken
umlagern konnte. Endgültiges Versagen
trat entweder durch Aufreißen des Hauptträgers an der Stelle des noch intakten
Hakens, oder durch Abscheren des zweiten Hakens auf (Abb. 8). Der Versagens-
ablauf war dabei sehr von der paßgenauen

7   Seitliche Ansicht einer zugbeanspruchten Blattverbindung nach Erreichen der Höchstlast

Herstellung der Versuchskörper abhängig.
Die Tragfähigkeiten und die gemessenen
Verformungen (vgl. Abb. 5) der einzelnen
Blattverbindungen sind in den Tabellen 1
bis 3 zusammengestellt.

3.3   Langzeitverhalten

Je vier Blattverbindungen der Form 7, 8
und 10 wurden zunächst über 14 Wochen
einer konstanten Zugbeanspruchung von
12,5 kN bei wechselndem Umgebungs-
klima in einer Klimakammer ausgesetzt.
Während dieser Phase wurden die relativen Luftfeuchten zwischen 40 und 90 %
bei einer Temperatur von 20 °C variiert.
Dabei wurden drei verschiedene Zyklen
gewählt, die in Tabelle 4 angegeben sind.

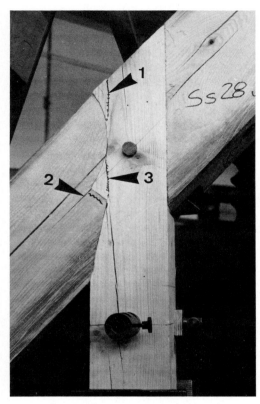

8 Prüfkörper der Form 11 nach Erreichen der Höchstlast. Mögliche Versagensformen: Abscheren des Hakens bei 1, Aufreißen des Hauptträgers bei 2, Abscheren des Hakens bei 3 oder Kombinationen

Die während dieser Zeit auftretenden Verformungen wurden regelmäßig gemessen. Die wichtigsten Ergebnisse dieser Messungen sind in Tabelle 5 zusammengestellt. Dabei sind angegeben:

t = Versuchsdauer

u_0 = Anfangsverformung nach Belastung mit 12,5 kN

u_t = Verformung nach t Tagen (Versuchsende)

Bedingt durch Verformungen von mehr als 20 mm mußten vier Versuche vorzeitig abgebrochen werden; da in einer Prüfein-

richtung jeweils zwei Blattverbindungen eingebaut waren, mußten zusätzlich zwei weitere Versuche abgebrochen werden, obwohl sie nur geringe Verformungen aufwiesen.

Exemplarisch sind für drei Versuche die Verformungen über die Zeit in Abb. 9 aufgetragen. Bei den Blattverbindungen der Form 7 und 8 ist deutlich zu erkennen, daß durch Schwinden des Holzes in längeren Perioden der Austrocknung die Verformungen erheblich zunehmen: Das Blatt verkürzt sich rechtwinklig zur Faserrichtung erheblich mehr als die Blattsasse, wodurch das Blatt allmählich aus der Sasse herausgezogen wird. Dies führte, insbesondere bei den Blattverbindungen mit geringem Einschnitt (Form 8) zu so großen Verformungen, daß die Versuche vorzeitig beendet werden mußten. Beim Quellen des Holzes durch entsprechend hohe relative Luftfeuchtigkeiten nimmt der Zuwachs der Verschiebungen allmählich ab, bis er zum Stillstand kommt. Anschließende erneute Trocknung läßt die Verformungen weiter stark anwachsen, wie in Abb. 9 anhand des Verformungs-Zeit-Diagrammes eines halben Schwalbenschwanzblattes gezeigt ist.

Durch hohe Paßgenauigkeit, etwa durch extremes Heruntertrocknen des Holzes für das Blatt vor dem Einfügen, lassen sich in Einzelfällen solche großen Verformungen verhindern. Da sich aber auch in diesen Fällen das Blatt, bedingt durch große Querdruckkräfte, durch Relaxationen gegenüber der Blattsasse verkleinern kann, muß zumindest zu einem späteren Zeitpunkt mit einer Zunahme der Verformungen gerechnet werden.

Blattverbindungen der Form 10 zeigten kaum eine Reaktion auf Feuchteänderungen (Abb. 9). Bei dieser und bei ähnlichen Formen mit Haken bleibt trotz Verkleinerung des Blattes durch Schwindverformungen der Übertragungsbereich der Kraft erhalten. Ein Herausziehen des Blattes aus der Blattsasse infolge Schwindens tritt bei derartigen Formen also nicht auf.

4 Auswertung

4.1 Einfluß des Holznagels

Blattverbindungen sind in historischen Bauwerken gewöhnlich durch einen Holznagel mit verhältnismäßig geringem Querschnitt in der Blattsasse gesichert. Eine auf Abscheren wirkende Tragfunktion war für diese Holznägel sicher nicht beabsichtigt. Trotzdem wird der Holznagel, falls vorhanden und intakt, einen kleinen Teil der Zugbeanspruchung übernehmen können.

Aus den unmittelbar vergleichbaren Versuchsreihen mit und ohne Holznagel ist zu erkennen, daß Verbindungen mit Holznagel eine geringfügig höhere Tragfähigkeit aufweisen als vergleichbare Verbindungen ohne Holznagel. Aus den Versuchen ergab sich dabei für die Tragfähigkeitszunahme ein Mittelwert von etwa 3 kN. Dabei ist jedoch zu beachten, daß der Holznagel schon weit unterhalb der Höchstlast der gesamten Verbindung versagt, aber dennoch weiterhin einen Teil der Belastung übertragen kann. Dies erklärt sich aus dem Tragverhalten von Holznägeln, das in [1] ausführlich beschrieben wurde.

4.2 Einfluß der Anschlußgeometrie

Die Prüfkörper der Form 1 und 2 bis 4 unterscheiden sich im wesentlichen in der Schwalbenschwanzblattlänge. Aus den Versuchsergebnissen ergab sich, daß eine Verkürzung der Blattlänge zu einer Verlagerung der Risse in Richtung auf den beanspruchten Rand führt. Weil dadurch die Querzugrißgefahr erhöht wird und gleichzeitig eine geringere Fläche zur Übertragung der Scherkräfte zur Verfügung steht, resultiert daraus auch eine Verminderung der Tragfähigkeit. Bei der Entwicklung eines theoretischen Modells wird von einer linearen Abhängigkeit der Tragfähigkeit von der Blattlänge ausgegangen, was

näherungsweise durch die Versuche belegt wird.

Die Höchstlasten bei den Versuchen der Form 1 und 5 (ganzes und halbes Schwalbenschwanzblatt) unterschieden sich nur wenig. Wird ein halbes Schwalbenschwanzblatt aber unter einem Winkel von 45° an einen Hauptträger angeschlossen, so ist mit einer deutlich geringeren Bruchlast zu rechnen als bei einem Anschluß unter 90°. Dies deckt sich auch mit anderen Versuchsergebnissen [4], bei denen für einen Anschlußwinkel von 55° höhere Bruchlasten als bei 35° erzielt wurden. Interessant ist auch die Lage der bruchauslösenden Risse im Hauptträger: während bei den 90°-Versuchen (Form 5) sich die Risse auf der schrägen Flankenseite des Blattes zeigten, entstanden sie bei den 45°-Versuchen auf der gegenüberliegenden Seite. Dies bedeutet, daß die zu übertragenden Kräfte auf beiden Seiten des Schwalbenschwanzblattes unterschiedlich sind und daß sie vom Winkel zwischen Haupt- und Nebenträger abhängen.

Blattverbindungen mit Haken (Form 9 bis 11) zeigten geringe Verschiebungen und konnten hohe Bruchlasten aufnehmen, wobei das Aufreißen des Hauptträgers auf der Seite mit den Haken erfolgte. Blattverbindungen der Form 10 und 11 konnten durch Umlagerung der Kräfte von einem Haken zum anderen hohe Kräfte übertragen, obwohl es schon weit unterhalb der Höchstlast zu einem geringfügigen Aufreißen des Hauptträgers in Höhe des dem beanspruchten Rand am nächsten gelegenen Hakens kam.

4.3 Einfluß der Reibung

Die Kraftübertragung in den Kontaktflächen der Verbindungen erfolgt über Druckkräfte, die rechtwinklig auf die Kontaktflächen wirken. Gleichzeitig aktivieren diese Kräfte auch Reibungskräfte, die vom Reibungswinkel zwischen den Holzteilen abhängen. Der Einfluß des Rei-

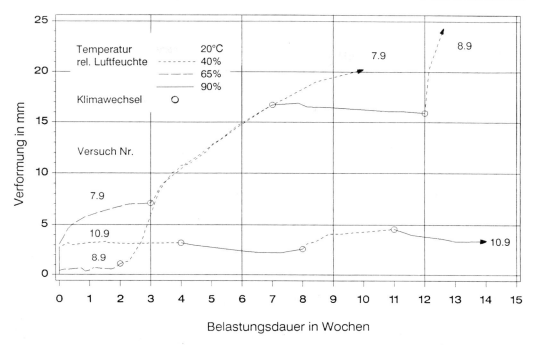

9 *Verformungs-Zeit-Diagramme dreier Versuchskörper. (Vgl. Kap. 3.3) Klimata nach Tabelle 4*

Klima	Temperatur	relative Luft- feuchte	Dauer
	[°C]	[%]	[Wochen]
I	20	65	3
	20	40	7
II	20	65	2
	20	40	5
	20	90	5
	20	40	2
III	20	40	4
	20	90	4
	20	40	3
	20	90	3

Form (s. Abb. 1)	Versuch Nr.	Klima	t [Tage]	u_0 [mm]	u_t [mm]
7	6	I	70	0,6	4,2
	7	II	98	0,2	1,4
	8	II	98	0,6	2,3
	9	I	70	3,1	>20
8	6	I	14	2,7	>20
	7	II	87	0,3	1,1
	8	I	7	3,7	>20
	9	II	87	0,4	>20
10	6	III	98	1,1	2,2
	7	III	98	1,3	1,6
	8	III	98	0,7	1,6
	9	III	98	2,8	3,8

Tabelle 4 Zusammenstellung der Klimata während der Langzeitversuche

Tabelle 5 Zusammenstellung der Versuchs- ergebnisse von zugbeanspruchten Blattverbin- dungen; Langzeitversuche unter einer Bela- stung von 12,5 kN

bungswinkels, der bei der Entwicklung des theoretischen Modells noch ausführlicher beschrieben wird, soll hier anhand der Versuchsergebnisse mit den Formen 7 und 8 gezeigt werden. Bei diesen Versuchsreihen wurden je zwei Prüfkörper nach ihrer Belastung im Langzeitversuch auseinandergebaut. Zwischen die Flanken wurden auf der schräg angeschnittenen Seite Blechstücke eingelegt. Dieses ‚Ausfüttern‘ der Fugen von Schwalbenschwanzverbindungen wird gelegentlich bei Reparaturen durchgeführt, um die Schlupfverformungen zu reduzieren. Nimmt man hierfür Blechstücke, so reduziert sich aber der Reibungswinkel zwischen den Flanken erheblich, was zu einer starken Abnahme der Tragfähigkeit der Verbindung führt, wie aus den Versuchsergebnissen deutlich abzulesen ist (siehe Tabelle 3). Wie groß dieser Verlust bei Verwendung anderer Materialien zum Ausfüttern (Eichen-Furnierblättchen o. ä.) ist, kann an dieser Stelle nicht angegeben werden. Eine Reduzierung des Reibungswinkels durch solche Maßnahmen ist jedoch wahrscheinlich, was ungünstige Auswirkungen auf das Tragverhalten solcher Verbindungen hat.

4.4   Einfluß der Paßgenauigkeit

Der Einfluß der Paßgenauigkeit auf das Trag- und Verformungsverhalten von Blattverbindungen wurde mit den Formen 1 bis 3 untersucht. Dabei lagen die Höchstlasten von paßgenau hergestellten Verbindungen geringfügig über denjenigen von vergleichbaren Verbindungen mit Klaffungen. Dies erklärt sich dadurch, daß bis zum Schließen der Klaffungen das Blatt zum Rand des Hauptträgers verschoben wird, und die beim Bruch auftretenden Querzugrisse näher am belasteten Rand und somit ungünstiger liegen. Der Einfluß ist im untersuchten Bereich jedoch so gering, daß er in der weiteren Auswertung vernachlässigt werden konnte. Ist eine Blattverbindung jedoch durch

große Klaffungen sehr weit aus dem Hauptträger herausgezogen, dann kann dies näherungsweise dadurch berücksichtigt werden, daß nur von der in den Hauptträger reichenden Blattlänge ausgegangen wird (siehe auch Abschnitt 6.1).

Nicht paßgenaue Verbindungen weisen unter geringen Belastungen bereits sehr große Verformungen auf. Haben sich die Klaffungen aber bei höherer Belastung geschlossen, so ist das Verformungsverhalten wieder mit paßgenau hergestellten Verbindungen vergleichbar.

4.5   Einfluß der Langzeitbelastung

Eine vorausgegangene Langzeitbelastung unter wechselndem Klima hat sich bei Form 10 nicht auf das Verhalten unter anschließender Kurzzeitbelastung ausgewirkt. Hier waren sowohl die Höchstlasten als auch die Verformungen bei den Kurzzeitversuchen mit und ohne vorherige Langzeitbelastung vergleichbar. Dies trifft aufgrund ähnlichen Tragverhaltens mit großer Wahrscheinlichkeit auch auf andere hakenförmige Blattverbindungen zu, obwohl hierüber keine Versuchsergebnisse vorliegen. Schwalbenschwanzverbindungen der Form 7 zeigten ebenfalls keinen Einfluß des Langzeitverhaltens auf die Kurzzeittragfähigkeit (Versuch 7.6 und 7.7 im Vergleich zu Versuch 7.1 bis 7.5). In diesen beiden Fällen waren aber auch nach Ablauf der Langzeitversuche noch keine außergewöhnlich großen Verformungen aufgetreten. Ist jedoch infolge einer Langzeitbeanspruchung das Blatt schon sehr weit aus der Blattsasse herausgezogen, wie dies bei den Versuchen mit Körpern der Form 8 der Fall war, dann reduziert dies sehr deutlich die Bruchlast. In diesen Fällen bindet das Blatt weniger weit in den Hauptträger ein, es kommt zu einer Verlagerung der Risse zum beanspruchten Rand hin, wodurch sich, ähnlich wie bei ‚kurzen‘ Schwalbenschwanzblättern der Formen 2 bis 4, zwangsläufig geringere Bruchlasten ergeben müssen.

Eine ‚Sanierung' von stark verformten Blattverbindungen durch Ausfüttern der Blattsasse mit Metallstreifen reduziert den Reibungswinkel zwischen Blatt und Blattsasse und führt somit zu einer ungünstigeren Beanspruchung des Hauptträgers. Gleichzeitig werden auch die Verformungen groß, so daß der bereits erwähnte Effekt der Verlagerung der Risse zum beanspruchten Rand hin auftritt. Beides hat als Folge, daß die Bruchlast gegenüber ‚normalen' Blattverbindungen deutlich niedriger liegt (7.8, 7.9, 8.8 und 8.9). Von einer solchen Vorgehensweise muß also abgeraten werden.

5 Theoretisches Modell

5.1 Herleitung und Annahmen

Aufgrund der vorhandenen Versuchsergebnisse wurde ein Rechenverfahren für die Abschätzung der Tragfähigkeit von Blattverbindungen entwickelt. Nachfolgend soll zunächst die Wirkungsweise einer solchen Verbindung in allgemeiner Form dargestellt werden (Abb. 11).
Wird eine Blattverbindung durch eine Zugkraft F beansprucht, so wird diese Kraft über eine Druckbeanspruchung der Flanken in den Hauptträger übertragen. Diese Druckkräfte D_1 bzw. D_2 setzen sich jeweils zusammen aus einer Normalkraft N_1 bzw. N_2, die rechtwinklig auf die Flanke wirkt, und einer Reibungskraft R_1 bzw. R_2, die von der Größe der Normalkraft und vom vorhandenen Reibungswinkel abhängt. Für die Ermittlung von D_1 bzw. D_2 läßt sich dabei ein Krafteck nach Abb. 10 aufstellen.
Durch Anwendung des Sinussatzes für schiefwinklige Dreiecke ergibt sich:

$$\frac{D_1}{\sin (90° - (\gamma_2 + \varphi_2))} = \frac{D_2}{\sin (90° - (\gamma_1 + \varphi_1))}$$

$$= \frac{F}{\sin ((\gamma_1 + \varphi_1) + (\gamma_2 + \varphi_2))} \qquad (1)$$

mit:

γ_1, γ_2 = Winkel zwischen der Längsachse des Nebenträgers und den Flanken des Blattes

φ_1, φ_2 = Reibungswinkel zwischen Blatt und Blattsasse.

Es wird nun im folgenden von der Annahme ausgegangen, daß der rechtwinklig zur Faserrichtung des Hauptträgers wirkende Anteil der Druckkraft D die ungünstigste Beanspruchung im Hauptträger darstellt und somit für das Versagen und für eine Bemessung der Blattverbindung maßgebend ist.
Nach einigen Umformungen erhält man die Kraftanteile $D_{1\perp}$ und $D_{2\perp}$, die rechtwinklig zur Faserrichtung des Hauptträgers wirken, und die sich nach Gl. (2) und (3) berechnen lassen.

$$D_{1\perp} = F \cdot \sin \alpha \cdot (1 - k) \qquad (2)$$
$$D_{2\perp} = F \cdot \sin \alpha \cdot k \qquad (3)$$

mit:

$$k = \frac{\tan (\gamma_2 + \varphi_2) - \dfrac{1}{\tan \alpha}}{\tan (\gamma_1 + \varphi_1) + \tan (\gamma_2 + \varphi_2)} \qquad (4)$$

Der Faktor k berücksichtigt dabei die Einflüsse aus Geometrie (Winkel γ), Reibung (Winkel φ) und Anschlußwinkel α. Da die Kräfte $D_{1\perp}$ und $D_{2\perp}$ im Hauptträger gleichzeitig schwer zu beschreibende Querzug- und Scherbeanspruchungen hervorrufen (siehe Abb. 6 und 7), ist es nicht möglich, diese Kraft auf eine als effektiv wirksam anzunehmende Fläche zu beziehen und diese dann mit einer entsprechenden Festigkeit zu vergleichen, die eine Interaktion beider Beanspruchungsarten berücksichtigt. Daher wurde aus den Versuchsergebnissen die zum Versagen führende Kraftkomponente $D_{\perp,u}$ empirisch ermittelt.
Dabei war zu berücksichtigen, daß der Abstand a des beim Versagen entstehenden Risses vom beanspruchten Rand des

Hauptträgers die aufnehmbare Kraftkomponente $D_{\perp,u}$ maßgeblich beeinflußt (siehe Abschnitt 4.2). Hier wurde vorausgesetzt, daß das zum Versagen führende Aufreißen etwa bei der halben Einbindetiefe des Blattes in den Hauptträger eintritt, wobei die Einbindetiefe rechtwinklig zur Hauptträgerachse gemessen wird (siehe auch Abb. 10). War in der Verbindung zusätzlich ein Holznagel vorhanden, so wurde vor der Bestimmung von $D_{\perp,u}$ die Bruchlast um 3 kN reduziert (siehe Abschnitt 4.1).

Aus den Versuchen an den Formen 1 bis 4 konnte nun wegen der symmetrischen Ausbildung der Blattverbindung bei einem Anschlußwinkel von 90° $D_{\perp,u}$ unabhängig vom Reibungswinkel ermittelt werden. In diesem Fall ergibt sich für den Faktor k ein Wert von 0,5, wobei Gl. (2) in Gl. (3) übergeht und somit die Beanspruchung auf beiden Seiten der Blattverbindung gleich groß ist. Die zum Versagen führende Kraftkomponente $D_{\perp,u}$ ergibt sich zu:

$$D_{\perp,u} = 0{,}188 \cdot a . \qquad (5)$$

Dabei erhält man $D_{\perp,u}$ in kN, wenn man a in mm einsetzt.

Durch Einsetzen von Gl. (5) in Gl. (2) bzw. (3) läßt sich die Bruchlast auch für eine beliebige Blattverbindung angeben.

$$F_{u1} = 0{,}188 \cdot \frac{a}{\sin \alpha} \cdot \frac{1}{(1-k)} \qquad (6)$$

bzw.

$$F_{u2} = 0{,}188 \cdot \frac{a}{\sin \alpha} \cdot \frac{1}{k} \qquad (7)$$

mit:

F_{u1} = Bruchlast in kN, wenn Versagen auf ‚Seite 1' auftritt

F_{u2} = Bruchlast in kN, wenn Versagen auf ‚Seite 2' auftritt

a = halbe Einbindetiefe des Blattes rechtwinklig zur Faserrichtung des Hauptträgers in mm

α = Anschlußwinkel zwischen Hauptträger und Nebenträger

k = Faktor nach Gl. (4)

Da das Versagen auf einer Seite der Verbindung zum Versagen des gesamten Anschlusses führt, ist für die Tragfähigkeit und eine Bemessung der kleinere Wert von F_{u1} bzw. F_{u2} maßgebend. Ist die Verbindung zusätzlich durch einen Holznagel gesichert, so kann diesem eine Last von 3 kN zugewiesen und somit die rechnerische Bruchlast um diesen Betrag erhöht werden.

5.2 Vergleich mit den Versuchsergebnissen

Für die Überprüfung des theoretischen Modells wurden zunächst die rechnerischen Bruchlasten nach Gleichung (6) bzw. (7) ermittelt. Dabei wurde für die Bestimmung des k-Faktors zwischen den Flanken ein Reibungswinkel von 25° angesetzt, mit dem die vorhandenen Versuchsergebnisse gut erfaßt werden konnten.

Anschlüsse mit hakenförmiger Blattausbildung können rechnerisch erfaßt werden, wenn der Reibungswinkel auf der Seite des Hakens sehr groß angenommen wird. In diesem Fall geht der Faktor k gegen den Grenzwert $k = 1$. Dies hat zur Folge, daß die gesamte anzuschließende Kraft über den Haken abgetragen wird. Da bei den hakenförmigen Blattverbindungen der zum Versagen führende Riß in Höhe des dem beanspruchten Rand am nächsten liegenden Hakens auftritt, ist der Abstand a in diesen Fällen für die Form 9 mit 70 mm, für Form 10 mit 60 mm und für Form 11 mit 100 mm anzunehmen.

In Abb. 12 sind die aus den Versuchen ermittelten Bruchlasten sowie die rechnerischen Bruchlasten für jede Form dargestellt.

Es zeigt sich für alle Versuche eine brauchbare Übereinstimmung der rechnerischen Werte mit den Versuchswerten.

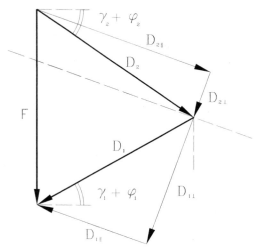

11 *Kräftezerlegung der Zugkraft F*

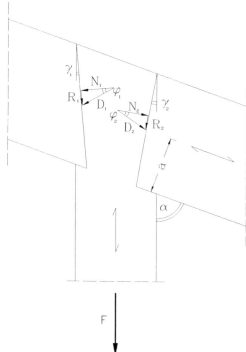

Die Abweichungen der theoretischen Werte von den Versuchswerten resultieren zum Teil aus der unsicheren Annahme des Reibungswinkels. So kann der Reibungswinkel bei Kontakten zweier Holzoberflächen sehr unterschiedlich sein [5]. Bei sägerauhen Oberflächen wurden Reibungswinkel bis zu 35° ermittelt, während gehobelte Oberflächen Reibungswinkel ab 15° aufwiesen. Eine zuverlässige Angabe der Art der Flankenoberflächen läßt sich aufgrund der manuellen Herstellung der Blattverbindungen jedoch nicht machen.

Die gegenüber den Versuchswerten niedrigeren rechnerischen Bruchlasten der Formen 10 und 11 können mit dem günstigen Einfluß des zweiten Hakens erklärt werden. Da jedoch die Aufteilung der Kräfte auf die Haken nicht zuverlässig angegeben werden kann, wird bei der Bemessung davon ausgegangen, daß die gesamte Kraft über den näher am beanspruchten Rand liegenden Haken abgetragen wird.

Gleichzeitig läßt sich nach Gl. (6) und (7) auch die bereits in Abschnitt 4.2 erwähnte Lage der zum Versagen führenden Risse

10 *Angreifende Kräfte in einer zugbeanspruchten Blattverbindung*

bestimmen. Während für symmetrische Anschlüsse unter 90° (Form 1 bis 4) die Risse auf beiden Seiten der Blattverbindung auftreten, wird für Anschlüsse der Form 5 und 6 die Komponente F_{u2} maßgebend. Das bedeutet, daß der Riß im Hauptträger auf der schrägen Flankenseite der Blattverbindung auftritt. Bei Anschlüssen unter 45° (Form 7 und 8) wird Gl. (6) maßgebend und der Riß tritt somit auf der geraden Flankenseite der Blattverbindung auf. Bei hakenförmigen Blattverbindungen treten Risse immer auf der Seite des Hakens auf.

Mit Gl. (6) und (7) läßt sich auch der Einfluß des in Abschnitt 4.3 beschriebenen Ausfütterns von klaffenden Blattverbindungen rechnerisch abschätzen. Dabei zeigt sich, daß eine Reduzierung des

Reibungswinkels auf der schrägen Flankenseite die Tragfähigkeit erheblich reduziert. So erhält man für eine Blattverbindung der Form 7 (jedoch ohne Holznagel) nach Gl. (6) für $\varphi_2 = 25°$, $\gamma_2 = 12,1°$, $\gamma_1 = 0°$, $\varphi_1 = 25°$ eine Bruchlast von 22,4 kN. Reduziert man den Reibungswinkel durch Auffüttern mit Blechstücken ($\varphi_2 = 0°$), so erhält man lediglich eine Bruchlast von 12,4 kN. Dieser große Unterschied in der Tragfähigkeit zeigt sich auch in den Versuchsergebnissen (Tabelle 3, Form 7 bzw. 8).

Es konnte gezeigt werden, daß das theoretische Rechenmodell für die Abschätzung der Tragfähigkeit von Blattverbindungen unterschiedlicher Geometrien geeignet ist.

6 Vorschlag für eine Bemessung von Blattverbindungen

6.1 Vorschlag zur Festlegung der zulässigen Belastung

Aufgrund von Versuchen wurde ein Tragfähigkeitsnachweis für Blattverbindungen entwickelt. Die zur Zeit in Deutschland für eine Bemessung noch gebräuchliche zulässige Beanspruchung erhält man aus der Tragfähigkeit unter Berücksichtigung eines pauschalen Sicherheitsfaktors. Da die Versuche mit Bauschnittholz mittlerer Güte durchgeführt wurden, erscheint ein Sicherheitsfaktor von $\gamma = 3,0$ ausreichend. Somit ergibt sich die zulässige Zugbeanspruchung einer Blattverbindung zu:

$$F_{zul} = 0,06 \cdot \frac{a}{\sin \alpha} \cdot \frac{1}{(1-k)} \; ; \quad k \leq 0,5 \quad (8)$$

bzw.

$$F_{zul} = 0,06 \cdot \frac{a}{\sin \alpha} \cdot \frac{1}{k} \; ; \qquad k \geq 0,5 \quad (9)$$

mit:

F_{zul} = zulässige Belastung einer Blattverbindung

a = halbe Einbindetiefe des Blattes in mm, rechtwinklig zur Faserrichtung des Hauptträgers

α = Anschlußwinkel zwischen Hauptträger und Nebenträger

k = Faktor nach Gl. (4)

Für die Berechnung der zulässigen Belastung einer Blattverbindung ist folgendes zu beachten:

– Die Einbindetiefe a gibt die Lage des erwarteten Risses im Hauptträger an. Bei halben oder ganzen Schwalbenschwanzblättern ist als Einbindetiefe die halbe, rechtwinklig zur Faserrichtung in den Hauptträger reichende Schwalbenschwanzlänge anzusetzen. Ist eine bestehende Verbindung teilweise aus der Blattsasse herausgezogen, so kann nur die tatsächlich vorhandene in den Hauptträger reichende Schwalbenschwanzlänge zur Bestimmung von a herangezogen werden. Sind Klaffungen vorhanden, so ist aus der Geometrie die Lage des Blattes bei allseits anliegenden Flanken zu ermitteln. Aus diesem Zustand ergibt sich die wirksame Einbindetiefe a. Bei Hakenblättern ergibt sich die Einbindetiefe als Abstand des Hakens vom beanspruchten Rand im Hauptträger. Sind zwei Haken vorhanden, so ist der dem beanspruchten Rand am nächsten liegende Haken maßgebend.

– Als Reibungswinkel wird empfohlen $\varphi = 15°$ anzusetzen. Dies entspricht etwa dem in [5] vorgeschlagenen unteren Grenzwert bei gehobelten Oberflächen. Höhere Reibungswinkel, wie sie je nach Bearbeitung der Holzoberflächen auftreten können, sind an einer Verbindung nicht zuverlässig nachweisbar und sollten daher nicht in Rechnung gestellt werden.

– Die zulässige Beanspruchung nach Gl. (8) bzw. (9) darf nur bei kurzzeitig wirkenden Zugkräften ausgenutzt werden. Feuchteänderungen im Holz, die unvermeidlich sind, führen zum Quellen

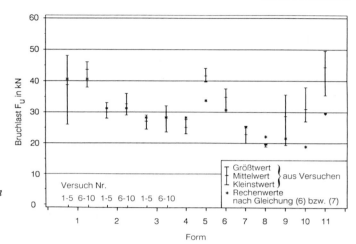

*12   Vergleich der Höchstlasten
aus den Kurzzeitversuchen
mit den theoretisch ermittelten
Höchstlasten*

und Schwinden des Blattes. Dadurch kommt es zu Lockerungen des Blattes in der Blattsasse, die unter einer ständigen Zugbeanspruchung der Verbindung zu einem allmählichen Herausziehen des Blattes aus der Blattsasse führt. Hakenblätter zeigen dieses Verhalten nicht und können daher auch durch ständige Lasten beansprucht werden.

– Ist in der Verbindung ein Holznagel vorhanden, so kann die zulässige Belastung um 1 kN erhöht werden.

– Die Anwendung der Bemessungsformel setzt eine sorgfältige Untersuchung des Zustandes der bestehenden Blattverbindung voraus. Dabei sind im wesentlichen die geometrischen Verhältnisse (Abmessungen, eventuell vorhandene Klaffungen), Holzeigenschaften (Pilz- oder Insektenbefall, Brüche durch Überlastungen) und die Holzfeuchte festzustellen.

6.2   Vorschlag zur Festlegung des Verschiebungsmoduls

Der Rechenwert für den Verschiebungsmodul C kann analog zu denjenigen für Verbindungsmittel nach DIN 1052, Teil 2, Tabelle 13 festgelegt werden. So beträgt die mittlere Verschiebung der halben und ganzen Schwalbenschwanzblätter unter

einem Drittel der Bruchlast etwa 2,5 mm (Tabelle 1 und 2). Daraus kann näherungsweise der Verschiebungsmodul

$$C = 0,4 \cdot F_{zul} \qquad (10)$$

angesetzt werden.

Dabei ergibt sich eine Verschiebung $v = 2,5$ mm unter der zulässigen Belastung. Diese Verschiebung ist deutlich größer als die von Verbindungen mit mechanischen Verbindungsmitteln nach DIN 1052. Es muß daher in jedem Fall nachgewiesen werden, daß die Konstruktion diese Verschiebung aufnehmen kann, und daß die Gebrauchstauglichkeit dadurch nicht beeinträchtig wird.

Weiterhin ist zu berücksichtigen, daß eventuell vorhandene Klaffungen geschlossen sein müssen, bevor die Verbindung mit dem Verschiebungsmodul nach Gl. (10) wirksam werden kann. Diese aus den Klaffungen resultierenden Verschiebungen müssen von der Konstruktion zusätzlich ohne Gefahr für eine Schädigung aufgenommen werden können.

Für Hakenblätter kann ein Verschiebungsmodul von

$$C = 1,0 \cdot F_{zul} \qquad (11)$$

angenommen werden.

Zusammenfassung

Das Ziel dieser Untersuchung war es, eine Bemessungsgrundlage für zugbeanspruchte Blattverbindungen verschiedener Ausführungsformen anzugeben. Obwohl in historischen Holzkonstruktionen hochbeanspruchte Verbindungen in der Regel die Kräfte über Druck- oder Scherspannungen übertragen, erfüllt die zugbeanspruchte Verbindung insbesonders bei Anschlüssen von Aussteifungsbauteilen an die Tragkonstruktion eine wichtige Funktion. Da bei einem Standsicherheitsnachweis nach den bauaufsichtlich eingeführten Verfahren eine zuverlässige, nachweisbare Übertragung aller Kräfte in den Baugrund zu gewährleisten ist, muß in vielen Fällen die Blattverbindung Zugkräfte aufnehmen können.

Aufgrund umfangreicher Versuche und mit Hilfe theoretischer Betrachtungen konnte eine Bemessungsformel zur Ermittlung der zulässigen Zugbeanspruchung von Blattverbindungen vorgeschlagen werden. Da dieser Bemessungsvorschlag die wichtigsten Einflußgrößen erfaßt, kann er auf einen Großteil der in historischen Holzbauwerken verwendeten Blattverbindungen übertragen werden. Dabei ist jedoch zu beachten, daß bei Blattverbindungen in Form von Schwalbenschwänzen mit relativ großen Verformungen zu rechnen ist, die von der Konstruktion ohne Schaden aufgenommen werden müssen. Weiterhin wird empfohlen, diese Verbindungen planmäßig nur kurzzeitig zu belasten, da sich Feuchteänderungen unter Dauerbeanspruchung ungünstig auswirken können.

Blattverbindungen mit unterschiedlich ausgebildeten Haken weisen ein deutlich günstigeres Tragverhalten auf. Ihr Verschiebungsmodul läßt sich mit dem von Verbindungen des modernen Ingenieurholzbaus vergleichen. Es bestehen keine Bedenken, solche Blattverbindungen auch durch ständige Lasten zu beanspruchen.

Literatur

[1] EHLBECK, J.; HÄTTICH, R.: Tragfähigkeit und Verformungsverhalten von ein- und zweischnittig beanspruchten Holznägeln. In: Erhalten historisch bedeutsamer Bauwerke, SFB 315, Universität Karlsruhe, Jahrbuch 1988. Berlin 1989, S. 281–298

[2] EHLBECK, J.; HÄTTICH, R.: Über die Erforschung des Trag- und Verformungsverhaltens von Knotenpunkten und Verbindungsmitteln alter Holzkonstruktionen. In: Erhalten historisch bedeutsamer Bauwerke, SFB 315, Universität Karlsruhe, Jahrbuch 1986. Berlin 1987, S. 180–190

[3] EHLBECK, J.; GÖRLACHER, R.: Erste Ergebnisse von Festigkeitsuntersuchungen an altem Konstruktionsholz. In: Erhalten historisch bedeutsamer Bauwerke, SFB 315, Universität Karlsruhe, Jahrbuch 1987. Berlin 1988, S. 235–247

[4] HEIMESHOFF, B.; KÖHLER, N.: Untersuchung über das Tragverhalten von zimmermannsmäßigen Holzverbindungen. Lehrstuhl für Baukonstruktionen und Holzbau, Technische Universität München. – Forschungsbericht, durchgeführt im Auftrag der Entwicklungsgemeinschaft Holzbau (EGH) in der Deutschen Gesellschaft für Holzforschung e. V. (DGfH), München 1989

[5] MÖHLER, K.; MAIER, G.: Der Reibbeiwert bei Fichtenholz im Hinblick auf die Wirksamkeit reibschlüssiger Holzverbindungen. In: Holz als Roh- und Werkstoff 27 (1969) S. 303–307.

Abbildungsnachweis

Alle Abbildungen SFB 315, Teilprojekt B 1

Summary

The purpose of this study was to develop a calculation method for differently shaped scarf joints loaded in tension. Although the majority of joints in historical timber structures are loaded in compression and shear, tensile joints are necessary for the bracing of the structure.

A design proposal is derived from test results with different scarf joints. Essential parameters influencing the load-carrying capacity of scarf joints loaded in tension are the length and the geometry of the scarf, the friction in the contact area and the angle between the connected timber members. Apart from the load-carrying capacity, the deformation behaviour of scarf joints has to be considered. Dove tail scarfs show considerable deformations under load, especially under long-term loads. These deformations shall be taken into consideration when designing a timber structure. Furthermore, dove tail scarfs should only be loaded by short-term loads, since climatic changes cause increasing deformation under long-term loads. These deformations may lead to failure.

Scarfs containing one or more hooks show, however, a distinctly stiffer deformation behaviour, than dove tail scarfs. The slip modulus of these types of joints have the same order of magnitude as mechanical timber joints used in modern timber structures. Therefore, scarfs containing hooks are able to withstand short-term as well as long-term loads.

Résumé

Cette étude avait pour objectif la formulation d'une base de calcul relative à des assemblages de feuilles de formes de construction diverses, soumis à un effort de traction. Même si dans les ouvrages historiques en bois les assemblages fortement sollicités transmettent généralement les forces par l'intermédiaire des contrainte de compression ou de cisaillement, l'assemblage soumis à un effort de traction joue un rôle important, surtout lorsque des éléments de renforcement sont attachés à la charpente. Puisqu'il est nécessaire, pour pouvoir faire la preuve de la stabilité au renversement conformément aux procédés imposés par les règles de surveillance des chantiers, que toutes les forces soient bien transmises de façon certaine et prouvable au terrain de construction, l'assemblage de feuilles doit dans bien des cas pouvoir absorber certaines forces de traction.

Des essais très complets assortis de considérations théoriques ont permis de proposer une formule de calcul destinée à déterminer l'effort de traction admissible dans le cas des assemblages de feuilles. La formule proposée englobant les principaux facteurs d'influence, elle peut être appliquée à un grand nombre d'assemblages de feuilles utilisés dans les ouvrages historiques en bois. N'oublions pas cependant que pour les assemblages de feuilles en forme de queue d'aronde, il faut s'attendre à des déformations relativement importantes que la construction devra absorber sans dommage. Il est conseillé en outre de ne toujours solliciter ces assemblages que de façon brève, car les changements hygrométriques pourraient avoir des effets négatifs en cas de sollicitation prolongée.

Les assemblages de feuilles à crochets de formes différentes ont un comportement sous différentes sollicitations nettement meilleur. Leur module de translation est comparable à celui d'assemblages de charpentes en bois lamellé fabriquées aujourd'hui. Il n'y a aucune réserve à formuler quant à une sollicitation par charge permanente de tels assemblages.

Historische Gründungen

GERD GUDEHUS, BERTHOLD KLOBE, PETER KUDELLA, GERHARD SPERLING
UND RALF THIELE

Das Schweriner Schloß. Untersuchungen von Baugrund und Gründung

1 Baugeschichtliche Entwicklung

Das älteste schriftliche Zeugnis über die Schweriner Schloßinsel ist rund 1000 Jahre alt. Thietmar von Merseburg erwähnt sie in seiner Chronik aus dem Jahre 1018 als Standort der Hauptburg der Obotritenfürsten. Mitte des 12. Jahrhunderts mußte der Obotritenfürst Niklot seinen Stammsitz unter dem Druck der eindringenden Deutschen räumen; dabei ließ er die Burg 1160 zerstören. Das Land wurde von Heinrich dem Löwen in Besitz genommen. Er baute die Burg wieder auf, gründete die Stadt Schwerin und setzte Gunzelin von Hagen als Statthalter ein.

Bis 1358 war die Burg im Besitz der Grafen von Schwerin, dann wurde sie von Herzog Albrecht II. von Mecklenburg erworben. Über die Bebauung bis zu diesem Zeitpunkt ist nur wenig bekannt. Danach ist die Bautätigkeit auf der Schloßinsel urkundlich gut dokumentiert.

Das heutige Erscheinungsbild des Schlosses Schwerin wurde in drei Bauphasen geprägt. In der zweiten Hälfte des 16. Jahrhunderts, zur Zeit von Herzog Johann Albrecht I., wurden das Neue Lange Haus und das Bischofshaus auf alten Fundamenten neu erbaut. Das Haus über der Schloßküche und die Schloßkirche mit den darüberliegenden Wohnräumen des Herzogs entstanden damals neu. Die Fassaden des Innenhofes erhielten reichen Terrakottaschmuck. In jener Zeit entstand der Grundriß des um einen unregel-

mäßigen fünfeckigen Hof gruppierten Gebäudekomplexes. Damit wird der Bereich mit relativ gutem Baugrund in der Mitte der Schloßinsel optimal genutzt.

In der ersten Hälfte des 17. Jahrhunderts, unter Herzog Adolf Friedrich I., wurden von Baumeister Ghert Evert Piloot detaillierte Pläne für einen vollständigen Schloßum- und -neubau ausgearbeitet. Diese sahen neben Neubauten eine Umgestaltung der Fassaden und Dächer vor, mit dem Ziel, die bestehenden Gebäude in einen einheitlichen Gesamtkomplex zu integrieren. Der Dreißigjährige Krieg verhinderte die Umsetzung dieser Pläne; lediglich die Neugestaltung der Fassaden der Häuser über der Schloßkirche und -küche wurde realisiert.

In den nächsten 200 Jahren gab es keine nennenswerten Baumaßnahmen auf der Schloßinsel. Seit 1736 befand sich die Residenz der Herzöge von Mecklenburg in Ludwigslust, 1837 wurde sie nach Schwerin zurückverlegt. 1842 erhielt Hofbaurat Georg Adolph Demmler von Großherzog Friedrich Franz II. den Auftrag, Pläne für einen Schloßneubau zu erarbeiten. Der erste Demmlersche Plan fand keine Anerkennung. Ebenso erging es dem zweiten, der sich auf Wunsch des Großherzogs an den Pilootschen Entwürfen orientierte. Daraufhin wurde mit Gottfried Semper ein weiterer Architekt konsultiert, dessen Entwurf von 1843 jedoch ebenfalls abgelehnt wurde. Demmler ging mit dem Auftrag zu einem weiteren Entwurf auf Stu-

1   Schloßansicht

dienreise nach Frankreich. 1844 legte er seinen dritten Entwurf vor, der unter dem Eindruck der Schlösser in Chambord und Blois entstanden ist. 1845 wurde dieser Plan genehmigt und mit dem Neubau begonnen.

Die repräsentativen Bauten aus dem 16. Jahrhundert (Haus über der Schloßkirche, Neues Langes Haus, Bischofshaus und Haus über der Schloßküche) blieben erhalten, wurden jedoch zum Teil beträchtlich umgestaltet. Die Terrakottareliefs aus dem 16. Jahrhundert wurden entfernt und durch neue ersetzt. Mit dem Bau des Hauptturmes wurde ein Vorschlag von Semper verwirklicht. 1851 wurde Demmler aus den großherzoglichen Diensten entlassen, und der Baumeister Friedrich August Stüler übernahm die Leitung des Schloßneubaus. Er modifizierte teilweise die Demmlerschen Pläne; die Gestaltung des stadtseitigen Eingangs (Vorhof und Fassade) geht auf ihn zurück. 1857 wurde das größtenteils fertiggestellte Schloß der großherzoglichen Familie übergeben.

1918 mußte Großherzog Friedrich Franz IV. auf den Thron verzichten, und das

Schloß ging in staatlichen Besitz über. 1921 wurde das Schloßmuseum eröffnet. 1952–1981 war eine Pädagogische Schule zur Ausbildung von Kindergärtnerinnen im Schloß untergebracht. 1961 wurde das Polytechnische Museum einquartiert. Ab 1972 wurde der Goldene Saal mit nüchterner Innenausstattung als Festsaal genutzt. 1979 wurde das Schloß als Denkmal von besonderer nationaler und internationaler Bedeutung klassifiziert und in die Unesco-Liste der Weltkulturdenkmäler aufgenommen. Damit wurde es offiziell zu einem wichtigen Objekt der Denkmalpflege mit der Konsequenz, daß verstärkt Anstrengungen zu seiner Erhaltung unternommen wurden. Zunächst konzentrierten sich die Arbeiten zur Erhaltung und Wiederherstellung auf den Innenausbau. Erst nach und nach wurde die Sanierung der Bauwerkskonstruktion (Abdichtung, Gründung etc.) als vordringlich erkannt und vorangetrieben. Ein wertvoller Schritt in diese Richtung war die von dem VEB Denkmalpflege Schwerin erstellte und im März 1990 abgeschlossene „Konzeption für die konstruk-

tive Sicherung des Schweriner Schlosses"
[U 8]. Darauf stützt sich auch diese Veröffentlichung. Seit 1990 ist das Schloß Sitz
des neugeschaffenen Landtages Mecklenburg-Vorpommern. Mit dieser neuen Nutzung sind zahlreiche Änderungen im Innenausbau verbunden. Gleichzeitig rückte
das Bauwerk (Abb. 1) damit noch stärker
in den Mittelpunkt des öffentlichen Interesses.

2   Zum Stand der Untersuchungen

2.1   Frühe Dokumente

Über Schäden am Schweriner Schloß und
Schadenshypothesen liegen Dokumentationen und Interpretationen in einer fast
schon verwirrenden Vielfalt vor. Die Fülle
des Materials entspricht dabei einerseits
der kulturgeschichtlichen Bedeutung des
Schlosses, andererseits der hohen baugeschichtlichen Differenzierung des Schloßkomplexes.
Bereits 1912 [U 1] wurden an verschiedenen Stellen unter dem „alten" und „neu-
en" Teil des Schlosses verrottete Pfahlro-
ste freigelegt. In der Folge kommt es zu
einem Briefwechsel mit den Wasserrechts-
behörden wegen der Regulierung des Seewasserspiegels. 1935 [U 1]wird von einem
Pfeiler im Terrassenbereich berichtet, er
sei um 20 cm abgesackt. Offenbar wurden
in dieser Zeit vor allem Schwankungen
des Seewasserstands für Schäden verantwortlich gemacht. U. a. wird auch über
eine mögliche oder wahrscheinliche tiefe
Absenkung vor 1859 (Gründung des
Hauptturms, Bau des Störkanals) speku-
liert.

2.2   Gutachten

Fiesinger gibt 1950 eine erste Zusammenfassung der bisherigen Untersuchungen
[U 2]. Auf ihn geht die These von der
überbeanspruchten Pfahlgründung des
Hauptturms zurück, die in einem Gutachten von Preiß [U 3] 1973 weiter präzisiert

wird. Eine erste ingenieurgeologische Kartierung der gesamten Schloßinsel aufgrund von neun ersten Aufschlußbohrungen gibt Brüning 1976 [U 5].
Die von Brüning beschriebenen Bauwerksschäden entsprechen im wesentlichen dem heutigen Schadensbild, wobei
er die dem Hauptkomplex vorgelagerten Bastionen und Orangeriesäle nicht
betrachtet hat. Unter Einbeziehung von
geodätischen Messungen und Rißbeob-
achtungen konstruiert er einen Plan
vermuteter Baukörperbewegungen im gesamten Schloßkomplex. Als Hauptscha-
densursachen nennt er

- Pfahlkopfverrottung infolge Wasser-
  spiegelschwankungen,
- Fehlen von Dehn- und Setzungsfugen
  zwischen alten und neuen Gebäudeteilen,
- Unterdimensionierung von Pfählen und
  Schwellenhölzern, insbesondere unter
  dem Hauptturm mit der Auswirkung einer Verkippung durch Windlast.

Betzner [U 6] verwirft in seinem zusam-
menfassenden Gutachten von 1983 insbesondere die These von der zu schwachen
Pfahlgründung und erklärt die angebliche
Verkippung des Hauptturms als Meßfeh-
ler. Er rückt die offensichtlichen Setzungsschäden im Terrassen- und Orangeriebereich ins Blickfeld.
Begleitend bzw. als Vorarbeit zur Dokumentation des VEB Denkmalpflege wurden in den achtziger Jahren weitere Gutachten in Auftrag gegeben:
In einem hydrologischen Gutachten [U 7]
wird dokumentiert, daß die mit dem Seewasserspiegel korrespondierenden Schwankungen des Grundwasserspiegels 0,5 m im
Mittel nicht übersteigen. Sie erklären damit die Verrottung von in den Grundwas-
serwechselbereich hineinragenden Pfahlköpfen, wirken sich jedoch kaum auf den
globalen Setzungsverlauf aus.
Seefluth hat 1985–89 weitere 16 Bau-
grundbohrungen sowie Schürfe und er-

gänzende Sondierungen veranlaßt. Er weist in einer grundsätzlichen Beurteilung [U 9] auf die Problematik zunehmender Setzungsunterschiede infolge verschiedener Ursachen hin. Darüber hinaus hat er die Gründung einzelner Bauwerke eingehender untersucht: Für Schloßkirche [U 12] und Neues Langes Haus [U 10] ermittelt er eine anfänglich ganz geringe, heute aber infolge Konsolidation akzeptable Standsicherheit. Eine Nachgründung hält er hier nicht unbedingt für erforderlich, da die Konsolidationssetzungen bereits zu 95 % abgeklungen seien.

Als wesentliche Schadensursache nennt Seefluth zusätzlich zu den bereits bekannten Verlagerungen und nachfolgende Auflockerung der meist in Lehm verlegten Findlingspackungen, die die Fundamentkräfte in den Pfahlrost einleiten. Dies betrifft insbesondere die Orangerie [U 11]. Dort hält er für möglich, daß die Pfähle im seeseitigen Teil nicht ausreichend in das Liegende einbinden. Horizontalbewegungen des weichen Baugrunds schließt Seefluth aus. Für ihn sind alle ihm vorliegenden Bauwerksschäden auf geschädigte Gründungselemente zurückzuführen.

2.3.   Bauarchäologische Dokumentation

In den Jahren 1987 bis 1990 wurde durch den VEB Denkmalpflege Schwerin eine umfangreiche „Konzeption für die konstruktive Sicherung der Gründung, Keller, Bastionen und Terrassen im seeseitigen Schloßbereich" erarbeitet [U 8]. Diese Dokumentation umfaßt auf etwa 400 Textseiten, 500 Fotos und 150 Zeichnungen und die Auswertung der bisherigen Untersuchungen auch 17 Schürfe im Kellerbereich, 8 Gewölbe- und diverse Mauerwerksfreilegungen.

Von Interesse für die Baugrundproblematik sind vor allem die Erkenntnisse über Art und Zustand der Gründung. Im Gegensatz zu Brünings Vermutung, der gesamte Schloßkomplex ruhe auf Pfählen, gilt nun als gesichert, daß die Gebäude mit der ältesten Grundsubstanz aus dem 16. Jahrhundert (Schloßkirche, Bischofshaus, Neues Langes Haus, Burgverlies, Teile des Hauses über der Schloßküche) flach gegründet sind. Unter diesen Gebäuden hat die die Auffüllung unterlagernde organogene Weichschicht ihre geringste Mächtigkeit. Andererseits ist auch die bis zu 1000 Jahre alte inhomogene Auffüllung (darin eingebettet die denkmalwürdigen Überreste der slawischen Wallbefestigung) ursächlich für Setzungsschäden. Zahlreiche sogenannte Contrebögen in den Gewölbekellern sind als historischer Versuch einer Gründungssanierung bzw. -verstärkung zu interpretieren. Im Bereich der seeseitigen Terrassen kam es zum Einsinken von ebenfalls flach gegründeten Pfeilern und zu entsprechenden Gewölberissen.

Als wesentliche Auslösefaktoren der Bauschäden wurden erkannt:

- defekte Bauwerksabdichtungen,
- fehlende Baufugen beim Nebeneinander von alter und neuer, tief und flach gegründeter Bausubstanz,
- Verrottung von Holzteilen durch Zutritt von Luftsauerstoff bei zeitweiligem Absinken des Grundwasserspiegels,
- Verformungen des Anschlusses Pfahl/Bankett infolge von Rammhindernissen.

2.4   Setzungsbeobachtungen

Seit 1975 wird eine große Anzahl von Höhenpunkten jährlich einmal beobachtet. Die Anzahl der Meßpunkte wurde in den folgenden Jahren bis auf über 100 aufgestockt. Seit 1988 werden die Setzungen relativ zu einem Bezugspunkt auf einem Pfahlkopf im Schloßhof gemessen. Seit diesem Zeitpunkt deuten Anomalien im Setzungsverlauf (beobachtete gemeinsame Schwankungen aller Punkte, sogar Hebungen) auf systematische Fehler hin. Sie werden am besten dadurch erklärt, daß der Bezugspunkt selbst Setzungen erfahren hat. Deshalb ist es ratsam, die an den

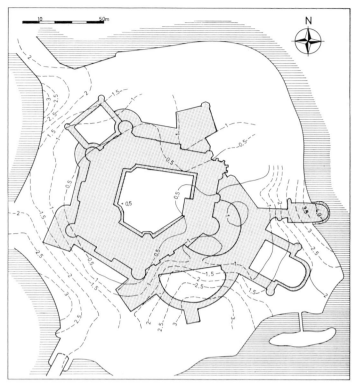

2   *Linien gleicher Setzungsraten (Mittelwerte seit Beobachtungsbeginn). Zahlenangabe in*
mm/Jahr. Gestrichelte Linie: unsicher wegen Verwendung der Messungen 1987–1990. Zur Be-
zeichnung der Bauteile s. Abb. 11.

nach 1987 vermarkten Punkten gemessenen Setzungen zum jetzigen Zeitpunkt
nur qualitativ zu beurteilen.

Die größten Setzungsraten wurden an der
Kolonnade (2 mm/Jahr), der Orangerie
(0,4 bis 1,7 mm/Jahr) und den Terrassen
(0,7 bis 1,9 mm/Jahr) beobachtet. Eine
Übersicht über die Verteilung der Setzungsgeschwindigkeit gibt Abb. 2. Augen-
fällig ist, daß der Hauptturm sich deutlich
stärker setzt (0,9 mm/Jahr) als die übrigen
Bauwerksteile, die im letzten Jahrhundert
auf Pfahlrosten gegründet wurden (Burg-
garten-, Schloßgarten- und Burgseeflügel:
0,1 bis 0,3 mm/Jahr). Dabei liegt die Setzungsrate des Turms aber in der gleichen
Größenordnung wie die der angrenzen-

den, flach gegründeten Gebäude.

Von den 1989 neu vermarkten Punkten
haben sich die an der Grotte gelegenen
am stärksten bewegt. Daß sich auch die in
der Parkanlage vor dem kleinen Orangeriesaal gelegenen Punkte stark gesetzt haben, zeigt, daß die Setzungen zumindest
in diesem Teil der Schloßinsel weniger
durch die Bauwerkslasten, sondern mehr
durch das Gewicht der im letzten Jahrhundert aufgebrachten Aufschüttung verursacht werden.

In dem vermessungstechnischen Gutachten von Lübcke [U 4] wird mehrmals von
einer Beschleunigung der Setzungen ge-
sprochen. Dies könnte eine Fehlinter-
pretation der Meßdaten sein, die darauf

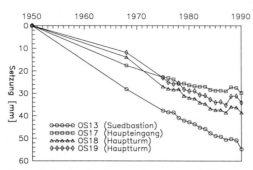

3   *Setzungsverlauf von vier ausgewählten Punkten*

beruht, daß jeweils ein zu kurzer Beobachtungszeitraum betrachtet wurde bzw. daß die sehr unsichere Messung von 1873 mit herangezogen wurde. Von vier Punkten liegen zuverlässige Höhenbeobachtungen seit 1950 vor (Abb. 3). Betrachtet man die mittlere Setzungsrate in den Intervallen von 1950 bis 1975 bzw. von 1950 bis 1990, so zeigt sich, daß sie bei allen vier Punkten zurückgegangen ist (im Mittel um 12 %). Dieses Abklingen der Setzungsgeschwindigkeit entspricht dem üblicherweise beobachteten Verhalten bei Flachgründungen. Das Bemerkenswerte hier ist, daß sich mindestens drei dieser vier Meßpunkte an eindeutig tiefgegründeten Bauwerken befinden. Eine Beschleunigung der Setzungen wurde lediglich im Terrassenbereich gemessen.

2.5   Diskussion von Sanierungsmaßnahmen

Zusammenfassend kann gesagt werden, daß dank der gründlichen, aber nicht lückenlosen Recherchen der bisher tätigen Gutachter und Denkmalpfleger bereits ein recht umfassendes Wissen über die Baugrundschichtung, die Arten und den Zustand der Gründung sowie Schäden an Fundamenten und aufgehendem Mauerwerk dokumentiert ist. Dabei kristallisieren sich einige Bauwerksteile als besonders geschädigt bzw. gefährdet her-

aus. Sie müssen dabei in ihrer spezifischen Gründungssituation gesondert betrachtet werden, stehen aber andererseits durch die fehlenden Baufugen mit ihren Bewegungen in einer Wechselbeziehung zu Nachbarbauwerken. Für Rückrechnungen von Schadensmechanismen fehlt bisher eine ausreichende Datengrundlage. Ob aus den bisher ausgeführten Aufschlußbohrungen ungestörte Proben in ausreichender Zahl und Güte entnommen werden konnten, ist fraglich. Auch waren keine über Routineverfahren hinausgehenden bodenmechanischen Laboruntersuchungen möglich. Wie die in den bisherigen Gutachten genannten Scherparameter erhalten wurden, ist nicht nachvollziehbar. So klafft eine gewisse Diskrepanz zwischen der relativ geringen Kenntnis realer Bodenkennwerte und der Fülle der geotechnisch qualifizierten Kommentare.

Unterschiedliche Hypothesen bezüglich der bodenmechanischen Schadensmechanismen verwundern angesichts der komplexen Situation und mancher immer noch fehlender Informationen nicht. Daß darüber hinaus immer auch Differenzen der Fachleute über die Prioritäten und die zu empfehlenden Sanierungsverfahren bestanden, wird aus den Dokumenten ersichtlich. Dieser Umstand hat dazu beigetragen, daß trotz frühzeitiger Erkenntnisse über Jahrzehnte hinweg keine konkreten Gegenmaßnahmen zum Schutz des Bauwerks erfolgt sind.

Brüning nennt die Nachgründung des Hauptturms durch Bohrpfähle als dringlichste Maßnahme. Nach Betzner sollte der Terrassenbereich zuerst in Angriff genommen werden, wozu nach seiner Einschätzung ausschließlich Kleinbohrpfähle infrage kommen. Für Seefluth haben dagegen eher der Choranbau und die Orangerie Priorität.

In frühen Dokumenten findet sich der Hinweis, es gebe z. Zt. keine erfolgversprechenden Sanierungsverfahren. In späteren werden zwar manche Spezialtief-

4 *Abgerissene Gewölbepfeiler im Terrassenbereich*

bau-Verfahren als infragekommend genannt, jedoch wegen mangelnder Verfügbarkeit in der damaligen DDR gleich wieder relativiert. 1983 war eine Bohrpfahl-Nachgründung der Terrassen ausgearbeitet, jedoch von der Ingenieurkammer verworfen worden. 1985 wurden von einer Spezialtiefbau-Firma probeweise drei Gruppen von Kleinbohrpfählen im Schloßhof hergestellt; diese Technologie kam jedoch bisher nicht zur Anwendung. In den letzten Monaten wurde von verschiedenen Seiten eine Sanierung mit unter den Fundamenten eingepreßten Fertigpfählen empfohlen.

2.6 Aktuelles Schadensbild

Dem sachkundigen Beobachter fallen heute bei bloßer Inaugenscheinnahme eine Reihe von gravierenden Schäden auf: Auf der Westseite des Vorhofs rutschen zwei gemauerte Stürze nach unten, die Säulen sind aus dem Lot gekippt. Durch die rückwärtige Mauer ziehen sich mehrere Risse, von denen einer bis in den Keller hinunter verfolgbar ist. Die Schadensursache ist unklar.
Im Choranbau verlaufen sowohl auf der Nord- wie auf der Südseite 15–20 mm breite Risse von den Fensterleibungen über die Kellergewölbe bis ins Fundament.

Ihre Herkunft aus verfaulenden Pfahlköpfen und der durch wiederholte Umplanung beeinträchtigten Gründung ist überzeugend in [U 8] dokumentiert. Auch am Übergang zum Kirchenschiff gibt es nach oben geöffnete Vertikalrisse.
An den seeseitigen Terrassen sind Schäden im wesentlichen an den Gewölben und Pfeilern zu erkennen. Ein Pfeiler ist unter Bildung ausgeprägter Schubrisse in den Gewölben um wenigstens 10 cm abgesackt (Abb. 4), bei einem weiteren kündigt sich das Abreißen durch rundum laufende Horizontalrisse an. Die gesamten Gewölbebögen Richtung Hauptturm weisen zahlreiche ältere (wieder vermörtelte) Risse und eine intensive Durchfeuchtung auf. Insgesamt paßt die gemessene Setzungsverteilung (Abb. 2) gut zum Rißbild. Das Abreißen der Pfeiler bedeutet, daß das Eigengewicht der Terrasse unter Ausbildung eines doppelt so weit gespannten Gewölbes von den benachbarten Stützen aufgenommen werden muß.
Die Seitenflügel der Orangerie sind zum See hin verkippt. Die Säulen haben sich gleichzeitig schiefgestellt, wodurch die darübergespannten gußeisernen Bögen teils gerissen, teils von den Kapitellen gerutscht sind und abgestützt werden mußten. Signifikante Horizontalverschiebungen wurden im Meßzeitraum nicht beobachtet, sind aber für frühere Zeiten nicht unwahrscheinlich. Auch an der anschließenden Kolonnade gibt es einen starken Überhang aller Säulen nach außen und erhebliche Setzungen, denen der leichte Überbau aber ohne bedrohliche Schäden folgen konnte. Eine Nutzung der Orangerie ist infolge der eingetretenen und weiter zu befürchtenden Schäden im jetzigen Zustand nicht möglich.
Signifikante Setzungsdifferenzen mit nachfolgenden Rissen in Wänden und Gewölben gibt es ferner über den Türbögen der Südbastion, in den Kellern unter dem Bischofshaus und dem Haus über der Schloßküche, dem Burgverlies und dem kleinen Orangeriesaal.

3   Zum Baugrund der Schloßinsel

Anhand der durch Bohrungen gewonnenen Bodenaufschlüsse und geologischer Erkenntnisse kann die Entstehung der heutigen Schloßinsel relativ gut rekonstruiert werden. Gegen Ende der letzten Eiszeit (vor etwa 10 000 Jahren) bildete sich infolge einer Strömungsänderung im ablaufenden Schmelzwasser eine Sandbank. Der Rücken dieser Sandbank ist heute die Oberkante des tragfähigen Baugrundes. Er besteht aus Feinsand, der im oberen Bereich Schluff-, weiter unten Mittelsandanteile besitzt. Seine höchste Erhebung hat der Sandrücken in der Mitte der Schloßinsel, aber auch dort liegt die tragfähige Schicht unterhalb des Seewasserspiegels.

Die so entstandene Seichtwasserzone begann allmählich zu verlanden. Hierzu trugen Wasserpflanzen, Algen und Kleinstlebewesen bei, die sich im hellen und warmen Flachwasserbereich stark vermehren. Die abgestorbenen Organismen sinken zu Boden und verrotten dort; übrig bleibt ihr Kalkskelett, das maßgeblich zum Aufbau der sogenannten Seekreide beiträgt. Gleichzeitig sedimentieren in Bereichen mit geringer Strömung anorganische Schwebstoffe (Ton und Schluff). Dieser Vorgang leitet die Verlandung ein. Ist das Wasser flach genug, können sich Schilf und schließlich Gräser ansiedeln. Aus den abgestorbenen Pflanzen bildet sich Torf, der Nährboden für weiteren Bewuchs ist. Entsprechend dieser Entstehungsgeschichte wird in den Verlandungssedimenten die Seekreide in der Regel unterhalb des Torfes angetroffen. Häufig können die beiden Bodenarten nicht klar voneinander getrennt werden, da in niedrigem Wasser gleichzeitig Pflanzenreste, kalkhaltige Organismen und anorganische Feinstpartikel zu Boden sinken. Die entstehende Bodenart wird als Mudde bezeichnet. Diese sehr weichen Sedimente (Seekreide, Torf und Mudde) wurden auf der Schloßinsel in Mächtigkeiten von 2 bis 9 m erbohrt.

Im Laufe der mindestens tausendjährigen Siedlungsgeschichte auf der Schloßinsel wurde durch den Menschen eine weitere Schicht aufgebracht. Diese Aufschüttung besteht hauptsächlich aus einer Mischung von Bauschutt und Bodenaushub, der beim Bau der Fundamente und Keller anfiel. Möglicherweise wurden auch zusätzlich Erdmassen vom Festland auf die Insel gebracht, um das Niveau zu erhöhen. Die Zusammensetzung und die mechanischen Eigenschaften dieser von Menschenhand geschaffenen Schicht sind regellos streuend; als Baugrund ist sie deshalb wenig geeignet, gleichwohl ist teilweise flach auf ihr gegründet worden. Die Aufschüttung ist im Zentrum der Insel zwischen 2 und 6 m mächtig; am Rand, wo die Insel durch eine gezielte Aufschüttung vergrößert wurde, ist sie noch dicker.

Am Ufer vor den Kolonnaden wurde 1987 eine 12 m dicke Auffüllung erbohrt, die nur 0,3 m aus dem Wasser ragt. Während der Aufschüttung im letzten Jahrhundert hat es vermutlich einen Grundbruch gegeben, weil die aufgebrachte Last die Tragfähigkeit der weichen Sedimente überstieg. Die verdrängten Bodenmassen könnten zur Bildung der kleinen vorgelagerten Insel beigetragen haben.

Der Grundwasserspiegel korrespondiert mit dem um etwa 0,5 m schwankenden Seewasserspiegel. Er steigt in Richtung Inselmitte etwas an und liegt dort innerhalb der Auffüllung etwa 0,2 m über dem Seespiegel. Aus der Überhöhung, der Entfernung zum Inselrand und der jährlichen Niederschlagsmenge kann die horizontale Durchlässigkeit abgeschätzt werden. Dabei muß berücksichtigt werden, daß die Auffüllung stark inhomogen ist und Bereiche mit großem Hohlraumanteil enthält, die dem Grundwasser nur einen geringen Strömungswiderstand entgegensetzen. Dies erklärt die relativ große Durchlässigkeit $k = 2 \cdot 10^{-3}$ m/s, die sich mit der oben genannten Abschätzung ergibt.

Der Baugrund auf der Schloßinsel (s. Schnitte in Abb. 5) ist gründungstechnisch

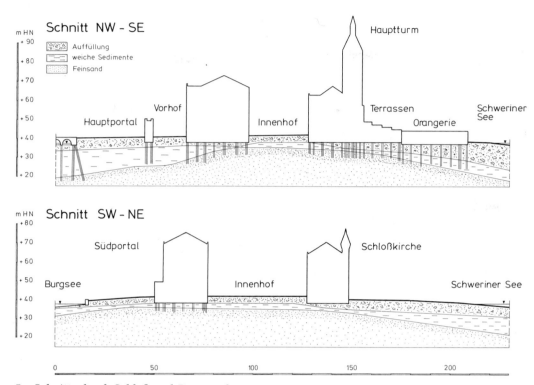

5   *Schnitte durch Schloß und Baugrund*

schwierig. Die Verlandungssedimente sind weich und wenig tragfähig; größere Bauwerkslasten sollten deshalb auf dem tragfähigeren Sandrücken abgesetzt werden. Dieser steht erst in einigen Metern Tiefe an und liegt unterhalb des Grundwasserspiegels (minimal 2 m). Für eine sachgerechte Flachgründung nach unseren heutigen Vorstellungen wäre deshalb eine Grundwasserabsenkung erforderlich; eine Technik, die früher nicht zur Verfügung stand und die sich heute wegen der damit verbundenen Schädigung der alten Bausubstanz verbietet.

Die Baumeister des letzten Jahrhunderts handelten also vollkommen richtig, als sie die damaligen Neubauten auf eine Tiefgründung aus gerammten Holzpfählen stellten. Es war bekannt, daß Gründungselemente aus Holz unterhalb des Grundwasserspiegels liegen müssen, da sie sich

andernfalls bald zersetzen. Dies bedeutet, daß im Wasser gearbeitet werden mußte, was die Arbeit erheblich erschwerte. Pfusch am Bau hat es schon immer gegeben, und so wurden neben ausreichend tief gerammten Pfahlköpfen bei bauarchäologischen Grabungen auch solche gefunden, die aus dem Grundwasser herausragen und deshalb verfault sind. Insgesamt scheinen die Pfahlgründungen aus dem letzten Jahrhundert aber recht solide zu sein. Bei der Orangerie und den Kolonnaden sind die Lasten zwar gering, die tragfähige Feinsandschicht liegt jedoch sehr tief (10 bis 20 m unter Geländeoberkante). Im letzten Jahrhundert war es nur schwer oder gar nicht möglich Holzpfähle zu rammen, die in dieser Tiefe noch ausreichend in die Tragschicht einbinden. Die vorhandenen Pfähle schwimmen deshalb vermutlich überwiegend in den wei-

6 Reste der slawischen Wallbefestigung zwischen den Contrebögen unter der Schloßkirche

chen Bodenschichten und folgen den Baugrundsetzungen und evtl. vorhandenen seitlichen Verschiebungen in Richtung Seeufer praktisch widerstandslos.
Im 15. und 16. Jahrhundert wurden keine Tiefgründungen ausgeführt, relativ große Setzungen waren bei schweren Bauten deshalb unvermeidlich. Die Bebauung wurde in dieser Zeit auf die Inselmitte konzentriert, wo die weichen Schichten am dünnsten sind. Roste aus Holzbalken unter den Fundamenten sollten der Gründung mehr Festigkeit geben. Sofern das Holz unterhalb des Grundwasserspiegels eingebaut wurde und deshalb nicht oder nur sehr langsam verrottet, können die Holzbalken diese Funktion auch erfüllen. Letztendlich mußten die Bauwerke aber stabil genug sein, um die sich unvermeidlich einstellenden Setzungen zu überstehen. Was heute noch an flachgegründeter Bausubstanz aus dem 15. und 16. Jahrhundert erhalten ist, hat diese Probe bestanden.
Verschiedene Mechanismen können zu neuen Schäden führen. Spezielle Untersu-

chungen und teilweise auch noch Grundlagenforschung sind notwendig, um hier Aufklärung zu bringen. Einige Mechanismen – möglicherweise die maßgeblichen – sind bekannt und qualitativ verstanden: Flachgründungen auf weichem Baugrund reagieren mit deutlichen Setzungen auf Lasterhöhung (z. B. infolge einer Umnutzung) und auf Erschütterungen (durch Verkehr oder Rammarbeiten). Gleiches gilt für Gründungen mit schwimmenden Pfählen. Überall dort, wo Pfahlköpfe und/oder Balkenroste oberhalb des Grundwasserspiegels liegen, verrottet das Holz, und die Fundamente sinken ein.

4   Zum Zustand der Gründungen

4.1   Gründungssubstanz vor dem 15. Jahrhundert

Wie durch umfangreiche historische und neue Unterlagen [U 1 ff.] dokumentiert wird, ist durch etwa 1000 Jahre Baugeschichte eine sehr komplexe Gründungssituation mit Unterschieden in Alter, Qualität, Funktionsfähigkeit und Überbaukonstruktion entstanden.
So ist in drei Schürfen (an vor 1860 errichteten Gebäuden) innerhalb der Auffüllung, mitten unter der heutigen Bebauung, ein slawischer Burgwall aus dem 9./10. Jahrhundert mit mindestens 70 m Durchmesser gefunden worden (Abb. 6). Dendrochronologische Untersuchungen ergaben für die Holzteile ein Fälljahr um 970. Entsprechend einem Rekonstruktionsversuch erstrecken sich die Fundamente des Walles über eine Breite von 11 m. Dabei handelt es sich hauptsächlich um Holzkonstruktionen wie z. B. Bermen, Palisaden, Schletenholzpackungen mit Ösenbalken, Wallhölzer, Spickpfähle u. ä., die im Bereich des Wehrganges mit Steinpackungen von bis zu 3,5 m (Breite) × 1,5 m (Höhe) durchsetzt sind. Die Holzteile liegen teilweise im Schwankungsbereich des Grundwassers bzw. darüber. Es ist damit zu rechnen, daß diese Wallanlage unter

7 Nahtstelle verschiedener Gründungen im Terrassenbereich

einem Großteil der älteren Bebauung noch vorhanden ist (wobei alle diese Gebäude zu den heute gefährdeten Bereichen zählen).

Nachweisbar ist auch eine frühmittelalterliche Ringmauer aus der Grafenzeit (11.–13. Jahrhundert), die sich im Bereich der heutigen Außenwände des Schlosses befand. Dabei wurden auf horizontal aufgeschichteten dünnen Baumstämmen (sog. Schleten) die alten Gebäude ohne besonders starke Fundamente ausgeführt. Nach 1500 wurde die Insel bereits durch verschiedene Geländeaufschüttungen vergrößert. Im Bereich der Terrassen und des Kleinen Orangeriesaals wurden Reste von Befestigungsanlagen aus dem 16./17. Jahrhundert nachgewiesen. Teile dieser alten Gründungen wurden für den Neubau einzelner Gebäudeteile verwendet oder unterlagern ohne direkten Kontakt die heutige Gründung. Die verschiedenen Vorbelastungssituationen dürften auch zu unterschiedlichen Konsolidationszuständen im Baugrund geführt haben.

Außerdem wurde in den Schürfen noch eine Reihe von Pfählen gefunden, die in keinem erkennbaren Zusammenhang zu heutigen oder älteren Gebäuden stehen. Nach Fertigstellen der Gründung führten Änderungen in der hochbauseitigen Ausführung dazu, daß diese völlig neuen Lastkombinationen ausgesetzt wurden, für die sie nicht entworfen waren. In einigen Bereichen gibt es auch nur unzureichende Informationen über die Gründung selbst. Dieses komplexe und vielschichtige Bild führt dazu, daß jedes einzelne Gebäude, ja manchmal sogar einzelne Wände und Pfeiler sich im Hinblick auf Tragreserven und Setzungen verschieden verhalten.

4.2 Gründungen des 15. bis 18. Jahrhunderts

Die Gebäude des heutigen Schlosses entstanden in der Zeit von 1500 bis 1860. Dabei ist die ältere Bausubstanz fast durchweg flach gegründet.

Das Neue Lange Haus (1477–1507) wurde flach auf den Resten des Slawenwalls und den frühdeutschen Befestigungen gegründet. Im 19. Jahrhundert erfolgten Sanierungsarbeiten in Form von Contrebögen (entgegengesetzten Gewölben) zwischen den Pfeilern und Kellerwänden. Die unter der seeseitigen Außenwand liegenden Schleten wurden in den Schürfen in Form eines schwarzen, fetten Zersetzungsprodukts (Modder) angetroffen, das sich mit dem Spaten leicht ausstechen ließ.

Der Bau des Bischofshauses wird in die erste Hälfte des 16. Jahrhunderts eingeordnet. Durch nachgewiesene Brandspuren ist zu vermuten, daß für diesen Bau eine noch ältere Gründungssubstanz Verwendung fand. Eine Teilüberbauung von Holzkonstruktionen des 10.–12. Jahrhunderts gilt als sehr wahrscheinlich.

Das Burgverlies (mit schweren Schäden) ist ebenfalls in diese Entstehungszeit einzuordnen. Durch verschiedenartige Nutzung ist die Gründung schon früh wesentlich höher als heute belastet worden. Es handelt sich um eine Flachgründung auf

8   Stützenfundament im Orangeriebereich

einem bankettartigen Feldsteinfundament in teilweise losem Verband.

Aus der Mitte des 16. Jahrhunderts datieren die Gründungsarbeiten der Schloßkirche. Wände und Pfeiler sind flach auf bankett- bzw. blockartigen Feldsteinfundamenten gegründet. In einem Schurf wurden über fast die gesamte Kirchenbreite Reste der slawischen Wallbefestigung unter der heutigen Gründung nachgewiesen. Ein Pfeiler ruht auf einem Balkenrost mit Holzpfählen. Im 19. Jahrhundert wurden die Kellergewölbe ebenfalls mit Contrebögen in Längs- und Querrichtung gesichert.

Die Gründungssubstanz des Hauses über der Schloßküche stammt aus der gleichen Zeit. Unter den Außenwänden handelt es sich um eine solide Flachgründung als Feldsteinfundament, unterlagert von einer noch älteren Schletenpackung. Die Mittelpfeilerreihe wurde dagegen bei Umbauarbeiten um 1845 von Demmler mit einer Pfahlgründung (mit Bohlen und Schwellhölzern, intakt und wasserbedeckt) neu gegründet. Gleichzeitig wurden die Außenwände des zu schwach fundamentierten Gebäudes unterfangen.

Der Bau der flach gegründeten Bastionen reicht bis vor 1550 zurück. Die nördlichen Befestigungsanlagen zeigten zu Beginn des 17. Jh.s bereits erhebliche Mängel und kurze Zeit nach Reparaturarbeiten wird von erneuten Rissen berichtet. Bei den Baumaßnahmen des 19. Jh.s wurde ein Großteil der Bastionen abgerissen. Ihr Verlauf ist aber noch anhand der in mehreren Schürfen nachgewiesenen Gründungssubstanz feststellbar (mehrfach abgetrepptes Ziegelmauerwerk auf Feldsteinbankett). Für die Südbastion werden Pfähle vermutet.

Über die Gründung des Burggartenflügels (17. Jh.) gibt es nur Vermutungen: Für den Anschluß an das Haus über der Schloßkirche dürfte eine Flachgründung als bankettartiges Feldsteinfundament vorliegen. In Gebäudemitte sind auf einem historischen Rammplan engliegende Pfähle aus dem Jahre 1617 (Evert Piloot) verzeichnet.

4.3   Gründungen aus der Umbauphase Mitte des 19. Jahrhunderts

Im 19. Jahrhundert finden umfangreiche Abbruch-, Neu- und Umbaumaßnahmen statt, die zweifellos einen beträchtlichen Eingriff in den bis dahin bestehenden Schloßkomplex darstellen.

Zu den ersten Arbeiten gehörte die Gründung eines neuen Hauptturms 1845. Hierzu wurden 182 Rundholzpfähle von unbekanntem Durchmesser mit einer maximalen Länge von 14,3 m gerammt, die teilweise mit einem Rostwerk überspannt sind. Darüber ist das Fundament in Form eines Contrebogens aufgemauert. Genauere Kenntnisse über Geometrie und Zustand der Holzpfahlgründung und des aufgehenden Mauerwerks liegen nicht vor.

Bei den anschließenden Gründungsarbeiten im Terrassenbereich kam es wahrscheinlich aufgrund von zahlreichen Rammhindernissen zu erheblichen Abweichungen von der geplanten Rammpfahlgründung. Der Erdabtrag wurde zur

Vergrößerung der Insel am Seeufer aufge-
schüttet. Hierauf wurde später die der
Orangerie vorgelagerte Kolonnade errichtet. Schon während der Aufschüttung
muß es erhebliche Schwierigkeiten, u.a.
Schäden an den schon eingerammten
Pfählen und dem überlagerten Rostwerk,
gegeben haben.

Der Gründungszustand der Terrassen ist
wegen frühzeitig eingetretener Schäden
von 1912 an mehrfach untersucht worden. Die nicht durchgehende Rammpfahlgründung erklärt sich zum Teil durch das
in drei Schürfen gefundene alte Bastionsmauerwerk. Die flach gegründeten Feld-
steinbankette sind sehr brüchig, wobei einige Pfeiler mehrfach durch Schürfe
tangiert und dabei die seitliche Stützung
der Feldsteinpackungen entfernt wurden.
Übergroße Schürfgruben, langanhaltende
Grundwasserabsenkungen und unzureichende Verfüllung haben sich darüber
hinaus negativ ausgewirkt. Der Zustand
der Pfahlgründungen ist sehr unterschiedlich. Oberhalb des Grundwasserspiegels
wurden stark zersetzte Pfahlköpfe festgestellt (Abb. 9). Darüber befindet sich nur
teilweise ein Rostwerk in unterschiedlicher Ausführung, wiederum überlagert
von einem Feldstein- und Ziegelbankett in
unterschiedlichem Zustand. Die ständig
wechselnde Gründungssituation (flach,
tief, auf Bastionsmauerwerk) hat erhebliche Setzungsdifferenzen und dadurch ausgeprägte Risse von der Fundamentsohle
bis in den Überbau verursacht (Abb. 7).
Der statische Zusammenhang der über
100 in einem Terrassenraum ergrabenen
Pfähle mit verrottetem Kopf und der
Überbauung ist noch ungeklärt.

Für den Bereich der heutigen Orangerie
und Kolonnade war ursprünglich eine andere Bebauung geplant. Aufgrund der bereits geschilderten Probleme beim Auf-
schütten und Rammen wurde der Bereich
nur teilweise überdacht und mit einer
gußeisernen Tragkonstruktion (1845 bis
1851) versehen. Beide Baukörper stehen
auf einer in fünf Schürfen nachgewiese-

9   Vermoderte Pfahlköpfe im Chorschurf

nen Pfahlgründung (Abb. 8). Bei einer maximalen Pfahllänge von 14,3 m ergäbe sich
eine Einbindetiefe von höchstens 2 m,
daher ist eine schwimmende Pfahlgründung zumindest nicht ausgeschlossen.
In teilweise gefundenem Rostwerk sind
Horizontalverschiebungen erkennbar, die
zur Zerstörung von Eisenklammern und
zum Abrutschen der Längsschwellen von
den Pfahlköpfen geführt haben. Diese
Schwellen befinden sich – im Gegensatz
zu den intakten Pfählen – teilweise oberhalb des Grundwasserspiegels und sind
von einem brüchigen Feldsteinbankett
überlagert.

Für die Grotte fand höchstwahrscheinlich
eine Holzpfahlgründung Verwendung. Sie
könnte bis zu einem Meter über den
Grundwasserspiegel hinausragen. Zu den
Umbaumaßnahmen Mitte des 19. Jh.s
zählt auch die Pfahlgründung des Wein-
laubsaales unter einem intakten Feldsteinbankett ohne Rostwerk.

In der Verlängerung der Außenwand des
Weinlaubsaals war eine weitere Bebauung
vor einem kleinen Choranbau geplant.
Nach Fertigstellung der Rammpfähle und
Fundamente wurde der Choranbau mehr-

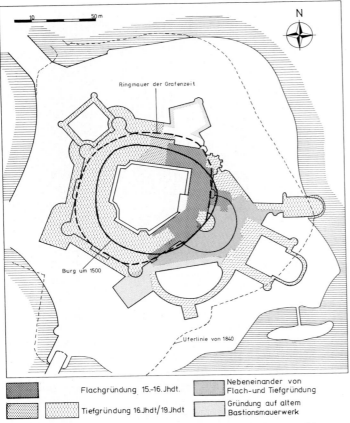

Flachgründung 15.–16. Jhdt.

Tiefgründung 16.Jhdt/19.Jhdt

Nebeneinander von
Flach-und Tiefgründung

Gründung auf altem
Bastionsmauerwerk

10   *Gründungsarten. Zur Bezeichnung der Bauteile s. Abb. 11.*

mals umgeplant und schließlich die Gründung nur ganz geringfügig an eine völlig
neue hochbauliche Konzeption angepaßt.
Einige zusätzlich geschlagene Holzpfähle
enden oberhalb des Grundwassers und
sind stark zersetzt (Abb. 9). Die drei äußeren Apsispfeiler stehen unmittelbar zwischen den vorhandenen Pfahlgruppen in
Verlängerung des Weinlaubsaals. Ihre Lasten werden über gemauerte Gurtbögen in
die ursprünglichen Fundamente übertragen. Oberhalb der Pfähle wurde kein
Rostwerk festgestellt, so daß eine lose
Findlingspackung teilweise auch zwischen
den Pfählen direkt auf der Auffüllung
liegt. Darüber befindet sich ein einmal ab-
gestuftes Ziegelmauerwerk.

Zur Gründung des Kleinen Orangeriesaals
und der Rampe gibt es wenig gesicherte
Angaben. Die Rampe steht wahrscheinlich auf Pfählen, die übrigen Gebäudeteile
flach auf soliden Feldsteinblockfunda-
menten. Vor der seeseitigen Außenwand
befinden sich Reste einer alten Bastions-
mauer.
Die parallel zu den Umbaumaßnahmen 1846–1848 neuerrichteten Gebäude
(Schloßgartenflügel, Westbastion, Burgseeflügel, Kuppelturm, Uhrenturm, Vorhof,
Hauptportal und Westteil des Burggartenflügels) sind durchweg in Pfahlgründung
mit Rostwerk (entsprechend den Demmlerschen Plänen) ausgeführt worden.
Die 5552 eingerammten Pfähle haben

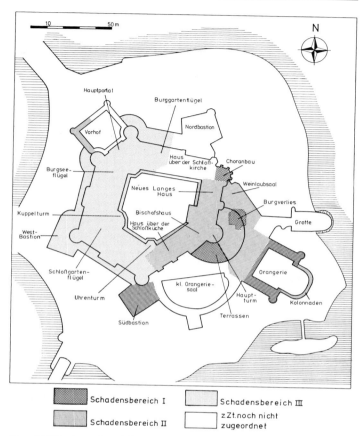

11 *Gefährdungsbereiche*

dabei eine Länge von 25 bis 50 Fuß (7–14,3 m), was sich aus dem unterschiedlichen Abstand zum Liegenden erklären läßt.

4.4 Bewertung und Einteilung von Gefährdungsbereichen

Abb. 10 gibt in stark vereinfachter Form einen Überblick über die lagemäßige Zuordnung der verschiedenen beschriebenen Gründungsabschnitte und -arten. Die Aussagen zur Gründung des Schloßkomplexes lassen sich wie folgt verallgemeinern:

Das aufgehende Gründungsmauerwerk ist fast immer ein Feldsteinbankett mit oft sehr losem Zusammenhalt. Darüber befindet sich ein Ziegelverband. Die Pfahlgründungen sind mit Rostwerk, nur mit Längs- oder Querbohlen oder gar nicht überbaut. Dabei lag ein Teil der Pfahlköpfe oder andere Holzteile bei quellenmäßig belegten Niedrigwasserständen trocken. Ein geringerer Teil befindet sich permanent in der Grundwasser-Wechselzone und ist mehr oder weniger zersetzt. Die Pfähle binden bei einer Maximallänge von 14,3 m (Archivangabe) im Eingangs- und im Kolonnadenbereich nur geringfügig in das tragfähige Liegende ein. Dies entspricht dort einer schwimmenden Gründung. Zusätzlich ist zu bedenken, daß manche Pfähle wegen Rammhindernissen schon vor Erreichen der Solltiefe gekappt worden sein könnten. Neben und unter der Gründung sind häufig Holzteile zu finden, die nicht im Zusammenhang mit der heutigen Fundamentierung stehen.

Jedem Wechsel der Gründungsart entsprechen deutliche Setzungsunterschiede und in der Folge oft hochbauseitige Schäden. In einer ersten gutachterlichen Stellungnahme zu den geotechnischen Problemen wurde der gesamte Schloßkomplex in drei Gefährdungsbereiche eingeteilt (Abb. 11). In die Beurteilung flossen dabei sowohl das latente Gefährdungspotential eines Bereichs (aufgrund der festgestellten Gründungsschwächen und Setzungen) als auch Häufigkeit und Tragweite der vorgefundenen Schäden ein.

– Bei den Gebäuden in Schadensbereich I sind geotechnische Eingriffe im Sinne baulicher Maßnahmen zur Sicherung und Sanierung umgehend erforderlich, da die Trag- und Verformungsreserven der Bausubstanz nahezu erschöpft sind.

– In Schadensbereich II sind mittelfristig Maßnahmen und bis zu deren Einleitung eine intensive Meßüberwachung erforderlich.

– Schadensbereich III kann bei regelmäßiger Überwachung sich selbst überlassen bleiben.

Eine Reihe von Bauwerksteilen können erst nach Vorliegen weiterer Erkenntnisse in eine der drei Gruppen eingeordnet werden.

5 Geplante Arbeiten im Untergrund

Die Aufklärung der geotechnischen Zusammenhänge erfordern zunächst weitere Untersuchungen, die voraussichtlich wenigstens ein Jahr beanspruchen werden.

5.1 Weitere Baugrundaufschlüsse

Von den 30 auf der Schloßinsel dokumentierten Aufschlußbohrungen liegen lediglich sechs innerhalb des Schadensbereichs I und eine weitere im Bereich der später eventuell noch Gefährdungsklasse I zuzuordnenden Bauteile. Es ist dort daher zunächst eine Verdichtung des Aufschlußrasters vorgesehen, um eine genauere Kenntnis über den Schichtenverlauf zu erhalten.

So sind bereits im Bereich der Orangerie/Kolonnaden zwei, im Bereich der Südbastion eine und im Bereich des Vorhofs (nicht Schadensbereich I, aber in anderem Zusammenhang interessant) eine weitere Bohrung im Ramm- bzw. Schlauchkernbohrverfahren in Auftrag gegeben. Diese Bohrungen sollen bis zu einer maximalen Tiefe von 30 m unter GOK abgeteuft werden, um damit gegebenenfalls eine weitere Schichtung unter dem Sand festzustellen. Ob darüber hinaus weitere Bohrungen angebracht sind, wird davon abhängen, ob die neuen Ergebnisse hinsichtlich Schichtverlauf und Untergrundbeschreibung in das bisherige Bild passen. Sinnvoll wären solche Bohrungen in Kellerbereichen, wo bisher Geräte schlecht eingesetzt werden konnten (z. B. Terrassenbereich), sowie in noch wenig erkundeten und nicht eingruppierten Bereichen (z. B. Grotte), wo der Abstand benachbarter Aufschlüsse über die üblichen 25 m hinausgeht.

Auf jeden Fall müssen die Bohrungen mit größter Sorgfalt überwacht und dokumentiert werden. Auch die wechselnde Zusammensetzung der Auffüllung ist für die weitere Beurteilung von großem Interesse. Als weitere Baugrundaufschlüsse dienen auch Schürfgruben, ggf. ergänzt durch Sondierungen.

5.2 Ungestörte Bodenproben

Es gehört mit zum Ziel zusätzlicher Aufschlußbohrungen, Bodenproben einer hohen Güteklasse zu gewinnen. Besonders im Blick sind die feinkörnigen organogenen Süßwassersedimente, jedoch auch die eventuell in der antropogenen Auffüllung enthaltenen Weichschichten.

Zur möglichst ungestörten Entnahme der Proben wird ein von uns entwickeltes spezielles Entnahmegerät verwendet, das in [2] beschrieben ist. Die Probe wird dabei schonend in das Entnahmerohr eingedrückt, durch Vakuum dort festgehalten und nach Ausbau aus dem Entnahmegerät in einem Druckbehälter unter insitu-Druckverhältnissen transportiert und gelagert.

Die folgenden bodenmechanischen Laborversuche sind vorgesehen:

- Indexversuche zur Einordnung des Materials und zum Vergleich mit den bereits dokumentierten Werten,
- Kompressionsversuche im Ödometer zur Bestimmung der Steifigkeit und des Konsolidationsverhaltens,
- Kompressionsversuche im Triaxialgerät nach Scherzinger [3] zur Bestimmung des Seitendruckbeiwerts,
- Triaxialversuche zur Bestimmung der Scherfestigkeit des dränierten und undränierten Bodens,
- Kriechversuche im Triaxialgerät mit Geschwindigkeitssprüngen,
- Versuche zur Erschütterungsempfindlichkeit im Resonanzsäulengerät.

Darüber hinaus können die Bodeneigenschaften ebenso wie die Schichtgrenzen aufgrund alter und neuer Bohrungen mit Methoden der Geostatistik (Kriging-Verfahren) aufgearbeitet werden. Es ergeben sich damit zu erwartende Streuungen und Bereiche noch ungenügender Information.

5.3 Beobachtungen und Extrapolation von Baugrundverformungen

Das wichtigste Instrument zur Feststellung von vertikalen Verformungen des Untergrunds sind genaue Setzungsmessungen. Es ist vorgesehen, die vorhandenen Meßpunkte weiter zu beobachten, bzw. wo solche fehlen, zusätzliche zu setzen. Es ist auch zu prüfen, ob die Genauigkeit der Messungen durch bessere optische Instrumente und einen geeigneteren Fixpunkt noch verbessert werden kann.

Die schon erfolgten und auch die noch zu erwartenden Setzungen werden rechnerisch unter Zugrundelegung geeigneter Konsolidationsgesetze abgeschätzt. Dabei kommt ein von uns entwickeltes Rechenmodell zum Einsatz, mit dem die Nichtlinearität der Porenströmung und ein verbessertes Stoffgesetz berücksichtigt werden können. Auch die nach Abschluß der Primärsetzung noch wirksame Sekundärsetzung (Kriechen unter konstanter Spannung) wird rechnerisch extrapoliert. Besondere Bedeutung kommt in diesem Zusammenhang Porendruckmessungen zu. Sie geben Aufschluß über den Konsolidationszustand des Bodens.

Von Interesse ist dabei auch der unbebaute Bereich der seeseitigen Auffüllung. Dort soll versucht werden, bei gleichzeitig bekanntem Bodenprofil die Setzungsberechnung aufgrund von Laborwerten der realen Streuung der Konsolidationsparameter anzupassen. Dagegen geben an Fundamenten gemessene Setzungen nicht in jedem Fall Aufschluß über das Verhalten des Bodens: Hier spielen die Holzkorrosion und die Wechselwirkung von Bauwerk und Baugrund ebenfalls eine Rolle. Die Setzungen und Setzungsgeschwindigkeiten können – grafisch aufgetragen – mit dem Bodenaufbau, den Bodeneigenschaften und den Bauwerkslasten in Relation gesetzt werden.

Baugrundaufbau und Schadensbild (von Pfahlköpfen abgerutschte Bohlen, gerissene Verbindungsklammern, sich auf insgesamt 30 cm addierende Öffnungen über den Gußsäulen) lassen die Vermutung zu, daß im Orangeriebereich auch horizontale Baugrundbewegungen vorhanden sind. Da die Aufklärung dieser Frage von entscheidender Bedeutung für die Sanierung ist, werden die Untersuchungen verstärkt: Die relative Horizontalverformung des

Orangeriebereichs wird durch verbesserte geodätische Methoden überwacht (mit Anbindung bzw. Einbeziehung des Hauptturms). Daneben sind die Bewegungen in einzelnen Baugrundschichten von Interesse. Vier hochgenaue Inklinometer, die in die zuvor erwähnten Aufschlußbohrungen eingebaut werden und deren Fußpunkt bei über 5 m Einbindung in das Liegende als fest angenommen werden kann, sollen Aussagen über die Verformungstendenzen in den beiden Hauptrichtungen liefern. Die Inklinometerkopfpunkte werden in die geodätische Vermessung einbezogen. Da die unterstellten Bewegungen sehr langsam vor sich gehen, ist bei einer erreichbaren Meßgenauigkeit von ca. 1–2 mm/10 m allerdings frühestens nach ein bis zwei Jahren zu beurteilen, ob es überhaupt Horizontalbewegungen gibt; die Angabe der Kriechgeschwindigkeit erfordert eine noch längere Beobachtungszeit.

Das Bindeglied zwischen der Ermittlung der horizontalen und vertikalen Bauwerksbewegungen bilden Rißbreitenmessungen an geschädigten Bauteilen mit Bestimmung von Betrag und Richtung von Relativbewegungen. Aufgrund der Ergebnisse ist sodann die Einteilung der Gefährdungsbereiche (Abb. 11) zu überprüfen.

5.4   Dynamische Messungen in situ

Es besteht der dringende Verdacht, daß Erschütterungen aus dem in den letzten Jahren stark angewachsenen Straßenverkehr sowie aus Rammarbeiten in der Stadt und am Seeufer (Anlegestellen) für Schäden mitverantwortlich sind. Aus diesem Grund sollen Schwingungen, zunächst an Fundamenten, später jedoch auch im Untergrund gemessen werden. Als geeignete Stelle kommt dafür der Vorhof infrage, der dem Festland am nächsten liegt und vor Sperrung der beiden Inselbrücken unmittelbar vom Durchgangsverkehr tangiert war.

Für erste Versuche genügen Messungen mit Beschleunigungsaufnehmern in ein oder zwei Raumrichtungen. Für genauere Ergebnisse sind Geberkonfigurationen in allen drei Raumrichtungen erforderlich, die durch gleichzeitige Porendruckmessungen ergänzt werden. Als kritischer Wert für Erschütterungen sind Geschwindigkeiten von ca. 0,5 mm/sec anzusehen. Dies gilt nicht nur für das Bauwerk, sondern (wie Jagau gezeigt hat [4]) auch für die weichen Baugrundschichten darunter. Erschütterungen, insbesondere Stöße, werden durch die Schichtung des Untergrunds über weite Strecken weitergeleitet und rufen dort beim Überschreiten bestimmter Grenzwerte Verringerungen der Steifigkeit, Porenwasserüberdrücke und nachfolgende Sackungen hervor. Falls eine hohe Erschütterungsempfindlichkeit des Bodens nachgewiesen wird, kann dies zur Erhaltung des Baudenkmals Schutzvorschriften bis hin zu Verkehrssperrungen zur Folge haben.

5.5   Verfahrenserprobung zur Bodenstabilisierung

Parallel zur weiteren Erkundung des Untergrunds sollte bereits mit der Erprobung denkmalverträglicher Sanierungsverfahren begonnen werden. In die Diskussion einbezogen werden sollen dabei nicht nur Verfahren zur Nachgründung bzw. Verstärkung von Gründungselementen, sondern auch Verfahren zur Verbesserung des Untergrunds. Dort, wo geringe Bauwerkslasten über heute auskonsolidierten, aber kriechempfindlichen Weichschichten mit größerer Mächtigkeit flach gegründet sind, gefährden anhaltende Sekundärsetzungen die Überbauung. Es wird erwartet (und ist durch Setzungsprognose zu bestätigen), daß in solchen Fällen bereits eine geringfügige Festigkeitserhöhung der Weichschichten in der Größenordnung von 10–20 % ausreicht, um die Sekundärsetzungen zu stoppen.

Dafür kommen z. B. Injektionen in Frage.

Eine probeweise Verbesserung des Untergrunds im Rahmen eines ersten Feldversuchs ist in Vorbereitung. Untersucht werden soll ein sorgfältig auf Untergrund und Anwendungsfall abgestimmtes Injektionsverfahren.

6 Geplante Arbeiten im Gründungsbereich

6.1 Geometrie und Zustandsuntersuchungen

Obwohl die zahlreichen Schürfe mit sorgfältiger Bestandsdokumentation ein sehr detailliertes Bild über die Gründungssituation ergeben, ist allein aufgrund dieser Untersuchungen eine Auswahl und Bewertung von Sanierungstechniken nicht möglich. Unser Ziel ist daher, die Geometrie und den Zustand der sehr verschiedenartigen Fundamentierung so genau festzustellen, wie es für Beurteilung, Projektierung und Ausführung von Sanierungsmaßnahmen erforderlich ist.
Erste stichprobenartige Wandbohrungen und Ausspiegelungen mit dem Endoskop im Terrassenbereich haben in Höhe der Geländeoberkante größere Hohlräume (bis zu 1,5 m³) ergeben. Im Bereich der Bastionen und Terrassen ist auch mit mehrschaligem Mauerwerk zu rechnen. Eine Einordnung in Mauerwerkszustandsklassen setzt deshalb eine rasterartige Hohlraumsuche und Dokumentation des Wandaufbaus voraus. Die dabei gewonnenen Mauerwerks- und Mörtelproben werden einer mineralogischen Untersuchung zugeführt, wobei Fragen des Alters, der Zusammensetzung und der Verträglichkeit mit Wasser und Sanierungsmaterialien im Vordergrund stehen.
Die zu Beginn des Untersuchungsprogramms angebrachten Rißbreitenmeßstellen zeigen, daß teilweise noch erhebliche Bewegungen im Bauwerk auftreten. Dabei werden neue Risse in die Messung miteinbezogen bzw. ältere vorhandene Meßstellen wieder aktiviert. Verlauf und

Entwicklungstendenz der Risse sollen so dokumentiert werden, daß sie mit den Verformungsmessungen an Bauwerk und Baugrund korreliert werden können. Darüber hinaus werden Sondierungen, Mauerwerks- und Bodenbohrungen sowie ggf. auch neue Schürfe erforderlich.

Infolge der oben dargestellten vielfachen Umbauten und der mangelnden Bauwerkspflege sind zahlreiche Entwässerungssysteme unbrauchbar geworden. So sind Dichtigkeit und Funktionsfähigkeit gemauerter Kanäle kaum mehr gewährleistet, ähnliches wird für gußeiserne und bleierne Rohre gelten. Die ständigen Veränderungen sind nicht mehr überschaubar und teilweise unvertretbar (Heizungsrohre in der Hofregenrinne, Abriß von Kanälen in Schürfen), eine Dokumentation des Entwässerungssystems ist nicht vorhanden. Fußbodeneinsenkungen und -abrisse von der Wand von bis zu 20 cm in mehreren Räumen sowie nasse Sandstellen unter Rohren ohne Anschluß sind ernsthafte Warnsignale, die auf die genannten Mängel hinweisen. Daher ist eine genaue Feststellung der Schäden und ihre Beseitigung, d.h. die Erstellung eines Planes über das gegenwärtige und das zu schaffende, funktionsfähige Entwässerungssystem notwendig.

6.2 Tragfähigkeitseinschätzung des Fundamentmauerwerks

Die Auswahl der Sanierungsmöglichkeiten unter Beachtung der Wechselwirkung von Bauwerk, Baugrund und Überbau erfordert die Kenntnis von:
- Geometrie der Gründungselemente,
- Zustand der Gründungskonstruktion,
- Materialkennwerte der Konstruktionselemente.

Da mit sehr unterschiedlichem Wandaufbau zu rechnen ist und die einzelnen Teile durch Risse und Verformungen unterschiedlich geschwächt sind, werden stark streuende Beanspruchungen am Mauer-

werk angreifen. Ihre Kenntnis ist jedoch
Voraussetzung für eine schonende Grün-
dungsverstärkung durch gezielte Eingriffe.
Schonend bedeutet dabei, daß diese sich
auf das eben erforderliche Maß beschränken muß.
Die Ermittlung des Spannungs-Dehnungs-
zustandes im Mauerwerk soll durch
die Verwendung der Pressiometer- und
Schlitzsondentechnik erfolgen. Dabei wird
an einer Stelle ein Bohrloch mit mehrma-
liger Überbohrung (maximaler Durchmesser 102 mm) genutzt. Vor und nach der
Messung wird der Zustand des Mauerwerks mit dem Endoskop untersucht. Dies
dient neben der richtigen Interpretation
der Meßwerte der exakten Fixierung der
Meßpunkte in der Tiefe. Die durch dieses
zerstörungsarme Verfahren in situ gewonnenen Mauerwerkskennwerte werden
durch Belastungsversuche an den gewonnenen Bohrkernen überprüft.
Diese Untersuchungen werden in einer ersten Phase im Mauerwerk oberhalb der
Fußbodenoberkante, vorwiegend im Ter-
rassen- und Chorbereich, aber auch im
Vorhof, am Hauptturm, der Orangerie,
den Kolonnaden und Bastionen begonnen.

6.3   Tragfähigkeit der historischen
Holzpfahlgründung

Neben der Untersuchung des aufgehenden Gründungsmauerwerks ist eine Beurteilung der Pfähle und der übrigen
Holzkonstruktionen erforderlich. Diese
erfüllen entweder als direkter Gründungs-
bestand eine lastabtragende Funktion
oder sind im Baugrund eingeschlossen
und überbaut worden. Dabei liegen
die Elemente ober- oder unterhalb des
Grundwasserspiegels.
Im Falle des slawischen Burgwalls bzw.
der Befestigungen aus der Grafenzeit handelt es sich außerdem um denkmalschutz-
würdige Zeugnisse früherer Baukunst. Die
in diesem Zusammenhang zu lösenden

Fragen sind:
– Ermittlung der Resttragfähigkeit der hi-
  storischen Holzkonstruktion,
– Abschätzung der infolge Zersetzung zu
  erwartenden Setzungen (Last-Setzungs-
  Verhalten und Zeit-Setzungs-Verhal-
  ten),
– Prognose des Verhaltens bereits vermo-
  derter Holzteile,
– Sicherungsmöglichkeiten unter Beachtung des Denkmalschutzes.
Für die Pfahlgründung des 19. Jh.s ergeben sich folgende Problemkreise:
– Länge der Pfähle, Einbindesituation,
– Tragfähigkeit und Materialkennwerte
  der intakten Pfähle,
– Resttragfähigkeit bei teilweise zersetz-
  ten Pfahlköpfen,
– Sanierungsmöglichkeiten.
In der Untersuchung und Bewertung
können dabei Erfahrungen helfen, die am
Neuen Museum auf der Berliner Museumsinsel in den letzten Jahren gewonnen wurden [1]. Die zwei dort gezogenen Holzpfähle von 13 und 16 m Länge und ihre
intensive Analyse haben wichtige Aufschlüsse bezüglich der Bemessung der un-
terstützenden Nachgründung gebracht.
Die an über 1000 Einzelproben durchgeführten Untersuchungen (zum Wassergehalt, zur Druckfestigkeit längs zur Faser u.
ä.) wurden korreliert und ausgewertet. Sie
sind für die Bewertung der Schweriner
Holzpfahlgründung neben weiteren Pro-
benahmen eine wichtige Voraussetzung
für die Bewertung der Sanierungsmetho-
den.
Dazu ist die Freilegung einzelner Pfahlköpfe notwendig. Durch mehrmalige Änderungen in der Ausführungsphase sind
einige Pfähle bzw. Pfahlgruppen heute
nicht überbaut. Diese können also ohne
Eingriffe in die bestehende Bebauung freigelegt bzw. sogar gezogen werden. Desweiteren bietet sich die Möglichkeit an,
vor dem Ziehen ausgewählter Pfähle einen Belastungsversuch bis zum Bruch
durchzuführen. Damit lassen sich wichti-

ge Fakten in die bisher nur auf wenigen Anhaltspunkten beruhenden Diskussion um eine Unterdimensionierung der Pfahlgründung bei einigen Bauwerken einbringen.

6.4 Vorüberlegungen zu geeigneten Sanierungsverfahren

Angesichts der Komplexität von Baugrund und Gründung gibt es sicherlich nicht das eine, alle Probleme ideal lösende Sanierungsverfahren. Es muß eher davon ausgegangen werden, daß für verschiedene Bauwerksbereiche verschiedene, sich ergänzende Technologien kombiniert werden müssen. Jedes Verfahren besitzt dabei Vor- und Nachteile. Beispielsweise wären Unterfangungen mit Mikropfählen in Anlehnung an die Erfahrungen beim Neuen Museum Berlin denkbar [5]. Alternativ kommt jedoch u. U. auch eine Nachgründung durch Hochdruckinjektion in Frage. Bei der Vorauswahl von Verfahren kommt es vor allem darauf an, frühzeitig und nicht erst während der Bauausführung mögliche Probleme zu erkennen und zu lösen. Solche Probleme sind beispielsweise:

- unerkannte Hohlräume für Anschlußkonstruktionen (z. B. bei Verpressungen),
- unzureichende Fundamentfestigkeit beim Unterschneiden von Fundamenten (z. B. Nachfall loser Feldsteine bei Hochdruckinjektionen),
- unerwartete Bohrhindernisse im Fundament und dessen Umgebung infolge des umfangreichen Gründungsaltbestandes (Holz, Bastionen, Findlinge),
- Restriktionen beim Geräteeinsatz durch Erschütterungsempfindlichkeit des Bodens oder Bauwerks.

Um die Risiken zu minimieren, ist auch eine Erprobung von geotechnischen Sanierungsverfahren oder deren Anpassung im Rahmen von Eignungstests vor Ort erforderlich.

7 Schlußbemerkungen

Dieser Aufsatz ist an den Lehrstühlen für Grundbau der Technischen Hochschule Leipzig bzw. für Bodenmechanik und Grundbau der Universität Karlsruhe erarbeitet worden. Die Zusammenarbeit beider Lehrstühle dauert trotz administrativer Schwierigkeiten mit der damaligen DDR schon mehrere Jahre. Mitarbeiter aus Karlsruhe konnten gelegentlich an den Arbeiten des Leipziger Lehrstuhls auf der Museumsinsel in Berlin mitwirken, Kollegen aus Leipzig haben sich an den Karlsruher Arbeiten in Konstanz beteiligt. Seit 1990 haben beide Lehrstühle Zugang zu den Dokumenten in Schwerin, seither kam es zu mehreren Ortsbesichtigungen. Ein erstes Ergebnis der Untersuchungen (neben [U 13] und [U 14] ist der hiermit vorliegende Bericht.

Seit Anfang 1991 ist der Leipziger Lehrstuhl offiziell in ein Teilprojekt des SFB 315 integriert. Der Deutschen Forschungsgemeinschaft und ihren Gutachtern sei dafür gedankt, daß uns weitere Mittel im Rahmen des SFB 315 die Fortführung der Forschungsarbeit ermöglichen. Auch im Rahmen des BMFT-Programms „Erhalten historischer Bauwerke", das abgestimmt mit dem SFB 315 durchgeführt wird, bildet nunmehr Schwerin eines der wichtigsten Objekte, wofür den Vertretern des BMFT an dieser Stelle gedankt sei. Zu danken ist auch den zuständigen Vertretern der Landesregierung Mecklenburg-Vorpommern und der Restaurationsgruppe im Schloß unter Leitung von Frau Prync-Pommerencke; sie haben die Bedeutung der Baugrund- und Gründungsprobleme voll anerkannt und unterstützen unsere Forschungsarbeit großzügig und kooperativ.

Das Schloß Schwerin dürfte durch seine Größe und Komplexität einmalig sein. Die mit seiner Erhaltung verbundenen geotechnischen Probleme, die sich aus Schwächen des Baugrundes und der

Gründung ergeben, treten jedoch weniger komplex an vielen anderen Baudenkmälern auf. In konsequenter Fortführung früherer Arbeiten wird sich die Karlsruher Gruppe auf den Untergrund und dessen Stabilisierung konzentrieren, während sich die Leipziger Gruppe vor allem der Gründung und deren Verstärkung zuwen-

det. So haben wir uns die Arbeit auch beim vorliegenden Aufsatz geteilt. Über weitere Ergebnisse der erst begonnenen umfangreichen Forschungsarbeit wird in späteren Jahrbüchern des SFB 315 zu berichten sein.

Unterlagen

[U 1] Akte „Gründung 1912–1945"
[U 2] Gutachten von Dr. Fiesinger, Eisenach, 1950
[U 3] „Gründungsschäden Schloß Schwerin" von W. Preiß, Dresden, 1973
[U 4] „Vermessungstechnische Gutachten über die Bauwerkssetzungen an Teilen des Schlosses Schwerin" des VEB Geodäsie und Kartographie [Lübcke], 1976–1990
[U 5] „Ergebnisbericht über die ingenieurgeologischen Verhältnisse des Schlosses Schwerin" der Abt. Geologie des Rates d. Bez. Schwerin [Brüning], 1976
[U 6] „Schloß Schwerin – Hauptturm, Einschätzung und Beurteilung der bisherigen Bauwerksbeobachtungen" des Inst. f. Denkmalpflege Berlin [Betzner], 1983
[U 7] Hydrologisches Gutachten der WWD Küste, OFM Schwerin [Wendland u. a.], 1986
[U 8] „Konzeption für konstruktive Sicherung der Gründung, Keller, Bastionen und Terrassen im seeseitigen Schloßbereich", Dokumentation des VEB Denkmalpflege Schwerin [Ende u. a.], 1987–1990
[U 9] „Schloß Schwerin – Instandsetzung", Gutachten des VEB SBK Wasserbau Stralsund [Seefluth u. a.], 1986
[U 10] „1. Teilgutachten – Neues Langes Haus" [Seefluth], 1988
[U 11] „2. Teilgutachten – Orangerie" [Seefluth], 1989
[U 12] „3. Teilgutachten – Schloßkirche" [Seefluth], 1989

[U 13] „Schloß Schwerin, erste Stellungnahme zu den geotechnischen Problemen", Prof. Gudehus und Prof. Sperling, 1991
[U 14] „Schloß Schwerin, erste Stellungnahme zu den statisch-konstruktiven Problemen", Prof. Wenzel, 1991

Literatur

[1] Autorenkollektiv: Grundsätze zur Projektierung und Ausführung der Anschlußkonstruktion zur Mikropfahlgründung. Technischer Bericht, TH Leipzig, Lehrstuhl für Grundbau, 1988, unveröffentlicht.
[2] M. GOLDSCHEIDER und T. SCHERZINGER: Bodenmechanische Untersuchungsmethoden und Versuchsgeräte für weichen tonigen Baugrund. In: Erhalten historisch bedeutsamer Bauwerke, SFB 315, Universität Karlsruhe, Jahrbuch 1987, Berlin 1988, S. 259–272.
[3] M. GOLDSCHEIDER und T. SCHERZINGER: Bodenmechanische Untersuchungen an einem weichen tonigen Baugrund in Hinblick auf die Gründung historischer Gebäude. In: Erhalten historisch bedeutsamer Bauwerke, SFB 315, Universität Karlsruhe, Jahrbuch 1989, Berlin 1990, S. 235–282.
[4] H. JAGAU: Verhalten unvorbelasteter tonigschluffiger Böden unter zyklischen Einwirkungen. Heft 118, Institut für Boden- und Felsmechanik der Universität Karlsruhe, 1990.
[5] K. RICHTER: Die Anwendung der Mikropfahl- und Vernadelungstechnologie im Spezialtiefbau. Dissertation, TH Leipzig, 1990.

Summary

Written documents about the Schwerin castle island bear witness to more than 1000 years of history. In the oldest evidence, the site is called the "castle of the Obotrite princes". Later it became the residence of the Earls of Schwerin and subsequently castle of the Dukes of Mecklenburg. Since 1990, the castle has been used to accommodate the parliament of the new federal state of Mecklenburg-Vorpommern.

A deep sand ridge two meters or more below the groundwater table represents the bearing subsoil. It is overlain by soft postglacial sediments with 4 to 10 meters or fill on the top. In some parts of the castle, several different foundations have been built over one another. Remnants of a Slavic rampart stronghold from the 9th/10th century buried under existing spread foundations have been discovered during archaeological excavations. Several new foundation works using timber piles were carried out during a period of extensive reconstruction in the 19th century.

Today, as more and more severe damages are identified, stabilization measures for both foundation and superstructure are imperative. Documents referring to damages caused by subsoil conditions exist since 1912. After 1950, numerous reports have been submitted. However, the remedial actions considered necessary were not performed. Presently, these documents are being evaluated. Further investigations in the subsoil and in foundation elements have started or are planned for the near future.

Résumé

L'évolution historique des constructions de la Schloßinsel de Schwerin jusqu'à il y a 1000 ans est retracée dans des témoignages écrits. Le document le plus ancien la désigne comme forteresse des princes obotrites. Elle devint plus tard le siège des comtes de Schwerin, puis le château des ducs de Mecklembourg. Depuis 1990, le château abrite le parlement régional du nouveau Land de Mecklembourg-Vorpommern.

Une crête sableuse, qui constitue le terrain de construction stable, s'étend à quelques mètres de profondeur, à 2 m au moins en dessous de la surface de la nappe souterraine. Elle est couverte de sédiments postglaciaires tendres, eux-mêmes porteurs d'une couche de remblai de 4 à 10 m d'épaisseur. Les fondations ont été en partie recouvertes par d'autres constructions successives. Des fouilles ont permis de retrouver les restes d'un mur de forteresse slave datant du 9ème/10ème siècle enfouis sous des fondations normales toujours existantes. Au 19ème siècle, la reconstruction a constitué un tournant important au cours duquel de nombreuses fondations ont été restaurées sur pilots en bois.

On constate aujourd'hui des dommages qui rendent urgente la rénovation des fondations et de la superstructure. Des documents relatifs aux dommages dus au terrain de construction existent depuis 1912, et de nombreux rapports d'experts ont été rédigés depuis 1950. Les travaux jugés nécessaires n'ont cependant pas été effectués. Ces documents sont actuellement en cours d'examen. D'autres études du terrain de construction et de la matière du fondement ont commencé ou sont prévues dans un avenir proche.

Abbildungsnachweis

6–9   VEB Denkmalpflege Schwerin, alle übrigen SFB 315, Teilprojekt C 4

Bibliographie

Dagmar Zimdars

Ausgewählte Bibliographie zum Thema »Erhalten historisch bedeutsamer Bauwerke«

Die Bibliographie 1990 gibt einen allgemeinen Überblick über die zum Thema „Erhalten historisch bedeutsamer Bauwerke" erschienene, deutschsprachige Fachliteratur und erfaßt die wichtigsten Aufsätze dieses Themenkreises. Sie versteht sich als aktuelle Ergänzung zu den im Jahrbuch veröffentlichten Aufsätzen mit ihren eher speziellen Literaturverweisen. Die gesammelte Literatur erhebt nicht den Anspruch auf Vollständigkeit, die Bibliographie wählt aus der Fülle der Neuerscheinungen, sowohl Fachzeitschriften als auch Buchveröffentlichungen, aus. Sie berücksichtigt vorrangig Fachliteratur, die Probleme der einzelnen Arbeitsgebiete des Sonderforschungsbereiches allgemeinverständlich behandelt. Der Erfassungszeitraum erstreckt sich auf das Kalenderjahr 1990, wichtige früher erschienene Veröffentlichungen, die bislang unberücksichtigt blieben, wurden mit aufgenommen. Die Gliederung der Bibliographie orientiert sich an den Themen der einzelnen Teilprojekte des SFB „Erhalten historisch bedeutsamer Bauwerke": Denkmalpflege, Historisches Mauerwerk, Historische Konstruktionen (Eisen, Holz) und Historische Gründungen.

Denkmalpflege

Die Jahrbücher, Zeitschriften und Arbeitshefte der einzelnen Denkmalämter bieten die Möglichkeit, einen aktuellen Einblick in die Arbeit der Denkmalämter und ihrer Abteilungen zu erhalten. Sie berichten über die Vielfalt der denkmalpflegerischen Aufgaben und Bemühungen, über abgeschlossene oder noch laufende bauliche und restauratorische Maßnahmen. Sie stellen Ergebnisse aus den Bereichen Bauforschung, Restaurierung und Inventarisation vor. Während sich die Arbeitshefte meist einem Thema oder einem Themenschwerpunkt widmen, die Zeitschriften über die aktuellsten Ereignisse und Maßnahmen berichten, dokumentieren die Jahrbücher die Tätigkeit der Bau- und Kunstdenkmalpflege zusammenfassend über einen größeren Zeitraum. Einen Überblick über die einzelnen Zeitschriften der Denkmalämter vermittelt die Aufstellung auf S. 323f., einzelne Arbeitshefte werden in dieser Bibliographie in einer Auswahl vorgestellt.

Folgende Jahrbücher erschienen 1990: *Berichte über die Tätigkeit der Bau- und Kunstdenkmalpflege in den Jahren 1987–1988. Hans Herbert Möller (Hrsg.), Veröffentlichung des Niedersächsischen Landesverwaltungsamtes Hannover, Bd. 13, Institut für Denkmalpflege, Hannover 1990.*

Denkmalpflege in Westfalen-Lippe 1980–1984. Hans Joachim Behr, Friedrich Gerhard Hohmann, Hans Bussmann und Eberhard Grunsky (Hrsg.), Münster 1990.

Der achte Band der Hauskundlichen Bibliographie Deutschlands berichtet umfassend über die im Zeitraum 1987–1988 veröffentlichte Literatur zur historischen und archäologischen Hausforschung. Die nach Landkreisen regional gegliederte Bibliographie erfaßt die Gebiete der Bundesrepublik Deutschland, sie führt unter anderem auch wichtige Arbeiten aus dem Bereich der Denkmalpflege auf:

JOACHIM HÄHNEL (Hrsg.), *Hauskundliche Bibliographie Deutschland 1987–1988.* In: *Beiträge zur Hausforschung, Bd. 8, Kommern 1990.*

Der Bundesminister für Forschung und Technologie fördert seit 1987 ein fachübergreifendes Forschungsobjekt zum Thema „Schäden an Wandmalereien und ihre Ursachen". Unter Leitung des Instituts für Denkmalpflege im Niedersächsischen Landesverwaltungsamt in Hannover arbeiten Restauratoren, Kunsthistoriker, Techniker und Naturwissenschaftler zusammen an diesem Projekt. Die Schäden werden unter den verschiedensten Gesichtspunkten erfaßt und dokumentiert, außerdem werden Schadensanalysen mit z. T. neuen Verfahren und Geräten durchgeführt. Der vorliegende Band stellt in 20 Aufsätzen erste Forschungsergebnisse vor:

HANS-HERBERT MÖLLER (Hrsg.): *Schäden an Wandmalereien und ihre Ursachen. Arbeitshefte zur Denkmalpflege in Niedersachsen Bd. 8, Hannover 1990.*

Ebenda: ROLF-JÜRGEN GROTE, PETER KÖNIGFELD: *Schäden an Wandmalereien und ihre Ursachen – ein Forschungsprojekt des Bundesministers für Forschung und Technologie: Aktuelle Vorberichte zu den ersten interdisziplinären Befunden. S. 6–15.*

Hingewiesen sei auf einen Beitrag, in dem die Rolle löslicher Salze bei der Zerstörung von Wandmalereien in der Kirche von Krummhörn-Eilsum untersucht wird: CHRISTINE BLÄUER, *Salze und Salzkrusten, Ebd. S. 110–115.*

Das umfangreiche 50. Arbeitsheft des Bayerischen Landesamtes für Denkmalpflege ist ein Bildatlas wichtiger Denkmalgesteine, der sich über die Zielgruppe der Geologen und Mineralogen hinaus auch an Ingenieure, Architekten, Bildhauer, Restauratoren und Denkmalpfleger wendet.

Dabei werden die Eigenschaften der in der Bundesrepublik Deutschland verwendeten Natursteine nach unterschiedlichen Kriterien erfaßt. Der Bildatlas präsentiert gleichzeitig erste Ergebnisse des seit 1985 laufenden Verbundprojektes (BMFT) „Steinzerfall und Steinkonservierung":

WOLF-DIETER GRIMM u. a.: *Bildatlas wichtiger Denkmalgesteine der Bundesrepublik Deutschland, München 1990 (Arbeitsheft 50 des Bayerischen Landesamtes für Denkmalpflege).*

GABRIELE GRASSEGGER und GÜNTHER ECKSTEIN stellen an konkreten Beispielen methodische Vorgehensweisen zur Schadensbestandsaufnahme bei Steinzerfall vor. Neu an dieser Vorgehensweise ist die Kombination naturwissenschaftlich-technischer und photogrammetrischer Meßmethoden:

GABRIELE GRASSEGGER, GÜNTHER ECKSTEIN: *Schadensvermessung an Natursteinen. Photogrammetrische und naturwissenschaftliche Untersuchungen, Präzisionsvermessungen zum zeitlichen Verlauf von Steinschäden. In: Denkmalpflege in Baden-Württemberg 19 (1990) Heft 1, S. 23–33.*

Auf eine Reihe älterer, englischer Publikationen ist im folgenden hinzuweisen. 1877 gründete William Morris die Society for the Protection of Ancient Buildings (SPAB), deren Ziel es war, sich gegen die Zerstörung alter Gebäude durch Restaurierungen einzusetzen. Auch heute propagiert SPAB die Reparatur alter Gebäude mit eher konservativen, substanzerhaltenden Methoden. Mit anschaulichen und praxisorientierten Broschüren (technical pamphlets), die unterschiedliche Themengebiete behandeln, wendet sich SPAB an Besitzer historischer Gebäude, an Architekten und Denkmalpfleger. Eine Auswahl der bislang erschienenen Publikationen sei hervorgehoben:

JOHN E. M. MACGREGOR: *Outward leaning walls. Heft 1, London 1985;* GILBERT WILLIAMS: *Pointing Stone and Brick Walling, Heft 5, London 1986;* ANDREW R.

THOMAS: *Treatment of damp in old buildings, Heft 8, London 1986;* ALISTAIR HUNT: *Electrical Installations in Old Buildings, Heft 9, London 1989.*
Originale Fenster sind scheinbar nebensächliche, letztlich aber wichtige Details, die das historische Erscheinungsbild alter Bauten prägen. Mit diesem Thema befaßt sich das 39. Arbeitsheft des Bayerischen Landesamtes für Denkmalpflege, dessen Restaurierungswerkstätte sich in den vergangenen Jahren darum bemühte, die handwerklichen Grundlagen einer sachgerechten Fensterreparatur zu erarbeiten und diese auch weiterzuvermitteln.
HARALD GIESS: *Fensterarchitektur und Fensterkonstruktion in Bayern. Vom ausgehenden 18. Jahrhundert bis zum Ersten Weltkrieg. 39. Arbeitsheft des Bayerischen Landesamtes für Denkmalpflege, München 1990.*
Dazu auch: JÖRG SCHULZE, *Hinweise für die denkmalgerechte Behandlung historischer Fenster,* in: *Denkmalpflege im Rheinland 7 (1990) Heft 3, S. 30–32.*
Das Thema der Nutzung und Sanierung alter Gebäude und alter Bausubstanz rückte in den letzten Jahren immer mehr in den Mittelpunkt des Interesses sowohl von seiten der Denkmalpflege als auch von seiten der Architekten. Die 1990 erschienenen Veröffentlichungen setzen ganz unterschiedliche Schwerpunkte, wodurch die vielfältigen Aspekte dieser Problematik zur Sprache kommen.
Zu nennen ist u. a. die neubearbeitete und erweiterte Auflage des Buches „Historische Häuser erhalten und instandsetzen" von MANFRED GERNER, in der verstärkt Reparatur- bzw. Sanierungsmöglichkeiten originaler Bauteile und Materialien vorgestellt werden: MANFRED GERNER: *Historische Häuser erhalten und instandsetzen, Augsburg 1990.*
MICHAEL DZIERZON und JOHANNES ZULL unterstreichen in ihrer Publikation zu diesem Thema die Notwendigkeit einer genauen Bestandsaufnahme, die einer Sanierungsmaßnahme vorauszugehen hat.

Daher beschreiben sie ausführlich Aufgabe und Ziel der Bauaufnahme, Methoden zur Holzuntersuchung und Möglichkeiten zerstörungsarmer Untersuchung feuchter Mauern:
MICHAEL DZIERZON, JOHANNES ZULL: *Altbauten zerstörungsarm untersuchen: Bauaufnahme, Holzuntersuchung, Mauerfeuchtigkeit. Köln 1990.*
Zwei stark praxisorientierte Bände, in der die Umnutzung meist denkmalgeschützter Gebäude zu Wohnungen behandelt werden, legte das Landesinstitut für Bauwesen und angewandte Bauschadensforschung (LBB) in Aachen vor:
Kosten neuer Wohnungsnutzung in alten Gebäuden – Fabriken, Krankenhäuser, Gewerbebauten. Bd. 2.4, Aachen 1989; Gewerbehöfe oder Wohnungen in alten Fabriken – Kosten und Wirtschaftlichkeitsvergleiche an Beispielen. Bd. 2.5, Aachen 1990.
Eine Art Nachschlagewerk mit Arbeitshilfen und praktischen Hinweisen zur Altbauerneuerung veröffentlichten: H. SCHMITZ, J. BÖHNING und E. KRINGS: *Altbaumodernisierung im Detail – Konstruktionsempfehlungen. Köln 1989.*

Historisches Mauerwerk

Mörtel und Putze

Eine Arbeitsgruppe aus Forschung und Praxis untersucht Mörtel, der bei Instandsetzungen historischen Mauerwerks eingesetzt werden könnte. Die nachstehende Veröffentlichung stellt die relevanten Eigenschaften für Reparaturmörtel vor und beschreibt entsprechende Prüfverfahren:
DIETBERT KNÖFEL, PETER SCHUBERT: *Zur Beurteilung von Mörteln für die Instandsetzung von Mauerwerk, Teil 1 und 2.* In: *Bautenschutz Bausanierung 13 (1990) Heft 1 und 2, S. 10–14 und S. 15–20.*
Das RILEM Bulletin (Réunion internationale des Laboratoires d'Essais et de Recherches sur les Matériaux et les Constructions) bietet eine Zusammenfassung

eines 1988 zum Thema Mörtel veranstalteten Workshops. In dessen Mittelpunkt standen das Problem der Analyse historischen Mörtels und die Schwierigkeit geeignete Mörtelmischungen für die Reparatur herzustellen.

PAULA ROTA ROSSI-DORIA: Report on the RILEM Workshop „Ancient Mortars and Mortas for Restoration". In: RILEM Bulletin 1990, Heft 23, S. 235–238.

Ungarische und deutsche Denkmalpfleger diskutierten 1987 im Rahmen des Kulturabkommens zwischen Ungarn und der BRD Probleme, die bei der Konservierung und Restaurierung verputzter Mauerflächen in den Altstädten entstehen. Die gemeinsamen Lösungsansätze, aber auch die unterschiedlichen Wege, die auf der Grundlage der Charta von Venedig eingeschlagen wurden sind Thema des 45. Arbeitsheftes des Bayerischen Landesamtes für Denkmalpflege:

MICHAEL PETZET (Hrsg.): Konservierung und Restaurierung von verputzten Mauerflächen. Vorträge des Symposiums mit Denkmalpflegern aus der Republik Ungarn und der BRD 1987. Arbeitsheft 45 des Bayerischen Landesamtes für Denkmalpflege. München 1990.

Für die Konservierung der wertvollen historischen Putze in der Lorscher Torhalle mußte die Festigkeit der Mörtel beurteilt werden. Das für diese Untersuchung neu entwickelte Meßgerät und die Meßergebnisse stellen vor: *H. ETTL, H. SCHUH: Festigkeitsmessungen an historischen Putzen der Torhalle Lorsch. In: Bautenschutz Bausanierung 13 (1990) Heft 2, S. 34.*

Historische Konstruktionen

Der *Sonderforschungsbereich 230 „Natürliche Konstruktionen-Leichtbau in Architektur und Natur"* veranstaltete 1989 ein Kolloquium zur Geschichte des Konstruierens mit dem Thema „Wölbkonstruktionen der Gotik, Nachgotik und Neugotik". Der erste Teil der Kolloquiumsbeiträge, die die Probleme der Entstehung und Entwicklung gotischer Wölbkunst behandeln, wurde nun veröffentlicht:

Geschichte des Konstruierens IV. Wölbkonstruktionen der Gotik 1. In: Konzepte SFB 230, Heft 33. Natürliche Konstruktionen Leichtbau in Architektur und Natur, Stuttgart 1990.

Einen Überblick über die historischen Steinbautechniken von der Antike bis ins 20. Jahrhundert bietet: *JOSEF MAIER, Historische Steinbautechniken, Teil 1 und 2, in: Bautenschutz Bausanierung 13 (1990) Heft 3 und 4, S. 14–18 und S. 32–35.* Das Thema war gleichzeitig Inhalt eines Vortrages anläßlich des Seminars „Instandsetzen von feuchtem, historischem Mauerwerk" im Deutschen Zentrum für Handwerk und Denkmalpflege, Propstei Johannesberg, Fulda.

Der Organisation und Arbeitsweise des mittelalterlichen Baubetriebs galt in den letzten Jahren verstärkt das Interesse der Architekturgeschichte. DIETRICH CONRAD stellte aus ingenieurtechnischer Sicht eine umfangreiche Materialsammlung zu Planungsmethoden und konstruktiven Fragen des Baubetriebs im Mittelalter zusammen.

DIETRICH CONRAD: Kirchenbau im Mittelalter. Bauplanung und Bauausführung. Leipzig 1990.

Zum Thema Geschichte von Baukonstruktion und Bautechnik verfaßten Mitarbeiter des Instituts für Baugeschichte der Universität Karlsruhe einige kleine Aufsätze. Es sind Zwischenberichte über laufende Untersuchungen bzw. in sich abgeschlossene Berichte über größere Arbeitsvorhaben. Sie behandeln u. a. Fragen des römischen Kuppelbaus, Probleme der Baugrund- und Fundamentschwächen am Westteil des Wormser Domes und Aspekte mittelalterlicher Pfahlgründungen:

Institut für Baugeschichte der Universität Karlsruhe (Hrsg.). Kleine Beiträge zur Geschichte von Baukonstruktionen und Bautechnik, Karlsruhe 1990.

Holz

Im Mittelpunkt der Forschungen zu historischen Holzkonstruktionen stand 1990 wiederholt der Fachwerkbau. Hinzuweisen ist auf den umfangreichen Bestandskatalog von KONRAD BEDAL, der systematisch die Fachwerkbauten in Franken im Zeitraum vom Mittelalter bis zum Dreißigjährigen Krieg erfaßte und beschrieb.
KONRAD BEDAL: Fachwerk vor 1600 in Franken. Eine Bestandsaufnahme. Ländliche Bauten aus Franken, Bd. 1, Bauaufnahmen für das Fränkische Freilandmuseum in Bad Windsheim. Bad Windsheim 1990.
Die neueste Veröffentlichung des Arbeitskreises für Hausforschung widmet sich dem spätmittelalterlichen Hausbau in den Niederlanden. Neben Untersuchungen z. B. zur Konstruktion und historischen Entwicklung bestimmter Haustypen umfaßt der Aufsatzband auch Themen wie Holzverarbeitung und Dachdeckung.
Arbeitskreis für Hausforschung (Hrsg.): Hausbau in den Niederlanden, in: Jahrbuch für Hausforschung 39 (1990).
Für die Denkmalpflege und die Altstadtsanierung war die Frage der Farbigkeit historischen Fachwerks in den letzten Jahren immer wieder ein schwieriges Problem. Anhand süddeutscher Fachwerkbauten untersuchte JOHANNES CRAMER historische Farbkonzepte und deren handwerkliche Ausführung. Die anschaulich dargestellten Ergebnisse dieser systematischen Befunduntersuchung wurden nun veröffentlicht. Das vorgelegte Material gibt einen Überblick über die Entwicklung historischer Farbigkeit, durch die reiche Bebilderung und die Beispiele eignet es sich als kleines Nachschlagewerk für die denkmalpflegerische Praxis:
JOHANNES CRAMER: Historische Farbigkeit im Fachwerkbau. München 1990.
Während eines Expertengespräches über Fachwerk (Terminologie), das am 27./28. März 1990 in Köln stattfand, wurde ein Glossar erarbeitet, in dem die grundlegenden Fachausdrücke für die aus Holz konstruierte Architektur, Fach- und Dachwerke festgelegt wurden:
GÜNTHER BINDING (Hrsg.): Fachterminologie für den historischen Holzbau. Fachwerk – Dachwerk, Köln 1990.
ROLF NILL untersuchte die Schadensbilder, die an den Verblattungen alemannischer Fachwerkbauten auftreten und gibt Anregungen für die Sanierung dieser Konstruktionsteile:
ROLF NILL: Das Tragsystem alemannischer Fachwerkbauten. In: Bauingenieur 65 (1990) S. 129–136.

Eisen

Publikationen über Eisen oder -konstruktionen sind 1990 selten, die nachfolgende Veröffentlichung bildet eine Ausnahme. Die 1906/1907 erbaute Neutorbrücke in Ulm, eine Straßenbrücke aus Eisenfachwerk, war durch die Schädigung einzelner Bauteile in ihrem Bestand gefährdet. Über die Bedeutung dieses Bauwerks berichtete 1985 das Nachrichtenblatt des Landesdenkmalamtes Baden-Württemberg in Heft 4, S. 207/212. Das Sanierungskonzept und die mittlerweile ausgeführten Sanierungsarbeiten stellen vor:
MANFRED FISCHER, WOLFGANG KROP: Sanierung der Neutorbrücke in Ulm/Donau. In: Stahlbau 59 (1990) Heft 10, S. 311–319.

Historische Gründungen

Gründungsschäden an historischen Bauwerken sind das Thema einer Veröffentlichung des Landesinstituts für Bauwesen und angewandte Bauschadensforschung (LBB) des Landes Nordrhein-Westfalen. Ein Schwerpunkt der Darstellung liegt auf den Methoden der Schadenserkundung, mit denen die künftige Schadensentwicklung vorausgesagt werden soll. Ein knapper Überblick informiert über die heute üblichen Sanierungstechniken:

NORBERT MÜLLER, RAINER GÜCKER (Hrsg.), Landesinstitut für Bauwesen und angewandte Bauschadensforschung: Gründungsschäden an historischen Bauwerken. Schadensursachen, Untersuchungsmethoden, Sanierung. Aachen 1990.

Zeitschriften zur Denkmalpflege

Wohl das wichtigste und aktuellste Informationsmedium zur Denkmalpflege bzw. zur Erhaltung historisch bedeutsamer Bauwerke sind die Zeitschriften der Denkmalämter, sie informieren regelmäßig die breite Öffentlichkeit über ihre Tätigkeiten. In den Jahrbüchern und wissenschaftlichen Reihen werden Einzelmaßnahmen der denkmalpflegerischen Arbeit vorgestellt. Die hier aufgeführten Zeitschriften und Jahrbücher beziehen sich auf den jüngsten Jahrgang des Erscheinungsjahres 1990.

Bayern:
Denkmalpflege Informationen (Ausgabe A, B, C). Hrsg. vom Bayerischen Landesamt für Denkmalpflege, München.

Baden-Württemberg:
Denkmalpflege in Baden-Württemberg. Nachrichtenblatt des Landesdenkmalamtes 19 (1990). Hrsg. vom Landesdenkmalamt Baden-Württemberg, Stuttgart (erscheint vierteljährlich)

Hessen:
Denkmalpflege in Hessen 3 (1990). Hrsg. vom Landesamt für Denkmalpflege in Hessen, Wiesbaden (erscheint halbjährlich).

Niedersachsen:
Berichte zur Denkmalpflege in Niedersachsen 10 (1990). Hrsg. vom Niedersächsischen Landesverwaltungsamt Hannover, Institut für Denkmalpflege (erscheint vierteljährlich).
Niedersächsische Denkmalpflege. Berichte über die Tätigkeit der Bau- und Kunst-

denkmalpflege in den Jahren 1987–1988. Veröffentlichung des Niedersächsischen Landesverwaltungsamtes (Institut für Denkmalpflege) Band 13, Hannover 1990.

Nordrhein-Westfalen:
Denkmalpflege im Rheinland 7 (1990). Hrsg. vom Landschaftsverband Rheinland, Rheinisches Amt für Denkmalpflege, Pulheim-Brauweiler (erscheint vierteljährlich).

Deutsches Nationalkomitee für Denkmalschutz:
Schriftenreihe des Deutschen Nationalkomitees für Denkmalschutz. Hrsg. von der Geschäftsstelle des Deutschen Nationalkomitees für Denkmalschutz beim Bundesminister des Innern, Bonn.
Denkmalschutz-Informationen 14 (1990). Hrsg. vom Deutschen Nationalkomitee für Denkmalschutz, Bonn.

Vereinigung der Landesdenkmalpfleger in der Bundesrepublik Deutschland:
Deutsche Kunst und Denkmalpflege 48 (1990) Heft 1 und 2. Wissenschaftliche Zeitschrift der Vereinigung der Landesdenkmalpfleger in der Bundesrepublik Deutschland (erscheint halbjährlich).

Österreichisches Bundesdenkmalamt:
Österreichische Zeitschrift für Kunst und Denkmalpflege 44. Jg. (1990) (erscheint halbjährlich).

Bibliographie zur Schweizer Kunst/Bibliographie zur Denkmalpflege, bearbeitet von ANDREAS MOREL, Bd. 12 (1989/90) Zürich 1991.

ICOMOS:
Icomos Information (International Council on Monuments and Sites) Neapel 1990 (erscheint vierteljährlich).

EUROCARE:
European Cultural Heritage, Newsletter on Research (EUROCARE Council) 4

(1990). Hrsg. von der Kommission der Europäischen Gemeinschaften.

Deutscher Restauratorenverband e. V. (Hrsg.):
Zeitschrift für Kunsttechnologie und Konservierung 4 (1990) (erscheint halbjährlich).

Aus der Sicht industrieller Anbieter berichten über Sanierung und Denkmalpflege:
Bautenschutz Bausanierung 13 (1990) (erscheint zweimonatlich).

Publikationen des SFB 315, Universität Karlsruhe:
Fritz Wenzel (Hrsg.): *Erhalten historisch bedeutsamer Bauwerke. Jahrbuch 1989 des SFB 315, Berlin 1990.*

Bauwerksdiagnostik. Beurteilung des Tragverhaltens bei historischem Mauerwerk. Sonderheft des SFB 315, Karlsruhe 1990.

Summary

The selected bibliography gives a survey of the latest literature dealing with the field covered by the Special Research Council (SFB 315). A number of important german publications are described in short commentary. It is not intended to quote as many titles as possible but to draw attention to those which may be of interest and use to practice.

Résumé

La bibliographie retenue donne une vue d'ensemble des dernières publications relatives au domaine couvert par le Conseil Spécial de Recherche (SFB 315). Un certain nombre de publications allemandes importantes y sont brièvement décrites. Le but n'est pas de citer autant de titres que possible, mais d'attirer l'attention sur ceux qui peuvent être intéressants et utiles pour les praticiens.

Berichte der Teilprojekte

Teilprojekt A 1

Untersuchungen zum Denkmalwert historisch bedeutsamer Bauwerke und zur Denkmalverträglichkeit von Erhaltungsmaßnahmen

Leiter: Prof. Dr. August Gebeßler
Dienstanschrift: Landesdenkmalamt Baden-Württemberg, Mörikestraße 12, 7000 Stuttgart 1
Telefon: (07 11) 6 47-23 90
Wiss. Mitarbeiter: Dipl.-Ing. Ulrich Boeyng; ab 1. 1. 1991 Dipl.-Ing. Hannes Eckert
Stud. Mitarbeiter: Monika Louis, Petra Schröder
Dienstanschrift: SFB 315, Universität Karlsruhe, Parkstraße 17, 7500 Karlsruhe 1
Telefon: (07 21) 60 63 08

Gegen Ende der zweiten Bewilligungsperiode konzentrierte sich die Arbeit des Teilprojektes A 1 auf den weitgehenden Abschluß seines Anteils am Brückenprojekt (zusammen mit C 3), auf Überlegungen zu Fortführung und Abschluß der Literaturrecherche im Mörtelprojekt (zusammen mit B 5) sowie auf die Vorbereitung einer Arbeitsgruppe zur Denkmalverträglichkeit von Maßnahmen im Mauerwerk (zusammen mit A 2, A 3, B 1, B 3, B 4, B 5, C 2).

Brückenprojekt

Das Teilprojekt A 1 hatte die Aufgabe übernommen, den aktuellen Bestand an historischen Eisenbrücken der Deutschen Bundesbahn (DB) zu erfassen, soweit er sich in Baden-Württemberg aus den Jahren 1840 bis 1910 erhalten hat.
Als Abschluß des Projektes ist geplant, daß die Gruppe A 1 in der Reihe der Arbeitshefte des Landesdenkmalamtes Baden-Württemberg (LDA-BaWü) einen in sich abgeschlossenen Überblick über die Arbeit herausgibt, in dem praktische Erfahrungen bei der Erstellung eines Gattungsinventars weitergegeben, Kriterien zur Bewertung der technikgeschichtlichen Bedeutung eiserner Brückenbauwerke zusammengestellt sowie die Denkmalbewertung historischer Brücken anhand einiger typischer Beispiele vorgeführt wird. Das Ziel des Brückenprojektes – die Entwicklung denkmalverträglicher Erhaltungsmöglichkeiten unter Berücksichtigung materialkundlicher und ingenieurtechnischer Aspekte – wird in den kommenden Jahren in Zusammenarbeit zwischen der Gruppe C 3 und dem Landesdenkmalamt Baden-Württemberg weiterverfolgt.

Mörtelprojekt

Das Teilprojekt A 1 hatte sich die Aufgabe gestellt, eine Recherche zur historischen Literatur über die Themen Gewinnung, Herstellung und Verarbeitung von Kalk zu Mörtel durchzuführen.
Die Literatur wurde (mit dem Schwerpunkt auf dem Zeitraum zwischen etwa 1700 und 1850) nach Suchstichworten geordnet. Auf dieser Grundlage kann im kommenden Bewilligungszeitraum die geplante Zusammenfassung erstellt werden.
Außerdem wurden die grundsätzlichen Problemstellungen zur Denkmalverträglichkeit von Maßnahmen im Mauerwerk erörtert. Die Ergebnisse dieser Diskussion sollen in die geplante Veröffentlichung zum Mauerwerks- und Holzbau „Empfehlungen für die Praxis" Eingang finden.

Teilprojekt A 2

Baugeschichtliche Forschungen zu Baukonstruktion und Bautechnik

Leiter: Prof. Dr.-Ing. Wulf Schirmer
Dienstanschrift: Institut für Baugeschichte, Universität Karlsruhe, Englerstraße 7
                       7500 Karlsruhe
Telefon: (0721) 608-2177
Wiss. Mitarbeiter: Dr.-Ing. Klaus Rheidt, Dipl.-Ing. Michael Borrmann
Stud. Mitarbeiter: Martin Bachmann, Stefan Barfuß, Jörg Panitz

Das Teilprojekt A 2 orientiert sich bei der Bearbeitung baugeschichtlicher Themen zum einen an grundsätzlichen Fragestellungen des SFB und zum anderen an speziellen Problemen der anderen Teilprojekte. In einer Reihe von Studien werden Konstruktionen und Techniken einzelner historischer Bauten und Gewerke untersucht und in ihren zeitlichen Kontext eingeordnet.

Einen weiteren Schwerpunkt der Arbeit bildet seit 1990 die Frage nach dem Umgang mit historischer Bausubstanz in unterschiedlichen Zeitepochen, um zur heutigen Bewertung von Sanierungsmaßnahmen und zur Entscheidung bei Sanierungsplanungen für historische Bauten einen grundsätzlichen Diskussionsbeitrag zu leisten.

Mehrere Untersuchungen konnten in der letzten Zeit abgeschlossen und publiziert werden. In der Schrift „Kleine Beiträge zur Geschichte von Baukonstruktion und Bautechnik" (Institut für Baugeschichte der Universität Karlsruhe, Heft 1, 1990) wurden im Rahmen des Arbeitsfeldes „Eisenkonstruktionen des späten 19. und frühen 20. Jahrhunderts" drei Aufsätze vorgelegt. Dabei standen das innere Tragsystem der Konstanzer „Klosterkaserne", ein Reiterstellwerk des Hauptbahnhofes in Konstanz und die Fabrikanlage Metz und Bachert in Karlsruhe zur näheren Untersuchung an. Im Rahmen des Arbeitsfeldes „Holzkonstruktionen" wurden die Forschungen zu historischen Pfahlgründungen abgeschlossen. Untersuchungen zu Fachwerkgroßbauten und deren konstruktiven Eigenarten wurden 1990 aufgenommen und führten zu einer ersten, z. Z. im Druck befindlichen Studie über die 1654–1656 erbaute Friedenskirche in Jauer/Schlesien. Darauf aufbauend soll die annähernd zeitgleich entstandene Friedenskirche in Schweidnitz untersucht werden. Im Rahmen des Themenfeldes „Geschichte der Sicherung historischer Bauten" standen zwei Bauten im Vordergrund. Die Untersuchungen zur Sicherung des Wormser Domes wurden in den oben genannten „Kleinen Beiträgen ..." publiziert. Zwei Arbeiten zur Bau- und zur Restaurierungsgeschichte der Matthiaskapelle auf der Oberburg bei Kobern werden in Kürze vorgelegt. Eine zusammenfassende Darstellung grundsätzlicher Fragestellungen des Themenfeldes findet sich im vorliegenden Jahrbuch.

Eine vergleichbare Studie ist zur Katharinenkirche in Oppenheim geplant. Auch sollen, in Zusammenarbeit mit dem Teilprojekt C4, Fragen zur Restaurierungsgeschichte und zu den Pfahlgründungen der Marienburg bearbeitet werden.

Teilprojekt A 3

Ingenieurmäßige Bestandsuntersuchungen an sanierten Bauwerken

Arbeitsgruppe Karlsruhe:
Gesamtleitung: Prof. Dr.-Ing. Fritz Wenzel
Dienstanschrift: Institut für Tragkonstruktionen
                       Englerstr. 7, 7500 Karlsruhe
Telefon: (07 21) 6 08-21 83
Wiss. Mitarbeiter: Dipl.-Ing. Helmut Maus
Stud. Mitarbeiter: K. Schiel, J. Rieser, G. Jansen, K. Jung

Die in den vorangegangenen Jahren an Bauwerken im Harz und in Norddeutschland (zusammen mit der Arbeitsgruppe Münster) durchgeführten lokalen Eingriffe in die Substanz, die den Zweck hatten, den Zustand in der Kontaktzone zwischen zementhaltigem Injektionsgut und altem Gipsmörtel zu dokumentieren, wurden an einem abgetragenen Turmstumpf intensiviert, wobei erstmalig Feuchtemessungen des Gipsmörtels und des Zementsteins, chemisch-mineralogische sowie baustofftechnologische Untersuchungen integral über ein Bauwerk durchgeführt werden konnten.

Um bisherige Erkenntnisse zu vervollständigen und abzusichern, wurden weitere Inaugenscheinnahmen mit Schadensaufzeichnungen vorgenommen und Mauerwerkskerne in injizierten Bereichen erbohrt. Dabei wurden Bauwerke auch einer wiederholten Überwachung unterzogen, um Aussagen zum Fortschreiten der bei der ersten Begehung angetroffenen Schäden zu erhalten.

Ergebnisse der Auswertung zusammengetragener Sanierungsunterlagen wurden graphisch umgesetzt, so daß praxisbezogene Anhaltswerte zum Injizieren und Bewehren alten Mauerwerks für den planenden Ingenieur vorliegen.

Alle Ergebnisse, die mit Fachleuten auf Tagungen eingehend diskutiert wurden, fanden ihren Niederschlag im Artikel und Schlußbericht des Teilprojekts A 3 in diesem Jahrbuch, in dem als Ergänzung dienenden Arbeitsheft, das 50 Bauwerke mit gut dokumentierten Sicherungsmaßnahmen, ihren heutigen Zustand und die Untersuchungsergebnisse enthält, sowie in den in Vorbereitung befindlichen „Empfehlungen für die Praxis" zum Injizieren und Bewehren alten Mauerwerks.

Arbeitsgruppe Münster:
Leitung: Prof. Dr.-Ing. M. Ullrich
Dienstanschrift: Fachhochschule Münster, Fachbereich Architektur
                              Corrensstraße 25, 4400 Münster
Telefon: (0251) 83-5611
Wiss. Mitarbeiter: Dipl.-Ing. A. Al-Kabbani
Stud. Mitarbeiter: M. Eickhold, G. Viggenhorn

In der abschließenden Phase der Nachuntersuchungen an gipshaltigen Mauerwerksbauten wurden die in den vergangenen Jahren zusammengetragenen Ergebnisse aus den ‚in situ'-Untersuchungen systematisch aufgearbeitet und ausgewertet. Dabei wurde besonderes Gewicht auf die Klärung der Ursachen für die baulichen Probleme gelegt, die bei den als „Treibmineralschäden" eingestuften Bauwerken in Niedersachsen aufgetreten sind. In diesem Zusammenhang konnten Erkenntnisse über den Verfüllgrad, über das Maß einer Durchdringung des vorhandenen Mörtels mit dem Injektionsgut und dessen Verteilung bei unterschiedlichen Mauerwerksstrukturen zusammengetragen werden. Baufachleute und Mineralogen haben wertvolle und wichtige Hinweise beigetragen.

Eine pauschale Einstufung der nach Instandsetzungsarbeiten zu Schaden gekommenen Bauwerke in Niedersachsen als Ettringitschaden ist bei Würdigung aller Erkenntisse unzutreffend. In erster Linie sind es gründungstechnische, baukonstruktive, bauphysikalische und ausführungsbedingte Mängel, die als Ursache von Mißerfolgen nach Instandsetzungen angesehen werden müssen. Auch gilt es zu differenzieren zwischen Ettringit/Thaumasit und anderen treibenden Salzen, die bei der Reaktion von Alkalien und Erdalkalien mit Sulfaten entstehen und ähnliche Schäden verursachen können wie Ettringit. Anzeichen dafür, daß durch die Verwendung von hochsulfatbeständigen Zementen Treibmineralschäden ausgelöst wurden, die das Mauerwerksgefüge zerstörten, konnten nicht gefunden werden.

Die Ergebnisse der Auswertung sind exemplarisch in dem Beitrag Ullrich/ Wenzel in diesem Jahrbuch enthalten und werden in die in Vorbereitung befindlichen „Empfehlungen für die Praxis" zum Injizieren und Bewehren alten Mauerwerkes eingearbeitet. Die wichtigsten Empfehlungen für Planung und Ausführung sind im Jahrbuchartikel auch wiedergegeben.

Teilprojekt B 1

Feuchteschutz in Baukonstruktionen aus mineralischen Baustoffen

Leiter: Prof. Dr.-Ing. Hubert K. Hilsdorf, Dr.-Ing. Jörg Kropp
Dienstanschrift: Institut für Massivbau und Baustofftechnologie – Abt. Baustofftechnologie –
                         Universität Karlsruhe, Kaiserstraße 12, 7500 Karlsruhe 1
Telefon: (07 21) 6 08-3890
Wiss. Mitarbeiter: Dipl.-Ing. Harald Garrecht
Techn. Mitarbeiter: Simone Reißle, Günter Egger
Stud. Mitarbeiter: Samer Hamwi, Bernhard Eck

Zur Konzeption von Feuchteschutzmaßnahmen muß anhand sorgfältiger Bauwerksanalysen die Ursache der Durchfeuchtung erkundet werden. Hierzu wurde eine Modellrechnung entwickelt, mit der der Feuchtehaushalt von Mauerwerkswänden vor und nach der Sanierung berechnet werden kann. Im Jahrbuch 1986 wurden die möglichen Feuchteschäden aufgezeigt und die Quellen und Wege der Feuchte im Mauerwerk erläutert. Zudem wurden die Ergebnisse der experimentellen Untersuchungen zum Feuchtetransport und der Feuchtespeicherung diskutiert.

Im Jahrbuch 1987 wurde der Einfluß bauschädlicher Salze auf den sich im Gleichgewichtszustand einstellenden Materialfeuchtegehalt und der kapillaren Flüssigkeitsbewegung behandelt. Die experimentell bestimmten Sorptionsisothermen salzbelasteter Baustoffe zeigten, daß je nach Salzart und Salzkonzentration sich bereits weit unterhalb 100 % relativer Luftfeuchte der Sättigungsfeuchtezustand einstellt. Außerdem wurden Methoden aufgezeigt, um die für die Modellrechnung erforderlichen Transportkenngrößen für Wasser und wäßrige Lösungen zu bestimmen. Der Beitrag im Jahrbuch 1988 setzte sich mit den Möglichkeiten der Computersimulation vom Feuchteverhalten im Mauerwerk auseinander. Zwar kann mit der Modellrechnung gegenüber der bislang praktizierten Methodik des Abschätzens der Feuchtehaushalt besser nachvollzogen werden, doch sind infolge der Unsicherheit über die Mauerwerkszusammensetzung und den Streuungen der Transportkenngrößen aufgrund der Inhomogenität der Baumaterialien Grenzen der Anwendung zu beachten. Der Vorteil der zerstörungsfreien Vorgehensweise liegt aber sicher nicht nur bei der Bewertung des Feuchtehaushalts, sondern auch bei der Ausarbeitung von Sanierungskonzepten.

Im Jahrbuchbeitrag 1989 wurde die Mikroklimasituation der Klosteranlage Bronnbach im Zusammenhang mit den vor Ort zu beobachtenden Schäden diskutiert. Neben dem Trocknungsvermögen von Wandkonstruktionen entscheiden Temperatur und rel. Luftfeuchte, ob bauschädliche Salze eine erhöhte Kondensatbelastung oder die aufsteigende Feuchte die hohe Bauteilfeuchte und damit die Schädigung bewirken.

Der diesjährige Beitrag erläutert die Aufgaben dieses Teilprojektes bei der gemeinsamen Befund- und Schadensanalyse verschiedener Forschungsgruppen im Dormentbau der Klosteranlage Maulbronn.

Teilprojekt B 2

Trag- und Verformungsverhalten alten Konstruktionsholzes

Leiter:	Prof. Dr.-Ing. Jürgen Ehlbeck
Dienstanschrift:	Lehrstuhl für Ingenieurholzbau und Baukonstruktionen, Universität Karlsruhe, Kaiserstraße 12/Postfach 6980, 7500 Karlsruhe 1
Telefon:	(0721) 608-2210
Wiss. Mitarbeiter:	Dr.-Ing. Rainer Görlacher
Techn. Mitarbeiter:	Gerhard Köhler, Günter Kranz, Günter Rüd
Stud. Mitarbeiter:	Thomas Baur, Thomas Ugowski

Die Arbeiten des Teilprojektes B 2 (gefördert vom 1. 10. 1985 bis zum 31. 12. 1990) haben wertvolle Erkenntnisse über das Trag- und Verformungsverhalten von altem Konstruktionsholz und über zerstörungsfreie Untersuchungsmethoden zur Abschätzung der Festigkeit von bereits eingebautem Holz gebracht. Über die Ergebnisse der Festigkeitsuntersuchungen wurde an gleicher Stelle berichtet. Eine Reihe von Untersuchungsmethoden für altes Holz wurde entwickelt und in einschlägigen Fachzeitschriften veröffentlicht. Durch Kontakte mit Ingenieuren aus der Praxis ergab sich, daß es neben der Entwicklung neuer Verfahren zur Holzuntersuchung ebenso wichtig ist, die bereits seit Jahren im modernen Ingenieurholzbau eingeführten, sehr einfachen Untersuchungsmethoden anzuwenden. Dies betrifft vor allem die visuelle Beurteilung, wie sie in DIN 4074, Sortierung von Nadelholz nach der Tragfähigkeit (Ausgabe September 1989), festgelegt ist. Überraschenderweise zeigte es sich, daß dieses Verfahren in der Praxis wenig bekannt ist und daher bei der Untersuchung von altem Konstruktionsholz nicht genutzt wird. Anhand eines Beispiels soll dies erläutert werden: in einem historisch bedeutsamen Bauwerk ergab eine statische Nachrechnung, daß die zulässigen Spannungen der

Güteklasse II nach DIN 1052 über dem Mittenauflager von Deckenbalken deutlich überschritten waren, so daß die Frage gestellt wurde, ob eine Verstärkung dieser Bereiche notwendig sei. Daraufhin wurden einige Deckenbalken über dem Mittenauflager von oben freigelegt und eine Untersuchung aufgrund von Empfehlungen des SFB angeordnet. Es zeigte sich, daß in den hochbeanspruchten Bereichen die Sortierkriterien nach DIN 4074 für die Güteklasse I erfüllt waren. Hierbei handelte es sich lediglich um die Forderung, daß die auf der Oberfläche der Deckenbalken sichtbaren Äste die in der Norm festgelegten Größen nicht überschreiten dürfen. Die Deckenbalken konnten also im maßgebenden Bereich der Sortierklasse S 13 zugeordnet werden, so daß die dafür geltenden zulässigen Spannungen der Güteklasse I nicht überschritten waren und eine Verstärkung somit nicht angeordnet werden mußte.

Dieses Beispiel zeigt den großen Bedarf der Praxis an Hinweisen für die richtige Beurteilung von altem Konstruktionsholz. Eine solche ‚Empfehlung für die Praxis‘ wird im Rahmen des ab 1991 bearbeiteten Teilprojektes C 5 „Historische Holzkonstruktionen – Ingenieurmäßige Zustandsanalyse, Beurteilung, Instandsetzung, Verstärkung" erarbeitet.

Teilprojekt B 3

Ursachen und Auswirkungen von Baugrund- und Gründungsschwächen bei alten Bauwerken

Leiter: Dr.-Ing. Michael Goldscheider
Dienstanschrift: Lehrstuhl für Bodenmechanik und Grundbau, Universität Karlsruhe
                           Richard-Willstätter-Allee, 7500 Karlsruhe 1
Telefon: (07 21) 6 08-3291/-2221
Wiss. Mitarbeiter: Dipl.-Ing. Thomas Scherzinger (bis Mai 1991), Dipl.-Ing. Stefan Krieg
                           (ab Oktober 1991)

Die Ziele der bisherigen Untersuchungen waren die Ermittlung von Bodenkennwerten und Berechnungsmodellen zur Bestimmung der Tragfähigkeit historischer Flachfundamente auf weichem tonigem Baugrund und die Berechnung des Erddrucks bei verformungsarmen Baugrubenwänden neben alten Gebäuden. Als Objekt wurden die Baugrund- und Gründungsverhältnisse im mittelalterlichen Teil von Konstanz gewählt, der auf nacheiszeitlichem Seeton steht. Hierzu wurden Methoden und Geräte zur ungestörten Entnahme und Aufbewahrung von Bodenproben und für bodenmechanische Versuche entwickelt und eine umfangreiche Serie von Spezialversuchen durchgeführt, über die im Jahrbuch 1989 berichtet wurde. Die Untersuchungen über verformungsarme Baugruben neben alten Gebäuden sind damit vorläufig abgeschlossen.

Die weiteren Arbeiten werden sich zusammen mit dem Teilprojekt C 4 verstärkt mit der Beurteilung und gegebenenfalls Verstärkung historischer Fundamente befassen, wobei Fundamente auf verrottenden oder von Verrottung bedrohten Holzpfählen und Holzrosten die schwierigsten Probleme bereiten. Die Maßnahmen müssen darauf abzielen, die noch tragfähigen Hölzer als Teile der denkmalwürdigen Substanz möglichst zu erhalten, und zwar auch als Tragwerk, und vor weiterem Verfall zu schützen.

Das für die Arbeit wichtigste Objekt dieser Art ist das Schloß Schwerin. Hier stehen mächtige Schichten aus weichen organischen Schichten an, die besondere Methoden der Probenbehandlung und bodenmechanischen Versuchsdurchführung erfordern. Weitere Objekte mit Holzgründungen, an denen gearbeitet wird, sind die Marienburg in Malbork (Polen) und die Johanniskirche in Dorpat (Estland).

Außerdem werden verschiedene Objekte bearbeitet, bei denen eine bodenmechanische Beratung anderer Teilprojekte erforderlich ist.

Teilprojekt B 4

Auswirkung mineralogischer Prozesse auf Bauwerke und Baugrund

Leiter:	Prof. Dr. phil. Egon Althaus
Dienstanschrift:	Mineralogisches Institut, Universität Karlsruhe, Kaiserstraße 12
	7500 Karlsruhe 1
Telefon:	(0721) 608-3316
Wiss. Mitarbeiter:	Dr. rer. nat. Ekkehard Karotke, Dr. rer. nat. Alexander Faller,
	PD Dr. Klaus Grimm, Inst. für Botanik I, Dipl.-Min. Bernhard Hohlwegler,
	Dipl.-Min. Annette Bräuning, Dipl.-Min. Dorothea Scholten
Techn. Mitarbeiter:	Rosemarie Bender, Beate Steiner, Predrag Zrinjscak
Stud. Mitarbeiter:	Georg Frosch, Stefanie Knitter, Norbert Stache

Das Hauptgewicht der Untersuchungen lag auf dem Mauerwerk historischer Bauten sowie bei historischen Eisenkonstruktionen.

Die schon seit der ersten Phase des Forschungsprogramms durchgeführte Untersuchungen zu Art und Verhalten von Salzen in Mauersteinen und Mörteln wurden zu einem vorläufigen Abschluß gebracht. Als Fazit ergibt sich, daß nur wenige Salzarten so häufig vorkommen, daß sie als Hauptverursacher von Salzschäden angesehen werden müssen. Insbesondere Alkalisulfate treten in der überwiegenden Mehrzahl von Fällen auf. Besonders wichtig ist das Auftreten von Doppel- und Mehrfachsalzen, die durch ihre Fähigkeit zu Um- und Rekristallisation besondere Risikofaktoren in sich tragen.

Die Arbeiten im Kloster Maulbronn konzentrieren sich auf das Auftreten von Salzen und Salzschäden in Putzmörteln, doch werden auch Untersuchungen zur Stabilität und Anfälligkeit gegenüber chemischen Angriffen von Sandsteinen durchgeführt (Diss. A. Bräuning). Neben den Keupersandsteinen werden noch andere Werksteinarten untersucht, und zwar nicht nur Sandsteine, sondern auch Kalksteine und Tuffsteine vulkanischen Ursprungs.

Abgeschlossen wurden die Untersuchungen zu den mineralogischen Effekten bei der ingenieurmäßigen Bestandsuntersuchung an sanierten Bauwerken (mit Teilprojekt A 3). Insbesondere Eigenschaften und Reaktionswirkungen der Baumaterialien bei mit Zement verpreßten Zugankern und Nadeln wurden untersucht; hieraus ergaben sich Folgerungen für die Verträglichkeit historischer und moderner Baustoffe, über die an anderer Stelle berichtet werden wird.

Die Untersuchungen zum Korrosionsverhalten von Materialien historischer Eisenkonstruktionen wurden fortgesetzt (Diss. B. Hohlwegler). Hervorzuheben ist der Einfluß des Kohlenstoffgehalts und der Schlackenzusammensetzung auf die Korrosion, insbesondere die Spaltkorrosion.

Neu aufgenommen wurden Untersuchungen über die Kriegsruine des Neuen Museums auf der Museumsinsel in Berlin (Diss. D. Scholten). Das Augenmerk liegt auch bei diesen Arbeiten hauptsächlich auf den Eigenschaften des Mauerwerks, insbesondere auf den Umsetzungen und Schädigungen, die während der 46 Jahre an der Ruine entstanden. Mit diesem Bauwerk ist ein weiterer Fragenkomplex verknüpft, der mit Gründungsproblemen zusammenhängt. Hier werden Untersuchungen zur Auswirkung mineralogischer Prozesse im Wechselspiel zwischen Gründung und Baugrund durchgeführt.

Teilprojekt B 5

Historische Mörtel

Leiter:	Prof. Dr.-Ing. Hubert K. Hilsdorf
Dienstanschrift:	Institut für Massivbau und Baustofftechnologie
	– Abt. Baustofftechnologie –
	Universität Karlsruhe
	Kaiserstraße 12
	7500 Karlsruhe 1
Telefon:	(0721) 608-3890
Wiss. Mitarbeiter:	Dr. rer. nat. Gunther Herold, Dr.-Ing. Jörg Kropp, Dipl.-Ing. Jutta Schäfer
Techn. Mitarbeiter:	Simone Reißle, Jürgen Renkert
Stud. Mitarbeiter:	Samer Hamwi, Christian Rödder

Nachdem sich das Teilprojekt B 5 in den ersten beiden Jahren hauptsächlich mit der Untersuchung historischer Mörtelproben beschäftigte, wurde 1990 mit der Entwicklung von Mörteln begonnen, die für Sicherungs- und Reparaturmaßnahmen geeignet sind.

Im südwestdeutschen Raum handelt es sich bei historischen Mörteln der vergangenen zehn bis elf Jahrhunderte in der Regel um Luft- und Wasserkalkmörtel. Daher bildet Kalk auch die Basis der Ersatzmörtel. Es werden reine Luftkalkmörtel und unterschiedliche hydraulische Kalkmörtel hergestellt. Untersucht wird der Einfluß unterschiedlicher Herstellungsparameter, wie z. B. Art des Bindemittelrohstoffes, Mischungsverhältnis und Wasser/Bindemittel-Wert, auf die Mörteleigenschaften und damit die Möglichkeit, bestimmte Eigenschaften durch die Variation einzelner Parameter gezielt zu verändern.

Um den tatsächlichen Verhältnissen am Bauwerk möglichst nahe zu kommen und um die Erhärtungszeit der überwiegend durch Karbonatbildung erhärtenden Mörtelmischungen möglichst kurz zu halten, werden relativ kleine Probenabmessungen von 2/2/8 cm gewählt. Die Proben werden nicht, wie sonst üblich, in Stahlformen geschalt, sondern zwischen zwei Sandsteinplatten hergestellt. Durch die Wahl dieser Schalungstechnik wird das Saugverhalten der Mauersteine simuliert, das in der Praxis ganz wesentlich die Trocknung und Erhärtung und damit die Struktur des Mörtels beeinflußt.

Bei überwiegend kalkhaltigen Bindemitteln ist – aufgrund ihrer langen Erhärtungszeit – nicht nur die Untersuchung der Frisch- und Festmörteleigenschaften, sondern insbesondere das Verhalten während der Erhärtung von großer Wichtigkeit. In diesem Zusammenhang ist neben der Struktur- und Festigkeitsentwicklung vor allem die Untersuchung der Dauerhaftigkeit und ihre Optimierung, z. B. durch gezielte Veränderung der Porenstruktur, von Bedeutung.

Teilprojekt C 1

Knotenpunkte und Verbindungsmittel alter Holzkonstruktionen

Leiter: Prof. Dr.-Ing. Jürgen Ehlbeck
Dienstanschrift: Lehrstuhl für Ingenieurholzbau und Baukonstruktionen
Universität Karlsruhe
Kaiserstraße 12/Postfach 69 80
7500 Karlsruhe 1
Telefon: (07 21) 6 08-22 10
Wiss. Mitarbeiter: Dipl.-Ing. Martin Kromer
Techn. Mitarbeiter: Harald Heck, Johann Lafferthon, Günter Rüd
Stud. Mitarbeiter: Thomas Baur, Thomas Ugowski

Die Arbeiten des Teilprojektes C 1, die vom 1. 10. 1985 bis zum 31. 12. 1990 gefördert wurden, haben grundlegende Erkenntnisse über das Trag- und Verformungsverhalten zimmermannsmäßiger Holzverbindungen erbracht.

Durch Versuche an aus neuem Holz nachgebauten Blattverbindungen, Zapfenverbindungen und Versätzen konnten die Tragfähigkeit und das Verformungsverhalten dieser Verbindungen unter Berücksichtigung geometrischer Varianten und der wichtigsten Einflußfaktoren bestimmt werden. Da die Werkstoffeigenschaften von neuem und altem Holz vergleichbar sind (siehe Teilprojekt B 2), können Knotenpunkte in historischen Holzkonstruktionen anhand dieser Ergebnisse hinsichtlich ihres Tragverhaltens beurteilt werden. Es ist auch möglich, für alle druckbeanspruchten Verbindungen, bei denen das Kräftespiel auf einfache Weise bestimmt werden kann, nachträglich den geforderten Standsicherheitsnachweis zu führen, sofern die kraftübertragenden Kontaktflächen bekannt sind.

Bei solchen Standsicherheitsnachweisen ist zu berücksichtigen, daß Knotenpunkte in historischen Holzkonstruktionen in aller Regel unverändert in ihrer ursprünglichen Ausführung erhalten werden sollen. Dadurch ergibt sich die Notwendigkeit einer gegenüber den modernen Baubestimmungen abweichenden Beurteilung. Während die Baunormen für den modernen Ingenieurholzbau in gewissem Rahmen vom ungünstigsten möglichen Fall ausgehen müssen, sollte bei bestehenden Holzverbindungen in alten Konstruktionen der einzelne Anschluß für sich hinsichtlich seiner Tragfähigkeit beurteilt werden. Dies ermöglicht dann von den eingeführten Baubestimmungen abweichende Nachweise der Zuverlässigkeit von Knotenpunkten.

Es können dabei im Einzelfall erheblich höhere Tragfähigkeiten nachgewiesen werden, als es bei einer Berechnung nach den eingeführten Baubestimmungen zu erwarten wäre. Selbstverständlich ist es bei jeder Beurteilung des Tragverhaltens bestehender Verbindungen unerläßlich, auf eventuell vorhandene Störungen, wie z. B. Risse, ungünstig liegende Äste sowie Schwächungen durch pflanzliche oder tierische Schädlinge, zu achten.

Die Erkenntnisse aus diesem Teilprojekt werden im Rahmen des ab 1991 bearbeiteten Teilprojektes C 5 „Historische Holzkonstruktionen – Ingenieurmäßige Zustandsanalyse, Beurteilung, Instandsetzung, Verstärkung" in eine Empfehlung für die Praxis umgesetzt.

Teilprojekt C 2

Ein- und mehrschaliges altes Mauerwerk (Gruppe Karlsruhe)

Leiter: Prof. Dr.-Ing. Fritz Wenzel, Dipl.-Ing. Frithjof Berger
Dienstanschrift: Institut für Tragkonstruktionen, Universität Karlsruhe
                    Englerstr. 7, 7500 Karlsruhe 1
Telefon: (07 21) 6 08-21 83
Dienstanschrift: Forschungsgruppe Mauerwerk, Universität Karlsruhe-West
                    Hertzstr. 16, 7500 Karlsruhe 21
Telefon: (07 21) 6 08-45 79 (Fax: 0721-758197)
Wiss. Mitarbeiter: Dipl.-Ing. Ralph Egermann
Stud. Mitarbeiter: Kurt Altmann, Alexander Böhler, Bruno Frick, Elmar Kukul
Techniker: Arnold Mager

Zerstörungsarme Bestimmung der Tragfähigkeits- und Verformungskennwerte

Durch Ultraschall-Laufzeitmessungen soll die Druckfestigkeit von Mauerwerk nachträglich bestimmt werden. Bei diesem Verfahren wird zunächst die Laufzeit im Stein direkt, danach im Mörtel indirekt durch Durchschallung definierter Mauerwerksabschnitte (in Lastrichtung) gemessen. Das Meßverfahren wird zur Zeit an 1,80 m hohen Mauerwerkspfeilern erprobt. Hierbei werden zunächst Ziegelbohrkerne in einem definierten Vertikalabstand aus den Pfeilern entnommen und daran die mechanischen Steineigenschaften im zerstörenden Versuch bestimmt. Mit Hilfe von in die Bohrlöcher eingeführte Sende- und Empfangsköpfe wird die Schall-Laufzeit über eine festgelegte, aus mehreren Stein- und Mörtelschichten bestehende Strecke gemessen. Aus dem Verhältnis der Laufzeiten im Mauerwerksverband und den nur im Stein gemessenen Laufzeiten läßt sich der Ausnutzungsgrad (= Verhältnis Mauerwerks- zur Steindruckfestigkeit) bestimmen. Mit Hilfe des Ausnutzungsgrades und der Steindruckfestigkeit kann somit die Mauerwerksdruckfestigkeit nachträglich bestimmt werden.

Mehrschaliges Mauerwerk

Mit Hilfe von Modellversuchen soll das komplexe Tragverhalten mehrschaliger Mauerwerkskonstruktionen geklärt werden. Die Lastabtragung wird dabei von zwei einfachen mechanischen Tragmodellen beschrieben. Darauf aufbauend werden Parameterstudien der wichtigsten Einflußfaktoren vorgenommen. Diese betreffen das Dicken- und Steifigkeitsverhältnis von Außenschalen und Zwischenschicht und die Wandreibung bzw. Verzahnung der inneren und äußeren Schichten. Bei den zur Zeit laufenden Versuchsreihen wird das Steifigkeitsverhältnis durch drei verschiedene Innenfüllungen und das Dickenverhältnis durch drei unterschiedlich breite Innenfüllungen variiert. An den Modellprüfkörpern im Maßstab 1 : 4 werden Bruchlasten, Längsdehnungen und Horizontalverformungen der Außenschalen und die gesamte Vertikalverformung des Prüfkörpers bestimmt. Durch das zyklische Abfragen der verschiedenen Meßstellen während der Belastung können die Verformungen in Abhängigkeit von der Last aufgetragen werden und dadurch Rückschlüsse auf das Tragverhalten gezogen werden.

Teilprojekt C 3

Eisen- und Stahlkonstruktionen des 19. Jahrhunderts

Leiter:	Univ.-Prof. tekn. dr. Hon DSc Rolf Baehre
Dienstanschrift:	Lehrstuhl für Stahl- und Leichtmetallbau
	Universität Karlsruhe
	Kaiserstraße 12
	7500 Karlsruhe 1
Telefon:	(07 21) 6 08-22 05
Wiss. Mitarbeiter:	Dipl.-Ing. Rudolf Käpplein, Dipl.-Ing. Gerhard Steidl,
	Dipl.-Ing. Klaus Wittemann

Das Teilprojekt C 3 beschäftigt sich mit Untersuchungen zum Tragverhalten von Eisen- und Stahlkonstruktionen des 19. Jahrhunderts. Die Schwerpunkte der laufenden Forschungstätigkeit stellen sich wie folgt dar:

Materialuntersuchungen an Puddelstahl und Flußstahl des besagten Zeitraums; hierbei sind Festigkeits- und Zähigkeitseigenschaften sowie das Dauerfestigkeitsverhalten dieser Werkstoffe von besonderem Interesse.

Materialuntersuchungen an Gußeisen zur Ermittlung mechanisch-technologischer Werkstoffkennwerte; entsprechende Angaben zu den hier betrachteten Werkstoffen sind in der Literatur nicht verfügbar.

Entwicklung zerstörungsarmer Prüfmethoden.

Erfassung des Bestandes an alten Eisen- und Stahlkonstruktionen; die in Zusammenarbeit mit den Teilprojekten A 1 (Denkmalpflege) und A 2 (Baugeschichte) begonnene Erhebung bezieht sich zunächst auf Brücken und Aussichtstürme und soll später auf andere Tragwerke ausgedehnt werden.

Ziel künftiger Arbeiten wird es sein, die bislang entwickelten Prüfmethoden zu verfeinern. Die laufenden Untersuchungen zum Zähigkeitsverhalten von Puddel- und Flußstahl sollen ihre Fortsetzung in der Ermittlung bruchmechanischer Kenngrößen für diese alten Werkstoffe finden. Deren Übertragung auf reale Bauteile sowie begleitende Untersuchungen zur Entstehung und Ausbreitung von Rissen soll die Formulierung eines Konzeptes ermöglichen, das bei vorwiegend ruhend belasteten Konstruktionen die Beurteilung deren Sprödbruchsicherheit und für dynamisch beanspruchte Bauwerke die Festlegung erforderlicher Inspektionsintervalle erlaubt.

Als weitere Themenbereiche werden bearbeitet:

Untersuchungen der Beanspruchungsverhältnisse in den Lasteinleitungsbereichen gußeiserner Säulen.

Entwicklung zerstörungsfreier Methoden zur Überprüfung und Beurteilung alter Verbindungsmittel.

Erarbeitung von Empfehlungen zur Bauwerkssanierung und -sicherung.

Teilprojekt C 4

Eingriffe in Baugrund und Gründung

Leiter: Prof. Dr.-Ing. Gerd Gudehus
Dienstanschrift: Lehrstuhl für Bodenmechanik und Grundbau
                         Universität Karlsruhe
                         Richard-Willstätter-Allee
                         7500 Karlsruhe 1
Telefon: (07 21) 6 08-22 20
Wiss. Mitarbeiter: Dipl.-Ing. Berthold Klobe, Dipl.-Ing. Peter Kudella

Das vergangene Jahr stand ganz im Zeichen des Zusammenwachsens mit den neuen Bundesländern. Durch die Forschergruppe an der TH Leipzig (Leiter: Prof. Sperling und Prof. Scheffler) wurde die Zusammenarbeit formalisiert und wird nun auch von der Deutschen Forschungsgemeinschaft direkt gefördert.

Mit dem Schweriner Schloß wurde ein Objekt von herausragender Bedeutung gefunden, an dem die neue Zusammenarbeit erprobt wird. Der Stand der bisherigen Untersuchungen wird in einem Aufsatz in diesem Jahrbuch beschrieben. In Schwerin können drei unterschiedliche Mechanismen für baugrundbedingte Schäden studiert werden, die auch andernorts von Bedeutung sind. Dies sind die Verrottung von Gründungselementen aus Holz, verzögerte Setzungen von Flachgründungen auf weichen Böden und die durch Erschütterungen verursachten zusätzlichen Setzungen.

In den nächsten Jahren stehen in Schwerin umfangreiche Sanierungs- und Umbaumaßnahmen bevor, die wir in Zusammenarbeit mit anderen Teilprojekten wissenschaftlich begleiten wollen. Bisher haben wir umfangreiche Unterlagen einsehen könne, in Zukunft wollen wir auf die angewandten Sanierungsverfahren Einfluß nehmen. Dies ermöglicht uns die Erprobung und Auswertung neuer Methoden, was im Rahmen des SFB alleine nicht möglich wäre.

Das Einpressen von vorgefertigten Pfählen unter die Fundamente historischer Bauwerke wurde in letzter Zeit wieder verstärkt propagiert. Diese Methode zur Gründungssanierung wurde kritisch untersucht. Das Ergebnis dieser Untersuchung, die mit Empfehlungen für die Anwendung dieses Verfahrens abschließt, wird 1991 in einem Aufsatz in der Bautechnik erscheinen.

Neben dem Schweriner Schloß wurde mit der Marienburg in Malbork (Polen) ein weiteres höchst bedeutendes denkmalwürdiges Objekt in unser Arbeitsgebiet aufgenommen. In Malbork wurden wir auf Wunsch der verantwortlichen polnischen Behörden tätig. Die Marienburg ist ein wichtiges Zeugnis deutscher Geschichte. Dies ist der Grund, warum sich auch die Vereinigung der Landesdenkmalpfleger in Deutschland für die Erhaltung des akut bedrohten Bauwerks engagiert.

Teilprojekt D

Dokumentationsstelle

Leiter: Dr.-Ing. Hartwig Schmidt
Dienstanschrift: Sonderforschungsbereich 315
                     Universität Karlsruhe
                     Parkstraße 17
                     7500 Karlsruhe 1
Telefon: (07 21) 60 63 08 (Fax: 0721-696 168)
Wiss. Mitarbeiter: Dr. phil. Dagmar Zimdars, Dr. phil. Stefan W. Krieg
Stud. Mitarbeiter: Egbert Friedrich, Thomas Scharrer, Sabine Spanier, Johanna Voigt

Dokumentation, Koordination

1989 wurde der SFB 315 von der OFD Karlsruhe um Mitarbeit bei der Erarbeitung eines Konzeptes zur Sicherung der Putze und Wandmalereien im Dormentbau des Klosters Maulbronn (Auditorium und Geißelkammer) gebeten. Am Beginn der gemeinsamen Arbeit stand die Entwicklung eines Untersuchungskonzeptes unter Berücksichtigung der restauratorischen wie baukonstruktiven Fragestellungen. Vom SFB 315 wurden folgende Untersuchungen durchgeführt: Langzeitmessung des Mikroklimas: Luftfeuchte, Lufttemperatur und Oberflächentemperatur zur Bewertung des Feuchtehaushalts (H. Garrecht, B 1), Mineralogische Analyse von Putz, Mauerwerk und Mörtel (E. Karotke, B 4), Befall von Mikroorganismen (K. Grimm, Botanisches Institut), Installierung eines Langzeitüberwachungssystemes an der Außenwand und lokaler dreidimensionaler Überwachungsnetze an den Gewölben (W. Zick, Geodätisches Institut), Erstellung von Planunterlagen durch entzerrte Photos (N. Nußbaum, Rheinisches Landesamt für Denkmalpflege), Untersuchung der Wandoberflächen auf Handwerksspuren (E. Zurheide, Forschungsstelle für handwerkliche Denkmaltechnologie, Schloß Raesfeld),

Bestandsaufnahme und Schadenserfassung der Außenwand (H. Schmidt, D). Die Arbeiten werden 1991 fortgesetzt.

Fachtagungen, Kolloquien, Exkursionen

Neben bau- und konstruktionsgeschichtlichen Forschungen gehörte die Koordinierung der Zusammenarbeit der einzelnen Teilprojekte des SFB, der Untersuchungen im Kloster Maulbronn sowie die Durchführung von Vorträgen, Kolloquien, Tagungen und Exkursionen zum Arbeitsgebiet der Dokumentationstelle (vgl. S. 341).

Publikationen

Für die Begutachtung durch die DFG am 17./18. Juli 1990 wurden der Arbeits- und Ergebnisbericht für die Jahre 1988–1990 und der Finanzierungsantrag für die Jahre 1991–1993 erstellt. Als Dokumentation des Expertentreffens am 28. 6.–2. 7. 1989 im Rahmen des WTZ-Abkommens zu dem Thema „Bauwerksdiagnostik. Beurteilung des Tragverhaltens bei historischem Mauerwerk" wurde das Arbeitsheft S/1990 erstellt. Die Forschungsergebnisse der einzelnen Teilprojekte des SFB wurden im Jahrbuch 1989 veröffentlicht.

Verwaltungsstelle

Leiter:	Prof. Dr.-Ing. Fritz Wenzel
	(Sprecher des SFB)
Dienstanschrift:	Institut für Tragkonstruktionen
	Universität Karlsruhe
	Englerstraße 7
	7500 Karlsruhe 1
Telefon:	(07 21) 608-37 39
Mitarbeiter:	Nora Schmidt

Die zentrale Verwaltungsstelle des SFB hat die laufenden Geschäfte des SFB geführt, Sprecher und Vorstand des SFB in ihrer Arbeit unterstützt, Vorstandssitzungen und Mitgliederversammlungen vorbereitet.

In der Verwaltungsstelle wurden die Finanzierungsgesamtanträge und die Jahreshaushaltspläne zusammengestellt, Personalfragen und Beschaffungsangelegenheiten bearbeitet und die zentrale Bewirtschaftung der Personal-, Sach- und Reisemittel abgewickelt. Neben der Führung der Verwaltungskorrespondenz wurden, soweit möglich, Schreibarbeiten übernommen. Mit den korrespondierenden Mitgliedern des Sonderforschungsbereiches im In- und Ausland, Gastwissenschaftlern und ausländischen Forschergruppen wurde der notwendige Kontakt hergestellt bzw. gehalten.

Um die Teilprojekte von Verwaltungsaufgaben zu entlasten, vor allem beim Haushalts- und Rechnungswesen, wurden in der Verwaltungsstelle die verfügbaren Mittel für jedes Teilprojekt überwacht und die Koordination mit der Universitätsverwaltung wahrgenommen.

Für das Gastwissenschaftlerprogramm des SFB wurden hier die notwendigen Begleitarbeiten abgewickelt und die Gäste betreut.

Als Gastwissenschaftler waren im SFB tätig
– am Institut für Bodenmechanik und Grundbau:
  Dr.-Ing. Uwe Lehmann und Dipl.-Phys. Gerd Kapphahn, Technische Hochschule Leipzig
– am Institut für Tragkonstruktionen: Dr.-Ing. Ronald Heidel, Technische Hochschule Leipzig
  David A. Cook, Senior Lecturer, University of Bath (GB)
– am Mineralogischen Institut:
  Dr. Pál Kertész, Technische Hochschule Budapest

Fachtagungen und Veröffentlichungen

In unregelmäßiger Folge fanden zur Information über den Stand der Forschungen im SFB Fachkolloquien mit Wissenschaftlern anderer Hochschulen und Fachleuten aus der Praxis über aktuelle Themen der einzelnen Forschungsbereiche statt.
Auf die traditionelle Herbsttagung wurde wegen der Begutachtung des SFB verzichtet.
Aus demselben Grund fanden im Sommersemester 1990 keine Vorträge statt.

Vorträge

10. Januar 1990
Jürgen Pursche, Bayerisches Landesamt f. Denkmalpflege, München, Restaurierungswerkstatt,
„Historische Putze – Befunde in Bayern. Zu ihrer Typologie, Technologie, Konservierung und Dokumentation".

17. Januar 1990
Dr. Rolf Snethlage, Bayerisches Landesamt f. Denkmalpflege, München, Zentrallabor,
„Steinkonservierungsforschung. Einige Beispiele der Umsetzung von Forschungsergebnissen in die Praxis".

19. Januar 1990
Dr.-Ing. Wilfried Böhner, Dresden
„Der Wiederaufbau der dritten Dresdener Semperoper".

14. Februar 1990
Dr.-Ing. Karl-Eugen Kurrer, Berlin
„Franz Joseph Ritter von Gerstner (1756–1832). Von der Theoretisierung des statisch-konstruktiven Wissens zur Praktizierung technikwissenschaftlichen Denkens im Übergang zur Disziplinbildung der Baustatik".

Exkursion

Studienreise nach Rheinland-Pfalz am 7./8. Juni 1990.
Die Studienreise 1989 hatte den Teilnehmern die Denkmallandschaft des Niederrheins ein wenig nähergebracht. Die hauptsächlichen Themen der Besichtigung waren denkmalpflegerische Probleme, die sich aus der Neu- bzw. Umnutzung historischer Bauten herleiteten.
1990 folgten wir einer Einladung Landeskonservators Dr. Magnus Backes nach Rheinland-Pfalz, um uns mit den Problemen bei der Erhaltung von Burgruinen vertraut zu machen. Der thematische Schwerpunkt der Exkursion lag deshalb auf dem Gebiet der Sicherung von mittelalterlichem Mauerwerk, der Erhaltung historischer Putze und der denkmalpflegerischen Gestaltung von Ruinenstätten. Die Leitung der Exkursion lag in Händen von Dr.-Ing. Günther Stanzl, der im letzten Semester im SFB bereits über seine Arbeiten auf diesem Gebiet berichtet hatte. Besucht wurden mehrere mit unterschiedlichem Erfolg restaurierte Burgen im Rhein- und Moseltal: Burg Sooneck, Oberburg in Kobern und die Burgruinen Falkenstein, Breitenstein und Gräfenstein im Pfälzer Wald. Ein Abstecher galt der 1828–30 erbauten Sayner Hütte in Bendorf als Beispiel der frühen Industriedenkmalpflege.

Publikationen

Arbeitsheft S/1990
Dokumentation des Expertentreffens im Rahmen des WTZ-Abkommens am 28. 6. – 2. 7. 1989 zu dem Thema „Bauwerksdiagnostik. Beurteilung des Tragverhaltens bei historischem Mauerwerk".